本书系南京师范大学2020年度校级教学团队建设项目
"史学论文写作"教学团队阶段性成果

主　编　张连红
副主编　严海建　陆 帅　倪正春

月映万川

南京师大"史学论文写作"教学团队成果集

凤凰出版社

图书在版编目（CIP）数据

月映万川：南京师大"史学论文写作"教学团队成果集 / 张连红主编；严海建，陆帅，倪正春副主编. -- 南京：凤凰出版社，2023.12
 ISBN 978-7-5506-4099-3

Ⅰ.①月… Ⅱ.①张… ②严… ③陆… ④倪… Ⅲ.①史学—论文—写作 Ⅳ.①K062

中国国家版本馆CIP数据核字(2023)第244670号

书　　　名	月映万川：南京师大"史学论文写作"教学团队成果集
主　　　编	张连红
副　主　编	严海建　陆　帅　倪正春
责 任 编 辑	王淳航
装 帧 设 计	陈贵子
责 任 监 制	程明娇
出 版 发 行	凤凰出版社（原江苏古籍出版社） 发行部电话 025-83223462
出 版 社 地 址	江苏省南京市中央路165号，邮编：210009
照　　　排	南京凯建文化发展有限公司
印　　　刷	江苏凤凰数码印务有限公司 江苏省南京市栖霞区尧新大道399号，邮编：210038
开　　　本	652毫米×960毫米　1/16
印　　　张	22.75
字　　　数	350千字
版　　　次	2023年12月第1版
印　　　次	2023年12月第1次印刷
标 准 书 号	ISBN 978-7-5506-4099-3
定　　　价	98.00元

（本书凡印装错误可向承印厂调换，电话：025-57718474）

前　　言

"史学论文写作"课程是南京师范大学历史学专业的主干课程,一般在大三学年第二学期开设。该课程的开设秉承新文科建设的理念,意在培养富有创新精神的历史学研究人才。对于研究型大学而言,学术写作是人才培养的重要环节,实际上贯穿于本科教育的全过程。学术写作,本质上是思维能力的训练,注重缜密性、理性化、说服力和独立学习的能力。基于这样的认识,为进一步提升历史学本科人才培养质量,南京师大历史学专业有必要通过建立复合型教学团队,达到高质量教学的目的。2015年,"史学论文写作"教学团队组建,先后由张进、王志龙、张连红教授主持。2020年,"史学论文写作"教学团队获得校级教学团队建设立项,进行为期四年的重点建设,本书即为"史学论文写作"教学团队建设成果的集中展现。

"史学论文写作"教学团队自组建以来,不断优化师资结构,团队既有资深教授,也有中青年骨干教师,是一支既有传统优势又有发展潜力的教学团队。团队成员整合中国史与世界史的骨干教师,在科研和教学两方面都有较强的业务能力。团队现有张连红教授、王剑教授、潘晟教授、王志龙教授、严海建教授、倪正春副教授、陆帅副教授、李小波副教授和赵大旺副教授等12人,团队成员年龄、专业、特长互补,结构合理。团队建设,无论对于教师自身发展还是高质量人才的培养都具有绝对的必要性,一方面能够为教师相互学习、相互促进、凝聚合力,提升自身教学与科研能力,促进教学与科研的互利提供机会,带动中青年教师的快速成长,另一方面也是探索、创新、完善教学模式,形成高质量人才培养路径的有效方式。

"史学论文写作"课程是为了适应高水平大学研究性教学需求而设立

的。本团队的建设目标是以提升本科生培养质量为中心,通过提升团队成员整体的教学与科研水平,打造教学与科研并重的高质量教师队伍,积极探索与创新教育教学模式,为学生提供多样化的学习平台与环境,培养适应时代与社会需求的高素质人才。团队的目标定位是争取通过三到五年的建设,达到省级优秀教学团队的要求,进一步提升历史学本科生专业能力的培养质量,为社会输送专业基础扎实、具有创新意识的新文科优秀人才。

经过近十年的积累,以及校重点教学团队建设期的进一步提升,"史学论文写作"教学团队取得了一系列的教学研究成果,比如严海建:《历史学专业训练中的师生角色与关系刍议》,载《宁波大学学报(教育科学版)》2020年第3期;陆帅:《高校"中国古代史"教学改革刍议》,载《南京师大学报(社会科学版)》2021年教学研究专辑等。为提升学生史学论文写作能力提供平台,2022年举办"史料发掘与多元视角:南京师范大学历史学专业本科生学术论坛",遴选优秀论文参加南开大学、陕西师范大学主办的"史学新秀·史学新潮 全国历史学本科学术论坛"。本专业学生的史学论文写作及专业能力得到显著提升,在校本科生发表一系列研究成果,比如,吴龙杰:《〈建康实录〉献疑三则——兼论〈宋略〉所载史事的可靠性》,选入《南京学研究》第五辑,南京出版社,2022年;章智恒:《小田和哲男〈战国:制富者制天下〉评介》,刊于《唐潮》第57期,2021年。王志龙指导的本科生蒋蓉芳的毕业论文《明清苏南中医世家医学的传承与发展研究》,于2020年8月获得江苏省普通高校本科优秀毕业论文。在青年教师培养方面也取得显著成绩,团队不断吸收新成长起来的青年骨干教师,优化团队梯队结构,形成多元互补的教学风格。青年教师廖基添获得南京师范大学第十三届青年教师教学大赛优胜奖,王志龙、严海建、陆帅获得校本科教学奖。陆帅、谢开键、严海建获得校级重点教改项目、一般教改项目立项。教学科研活动有序开展,反响较好。本教学团队定期开展业务学习、集体备课、教学观摩和研讨。举办跨校的教学工作,比如"新场景·新路径:历史学线上线下混合式教学成效提升青年教学工作坊""专业符合与学科融合背景下的历史学专业训练课程教学改革论坛"等,促进了兄弟院校之间教学研究的互鉴交流。此外,我们还邀请《中共党史研究》《当代中国研究》《江苏社会科学》《广东社会科学》等专业期刊的史学编辑为师生介绍专业期刊对于论文选题及写作的具体要求。

　　为了向同人展示我们教学团队建设取得的初步成果,以就教于方家,我们推出这本合编的师生教学成果集,定名为《月映万川:南京师大"史学论文写作"教学团队成果集》。本书收录教学团队成员教研论文10篇,主题均与广义的史学论文写作相关,既有论文写作的整体论述,也有针对选题、史料解读等重要环节的讨论;既有结合个人研究经历所做的个案展现,也有某一研究方向整体的方法论反思。此外还有近年来南京师范大学历史学专业本科生优秀论文13篇,其中既有本科在校期间的习作,也有本科学位论文;其中有部分成果已经发表过,还有部分论文获得过省级或校级的优秀学位论文,一定程度上反映了学界同行的初步认可。

　　学术是一代代人不断在继承的基础上发展的,正如《师说》所言,"弟子不必不如师,师不必贤于弟子",只有一代新人青出于蓝而胜于蓝,作为共同体事业的学术才能不断进步。借朱熹"月映万川"的比喻,学问追求的是"道明于天下",所以为公也,学术作为天下之公器,又是人人的,映照万川的月亮只有一个,但是映在不同的"川"上,又各有不同。本书所展示的即为通往学术之路的一种既具关联而综合的体相,又有各自特性的文本。

　　"史学论文写作"教学团队的建设得到了学校职能部门及学院领导和系科同人的大力支持,本书的出版得到了南京师范大学"史政复合型硕士层次师资培养实验班"项目建设经费的资助,特此鸣谢!

张连红

2023年3月

目 录

前　言 …………………………………… 张连红　1

教学理论篇

"史学论文写作"课程的理念与教学实践刍议 ………… 严海建　3
读懂史料是史学论文写作的基础 ………………………… 潘　晟　15
科研小组指导与史学专业训练 …………………………… 王志龙　22
世界史学术论文的选题、选材与写作 …………………… 倪正春　29
本科史学论文写作的"道"与"术" ……………………… 陆　帅　37
"中国古代史练习"的初步思考 …………………………… 李小波　49
读常见书与毕业论文选题 ………………………………… 赵大旺　55
学术价值的把握与史学论文的选题论证 ………………… 严海建　69
民间文书释读示例 ………………………………………… 谢开键　79
实证是政治史研究的基石 ………………………………… 廖基添　88

教学成果篇

六朝大土地所有制说再思考 ……………………………… 吴龙杰　97
东魏北齐治下京兆韦氏族员的身份转变及其影响 ……… 师启明　120
论淮南地区与北齐政治 …………………………………… 吴诗扬　137
圆仁与李德裕关系新考 …………………………………… 章智恒　163

辽上京"东向"格局考 ·················· 马郝楠 172
"苟具其数,不求其良":明代地方军器制造体系研究 ········ 高闻康 193
原生、渐进与危机:明清时期八卦洲历史地理研究的三个视角
·················· 阴健坤 220
明清苏南中医世家医学的传承与发展研究 ·············· 蒋蓉芳 240
清代杭嘉湖义庄密集区的成因探讨 ·················· 王 月 259
从中心到边缘:南京国民政府初期李石曾政治权势演变研究
·················· 施 祺 276
20世纪二三十年代旧式弃妇的生活际遇与心理状态 ······· 徐矜婧 291
英国议会圈地时期道路规划及地方社会矛盾处理模式
·················· 许 诺 315
冲突与变革:19世纪英国喧闹游行研究 ·············· 肖晨辰 332

本书编者、作者信息 ···································· 357

教学理论篇

"史学论文写作"课程的理念与教学实践刍议

严海建

  高水平大学历史学专业一个重要的目标是培养合格的历史研究者,所以在培养过程中进行系统的学术训练显得尤为重要。学术训练的终端是学术表达,学术表达能力也客观反映整个学术训练的品质,故而学术表达能力尤其是学术论文写作能力是人才培养的重要环节,应贯穿于本科教育的全过程。区别于一般专业课程的教学,"史学论文写作"课程的教学更强调实践性,教师要介入到学生学习的过程中,帮助学生确立其主体性,学生要在做中学,通过实践探索掌握治史的基本方法与途径,从而入于学术的法门。本文从专业教学的实践经验出发,并结合古今中外先贤的前言往行,侧重于从认知上厘清"史学论文写作"课程的定位、功能及其教与学两方面实践的可能性。

一、"史学论文写作"课程的定位及其功能

  怀特海在探讨大学的作用时曾提出,"大学是实施教育的机构,也是进行研究的机构。但大学之所以存在,主要原因并不在于仅仅向学生们传播知识,也不在于仅向教师们提供研究的机会。"大学区别于纯粹的研究机构在于其教学功能,但"单就传授知识这个作用来说,自从 15 世纪印刷术普及以来,可以说大学已经没有任何存在的理由了。"那么大学存在的理由到底是什么?怀特海认为,"大学存在的理由是:它使青年和老年人融为一体,对学术进行充满想象力的探索,从而在知识和追求生命的热

情之间架起桥梁。大学确实传授知识,但它以充满想象力的方式传授知识。至少,这是它对社会应起的作用。一所大学若不能发挥这种作用,便失去了存在的价值"。① 大学存在的价值在于其本质上是一个具有持续创造力的学术共同体,而在这个共同体之中,教学是师生之间共同实践的智识上的探险,只有学生不断地投入其中,学术才能获得持久的生命力。

加州大学伯克利分校历史系的叶文心教授在谈及伯克利的传统时特别提到,"在伯克利这个环境里,通常大家认为学术上有所成就的话,必须是包括对自己的导师在内的所谓批判性的承继,比如魏斐德必须跟他的导师列文森有所不同,比如说我自然不能够模仿我的导师,走完全一样的路,否则的话,从学系专业人力分配的角度上来看,就会出现复制或重叠的现象,尤其是如果学生不如老师,不能青出于蓝,那么就成为质地欠佳的赝品,不能为其他同仁所接受。所以,在承继的过程里,必须要有一些批判性的创新"。② 在继承的基础上批判性的创新,此语实道破现代大学学术进步的轨辙与师生代际关系的理想模式。

既然大学存在的价值是在继承的基础上不断更新人类知识的深度和广度,那么大学的教学在知识传授的同时就更应该关注科学精神、批判思维与研究方法的养成。哲学家康德就曾说过:"学生应该学的是思考活动,而不是思考的结果。假如我们不去增广青年人的理解力,培养他们成为有创见的人,而把一套伪称是丰富的世界智慧的哲学知识教给他们,那我们就误用了教育制度。"③竺可桢谈到大学教育方针时也提到,"大学所施的教育,本来不是供给传授现成的智识,而重在开辟基本的途径,提示获得智识的方法,并且培养学生研究批评和反省的精神,以期学者有自动求智和不断研究的能力。"④史学家蒙文通也明言:"大学以上的学生,主要是学方法。在听课时,应跟着先生的逻辑思维的发展而发展,体会先生

---

① [英]阿尔弗雷德·怀特海著,徐汝舟译:《教育的目的》,北京:北京师范大学出版社,2018年,第98页。

② 许纪霖等:《回眸中国思想史研究的重要传统》,《文汇报》2013年9月17日,第15版。

③ [德]雅斯贝尔斯著,邹进译:《什么是教育》,北京:生活·读书·新知三联书店,1991年,第159—160页。

④ 竺可桢:《大学教育之主要方针》(1936年4月),载《竺可桢全集》第2卷,上海:上海科技教育出版社,2004年,第337页。

是怎样思考问题的。"①这提示我们大学的学习最重要的是方法和能力的培养。

史学论文写作在专业训练中具有根本性的意义。在史学研究中,写作是学术的主要呈现方式,史学论文写作能力是研究型人才培养的重要环节。史学论文写作能力的培养需要有纵深与复合的知识积累,其本质上是思维能力的训练,不可仅将其视为技术型的工具。"史学论文写作"课程虽然聚焦于论文写作,但实际上涵盖广义的史学研究训练的各个环节。学术研究从阅读开始,但需要有批判性的阅读,才能有自主的问题意识,阅读和思考要有良性的互动,正所谓"学而不思则罔,思而不学则殆"。阅读和思考的成果最终需要通过表达来实现,而学术表达主要的方式是落实在纸面的写作。口头表达可以更自由,但严谨和周延的程度要大打折扣,真正落到纸上的写作是要经过严谨思考的,以合乎逻辑的方式呈现。

即便是从工具性的角度而言,正如孔子"言而不文,行之不远"的古训所揭示的那样,文章写得如何,直接影响学术的表达与接收的效果。胡适就曾提出,"文章虽是思想的附属工具,但工具不良,工作也必不能如意"②。当然学术论文的所谓"文"并非刻意追求审美意义上的效果,而是强调述史如史,这才是研究者与阅读者获得共鸣(resonance)并能够相互理解的基础,正如钱锺书所言,"盖人共此心,心均此理,用心之处万殊,而用心之途则一。名法道德,致知造艺,以至于天人感会,无不须施此心,即无不能同此理,无不得证此境"③。将人人笔下所无却为人人心中所有之物形诸于口与手者,自然能获致理解,而人人心中所有而笔下所无,则说明作文并非生而具备的能力,是需要后天的训练的。

大学历史学专业课程体系中,既有注重系统性知识的基础课程,比如"中国通史"和"世界通史",也有注重传授方法和门径的相关课程,比如"史学概论""史学理论与方法"等课程,但这类课程如论者所言,"其内容

---

① 蒙文通:《治学杂语》,载蒙默编:《蒙文通学记》(增补本),北京:生活·读书·新知三联书店,2006年,第7页。
② 胡适:《科学的古史家崔述》,载《崔东壁遗书》,上海:上海古籍出版社,1983年,第976页。
③ 钱锺书:《谈艺录》,北京:中华书局,1984年,第286页。

则多务虚,并不怎么务实。"①所谓"务虚",是指该类课程仍系以传授知识为目的的灌输式教学,而并未真正设身处地为学生解决独立开展研究过程中每个环节可能遇到的现实问题。就此意义而言,"史学论文写作"课程作为本科阶段学术训练的高阶课程,区别于一般课程,其主要着重于学生独立从事研究能力的培养,诸如如何发现自己性之所近的研究兴趣和主题、如何在梳理与检讨既有学术研究成果的基础上确立自己的问题意识、如何尽可能"竭泽而渔"地搜集史料并运用史料重建史实、如何在史实重建的基础上进行学术对话和论证,除了上述研究基本的步骤之外,还有各种体裁的学术文章写作的规范与技巧。学生通过对"史学论文写作"课程的学习,能够从被动的知识接受者转变为具有初步研究能力的知识生产者。

高水平大学任务之一是要培养一代又一代新的研究者,而非简单的知识复制,基于这样的定位,教师和学生要在继承传统的基础上批判性地创新,赋予传统以新的生命,共同推动学术的发展和进步。具体到历史学专业,人才培养最终跃升的阶段是从既有知识的教与学转变为师生立于同等地位的共同探索,在实践中培养学生独立从事史学研究的能力。在前述大学与学科复合的目标框架下,"史学论文写作"以其实践性与前沿性居于专业课程体系的核心地位,是衔接学生专业课程学习与独立进行学位论文撰写两者之间跨越式发展的津梁。

二、"史学论文写作"课程的"教"

与基础教育不同,大学教师实际上具有双重身份:既是研究者又是教学者。在某种意义上,大学教师首先应该是一个合格的学者,在此基础上才有可能成为真正意义上合格的教师,故而大学要保证高水平的教育质量就必须要有一流的学者作为师资。蔡元培就曾告诫,不要当"教而不学型"的教师,"我们希望一般教师不只是教,不只是研究教学的方法,还得要继续不断地研究所教的学科,以及所教的有关的学科;组织最新的学

---

① 王晴佳:《为什么论文写作会成为一个问题?》,《抗日战争研究》2020年第4期,第12页。

理,应用最有效的方法,使学生对于各科获得具体的概念,从而作进一步的研习"①。在史学专业的学习和训练过程中,一个优秀的研究者要能做到创造性地传授知识,仍然是需要掌握方法的,因为史学研究者的养成,需要的不仅是知识的复述者,而且是一个可以让学生介入学术探索过程中的展现者。

在进行史学的专业训练过程中,固然要发挥学生的主体性,但老师的引导和启发仍是不可或缺的。严复曾经自谦:"晚学无师,于圣经贤传,所谓宫室之富,百官之美,皆未得其门而入之。其所劳苦而仅得者徒文辞耳。"②实则提示我们老师的引导对于学生的入门及其后来能达到的境界是有重要影响的。所有的学问其实都是有所法而后光大的,都是在批判性继承的基础上得到进步的。

在史学的研习过程中,若有前贤导引入门,可以少走弯路,自然事半功倍。教师作为前辈一般已经经历过严格的学术训练,并且通过学术实践确立了自己在学术界的地位和影响,其对于初学者的引导,最重要的资源就是其在长期的学术实践中的积累和沉淀,这些资源主要表现在通识、品位、方法三个方面。

史学的研究,从纵向上来看,要进行长时段的溯源;从横向来看,要进行不同空间主体的比较,故而要知源流、识大体。王国维在《国学丛刊》序中提到,"夫天下之事物,非由全不足以知曲,非致曲不足以知全,虽一物之解释,一事之决断,非深知宇宙人生之真相者,不能为也。而欲知宇宙人生者,虽宇宙中之一现象,历史上之一事实,亦未始无所贡献。"③这提示我们史学的研究最重要的是识大体,具体一事一物的理解都不能脱离整体而获致。钱穆在给学生余英时的建议中曾提到,"为学须从源头处循流而下,则事半功倍",倘若在源头处未确立基础,则事倍功半④。对于初

---

① 蔡元培:《教与学》(1935年7月),高平叔编:《蔡元培教育论集》,长沙:湖南教育出版社,1987年,第575页。
② 严复:《与梁任公论所译原富书》,王栻主编:《严复集》(第3册),北京:中华书局,1986年,第516页。
③ 王国维:《〈国学丛刊〉序》,载《观堂集林》,石家庄:河北教育出版社,2003年,第702页。
④ 余英时:《钱宾四先生论学书简》,载《钱穆与现代中国学术》,桂林:广西师范大学出版社,2006年,第232页。

学者而言,大致上都要经历一个建立知识版图的过程,学人的养成贵在形成自己的体系,有如几何学上点、线、面、体的层级演进。在这个过程中,如果有在学问各个方面都卓然有所建树且具备通识的学者担当导引之责,则学生的格局与气魄自然不同。

初学者在听课和读书的过程中,实际上都在摸索自己性之所近的方向,并逐步进行临摹,以确立入门的基础。这一过程中,对于临摹对象的选择是尤其重要的,对于浩如烟海的前人作品,究竟如何选择,对于初学者是非常困难的。因为初学者尚无法区分论著的好坏优劣,这时就需要老师的指引。老师的学术品位直接决定了其所教学生的起点。熊十力曾提到,"凡人心思,若为世俗浮浅知识及肤滥论调所笼罩,其思路必无从启发,眼光必无由高尚,胸襟必无得开拓,生活必无有根据,气魄必不得宏壮,人格必不得扩大。力一切言论总是要人反省,承认自家无知,必将平日所习所见闻于世俗名流之一切浮泛知识、肤滥理论,剥得干干净净,才可由此努力,以接近善知识,而深研真实学问。"[1]熊十力所谓剥除"浮泛知识""肤滥理论",接近"善知识",即有引导采择之意。初学者如果有良师引导,则可以确立对于学术的高品位,而少走弯路,事半功倍。

除了传授与引导之外,教师最重要的贡献应该是启发,启发是为了让学生自我发现。如梅贻琦在《大学一解》中所言,"若今日之教学,恐灌输之功十居七八,而启发之功十不得二三。明明德之义,释以今语,即为自我之认识,为自我知能之认识,此即在智力不甚平庸之学子亦不易为之,故必有执教之人为之启发,为之指引,而执教者之最大能事,亦即至此而尽,过此即须学子自为探索;非执教者所得而助长也。故古之善教人者,《论语》谓之善诱,《学记》谓之善喻"[2]。

既往以传授知识为主的灌输式教学,教师与学生缺少互动,教师也没有主动介入学生的认知与理解的过程中去。如果说基础教育是一种标准化的教育,教师在教学活动中具有相当的权威性,相形之下,大学的教育

---

[1] 熊十力:《与严立三》,《熊十力全集》(第1卷),武汉:湖北教育出版社,2001年,第641页。
[2] 梅贻琦:《大学一解》(1941年4月),《梅贻琦谈教育》,沈阳:辽宁人民出版社,2015年,第51页。

是探究性学习,教学应该具有高度的开放性,教师应该有意识地引导学生进行探究。正如傅斯年所说,"中小学之教育在知识之输进、技能之养成","大学教育则是培养一人入于学术的法门中的"①。具体到历史学专业训练,对于学生而言,以知识传授为主导的教学,学生仍停留在博闻强记式的知识点掌握层面,直接获取已知的结论,而没有经历从未知到已知的认识过程,所以也没有能够训练其独立探究的能力和素养。

在"史学论文写作"这样注重实践能力培养的课程教学中,教师要设身处地为学生解惑,师生立于同等地位去做智识上的探索,如此学生才能真正介入到学术探索的过程中,而不只是知道结果,同样,老师也由此介入到学生认识发展的过程,从而能确切地把握学生面对的问题和困难。康德的学生雅赫曼曾这样描述康德的讲演:"康德有一种独到的阐述和定义形而上学概念的巧妙方法,这种方法,就我所闻,就是在听众面前进行他的思想探索;仿佛他本人刚开始考虑这个问题。然后,逐渐补充新鲜的决定性概念,一点一点地完善先前确立的解释,最后得出他对这个题目的研究的明确结论。对这个结论,他已经从各个角度作了全面考察,使聚精会神的听众不仅获得关于这个题目的知识,而且无意中受到思想方法上的教益。"②

在"史学论文写作"课程里,教师所教的,不仅是知识,而是教人怎样治其所学。正如梁启超所言:"真正做学问,乃是找着方法去自求,不是仅看人家研究所得的结果。"③这样做的好处,一方面展现出相关领域的最新研究成果,从而让学生认识到研究空间无处不在,进而激发学生对于成说进行批评性理解的欲望;另一方面通过展现最新研究成果获致的过程,可以使学生从中获得系统的学术训练。史学研究的方法不是通过在课堂上讲授可以学到的,学生很难从这种类似说教的灌输中领会到史学方法运用之妙。历史学专业训练要求教师不仅要尽可能传授丰富的知识信

---

① 傅斯年:《改革高等教育中几个问题》(1932年8月),《傅斯年全集》(第五卷),北京:中华书局,2017年,第28页。
② [英]斯克拉顿著,周文彰译:《康德》,北京:中国社会科学出版社,1989年,第8页。
③ 梁启超:《东南大学课毕告别辞》(1923年1月13日),《梁启超全集》(第十六集),北京:中国人民大学出版社,2018年,第50页。

息,而且要能够展现完整的认识过程。这样的过程应该包括学术研究的完整过程和所有面相,比如如何发现问题？如何确定问题的研究价值？如何使用史料论证自己的观点？如何与学术的对手方进行对话？通过这样的展示,学生参与其中,会达到见贤思齐的效果,感受到自己与先贤之间的差距,从而找到提高的方向。学生如果通过不断的实践,逐渐掌握方法,其主体性可以更加突出,逐渐可以与教师进行自由讨论,相互启发,真正发挥教学相长的效果。

三、"史学论文写作"课程的"学"

学生在大学里的学习,尤其是人文学科的学习,不仅要学习知识,而且要学习研究的态度与方法,培养影响其一生的思维方式。"史学论文写作"课程的目标就是让学生在史学研究上入门,研究能力不仅是知识的积累,更重要的是方法和门径的掌握。孟子云:"君子深造之以道,欲其自得之也。自得之,则居之安;居之安,则资之深;资之深,则取之左右逢其源,故君子欲其自得之也。"①所谓君子深造之以道的"道",实际上就是知识背后的方法。苏辙对此语有注解:"学者皆学圣人。学圣人者,不如学道。圣人之所是而吾是之,其所非而吾非之,是以貌从圣人也。以貌从圣人,名近而实非,有不察焉,故不如学道之必信。"②这提示我们学习最重要的是"学道"。另外,同样重要的是"君子欲其自得之",朱熹对此语的注解,"自得于己,则所以处之者安固而不摇;处之安固,则所借者深远而无尽;所借者深,则日用之间取之至近,无所往而不值其所资之本也"③。这提示我们求学者自主性的重要,只有自己真正求到"做学问的方法",才能事半功倍。

史学研究方法的掌握要靠学生自己去探索,这不是老师能直接给予的。方法不像有形的"金针"可以渡与人,史学研究方法的学习是不能脱离实践的,必须一面学一面体会,最终才能活学活用,才能运作起效。吕

---

① 朱熹:《四书章句集注》,北京:中华书局,2012年,第297页。
② 苏辙:《栾城后集》卷六《孟子解二十四章》,上海:上海古籍出版社,1987年,第1205页。
③ 朱熹:《四书章句集注》,第297页。

思勉曾特别提醒初学者,"研究学问有一点和做工不同。做工的工具,是独立有形之物,在未曾做工以前,可先练习使用。研究学问的手段则不然,他是无形之物,不能由教者具体的授与。对学者虽亦可以略为指点,但只是初步的初步,其余总是学者一面学,一面自己体会领悟而得的。"①解决问题的是人,而不是方法,是人运用方法去解决问题,故而史学研究方法的掌握要在实践中获致,内化为内在的能力与素质。

学生若真能"深造之以道",且"自得之",自然事半功倍,左右逢其源。王阳明有言:"圣人之心如明镜,只是一个明,则随感而应,无物不照。故圣人只怕镜不明,不怕物来不能照。讲求事变,亦是照时事,然学者却须先有个明的工夫。"②同理,学生所要致力的是"明的功夫",而不是简单的知识的学习和复述。

方法并不难学,最重要的是学生要确立其主体性,转变其角色,从被动的知识接受者转变为主动的知识探索者。在专业学习和训练的过程中,学生要自觉地立于与教师同等的地位,从而摆脱依附和盲从的习惯。学生需要首先在认知上实现转变,认识到自己的主体性。当下大学在专业教学上仍然有明显的高中应试教育的痕迹,比较注重知识的传授,忽视能力的培养。教师在知识的掌握上永远比学生具有优先性,学生在教学过程中只能扮演被动的接受者,且最终学习评价的导向也是知识的掌握程度,在这一评价模式中,老师是天然的评判者,而学生永远是被动地接受鉴定的客体。上述师生关系模式带有浓厚的机械性,其功效大多局限于知识的灌输,而忽视学生能力的培养,这样的教学模式对于学术的代际提升基本上不能发挥正面的影响。傅斯年就曾指出,"中学教师对学生是训练者,大学教师对学生是引路者;中学学生对教师是接受者(无论接受的态度是自动的或被动的),大学学生对教师是预备参与者。"③鉴于此,提升大学专业训练效果的前提是转变学生的自我认知,确立其主体地位,建立平等的良性互动的师生关系。

---

① 吕思勉:《怎样读中国历史》,载氏著:《吕思勉论学丛稿》,上海:上海古籍出版社,2006年,第525—526页。
② 王守仁:《传习录全集》,天津:天津人民出版社,2014年,第47页。
③ 傅斯年:《改革高等教育中几个问题》(1932年8月),《傅斯年全集》(第五卷),第28页。

分子生物学家颜宁在一篇访谈中曾经提到,"Be critical,是我们在科研中必备的素质"。并提到她在普林斯顿接受的最基本的科研训练就是阅读经典文献,并指出这些研究存在的缺陷与不足。"这种训练教会我学会质疑。科学没有挑战权威的质疑精神,就不可能有创新。"①在这样氛围下,与导师争论学术问题是专业学习过程中的常态,可以帮助学生确立主体性,而不是盲目地崇拜权威。

南宋理学家张九成认为学人须有主见,其治学问答记,"或问:学者多为闻见所累,如何?曰:只缘自家无主。或问:所见与所守,二者孰难?先生曰:所见难。或曰:今学者往往亦有所见,而不能守,则并与其所见而丧之。先生曰:不然。只是所见不到故耳。"②学生如果没有自己的主见,知识越多反而为其所累。明末清初的理学家张履祥也曾提到,"学者之患,在于志卑而气弱。惟其志之卑,则以圣贤之事谓非己之所能为,而浸淫于流俗之是安。惟其气之弱,是以虽知义理之当为,而吝于改过,怯于迁善"③。同理,只有确立了学生在专业学习中的主体性地位,学生才能突破成规,才有进步的可能。

学生确立学习的主动性,与教师共同探索,在此基础上才有可能青出于蓝胜于蓝,培育出超过老师的学生应该是教育成功的表现。梁启超曾对学生说:"教拳术的教师,最少要希望徒弟能与他对敌,学者亦当悬此为鹄,最好是要青出于蓝而胜于蓝,若仅仅是看前人研究所得,而不自省探讨,那么,得一便不能知其二;且取法乎上,得乎其中,这样,学术岂不是要一天退化一天吗?人类知识进步,乃是要后人超过前人,后人应用前人的治学方法,而复从旧方法中,开发出新方法来。方法一天一天的增多,便一天一天的改善,拿改善的新方法去治学,自然会优于前代。"④

史学研究最重要的训练是养成学生据史料以重建史实进而据事以言理的能力。这种专业能力的养成,需要在专业训练中转变学生的角色,学

---

① 钱炜:《颜宁:"非主流"的主流科学家》,《中国新闻周刊》2017年第48期,第74页。
② 黄宗羲著,全祖望补修:《宋元学案》,北京:中华书局,1986年,第1346页。
③ 张履祥著,陈祖武点校:《杨园先生全集》上,北京:中华书局,2002年,第183页。
④ 梁启超:《东南大学课毕告别辞》(1923年1月13日),《梁启超全集》(第十六集),第51页。

生要获得主体性,从对教师的依赖和从属关系中解放出来,使学习从被动的行为转化为自主的行为。如梁启超所言:"无论什么人向我说什么道理,我总要穷原竟委想过一番,求出个真知灼见。当运用思想时,绝不许有丝毫先入为主的意见束缚自己,空洞洞如明镜照物。"①

史学研究的起点当然是一手文献的阅读,所以要改变单纯阅读经典著作的学习模式,要让学生自己阅读原始文献,学会从史料中发现问题,根据史料重建史实,进而从事具有更新意义的学术再生产。在这一过程中,学生可以从既有的成说中解放出来,回到原始的史料,可以自己经历学术生产的整个过程,并从中实际体验可能面临的困难,并尝试自己去解决困难,久而久之,则可以做到真正有创见的学术生产,从一个阅读者转变为思考者。

结　语

大学就其本质上而言是一个学术共同体,大学不仅是一个教学机构,更重要的是一个研究机构,教学与科研的良性互动才能保证持续的学术创造与科学进步。"史学论文写作"的定位和功能的前沿性,要求我们利用高水平的师资开展具有创造性的教学活动,这种教学是师生之间共同实践的智识上的探险。大学的理想要靠每一位学生和教师来实践,正如蔡元培所言,"大学不但是教育与指导学术于学生的机关,而实在是教员与学生共同研究的机关"②。这种师生关系鼓励我们在不断更新的环境中,批判性地继承传统,赋予传统新的生命,共同推动学术的发展和进步。

当然从实践角度来看,"史学论文写作"课程对于教学过程中的教师和学生都有更高的要求。一是要有更充分的专业指导,既然强调教师要介入学生的认知与理解过程中,并且与学生一起开展探究性学习,那教师当然要投入更多的时间和精力去进行专业指导,这种教学不仅限于课堂,更多是课后的系统化训练。二是需要学生高强度的投入,由于历史学专

---

① 梁启超:《欧游心影录》,北京:商务印书馆,2014年,第36页。
② 蔡元培:《十五年来我国大学教育之进步》(1926年10月10日),高平叔:《蔡元培教育论集》,第413页。

业训练强调学生的主体性,尤其是在阅读经典文献的基础上还要大量阅读原始文献,所以对学生的阅读量有非常高的要求,同时强调学生的角色从单纯的阅读者转变为思考者,作为思考者表达的需要,要进行大量口头和文字表达的训练,所以学生要进行密集的口头报告和论文写作。在认识到学术写作训练重要性的基础上,付诸实践需要教师与学生的全身心投入。

读懂史料是史学论文写作的基础

潘 晟

史学论文写作要做的工作很多,其中最基础的是理解史料,也就是读懂史料,而这恰恰是最有难度的一项工作。从本科算起,从事历史的学习与写作,至今已经快 30 年,但是在这方面我仍然是经常犯错误,因为错误犯得多,所以经验教训也就多。不妨总结一下教训,概括一些可资参考的条条框框出来,供初学论文写作者参考与批评。

一、读懂史料是史学论文写作的第一技艺

从事史学工作,最基础的能力也是最重要的能力是读懂史料,这是历史学者最基础的技艺。一个连史料都读不懂的人,撰写的论文或专著,要令人信服是极为困难的。但事实上,读不懂史料的情况即使在专业的史学论著中也并不是偶然存在的现象,而是带有一定普遍性的问题。不过也要特别指出,一个历史学者在其撰写的论著中要做到所有史料都读懂了,没有瑕疵,或所谓的硬伤,这也是极难的。即使是那些著名的经典历史著作,也存在着误读或错读史料的情况。我们能做的是尽量避免误读史料[①]。

[①] 关于史料与史学研究的关系,是史学工作的基本论题,大多数历史学者都有自己的心得与体会,不少学者对此做了专门的论述,著名的如《陈垣史源学杂文》(陈智超编注,北京:生活·读书·新知三联书店,2007 年)、傅斯年《史料论略及其他》(沈阳:辽宁教育出版社,1997 年)、翦伯赞《史料与史学》(北京:北京大学出(转下页)

举个例子。利玛窦《坤舆万国全图》上(李之藻刻本)有利玛窦自己写的几段图注(不少人称之为序或跋,这就出现不同的理解了,不过这还好,无论将之看做跋、序,还是图注,都不影响该段文字表达的意思,但是可能会影响读者对它的理解),其中一段:

> 壬午解缆东粤,粤人士请图所国诸国,以垂不朽。彼时窦未熟汉语,虽出所携图册,与其积岁札记,绅绎刻梓,然司宾所译,奚免无谬。庚子至白下,蒙左海吴先生之教,再为修订。辛丑来京,诸大先生曾见是图者,多不鄙弃……缮部我存李先生,夙志舆地之学,自为诸生,编辑有书……前刻之隘狭,未尽西来原图什一,谋更恢广之。余曰:此乃鄙邦之幸,因先生得有闻于诸夏矣。敢不厪意再加校阅?乃取鄙邑原图及通志诸书,重为考定,订其旧译之谬,与其度数之失,兼增国名数百。②

按:李之藻,字我存。利玛窦所言缮部,是指李之藻任工部营缮司员外郎。这段话读来其实没有多少难度,但是要明白利玛窦提到的"鄙邦""鄙邑"是指他自己的家乡意大利,与"诸夏"相对称,而"鄙邑原图"即指他从意大利带来的地图(利玛窦在中国时还与欧洲有通信,因此还包括后来从欧洲辗转寄来的新地图),这并不会产生歧义。但是后半句"及通志著书"还是容易产生歧义,到底是利玛窦用中国的名词来指代欧洲的地理书,还是就指当时中国的地理书?从语气上看,仍然与"鄙邑""鄙邦"那样,用中国称谓来表达,此处似指欧洲地理书等图籍的可能性为大,但是需要进一步的佐证。

好在该图上还有将利玛窦所绘地图转绘为六幅条屏的李之藻的图注,为我们理解上述利玛窦的叙述提供了支持材料,其中一段是这样写的:

> 西泰子泛海,躬经赤道之下……又其国多好远游,而曹习于象纬

(接上页)版社,1985年)等等,有兴趣可以参考。若有志于史学研究的职业工作,可以读一本极难的书,如石泉《古代荆楚地理新探》(武汉:武汉大学出版社,2013年新版),这书虽然难度大,但是适合论文写作时模仿与学习。

② 黄时鉴、龚缨晏:《利玛窦世界地图研究》,上海:上海古籍出版社,2004年,附李之藻版《坤舆万国全图》。

之学,梯山航海,到处求测……所携彼国图籍,玩之最为精备……惜其年力向衰,无能尽译。①

两段话结合起来,利玛窦所言"鄙邑原图及通志诸书"的"通志诸书"更可能是指他所带来的欧洲的地理书及其他书籍,"鄙邑"是"原图及通志诸书"的定语,而不仅仅是"原图"的定语。

但是仅仅到此,并不能完全排除其他可能,因为利玛窦绘制世界地图时亚洲部分肯定参考了当时明朝的各类地理文献资料,故而要排除上面那段话的歧义项,还需进一步找其他佐证。

这个简单的例子可以很直接地让我们感受到,要读懂一段史料,给出确切的理解,实在不是一项容易的事情,既需要相应的专业素养,更需要相当的耐心与舍得花功夫的决心。

我们在从事史学专题研究的过程中,在进入到论文写作的过程中,要做到尽量避免误读史料,其实是很难的一项工作,它不仅不是简单的劳动,更不是一项一蹴而就的事情,而是需要长期对它保持谨慎的敬畏之心,每一次阅读与写作都要时刻提醒自己,是否真读懂了史料。在史料的阅读理解上,要时刻保持胆战心惊、如履薄冰的心态。

不少学者悔其少作,一个重要的原因就是早年写作的时候,对史料的理解不准确,有些错误的理解直接就动摇了文章的结论;有些史料的误读虽然不影响结论,但是总会给人论证不充分的感觉。

二、衡量史料阅读理解是否准确的标准

什么样才算读懂了史料?或者说,有什么办法来判断自己或他人的史料判读是较为准确的?这是一个很难回答的问题,对此或许不能仅仅用这是历史学家的手艺或技艺这种个性化的答案来搪塞,而应该去寻找一些可以通用的、相对便于操作的准则或者标准出来。如此,则一方面让同行们有一定之规,另一方面也可以让其他学科的专家,或者乃至普通的读者,能够有一个可资评判的依据,再者历史学专业工作者也可以在与其他领域专家和读者讨论史学问题的时候,有一个大家都能接受的对话基础。

---

① 黄时鉴、龚缨晏:《利玛窦世界地图研究》,附李之藻版《坤舆万国全图》。

读懂史料,与现在中小学语文考试中的阅读理解题目有一点相似的地方,而阅读理解题目向来是最招人讥讽的考试类型。每年高考语文试题出来后,就阅读理解这一项,往往那些被作为题目出现的文章的原作者也做不对考试试题,就是这方面最突出的表现。出现这样的情况,并不能证明阅读理解没有可以把握的标准或准则,也不能证明一千个人有一千个哈姆雷特,那种文章完成之后就交给读者,其内涵由读者说了算的论点的正确,而恰恰表明了出题者没有把握作者的原意,没有读懂作者的原文。把这换作史料的阅读,就是没有读懂史料的原意,没有读懂史料撰写或编纂者的意图。

在这里要特别指出的是,不同于文学批评可以跳开作者本意,史学研究与史学论文写作对于史料的处理,必须尊重史料本身。用学术一点的话讲,史学研究中的史料理解,必须采取诠释学中的还原论方法,也就是首先要读懂史料本身及其所处上下文语境的原意,而不是其他意思,因为史学的目标是追寻历史过程中人、事的真实本身,而不是其他。

具体到史料阅读理解来说,每一个专业的史学工作者都有一点自己衡量史料阅读是否准确的原则或方法,但是却很少拿出来思考,它是否具有一定的普遍性,具有一定的方法论价值或意义。

我个人认为,虽然没有明确的条文写在那里供人核对,但是就是否读懂史料这样一个问题,在史学共同体内是存在一个被同仁潜在默认的判断准则的,也就是说是有一个隐藏的标准的。

这个标准是什么?或许不同的人会概括出不同的结论,但是想来以下几个方面应该是核心项。客观方面,也就是一旦搞错就造成硬伤,有这样几点:

(1)认对字词。无论中西方语言文字,阅读史料首先是认"字"("词")。认字或词,从史料存在形式分,可分为认手写体与印刷体。相当部分手写体极有个性,其书写不一定符合规范。这类史料的识别难度大,如一般的民间账簿或医生开出的药方,都有其特定的书写方式,如若认错,那么一定不能准确理解史料本身。至于印刷体,虽然大多数是规范的字词,但是也仍然会有一些异体字,需要予以特别的关注。对于中国史来说,至少到1949年之前,大部分文献记载是没有句读标点的,因此认对字、词的更进一步是需要句读准确,如若不能准确句读,很多时候是读不懂史料的大体意思,甚至完全弄错。更进一步地认对字词,则是要明白字词意义的古今变化与地域差异,因为这些变化与差异对史料的理解会产生直接的影响。认对字词显然是有标准的,这个标准就是语文。

(2)地名的地望与范围准确。地名的地望也就是古代地名到底在今天什么地方,历来是历史研究的关键问题。比如春秋战国时期楚国的都城"鄀",到底在哪里?汉代以来就有不同的观点,至今尚有争论。对这类地名地望问题的准确理解,直接关系到对一些重要历史事件的认识,著名历史地理学家石泉先生就是通过地名地望的考订,对春秋时期吴楚战争提出了新的认识。

(3)人名识读准确。大多数时候人名识读不一定影响对历史事件的认识,但是有些时候则也会因为人名识读的错误造成张冠李戴,而影响对历史事件的认识。比如清人对明代所修《元史》的一个重要的批评就是明代人对元代蒙古语人名的翻译错讹与不严谨,造成同名异人与异名同人现象。不过,据从事元史的朋友讲,清人批评明人的工作,其实清人在这方面也是错讹不少。

(4)名物制度识读准确。名物制度的识读其实非常难,历代争议不断,是一项专门的学问。今天的我们有一点是很有优势的,就是科学的可靠的考古发掘材料的丰富,使得我们可以通过实物与文献比较,得到很多确切的名物制度方面的知识。

(5)典故识读准确。无论古人还是今人,都会用到典故。以今人为例,比如说常凯申,就是一个很明显的今典,一说就知道是讽刺翻译西文中国史论著时把蒋介石这么重要的人物都译错。一些典故的识读,直接关系到对历史人物与事件的认识,需要特别注意。

主观的方面,不如客观方面那么硬朗,但是其标准"符合历史事件所处的事件背景与时代背景",也就是所谓的符合历史的上下文,或符合历史语境。虽然这是一条有弹性的准则,但是它已经规定了史料理解在主观上的基本特征,并且也具有可操作性,比如可以用上述客观的标准作为判断是否符合其所处的历史背景,又如把历史人物、事件的各主要方面都罗列出来,以判断对史料的理解是否符合当时的行为逻辑,如此等等。

三、读懂史料的基本方法

读懂史料需要一些基础的前提条件,至于需要哪些前提条件,不同的人会有不同的看法。我个人认为,读懂史料至少需要以下一些基础条件。

(1)语言文字条件。比如学世界史,研究法国史一般要懂得一点法语;如果研究中世纪史,还要有一些拉丁语的基础,如此等等,显然是最为基础的条件。而从事中国史研究,繁体字与古文句读就是基本技能,最后还要懂得一点篆、隶、草等不同字体方面的知识,或准备该方面的基本工具书。即使是近代史,掌握句读与繁体字也仍然是基本要求。至于从事先秦史,则最好有古文字方面的知识储备,如此等等。认"字"是最基础的条件,并要了解一些语言演变方面的知识,知道古今语词是一个变化的过程,无论读音与写法都在变化之中。

(2)具体的知识点。以中国史为例,如基本的朝代顺序要知道,一些重要王朝的帝王年号、庙号要知道,特别是一些重要历史事件的大致时间、经过、结果要有基本的掌握,等等,这些都是常识。具备了这些常识才能在阅读史料的时候得到一个轮廓性的认识,对史料所涉及的时、人、地、事有一个概括性的把握。在史学常识中,更进一步而相对难一点的,如避讳问题,地名的变迁问题,人名别名和职官别名,阴阳、五行、八卦、二十八宿等,也是读史料时必不可少的基础知识。至于世界史,则最好要了解一点希腊神话与《圣经》,要大体了解世界历史的进程,各时代主要王朝与国别,重大的历史事件,重要的历史人物及其时代与国别,等等。这些具体的知识点非常多,要面面俱到地掌握有点不太现实,能有一定的记忆量就可以了,重要的是要知道自己的不足,勤查各类字典与辞典等工具书,这就进入到史学阅读中需要掌握的一些基本技能与方法了。

(3)基本的方法与技能。前辈学者对此有过较为明确的概括,比较有名的是流传甚为广泛的是邓广铭先生提出的"四把钥匙说",即:目录学、年代学、历史地理学、职官制度。目录学第一可以扩展为文献学,作用之一是知道查什么书;要看哪些史料,这些史料书在哪里;要看谁的研究成果,哪里有收藏;遇到不懂的问题,要查什么工具书等等;第二,目录学是为理解文献的成书背景与文献特征提供帮助;第三,目录学是有助于从总体上把握历代学术的演变过程,理解古代学术的发展线索。

年代学则是在历史纪年基础上,了解古代纪年的特点,特别是不同时代纪年的特点,不同类型文献的纪年特点等,这是准确把握历史的时间节点的基础。

历史地理学,则不仅仅是地名或政区的历史沿革、辖区的范围等,还包括历史发生的地理环境、地理条件,以及地理变迁对历史事件的影响等,毕竟历史是在地理和空间中展开的,如果地理或空间与史料所记相悖,那么就有充分的必要展开史料辨析。

至于职官制度,可以扩大一点为名物制度。职官也好,各种事物也好,都并不是一成不变,而是随时而变。这部分内容极为繁复,是最难的一个技能。一般情况下,往往需要借助工具书。

（4）史学理论训练。从事具体的专题或部门、断代史的研究,虽然不是专业从事史学理论研究,但也要读一些史学理论著作。史学理论方面的训练,是帮助自己从不同角度、尺度理解史料的好帮手。

（5）谨慎的态度,坚持从字面意思的基础上进入字里行间的背后意思。基本的语言文字能力多么强,史学基础知识掌握得多么丰富,史学方法与技能掌握得多么深入,理论训练多么宽广,都架不住史料阅读过程中草率与疏阔的态度所带来的危害。一般来说,对史料理解的扭曲,多半来自不谨慎的态度,而并不是知识的不足。

史学是以史料为证据展开论证的学问,也就是它是以证据为基础的科学,而不是随意阐释的文学或其他什么东西,因此首要是坚持揭示史料的字面意思,也就是类似翻译中的"硬译",这样才有可能做到以史料所提供的证据为基础来展开讨论;然后才是结合上下文,放到事件和时代的背景下去讨论字里行间的意思。这是谨慎的阅读史料的基本原则。

（6）坚持史料阅读训练,从实践中慢慢提高。史料的阅读理解是一个实践活动,只有不断地实践才能不断地进步。大多数从事史学工作的同行都有对史料理解错误的经历,也常常会有这样的体会,即同一段史料,不同时候读会有不同的理解,往往会产生常读常新的感觉。因此坚持长期的阅读训练,是提高史料理解能力的基本路径。

科研小组指导与史学专业训练

王志龙

南京师范大学社会发展学院为了提高学生的科研能力和就业竞争力,根据学校本科生发展规划和历史专业的教学实际,从 2008 年秋学期开始在历史系大二和大三年级组织开展科研小组活动,要求每组在一学年内完成一项研究课题。笔者在十多年的时间里指导了二十多支科研小组。从各组员的发展情况来看,科研小组在人才培养方面产生了较好效果。下面仅就指导情况和心得作一介绍,以便交流。

一、加强制度建设

科研小组是学生根据兴趣组成团队,推定组长,在教师的指导下开展专题研究训练,培养科研兴趣和能力。由于学生的科研小组活动由学院统一组织,所以制度建设尤为重要。社会发展学院学生工作办公室在组织学生开展科研小组活动的初期,并没有制定规章,小组活动缺乏有效管理,有很多学生虽然报名参加了小组,但是并没有真正与小组同学开展合作训练;教师的指导因无章可循,随意性很大。从小组提交的科研成果看,学生没有能够得到较为有效的训练。鉴于此,学生工作办公室在总结三年来开展活动经验和教训的基础上,于 2011 年 9 月制定了《关于本科学生课外学术研究活动的规定》。该规定的主要内容是:(1)明确开展科研小组的目的是"推动学生学会正确的科研方法和养成良好的科研习惯","培养学生敢于探索、勇于创新的品质"。(2)由学院分管学生工作的副书记、分管教学工作的副院长、各本科生辅导员以及部分优秀专业课教师组成学生科研活动指导组(以下简称"指导组"),负责制度建设、立项审查、中期检查、结项鉴定和成果评优等工作。(3)科研小组由大二、大三年级的学生5至10人根据兴趣自由组合而成,推选组长一名,负责组织活动和考勤,填写"导师参与学生科研小组活动登记表",把"课题名称""时间""地点""参与人员"和"主要内容"填完后,由导师签署"意见"。(4)指导组负责宣传各位导师的教学科研成果,组长负责联系导师,导师对小组科研进行全面指导,每半月需集中指导一次。导师指导小组完成"立项申报书",申报书由"组长和成员简况""立项依据及意义""研究内容和研究方案""预期效果""导师及立项意见"和"资助经费数额"组成。立项申请通过后,导师指导小组根据课题研究需要自主适当开支经费;对小组的阶段性成果和最终成果进行等级评定。(5)科研小组活动与综合测评挂钩,凡是经审核可顺利结项的小组,每个组员在综合测评中获得适当加分;获得优秀等级的小组,每个组员还可获得奖励分。评选出的科研先进个人在当年学校"三好生"评比中优先参评"学习单项奖"。给予导师适量课时费补助,荣获优秀结项成果的导师即为优秀导师,在学校评优和职称晋级上获得适当加分。此外,为了发扬先进、激励后学,指导组在结项评审结束后组织召开全院学生大会,对评选出的优秀导师、优秀结项成果和科研活动先进个人进行表彰,在学院宣传栏设专栏开展宣传,编辑结项成果专辑并在学院学生活动中心展示[①]。《关于本科学生课外学术研究活动的规定》的制定和执行,使科研小组的活动更加规范,调动了学生和导师两个方面的积极性,从根本上保证了小组活动持续有效地开展。

  为了加强领导,指导组下设由学生干部组成的科研工作部,具体负责科研小组的日常管理。科研工作部摸索出了一套行之有效的工作流程。该流程以时间为经、工作为纬,规定了从秋学期到春学期一个项目周期内不同月份的主要工作。概而言之,秋学期的10月主要是宣传动员组建科研小组,填写"科研小组登记表"[②]。11月召开上一学年科研小组表彰和

---

  ① 社会发展学院学生工作办公室:《关于本科学生课外学术研究活动的规定》(2011年9月),南京师范大学社会发展学院学生工作办公室档案柜藏。
  ② "科研小组登记表"的主要内容包括小组编号、课题名称、组长、组员及联系方式、指导老师及联系方式。

新学年科研小组动员大会,开展上届优秀科研小组经验介绍会,收取立项申报书。12月组织科研小组初期进度交流会,收取小组初期成果。春学期的3月开展小组中期进度交流会,收取中期成果,交指导组审核。4月组织科研进度交流促进会。5月收取小组结项成果和导师指导小组活动记录表。6月指导组鉴定结项成果,进行评优评奖,制作科研小组成果专辑①。科研小组工作流程的制定和落实,进一步将小组工作纳入到有计划的管理中,使小组成员明确科研的阶段性任务,有利于他们制定科研计划,按时交出较为满意的成果。

从发展学生的能力以适应市场竞争出发,南京师范大学社会发展学院制定了切合实际的规章制度,把规范小组活动和调动师生的积极性紧密结合起来。笔者正是根据学院的规章,立足学生的研学实际,不断推进指导工作。

二、坚持有计划地指导科研小组

在导师的指导下开展科研训练是科研小组的主要活动。从保存下来的"导师参与学生科研小组活动登记表"来看②,各老师的指导总体上是大同小异。笔者较为注重对科研小组的打磨,将一年指导周期根据任务分为如下五步循序推进。

一是选题。召开师生见面会,由组长陈述选题意向及理由,其他组员作适当补充。导师在组员陈述过程中不断追问,深入了解他们的掌握程度。经过交流以后,组员一般会感到在选题上存在很多盲目性,导师乘机介绍选题应该大小适度、了解学界关于该课题的研究现状和初步掌握相关资料等。学生所选题目往往过大,要提醒组员适当地缩小选题,学会把感兴趣的大课题分解成若干小课题,从中选择适合小组完成的题目。接下来要求小组继续了解动态,搜集相关资料,在此基础上进一步明确选题,初步提出研究思路及研究内容。

在初次见面会上,导师一方面要求小组执行分工合作原则,以后会谈

---

① 社会发展学院学生科研工作部:《科研小组活动总流程》(2013年10月),南京师范大学社会发展学院学生工作办公室档案柜藏。
② 该表藏于南京师范大学社会发展学院学生工作办公室档案柜。

时先由各组员分别汇报,再由组长作总体阐释,防止出现名义上参与小组而实际上没有活动的现象,促使每个组员在活动中得到锻炼;另一方面要求小组在一周内拟定一份科研计划,计划经导师修改后返还小组,作为师生双方共同活动的准则。通过初次见面会,导师还要让组员意识到科研有路可循,只要师生之间、组员之间紧密协作,一步一个脚印地走,大家的科研能力一定会得到逐步提升。

二是定题并探讨思路和内容。先由小组各成员介绍前段时间的主要工作,然后组长综述研究动态,需要具体指出学者在何论著中提出了怎样的观点,有什么重要结论以及大家对此的认识等。在明确研究动态后,汇报已经搜集到的史料,要求小组在综合动态和既有史料的基础上,以避免重复研究为原则,进一步修改选题,确定一个有新意且可行的题目。然后讨论研究思路以及展开的具体内容。在小组思考研究思路和内容时,导师要让他们清楚,此时只能是初步的想法,因为随着史料搜集的不断增多,研究思路可能需要做适当调整,研究内容也会随之有所变化;即使思路变化不大,由于新史料的发现,研究内容也可能要变。但是,更要让组员树立"史料不具或不确,则无复史之可言"的意识①。此后,小组的主要工作是加强史料的搜集,在研读史料的基础上不断揣摩思路和内容,适时作出修改。

三是确定思路和内容。小组重点汇报新搜集到的史料以及在思路和内容上有无需要调整之处,如果有需要调整之处,说明理由。导师根据汇报,确定小组的研究思路和内容,但是必须要求继续加强史料的搜集,让组员明白这是一个没有终止的过程,只是由于在限定时间内需要结项,故结项成果暂时只能根据既有史料立论。随之,导师应该向组员分发优秀结项论文范本,让他们了解论文写作的规范,接着有重点地介绍结项论文创作的基本要求。最后,讨论决定由小部分组员继续补充史料,大部分组员投入到结项论文的分工创作中,确定一名主创人进行统稿,完成结项论文初稿。在下次开会讨论初稿之前,每个组员必须通读论文至少两遍,主创人统计组员在阅读时提出的修改意见,以便开会时讨论。

四是修改论文初稿。召集小组全体成员,先由搜集史料的组员介绍

---

① 梁启超:《中国历史研究法》,上海:上海古籍出版社,1998年,第40页。

新发现史料情况,说明史料的应用价值及对文章思路、内容和结论等有何影响。接着论文撰写组员分别介绍各自承担了何主题的创作及思路,创作过程中遇到的问题及如何突破等。然后由主创人陈述统稿的指导思想,遵循的思路,统稿中遇到了哪些问题以及如何解决。导师在听取各组员的汇报后,对初稿的题目、摘要、关键词、研究动态、结构和思路、资料运用、语言规范、注释与参考文献等进行全面指导,既要让组员知晓初稿的优点,也要明白存在的不足以及该朝什么方向修改。全面指导初稿要让各组员清楚写史学论文应该注意的事项,应该怎样修改才能提高论文质量。为了防止组员因反复修改论文而产生厌烦心理,导师还要让他们明白好文章需要修改,及时发现并表扬修改中取得的成绩,坚定他们能够改得更好的信心。

五是定稿。在讨论定稿之前,先由统稿人陈述对初稿在哪些方面作了修改,各组员分别提出了哪些具体修改意见,如何处理意见。导师在听取陈述后,就好的意见及修改出彩的地方进行表扬,对存在的问题给出解决的办法。接下来请一位组员大声朗读结项论文,导师和其他组员认真听,共同发现语言表述、思路逻辑等方面可能存在的问题,协商解决办法。然后,导师和组员共同过目纸质文本,从字词句到篇章结构作全面审视,尽量不放过任何疑点,发现并解决存在的问题。主创人记录整理问题,经导师过目后进行修改。修改后的论文再经导师过目,如果有问题继续修改,没有问题就定为结项成果。

需要特别注意的是,导师在指导时不要集中灌输有关科研的理论知识,应该坚持把训练打磨放在第一位,让组员在训练中感知自己的不足,产生求知欲,然后作适时有针对性的介绍,这样更利于学生接受,不断积累知识和发展能力。

三、引导小组开展持续研究

在老师指导科研小组伊始,就需要为小组成员的后续研学进行规划,引导他们走向长期发展之路。这其实是把科研小组打造成学生持续开展研学的平台,不因完成学院的项目而解散。为此,导师应该通过建立多项联系,以便组员根据情况选择后续研学之路。

导师基于学校和学院的历史专业培养方案,可以选择的路径还比较多。如把科研小组立项和学校大学生暑期社会实践项目结合起来。大学生暑期实践项目强调学生利用暑期走向社会,开展有针对性的调查研究,增强解决实际问题的能力,实现自我提升。所以,这样的结合往往需要导师指导学生将小组项目转变为通过社会实践来完成的新课题。如小组项目是探讨清代无锡宗祠的祭祀仪式,暑期实践可开展无锡传统宗祠的现状调查;小组完成了新四军在苏中地区的战略战术研究,暑期可开展新四军苏中抗战的口述采访;小组对1960年的"包产到户"开展过立项研究,暑期可选择有关地区当代农地经营模式创新的调研。但是,并非每个科研小组的项目都能基于研究内容转变为可行性的暑期实践项目,如此则需要导师根据学生此前研究所积累的知识和能力等,发现小组成员的优势和不足,与他们共同商定暑期实践项目。就笔者所指导的科研小组来看,基于史料搜集和分析能力较强而选择开展南京仙林拆迁安置户生活现状调研产生了很好的成果,根据历史专业知识掌握较好且对教学有兴趣而选择开展暑期助学实践则很好地锻炼了组员。这些都是非常成功的转变。

此外,导师还可以引导小组申请大学生创新创业项目。该项目不仅强调创新性,而且还具有非常强的实践性要求,所以历史专业的学生申请难度相对较大。但是,对于导师而言,此与引导小组将院级科研立项转变为校级暑期实践项目有共通之处。因此,导师可以根据小组前期研究的实际,将院级项目发展成为校级、省级乃至国家级大创项目。

当然,导师还应该有计划地引导小组将科研立项和全国高校大学生论文竞赛活动结合起来,通过不断修改项目的阶段性成果或结项成果积极参赛,从而培养小组成员的科研能力。

尤为值得提倡的是,导师引导学生把科研小组的立项训练和毕业论文的撰写结合起来。根据培养方案,历史专业本科毕业论文的撰写安排在大四,因受到毕业实习、考研以及找工作等多因素的影响,学生真正用于撰写论文的时间比较少,以致总体质量并不尽如人意。在提高毕业论文质量方面,学生参加科研小组活动可以为写毕业论文打基础。但是,导师应该有意识地要求学生在开展小组活动时,注意发现新的选题并搜集资料,在完成小组结项论文后顺利转进到毕业论文的创作中。如此,学生一般就不会在大四出现仓促应付的情况,从而完成一篇质量较高的毕业论文。

在指导科研小组活动的过程中,导师需要有计划地把小组的立项研究与其他各项研学活动结合起来。由于此结合是以小组前期研究为基础,所以更有可能达到预期目的,促使组员在不断获得承认的过程中走上持续性研学之路,从而更好地发展。

应该说,科研小组在培养学生方面能够发挥重要作用。从笔者十多年来指导的情况看,所取得的成效较为明显,其中标志性的有荣获江苏省优秀本科毕业论文1篇,校优秀本科毕业论文4篇;成功申请国家级大创2项,省级大创1项;多个小组荣获校暑期实践优秀调研报告一等奖和院科研小组结项成果一等奖。此外,指导科研小组也有助于良好教学风气的养成,一方面学生参加科研小组不仅有助于培养问题意识和团结协作的精神,还有利于养成发现问题、分析问题和解决问题的习惯,增强学习专业的兴趣和学好专业的信心,促进他们把更多的精力投入到专业学习中;另一方面科研小组为老师和学生之间架起了一座交流的桥梁,有助于加强学术沟通,融洽师生关系,增进相互信任,在学术传承中不断改善教学风气。

科研小组的主角是学生,但是要真正发挥其育人的作用,需要导师付出大量的时间和精力。

世界史学术论文的选题、选材与写作

倪正春

随着全球化的发展,对外交流的频繁,世界史研究日益成为史学研究中非常重要的一个部分。随着世界史一级学科的设立以及国内世界史学科体系的完善,对世界史研究人才的需求不断增加,越来越多的历史学专业本科生对世界史研究产生了兴趣,尝试写作世界史学术论文。万事开头难,世界史学术论文的写作也是如此。但是,只要掌握了一些世界史学术论文写作的基本原则和规范,写作一篇世界史论文可能并不是遥不可及的事。

一、世界史学术论文的选题

首先是世界史学术论文的选题问题。第一个问题是,选题是从哪里来的呢?也就是如何才能发现可以研究的问题呢?大学期间,如果想写作世界史领域的论文,可以从如下几个途径进行选题:世界通史课,阅读史著和论文,阅读报纸,阅读原始资料。最便捷的一个途径是通过世界通史课程的学习寻找论文选题。作为历史系的学生,从大一到大三要上五门世界通史课程,包括世界上古史、世界中世纪史、世界近代史、世界现代史和世界当代史。任课教师授课过程中不仅会对世界历史进程中的重要事件和重要人物进行讲解,而且会对一些历史问题的研究现状进行介绍,甚至会提到哪些历史问题还是学术研究的空白,或是哪些问题仍然是历史研究中的薄弱环节。因此,上课的过程中如果能做一个"有心人",细心聆听,认真思考,找到一个感兴趣的选题并非难事。其二,可以通过阅读历史学专著或是论文找到选题。历史学著作和研究论文是前人的研究成果,阅读过程中了解前人的研究进展,受到启发;也可以发现前人研究的缺漏,发现问题。例如,我在阅读《英格兰景观的形成》的过程中发现议会圈地在英格兰现代景观的形成中发挥着重要作用,但是,作者并没有论述这些问题:议会圈地中圈地委员会如何规划改造英格兰景观,圈地教区的居民在景观改造中扮演的角色,圈地教区原有的自然景观对圈地委员会改造景观的制约作用。解决这些问题成为《英国议会圈地与乡村景观的重塑》一文的主要目的。其三,可以通过阅读中英文报纸获得选题。比如,《南方周末》2007年3月15日和3月22日连续刊登了两篇姚洋的《印度随想》,文中对印度民主制度的特点进行了生动的描写。姚洋认为,印度民主的危险在于,这种趋势太过强烈,以至于导致政府始终处于无为状态,说得严重一点儿,就是政府的"公地化"倾向,即一种无人负责的状态①。印度民主的特点,特别是印度民主制度与其现代化进程的关系引起了我的好奇,于是我以《民主与现代化的悖论——强大政府视角下的印度现代化》为题写作了一篇小论文。后来,我的研究兴趣转向英国经济社会史,开始阅读相关资料,其中包括大量的报刊资料。在报刊资料的过程中可以发现一些阅读专著无法发现的选题。例如,我在阅读18、19世纪英国报纸的时候,发现了大量和议会圈地相关的资料,这些资料中很大一部分是议会圈地期间圈地委员发布的会议通知。研读这些会议通知可以发现,英国不同地区、不同时间进行的议会圈地有着相似的程序,那这些程序都体现出什么样的共同特点呢?这成为我想解决的一个问题。因此,总结归纳议会圈地的程序以及这些程序所体现出的特征成为一个选题②。其四,如果能阅读某一领域的原始资料,那对于发现选题更是一条捷径。因为史学研究的一般规律是"论从史出",阅读史料更容易发现问题。例如,我在阅读圈地法案的过程中发现议会圈地中普遍存在土地权利补偿的情况,萌生出"英国议会圈地中土地权利的补偿"这一选题。

找到一个选题之后,不要急于写作,而是评判一下这个选题有没有写

---

① 姚洋:《印度随想二》,《南方周末》2007年3月22日。
② 倪正春:《英国议会圈地的实施程序及其特点》,《经济社会史评论》2021年第3期。

作的价值。一般来说,评价一个选题是否具有写作的价值可以参阅两个标准,首先是一个选题是否具有社会价值,其次是一个选题是否具有学术价值。按照李振宏的观点,所谓社会价值,就是这个研究为现实人类提供了借鉴,能够给人以启发。我们代表现实,现实与历史对话,这就是历史研究。离开现实,我们就没有选题;远离现实的选题,很多都是无病呻吟①。正如英国学者卡尔在《历史是什么》中的观点,历史是历史学家与历史事实之间连续不断的、互为作用的过程,就是现在与过去之间永无休止的对话②。第二个标准是学术标准。学术标准不是一项研究是否能填补学术空白。因为世界史领域还存在无数的学术空白,但这些学术空白并不一定具有学术价值。李振宏认为,学术标准是指研究的问题一定是一个学术链条中的节点。比如某一个问题在学界已经有了多年的研究,但是还有许多缺环,你的研究补充了其中一个缺环,这样就可以称之为学术价值③。

二、世界史学术论文的资料收集

选定一个题目以后,下一步就是收集相关资料。写作一篇论文通常需要两种类型的资料:研究成果以及原始资料。研究成果也就是通常所称的二手资料,包括研究论文和专著。原始资料通常指档案资料,包括馆藏档案资料和数据库档案资料。那如何查找资料呢?首先是中文资料的查找,目前可以通过三个途径来获取。研究论文可以通过中国知网查找并下载。研究专著可以通过搜索学校图书馆网站的馆藏书目来查找。如果需要的资料在本校图书馆无法获取,可以通过图书馆网站上的"校外文献获取"来申请借阅国内其他图书馆的图书资料。写作世界史论文相对来说难度大一些,主要体现为做世界史论文需要参考一定数量的外文资料。其中,笔者比较熟悉的英文资料获取方式主要有以下几种。首先是英文论文的查找和下载,可以在学校图书馆网站上找到数字资源导航列表中的"JSTOR回溯数据库"来输入关键词查找并下载英文论文。如果

---

①③ 李振宏:《历史学研究的学术规范》,《华中国学》2020年第1期。
② [英]爱德华·霍列特·卡尔:《历史是什么?》,陈恒译,北京:商务印书馆,2007年,第115页。

需要的论文在"JSTOR 回溯数据库"里没有收录,可以通过"超星百链学术搜索"来查找,并通过里面提供的数据库来按图索骥。如果没有链接的话,可以提交一个申请,通过邮箱来获取。英文专著同样可以通过馆藏书目来查找,如果本校图书馆没有馆藏,可以通过"校外文献获取"来借阅国内其他图书馆的英文专著。国内一些图书馆,特别是国家图书馆、北京大学图书馆、南京大学图书馆、复旦大学图书馆馆藏的英文图书非常丰富。

原始资料的获取主要有两个途径,一是实地探访档案馆,二是通过数据库查找相关档案。目前,国内世界史学界利用率比较高,且档案内容比较丰富的主要是 GaleScholar 的系列数据库,Gale 数据库包括三个类型的文献:早期的出版物,档案和手稿,报纸和期刊的典藏。Gale 系列数据库中有几个常用的数据库:

1. The Making of the Modern World(现代世界的形成):1450—1945 年,世界近现代史。

2. Eighteenth Century Collections Online(18 世纪作品在线):18 万余种欧洲语言的出版物,书籍、带插图的小册子、

3. Nineteenth Century Collections Online(19 世纪作品在线):图书、政府报告、手稿、19 世纪诞生的摄影技术以及一些珍稀的地图等。

4. Early English Books Online(早期英文图书在线):1473—1700 年间英国及其殖民地所有纸本出版物,以及这一时期世界上其他地区的纸本英文出版物。

5. USDDO(美国解密档案在线):16 至 21 世纪,地域包括亚洲研究、欧洲研究、北美历史、拉美、中东以及非洲历史等。数据类型有国家安全会议政治的陈述、电报电信、政治分析报告、中情局情报资料等。

我在查找档案资料的过程中经常利用的数据库是"现代世界的形成""18 世纪作品在线"和"19 世纪作品在线"。在这些数据库中,我找到了为数不少的英国议会圈地议案和法案,比如 *A Bill for Dividing and Inclosing a Moor called Carlton Moor or Common*, *and an Open Field called the Town Field*, *in the Manor and Township of Carlton*, *in the Parish Guiseley*, *in the West Riding of the County of York* 等圈地议案,*An Act for Inclosing and Dividing the Common Fields and Pasture Ground in the Manor and Parish of Wellingore*, *in the County of*

Lincoln 等圈地法案。

三、世界史学术论文的写作

掌握了充分的研究资料并进行归类整理、阅读,以及对外文资料进行翻译、整理之后,可以进入到论文写作环节。一篇论文的写作可以分为几个环节:一、简要介绍研究题目的内容和价值;二、进行学术史的回顾;三、提出本文要解决的问题以及切入点或研究方法;四、分三或四个部分进行论证;五、结语。

上面列出的前三个部分共同组成一篇论文的导言部分。第一个部分的目的是介绍选题以及选题的理由,说明选题的价值。比如,拙文《英国议会圈地与民众的抵抗逻辑》一文的导言中首先介绍了议会圈地的研究价值。即:历史上先后出现过三种圈地方式:非正式圈地、协议圈地和议会圈地。议会圈地是三种圈地方式中影响最大的一种圈地方式,英国通过议会圈地最终用明晰的私人土地产权代替了界限不清的土地持有权和公共权利,是一次土地制度的重大变革[①]。接着引出本文所要研究的问题:圈地运动始终伴随着民众的反抗。既然议会圈地时代之前的民众抵抗以暴力抗议为主,那议会圈地中民众的抵抗呈现出什么样的特点呢?民众对议会圈地的抵抗为什么会呈现出这样的特点呢[②]? 第二个部分是简要介绍学术界对这一问题的研究现状,然后总结目前研究的不足之处,或是某些问题还需进一步研究。一般来说,研究现状需要归纳总结出目前学术界就某一问题的研究有哪几类观点。例如,《英国议会圈地与民众的抵抗逻辑》一文的学术综述中总结出,学界对民众抵抗议会圈地的认识呈现出三种观点。第三部分是导言的最后一个部分,总结前人研究的不足或是缺漏之处,进一步明确文章要解决的问题。指出:"上述研究为议会圈地中民众的抵抗研究提供了诸多线索与思路,但仍然缺乏就这一主题系统深入的论述。议会圈地时代的民众抵抗形式有没有发生变化,民众的抵抗行为有没有其价值所在,对于议会圈地的进程以及理念起到了什么样的影响,还是尚待解决的问题。"[③]此外,还要说明文章的切入点,

---

[①][②][③] 倪正春:《英国议会圈地与民众的抵抗逻辑》,《历史研究》2019 年第 4 期。

也就是从哪个角度来研究这一问题。或者,说明笔者将采用什么样的研究方法来论证这一问题,或是文章有什么创新之处。以前我们经常听说论文的写作要达到"三新",也就是新观点、新材料和新方法。想要写作一篇质量过关的文章,"三新"至少具备"一新"。例如,上文的创新之处即利用圈地法案等新材料进行研究。另外,研究的角度主要指研究方法,研究方法包括文献分析法、实证研究方法、历史比较分析方法等。上文采用的研究方法主要是实证研究方法,即"尝试从实证角度出发,探讨议会圈地在圈地议案拟定阶段、圈地法案通过阶段和圈地法案实施过程中民众抵抗圈地、维护土地权利的斗争"①。

  导言之后进入文章的主体部分。一般来说,文章的主体包括三或四个部分。这几个部分在逻辑上是一个整体,可以采用并列或递进的形式进行排列,共同的目的是论证序言中所提出的问题。《英国议会圈地与民众的抵抗逻辑》一文的主体部分包括五个方面的内容:一、抵抗群体的界定;二、围绕圈地议案的地方抵抗;三、围绕圈地法案的议会请愿;四、圈地过程中的暴力抗议;五、合法抵抗的内在逻辑及其效果。这五个部分之间的逻辑关系既有递进关系,也有并列关系。第一个部分抵抗群体的界定和第二个部分之间是递进的关系,从抵抗群体的界定过渡到抵抗的过程与方式。第二部分、第三部分和第四部分之间是并列的关系,按照议会圈地的程序论述各个阶段民众抵抗的特点,即圈地议案出台过程中的地方抵抗,圈地法案审议过程中围绕议会的反圈地请愿等合法反抗,圈地实施过程中的暴力抵抗。第五部分和前面几部分是递进的关系。从前三部分的论述中总结出合法抵抗是民众抵抗议会圈地的主要方式,进一步分析其中的原因以及合法抵抗产生的效果。

  文章的最后一个部分是结语。结语在一篇论文中起着至关重要的作用。结语可以是点睛之笔,也可以是文章内容的升华。一般来说,结语大致包括两个方面的内容:一是对全文内容和观点的总结,二是研究结论的理论价值及现实意义。这两个方面内容可以分开论述,也可以穿插到一起进行论述。但有一点需要注意的是,全文观点的总结应是结语的主要内容,研究结论的理论价值可以适当提及,现实意义不应过分展开,尤其

---

① 倪正春:《英国议会圈地与民众的抵抗逻辑》,《历史研究》2019年第4期。

是不能强硬地阐发研究论题的现实意义。例如,《英国近代土地确权与立法》一文的结语对全文进行了总结,得出四个结论:第一,在漫长的博弈中,英国议会迫使国王在观念上,也在法律上反复确认大宪章,又迫使国王承认臣民权利,使其在国家事务中不断做出妥协。第二,在议会圈地运动中,土地产权人之间的协商始终是圈地过程中的关键环节。第三,先有社会生活和社会实践,后有法律确认;土地立法反过来又规范和推动更广泛的社会实践即议会圈地,反映了英国经验主义的立法模式。第四,议会在议会圈地中的重要作用毋庸置疑①。现实意义虽仅用一句话来概括:"以上种种,皆为英国近代土地变革的重要历史遗产。"②这种对现实意义的阐发虽然简短,但意味深长。

一般的学术论文具备上述几个环节基本符合要求,如果是写作学位论文的话,文末还要加上参考文献和致谢。参考文献是研究过程中参考过的资料,包括原始档案文献和现代研究成果。列参考文献时要进行分类,世界史学术论文的参考文献要先列出英文文献,按照原始文献、英文专著、英文论文的顺序分别列出;再列出中文文献,按照原始文献、中文专著和中文论文的顺序分别列出。致谢的主要目的是感谢论文写作过程中为作者提供帮助的人。因此,首先应感谢论文指导老师,其次是感谢其他在论文写作过程中提供过意见或帮助的老师或同学。最后是感谢父母家人。

世界史学术论文的写作过程中还需注意一些技术问题,主要是论文的注释体例问题。一般来说,注释以脚注的形式放置于引证内容出现的当页下端,每页重新编号。中文档案文献的标注顺序:文献标题/文献形成时间/卷宗号或其他编号/藏所。例如,《傅良佐致国务院电》,1917年9月15日,北洋档案1011—5961,中国第二历史档案馆藏。中文著作的标注顺序为:责任者与责任方式/文献题名/出版地点/出版者/出版时间/页码。例如,H. T. 狄金森:《十八世纪英国的大众政治》,陈晓律、宋涛等译,北京:商务印书馆,2015年,第139页。中文期刊论文的标注顺序为:责任者/文献题名/期刊名/年期(或卷期,出版年月)。例如,侯建新:《中世纪英格兰农民的土地产权》,《历史研究》2013年第4期。

---

①② 侯建新:《英国近代土地确权立法与实践》,《世界历史》2021年第4期。

外文文献主要包括外文档案、外文著作、外文期刊论文和外文报刊文献，外文文献中的英文文献是最普遍使用的文献。英文档案文献的标注顺序为：文献标题/文献形成时间/卷宗号或其他编号/藏所。例如，Nixon to Kissinger, February 1, 1969, Box 1032, NSC Files, Nixon Presidential Material Project（NPMP），National Archives Ⅱ，College Park, MD。外文著作的标注顺序：责任者与责任方式/文献题名/出版地点/出版者/出版时间/页码。文献题名用斜体，出版地点后用英文冒号，其余各标注项目之间，用英文逗点隔开。例如，J. M. Neeson, *Commoners: Common Right, Enclosure and Social Change in England*，1700—1820, Cambridge: Cambridge University Press, 1993, p. 262.。外文期刊论文的标注顺序：责任者/析出文献题名/期刊名/卷册及出版时间/页码。析出文献题名用英文引号标识，期刊名用斜体。例如，Leigh Shaw-Taylor, "Parliamentary Enclosure and the Emergence of an English Agricultural Proletariat", *The Journal of Economic History*, Vol. 61, No. 3, 2001, p. 654.。英文报刊文献的注释格式为：析出文献题名/报刊名/出版时间。析出文献题名用英文引号标识，报刊名用斜体，出版时间按照星期、月、日、年的顺序。例如，"Swavesey Inclosure", *Cambridge Chronicle and Journal*, Saturday, May 11, 1839.。

世界史学术论文的撰写有一定的原则和规范，写作过程中可以作为参考。但是，"纸上得来终觉浅，绝知此事要躬行。"写出世界史学术论文的关键是要敢于动笔，敢于实践，从实践中摸索经验。以上皆是笔者写作世界史学术论文过程中产生的一些感触，希冀能抛砖引玉，引导更多同学写出优秀的世界史学术论文。

本科史学论文写作的"道"与"术"
——以秦汉六朝史为中心

陆　帅

近二十余年来,随着中国教育规模、体系与理念的发展,对于本科生阶段的论文写作提出了越来越高的要求。这种高要求既得益于中国学界专业水准的迅猛迭代与提高,也得益于电子信息技术的跨越式演进与普及。同时,基于竞争环境日趋激烈、学术评价倒向"业绩主义"的现状,本科生如果想要在专业领域有所发展、尤其踏上专业学术研究的领域,就必须在一定程度上超越传统田园牧歌式的"述而不作"理想主义传统,将相当的精力投入到史学论文的写作与发表中。事实上,在学术深造赛道业已饱和的当下,硕士研究生阶段如果没有学术论文发表,也就很难迈过博士选拔的制度性门槛。考虑到史学研究的规律与史学刊物的发表周期,本科阶段的学术论文积累就显得愈发关键乃至于无可替代。总而言之,本科阶段史学论文的指导,在提升本科教育质量、培养本科生综合发展的诸多层面上,重要性均日益凸显。

史学论文写作在本科阶段是如此重要,但由于这项活动与中学阶段教育几乎没有关联性,因此在绝大多数学生的眼中又是如此陌生。而这也正是高校教师对本科生进行史学论文写作指导的必要性所在。概括而言,本科史学论文写作的指导工作,可分为"道"与"术"两个层面。所谓"道",即引导学生构建专业性的知识体系与思维习惯,理解史学研究的本质特征与终极追求。所谓"术",则是帮助学生认知现代学术生产体系下史学论文的基本要求与评价标准,培养相应的写作技艺与问题意识。因此,本文拟就笔者所熟悉的秦汉六朝史领域,从知识体系、思维习惯与写作技艺三个方面,对本科史学论文写作的指导展开理论性的总结与反思。

一、从历史到史学:专业知识体系的搭建

在中国的文化环境下,人们对于历史并不陌生,似乎人人能谈,也人人爱谈。这种社会氛围固然在推动史学发展上具有积极效应,但也在相当程度上模糊了大众言说的朴素历史与专业史学研究的界限,使得多数大众对于专业史学不仅了解有限,并且还存在许多基于想象的误解。尤其是在高中、大学教育衔接存在缺环的现状下,刚刚走出中学应试体系的本科生如要跨入专业史学领域,最为基础的一环就是重新搭建史学的专业知识体系。

一般而言,在进入本科阶段以前,学生的史学知识首先来自于教科书,其次来自于中国古典文学的零散阅读,此外就是电视、电影、网络视频等现代媒体技术下的文化产品。客观来说,上述以中学教科书为主轴、辅以课外阅读与观看的知识接受体系,已具有相当不错的框架性与层次感。当前历史兴趣浓厚的社会氛围,其文化基础也正在于此。但问题在于,学生所长期浸染这套知识体系,与历史学专业学习、专业研究所需要的知识体系存在显著的断裂。因此,本科阶段史学专业知识体系的搭建,虽然谈不上另起炉灶,但不可避免地存在对旧有知识体系的扬弃。这种扬弃的具体内涵,则可大致分为基础史实、专业理论两方面:

(一) 基础史实

学生在本科阶段以前乃至于本科课程中接触的主要历史知识来源,本质而言属于一种文化再加工产品。简单来说,学生的历史认知并非基于原始史料阅读,而是基于当代人出于种种目的(教育、宣传、商业经营等)将史料中的繁杂信息经过筛选、处理、综合后所形成的文本。从普及历史知识的角度而言,这种文本特性自然无可厚非,并且也是现当代社会国民教育与国家认同塑造的重要一环。但从专业史学的立场来看,这一类文本主要架构不过是将众多历史的"决定性瞬间",如重要人物、事件的串联起来,而多数日常性、经济社会性的基础史实,则在这一过程中被有意或无意的省略了——至少当前这种倾向普遍存在。实际上,这些基础

史实才是踏入专业研究的门径所在。因为这些耀眼的"决定性瞬间"自古以来便不乏叙述与议论,也因此构成了人类历史认知的结构性支撑。而现代史学不同于传统史学的一大特征,就在于对长时段历史、日常性历史的关注以及从叙述、议论到考辨、分析的范式转换。前者以法国年鉴学派布罗代尔的"历史时间"理论为代表;至于后者的典型阐述,以民国学者洪业提出的史学五个"W"最为人所熟知①。

在秦汉六朝史的研究领域,基础史实除了包括诸种文献史料所记载的人与事,年代学、制度学、谱牒学、历史地理学、版本目录学等等构成的知识也是不可或缺的部分。早在清代,乾嘉学派的代表人物钱大昕就指出:

> 予尝论史家先通官制,次精舆地,次辨氏族,否则涉笔便误②。

此后,著名学者邓广铭还提出过"四把钥匙说":

> 为了广泛地搜集史料和精细地分析史料,早在五十年代中期,先生就提出了研究历史的四把钥匙,即职官制度、历史地理、年代学和目录学。"目录学"是指引广泛地搜集史料的门径的。"职官制度、历史地理和年代学"则是用来分析历史中的时间、地点、人物的工具。掌握这四把钥匙,才能具备研究历史的最基本的技能。舍此,历史研究就无从谈起。这是先生对傅斯年先生"史学即是史料学"的继承和发展③。

史学研究的底层逻辑不外乎史料搜集与史料分析两大环节。在文献传递、扫描技术与电子数据库建设蓬勃发展的今天,史料搜集对于秦汉六

---

① 布罗代尔将"历史时间"分为长时段、中时段与短时段,并提出与这三种时段相适应的概念,即"结构""局势"事件。他认为"结构",虽然长期不变或者变化极慢(即可视为某种"日常"),但对于历史发展作用深刻,而"事件"只是"闪光的尘埃",对历史进程的作用很微小。参见其著《地中海与菲利普二世时期的地中海世界》序言,北京:商务印书馆,2017年。洪业的观点来自于美国新闻理论家查理·戴纳提出新闻要素"五W",即When(何时)、Where(何地)、Who(何人)、What(做什么)、Why(为什么),此后周一良又加上了How(如何)。
② 《廿二史考异》卷四〇《北史·外戚传》。
③ 张希清:《恭三师与辽宋金史研究》,北京大学中国古代史研究中心,https://zggds.pku.edu.cn/zxgk/qbxz/dgm2/006.htm。

朝史领域学者而言不再是主要困难。乃至于在电子搜索的帮助下，对史料竭泽而渔已经成为研究展开的基础。然而在史料分析上，研究者本人的学术视野与知识基础仍然发挥主导作用。不夸张地说，随着史料搜集难度大幅度降低，史料分析的精细度与深度，已成为目前区分专业研究水平的一个重要评判指标。在此背景下，钱大昕、邓广铭提及的年代学、制度学、谱牒学、历史地理学、版本目录学等基础史实的综合掌握以及在论文写作中的合理运用，就显得尤为重要。

（二）专业理论

毋庸赘言，马克思主义理论在我国史学研究具有主导地位，并且在学生本科阶段以前乃至于本科课程得到了充分贯彻。然而，这并不意味着学生实际展开专业问题研究时就已经具备了充分的理论基础。之所以这么说，是因为经过百余年的学术发展，无论是马克思主义本书，还是马克思主义之外的史学专业理论已有极为丰富的积累与更新。在此背景下，本科生的论文写作如果想要触及学术前沿，就必须扩充专业理论的深度与广度，扬弃旧有的理论框架。

例如，马克思主义史学理论的主体既包含了马克思本人对于世界各文明、各地域历史的观察与分析，也包含了恩格斯、列宁、斯大林等诸多马克思主义者的补充，形成了多面向、多层次、多元化的抽象理论。例如，在经济生产方式与历史社会阶段的分期上，马克思主义中既有人所熟知的"五段论"，也有马克思本人一直倾注较大精力的"亚细亚生产方式"。再如，围绕政治事件、政治人物与社会背景的关系，马克思《路易·波拿巴的雾月十八日》一书则提供了经典的叙述分析角度。当然，还有更为重要的历史辩证法，如矛盾关系、"发展的螺旋形式"等等。而在中学阶段，受限于教学目标与教学时长，学生熟悉的马克思主义史学理论仅限于"生产力决定生产关系""经济基础决定上层建筑"等若干种，与之对应的则是经过选精与集萃的少数经典史料。因此，当学生在撰写论文过程中需要直接面对纷繁复杂、矛盾迭出的史料记载时，往往不知从何入手，缺乏灵活而有效的处理思路，宏观理解上也较易流于机械。

实际上，马克思主义史学理论在中国化的过程中，也产生了极丰富的发展分支。例如新中国建立以后史学界的"五朵金花"争论——即中国古代史分期问题、中国封建土地所有制形式问题、中国封建社会农民战争问题、中国资本主义萌芽问题、汉民族形成问题,就产生了为数众多的理论与认识,观点差异极大乃至于针锋相对者不在少数,但学生在中学阶段对这些理论很难全盘了解。以中国古代史分期问题为例,中国史学界曾先后提出了西周封建说、春秋封建说、战国封建说、魏晋封建说等多种中国古代史分期理论。此外,围绕这一问题,日本学界以东京大学研究者为首的"历研派"在二战后受马克思主义影响,提出了宋代封建说;而以京都大学研究者为首的"京都学派"则提出了上古—中世—近世三段分期的"文化史观"分期,双方也展开长期论战。从争论结果来看,上述多种中国古代史分期学说都存在一定的合理性,也都存在一定的缺环。恰恰是在相互争论的过程中,深化了学界对于中国古代社会不同历史时期的特征认识。换言之,分期问题的争论是手段而不是目的,其终极追求在于切近中国古代历史的真实。而学生在初入专业领域时往往存在颠倒两者关系的倾向,试图寻找出一种"放之四海而皆准"的时代分期范式,以此来指导史料的分析,获得"真实"的历史,这无疑会造成认知与结论的偏移。

如果说马克思主义是一种普遍指导意义的宏观理论,那么在秦汉六朝史的领域中,实际还存在大量针对具体史实的经验性理论。人所熟知的经典理论,如陈寅恪的关陇集团说、隋唐制度渊源说,唐长孺的汉魏变化说,田余庆的北朝出口说;日本学者西嶋定生的秦汉国家个别人身支配说,内藤湖南的六朝贵族制说,谷川道雄的中世社会共同体说,矢野主税的六朝门阀寄生论等。至于细化到各研究方向的微观理论,则更加为数众多。诚然,这些经验性理论的使用范围、使用条件均有一定限制,但至少较为清晰地揭示出了历史的一个侧面,为研究者高效地认知相关史实提供了便利。事实上,对这些理论的深化、补充与批判,也往往成为研究者提出新问题、阐释学术价值的论文出发点。换言之,如果不熟悉这些前人的经验性理论,学术论文的前沿性大多数情况下也就无从谈起。

总而言之,通过扬弃旧知识、学习新知识,从基础史实与专业理论两方面重新搭建知识体系,是本科生撰写出高质量史学论文的首要前提。

二、专业思维的养成:考证、怀疑、批判

专业知识体系是史学论文写作的根基所在,而专业思维的培养则是史学论文写作能否切实具有学术价值的前提条件。事实上,在信息传播便捷程度日新月异的今天,研究资料的占有已逐渐不再成为区分研究者学术水平、乃至于隔离专业与非专业史学研究者的鸿沟。与之相对,研究者利用史学思维处理史料、分析问题的能力愈发受到重视,日趋成为评价史学论文价值高低的关键标杆。具体到本科生史学专业思维的养成,主要可以从考证、怀疑、批判这三个方向来着力。

(一) 考证

考证是史学之所以成为史学的根本,不过,史学研究语境下的考证并非"言之有据"四个字那么简单。因为能够与"言"完全对应的"据"本就无需考证,恰恰是模糊、暧昧、不完全的"据"才需要研究者通过考证得出"言"(结论)。就秦汉六朝史的论文写作而言,学生一般都能够认识到考证的重要性。关键在于如何通过考证形成逻辑完整的证据链,以得出合理的结论,这往往需要高校教师给予引导。

首先要明确用什么史料展开考证,这需要学生掌握史源学的思维方法。简单来说,关于某一史实的记载实际可以分为多个层次,有的最早,有的最可信,而有的最完整,三者并不是非此即彼的关系。理想状态自然是最早的记载最可信也最完整,但现实情况要复杂得多。对于某一史实,找到最早的相关记载是必须的,同时也需要考虑到可信、完整等要素,选择最合适者。故而学生在论文中引用史料展开考证时,最初的工作应是介绍该段史料及选择的缘由。而本科生在撰写论文时往往会忽视这一点。

第二是如何考证的问题,具体来说就是怎样综合利用直接材料、侧面材料与反面材料。学生一般比较重视直接材料,因为最易搜集也最易把握,论证逻辑较为明了,但也正因如此有时会陷入同质性材料反复考证的陷阱中,行文累赘。实际上,同质性材料如果数量众多又需要展现,以简表的形式即可解决。高水平的考证一定是多类型、多向度材料的综合分析,研究者不仅需要呈现直接材料,更为重要的是侧面材料的发掘与反面

材料的处理。侧面材料的发掘有助于加强考证的精细度与深度,反面材料的则直接关系到考证能否成立。如果不注意反面材料的搜集,甚至故意忽略,则不仅考证的逻辑过于简单,且结论的可靠性也难以保证。因为在人类过往浩如烟海的活动信息中,留存下来的有限史料不过是"劫灰中之烬余也"①。无论是直接或反面材料,其数量多寡都不是结论得以成立或否定的决定因素。真正的决定因素,是考证角度的丰富程度与逻辑链条的合理性。

第三是考证的目的,即考证与结论的关系。经过本科阶段的专业学习,学生一般能够认识到论文写作中应避免"以论代史",但要做到"论从史出"仍颇具挑战。实际上,许多学生并非没有"论从史出"的意愿,但对于考证与结论的关系理解有时偏于简单,仅将考证作为证明预设结论的手段。无可否认,研究者在展开考证前总会有一些预设。不过,成熟的研究者并不会为这些预设所束缚,这就决定了在考证过程中随时修正乃至于推翻原有预设是一种常态。本科生则往往不容易意识这一点,为了迁就预设结论而在考证中削足适履的动作变形时有所见。除了急于成文的焦虑心态,更深层次原因在于学生的预设观点更多地脱胎于经典学术框架,但对于这些框架的使用限度理性认知不足。而对于这种倾向的纠正,实际就牵涉到了专业思维养成的另一个主要方向——怀疑。

(二) 怀疑

怀疑精神是人类理性的基础,也是现代史学区别于古典史学的主要思维差异之一。怀疑的本质内涵是平等,在现代史学的研究中,任何史料或观点都没有先验的正确性,都需要研究者谨慎、客观地审视其可靠与否。从某种意义而言,现代史学的主要工作之一就是在怀疑精神的指引下与各种历史神话、刻板印象以及表层史相的缠斗。

在前大学时代的应试教育体系下,怀疑精神很少被公开提倡,因为在所有问题都存在标准答案的情况下无益于考试分数的提高。而书本即权威,专家即权威无疑是应试教育带给学生最显著的思想钢印。毕竟分数

---

① 傅斯年:《性命古训辨证》,《傅斯年文集》,上海:上海古籍出版社,2012年,第132页。

与所谓正确的知识密切关联,正确的知识则源自专家们精心编撰的书本,似乎历史就是由正确知识构成的单一轨道。然而,真正历史学却是一派万物生长的狂野世界,真真假假的历史记载混为一团,过时或前沿、精妙或拙劣的观点理论充斥其间。如果没有怀疑精神,便很难在这片世界中自在遨游。

历史学语境下的怀疑可以分为两个层次:对史料的怀疑和对前人理论、观点的怀疑。在任何情况下,史料的正确性都只能是相对的,而不是绝对的。就秦汉六朝史而言,无论是作为史学名著的《史记》《汉书》《三国志》,还是作为绝对一手材料的出土简牍、石刻,其中呈现的历史信息既不可避免地掺杂了撰写者的主观意识,也会因各种客观因素制约而出现谬误。同时要捎带一提的是,在古籍整理蓬勃发展的今天,研究者阅读、使用的绝大多数是经过了校勘或释文。这些工作固然便利了研究者,但也存在遮蔽史料本相与产生新谬误的可能,在撰写论文时同样需要以怀疑的态度谨慎处理。至于对前人理论、观点的怀疑,只要认识到史学研究的根基在于归纳法而非演绎法,同时扩展阅读视野,破除迷信权威的思维,就不难产生心得并应用到论文写作的实践中。

(三) 批判

批判性思维与怀疑精神相辅相成,没有怀疑自然也就没有批判。在史学论文的写作中,怀疑只是研究问题的一个环节,其最终目的是为了批判,并在批判的过程中产生有效的知识。尤为需要注意的是,批判不完全等同于批评、反驳,它不是二元对立的价值判断,而是基于怀疑精神的一种分析过程。上文已提及,怀疑可以分为对史料的怀疑和对前人理论、观点的怀疑,则批判性思维也可以从两个层次展开。

首先是史料批判。梁启超曾将史料的处理分为"正误"与"辨伪",换言之,即追求史料的"真"。史料批判则不限于此,其核心要素是对文本信息的审视、筛选与分析。一方面,看似正确、真实的史料,究竟能够在怎样时间、空间维度下保证有效性,需要研究者在批判后辨别利用。否则很容易出现基于史料"集萃"与"选精"的想象性叙述。另一方面,即便是记载有误或伪造的史料依然有其价值,因为其结构、性质等要素毕竟是史料制作过程、史料制作动机的真实反映。换言之,史料并非完全依附于历史真实,自身亦有其世界。史料批判以史料本体作为研究对象,注重探求史料为何会呈现出当前的样貌,以此发现新问题。

其次是对前人理论、观点的批判。如前文所述,在秦汉六朝史领域,经过百余年的学术积累,理论、观点层出不穷,令人眼花缭乱。故而利用批判性思维加以消化吸收,构建起研究者自己的历史认知体系,就显得尤为关键。在这一过程中,本科生最需注意的是超越二元对立的思维惯性。简单来说,对既有理论、观点的批判不是为了否定、推翻前人,而是以批判性思维重新审视既有理论、观点的核心史料与论证逻辑,以期得出更为全面、精细化的认识。因此,对前人理论、观点的批判过程,并非是"新王取代旧王",以否定旧经典的方式确立新经典,而是位于前人理论、观点延长线上的全新拓展。

综上所述,考证、怀疑、批判是本科生在论文写作中应当养成的几种基本专业思维。当然,除此之外还有一些传统思维惯性需要扬弃,如倒因为果、"倒放电影"的历史认知逻辑,过分强调道德评判的"辉格解释",过分单一化的线性思维模式等等。限于结构与篇幅,这里就不一一展开了。

三、知识再生产的技艺:现代学术工业体系下的论文写作

论文的本质是知识的再生产。正如工业化最重要的标志之一是标准化生产,在现代学术工业体系下,论文写作也遵循着一种"标准化流程",需要与之对应的专门技艺。能否以符合现代学术工业的方式组织起"标准化文本",是本科生在史学论文写作中不可忽视的另一面。这种知识再生产的技艺又可分为两个层次,一是论文的外在形态,一是论文的问题意识展现。

(一) 外在形态

现代学术工业体系对论文的外在形态有一系列的标准化要求,具体表现在格式、结构、文体等方面。

格式是学术论文最基础而本科生又常常忽视的问题,无论正文的字体、行距、缩进,还是古籍、专著、论文、外文资料等不同类型的引注形式,

都需要作者按照惯行的标准编辑排版。一篇论文纵然资料再齐全、观点再鲜明,但如果格式上不符合现代学术标准,很难通过正式的审稿流程。因为编辑格式看虽然起来只是机械劳动,却是呈现论文专业性的首要步骤,反映了作者对现代学术话语体系是否熟悉。至于史学论文格式的学习,最有效的方法就是参考主流专业刊物的排版格式,如《历史研究》《中国史研究》《世界历史》等等。

  现代学术论文的结构上也有一套约定俗成的模式。大致而言,由标题、摘要、关键词、开头、正文、结语等部分组成。多数本科生虽大体能够依照上述结构撰写论文,但对于各部分功能的理解有时还稍显生疏,由此影响到成文的质量。例如,标题需要通过有限的字数萃取出文章内容与研究思路的精华;摘要的目的是迅速告诉读者文章的核心观点;论文开头是通过学术史的回顾引出要研究问题,说明研究价值;结语是对正文内容、观点的总结与升华。这些部分与正文同样重要,并由于篇幅的限制更需要作者苦心思虑、精雕细琢。其花费的时间、精力往往不弱于正文本身。而本科生在撰写论文时对这些部分的重视程度往往不够。

  最后是论文的文体。虽然以"论文"为名,但史学专业论文的本质是说明,而非议论。史学论文的主要工作并非是对过往历史阐发议论,而是对历史真实进行复原与说明。当然,这不是说作者不能有自己的观点,而是观点必须通过对史实的说明、复现来展示。因此,行文逻辑的清楚、完备是论文得以成立的根本,其次是朴实、简约的术语使用,最后才是信、达、雅的表达追求。

(二)问题意识展现

  如果说论文是现代学术工业体系产出的标准化产品,那么产品的核心价值就是所谓的"学术创新"。而"学术创新"的根本来源,则是论文中的问题意识。这种问题意识并非不言自明,而是有赖于作者的发掘与展现。从某种意义而言,作者发掘与展现问题意识的能力,在相当程度上决定了"学术创新"含量的多寡,也就决定了论文在学术市场上的最终"价格"。尽管站在古典学术的立场来看这种王婆卖瓜式的行为多少有辱斯文,但却是现代学术从业者不得不面对的悲哀现实。

  在史学论文中展现问题意识的第一个关键词是"回应",即论文的出发点与落脚点必定是对学界某个既有问题的回应。就秦汉六朝史领域而言，在宏观、微观各层次的成果积累已然非常成熟的情况下，任何问题的研究必然有其相关联的学术史，所谓的新问题、新视角也必然是旧有理论、观点的延伸、扩展与修正。形象点说，问题意识并不是"平地起高楼"，而是"欲穷千里目，更上一层楼"。关键在于，论文作者能否找寻到作为学术出发点的那层楼，又是否能够向读者充分描绘"更上一层楼"的新景观及其独到价值。

本科生在展现问题意识、叙述"学术创新"时常会陷入一个误区，即过于重视所谓的"填补空白"，认为没有人研究过的才是新问题、新内容，也因此具有重要学术价值，但实际效果恰恰相反。因为在现代学术体系下，一个话题越是缺乏前人研究，就越说明出其学术价值的有限。另外正如上文所言，在当前的学术积累下，几乎不存在没有相关学术史的问题。以"填补空白"的问题意识来凸显论文价值，只能说明作者在学术史的熟悉程度与综合把握能力上存在不足。

一篇具有吸引力、高质量的史学论文，除了通过"回应"在既有学术坐标系中寻找到精确定位，还往往对前人学说构成某种"挑战"，而这也正是史学论文中展现问题意识的第二个关键词。

由于进入大学之前接受的历史阐释框架具有强烈的二元对立倾向，刚接触史学研究的本科生时常陷入的另一误区是将学术创新，对既往学术框架的挑战简单理解为推翻前人观点或提出全新观点。同时一旦发现自己的观点与前人相同，似乎论文就不再具有价值。其实并非如此。

以秦汉六朝史为例，几乎任何主要问题都可以在既往学术史中找寻到正反奇合各种角度的观点，但这并不影响研究者对相关问题研究的推进。正如上文所言，现代史学的主要问题意识是"更上一层楼"，即在已有的框架下，运用新材料、新角度来证明、修正或延展前人学说。其最终目的在于呈现出历史真实的复杂性而不是追求非黑即白、绝对正确的观点。换言之，作为"挑战"的学术创新，绝不是推翻人们普遍接受的理论框架或具体观念，而是在别人所认同的地方，发现一个更为复杂的历史世界，而这个世界是难以用现存的学术概念或学术体系加以简单化阐述的。因此，构成学术挑战、具有学术创新的关键在于研究所呈现出的历史图景能否具有超越前人的复杂性——如史料的拓展广度、问题的分析深度、逻辑的缜密程度等等。反之,即便提出了全新观点,也很难算是对既有学术体系的有效挑战。

结　语

以上,笔者就本科史学论文写作所需要的"道"与"术"提出了一些个人性的看法。在现有的教育体系下,本科阶段既是应试教育能够到达的最后一站,又是高等教育出发的第一站。能够独立撰写专业史学论文,正是学生从应试思维向研究思维的跨越,从知识的接受者转变为知识的创造者的重要标志。而其所具有的复杂性与前沿性,决定了这项活动既需要高校教师的合理引导,也需要本科生良好的自主学习意识。无论将来是否走上专业研究的道路,高质量史学论文的撰写对锻炼学生信息搜集能力、综合分析能力、理性思辨能力以及脚踏实地的心态无疑都有不可替代的作用,也是高等教育对学生综合素质培养的一个关键抓手。基于以上背景,高校相关院系应当充分重视对本科生史学论文写作的教育引导,构建起论文写作课程、学年论文课程、本科学术论坛、自主科研项目、院系专业刊物等多维度、多层次教育教学活动所构成的综合育成体系,同时加强专业论文写作在评价体系中的比重,为专业知识优异、学术潜力拔尖的本科生切实营造出乐于科研、享受科研的学术环境。

"中国古代史练习"的初步思考

李小波

一

指导学生学习写作是高校教师的一项基本职责,批改学生各类习作,小到课程论文,大到毕业论文,是高校教师的日常。高校历史学教育当然不可能将每位同学培养成为史学研究者,但我们还是希望通过四年的学习与训练,学生能够有基本的专业素养。具体到历史学科特别是中国古代史学科,这就包括有初步的搜集史料能力,对史料层次有基本概念,进而能做一些初步考证和分析,厘清与前人成果的关系,表述规范。不过几年来指导毕业论文,深感离上述目标的差距不小。对学科本就兴趣不大的同学不论,指导的其中一个尚有兴趣也还认真的同学,尤觉如此。

有位同学的论文是关于明代科举,文中提到宣德元年顺天府未开乡试,证据是两条:王世贞《弇山堂别集》卷八一:"宣德元年丙午……上亲征汉王,顺天不及试。"沈德符《万历野获编》卷一四《征叛王废乡试》也说:"宣德元年丙午科,顺天当乡试,以上亲征汉王高煦,不及开闱,此亦创见事也……补否不可考。"我在批改时要他再查,因为乡试是关乎士子命运的大事,即使当年确有大事耽搁,也一定会补考,绝不会不开科。而且科举是大事,延期一定会在《实录》中有记载。这位同学回复,又查到张宏道《皇明三元考》、涂山《明政统宗》、查继佐《罪惟录》也有相同的记载,王世贞说应可信。我又回复,大意说王世贞虽是史学名家,但他生活的时代距离宣德元年已有百数十年,记事未必可靠。涂山、沈德符等都在王世贞后,查继佐更晚至清初,他们的史源很可能就是《弇山堂别集》,因此不能用来佐证王世贞说。学生很无奈,只得说不知如何解决。我提供了两个思路:一是查《明实录》宣德元年(1426)记事有任命顺天府乡试考官的记录,这两位考官有无文集,明人文集常有各类考试录序跋,特别是其主持的各级考试,可查这两位考官文集中是否有本年乡试录序。二是各科举人名录虽然没有完整统计,但历科进士有,可查宣德二年进士名录,如有宣德元年顺天乡试举人,亦可解决。后这位同学果然查到宣德元年顺天乡试主考王直《抑庵文后集》卷一三《北京乡试小录序》:"今宣德元年,实当宾兴之岁,北京行部尚书臣友直、侍郎臣昶恭循故事,合太学及圻内之士试之,而以考试官为请。皇帝命臣直、臣钰,……时就试者九百余人,拔其尤者五十人而进之。"由此可证王世贞以降的说法全属想当然。事后我又翻检前人有无指摘过这个错误,查到陈文新等主编《明代科举与文学编年》已指正,依据即王直的乡试录序(武汉大学出版社,2009年,第352页)。

　　导致错误出现的原因:一是看到白纸黑字就本能相信,无史料辨析意识;二是无史料层次概念,不懂得史源相同的史料不能互为佐证;三是对史料分布不熟悉,问题提出后不知道如何解决。这应该是个普遍问题。

　　事后反思,这可能也不单是学生的问题,我们的教学可能也要负一部分责任。据我有限的见闻,历史学课堂上讲授的内容,大体有几种:或是基本史实;或是研究现状,尤其是前辈大家的核心观点,如果这是讲授者的研究领域,一般会附上自己见解,可能还会展示史料依据;或是讲授者的研究成果,叙述自己的问题由来、研究思路,展示核心的正反史料,辩驳反方,支持正方,得出结论。这些内容当然很重要,但对听讲的同学来说,仍然主要是听了结论。即使缕述研究经过,提供观察视角,加意引导,由于史料已由授课者提供,听讲者终究不知道如何史料从何而来,去哪里找,仍然不会进行最简单的研究。因此现下不少受过四年本科史学教育的毕业生可能装了满脑子"古史辨""关陇集团""过密化"等等中外各种理论概念,但要他们自己动手去解决一个问题时,可能茫然无措,更不要说能提出一个有价值的具体问题。他们可能在课堂上也听说过"一手史料""二手史料"这类提法,在那个具体的场景下他们也分得清"原始""二手"的区别,但终究隔着一层甚至几层,一到自己处理时即无意识。历史学毕竟是一门实操性、经验性很强的学科,非经若干实践不可,"纸上得来终觉浅,绝知此事要躬行"。而我们的课程很难为其提供实操经验和切实指导,所以我想要使学生有上述基础学科素养,开设一门练习课可能用处更大。

二

现代大学教育在中国兴起以来,以训练史料意识和功夫为宗旨的课程,最著名且卓有成效者,应该仍要数陈援庵先生于上世纪三四十年代在北大、辅仁等高校开设的"史源学实习"。

课名"实习",陈垣先生说:"空言不能举例,讲授不便,贵乎实习。孔子曰:我欲托之空言,不如见诸于行事之深切著明也。古人有言:临渊羡鱼,不如退而结网。"又说:"史源学一名,系理论,恐怕无多讲法,如果名'史源学实习',则教者可以讲,学者可以实习。"①也是说史料意识的养成必须靠本人实践,无法讲授,或单靠讲授效果不佳。陈垣先生的受业学生对此深有体会,赵守俨先生说:"学自然科学的,都要在实验室做实验,那么学历史的,是否也能够做实验呢?这门课对此做了肯定的回答。因为是实验性质,所以不重在讲,而重在练习。"②牟润孙先生也说:"他从不空谈史学方法,只教人追寻史源,比对史书,其用意即在于使学生通过实践去了解治历史的各种途径与方法。"③

陈援庵先生此课程方法,多位学者已有总结:首先是选定教材,标准一是必须以考证名家,且为文需精于材料组织,故其所选全部是清代史学名著;二是考证需有得失可寻,考证水平低劣自然不行,考证太精也不行。故陈垣实践中尝以赵瓯北《廿二史札记》、全谢山《鲒埼亭集》和顾亭林《日知录》三部为教材,钱大昕著作因太精而不适宜,陈垣解释说:"惟其中时有舛误,所以能作史源学实习课程,学者时可正其谬误,则将来自己作文

---

① 陈智超编:《陈垣史源学杂文》,北京:生活·读书·新知三联书店,2007年,第2页。
② 赵守俨:《陈援老对基础知识和历史科学基本建设工作的重视》,《纪念陈垣校长诞生110周年学术论文集》,北京:北京师范大学出版社,1990年,第42页。
③ 牟润孙:《励耘书屋问学回忆》,陈智超编:《励耘书屋问学记》(增订本),北京:生活·读书·新知三联书店,2006年,第74页。

精细也。"①教材确定后,"预先告学者端楷抄之","抄好后即自点句,将文中人名、故事出处考出,晦者释之,误者正之",进一步讲,要看教材文中,"根据是否正确:版本异同,记载先后,征引繁简","引证是否充分","叙述有误错误:人名、地名、年代、数目、官名";"判断是否准确:计算,比例,推理"②。而后将所得缀拾成文,如《某某文考释》或《书某某文后》等。

经过一次完整的实践,陈垣先生设定的目标是"因其所考证者而考证之,观其如何发生问题,如何搜集证据,如何判断结果,由此可得前人考证之方法,并可随时纠正其论据之偶误,增加本人读书之经验"③。当年上过课的学生总结收获,有以下几点:其一,通过拆解前辈名家名作的史料依据,"了解前辈治学所走的道路和运用史料的方法"(赵守俨语),认识前人"如何剪裁史料,如何安排史料,如何组织成书,同时也了解了他的史料取舍标准"(牟润孙语),相当于跟着前辈名家学了一遍史料运用、文章组织之法。其二,"找材料的出处,首先可以接触到平常不易接触到的史料,比如方志,除非是找什么地方的材料,一般是不会去读方志的。方志里究竟有什么东西,不知道。只有在查出处时会查到方志。然后才会知道方志有些什么,将来在研究什么问题时就会知道去到方志里找材料。"④这确实是经验之谈,特别是宋尤其是明清以后史料类型丰富,正史、实录、政书、奏议、方志、文集、笔记大量传世,不同文献中会有何种史料,若非有查阅体验,绝不会有认识。久而久之,遇一问题欲查资料,"先闭目返想,此条究为何人之语,在何书中。及至翻阅其书,臆断有中"⑤,积累经验越多,越不致茫然无措。其三,初查书必借助目录类工具书,无形中也会利于对目录类工具书熟悉,"找史源,先要仔细想一想,这条史料大约在哪本书里有?顾炎武引自何书?这时目录学的知识就起作用了。"⑥"搜集资

---

① 陈垣:《家书》,《励耘书屋问学记》(增订本),第12页。
② 陈智超编:《陈垣史源学杂文》,第2页。
③ 陈智超编:《史源学实习及清代史学考证法》,第2页。
④ 赵光贤:《回忆我的老师援庵先生》,《励耘书屋问学记》(增订本),第113—114页。
⑤ 李瑚:《中国历史考证学与陈垣先生对它的贡献》,暨南大学编:《陈垣教授诞生百一十周年纪念文集》,广州:暨南大学出版社,1994年,第45页。
⑥ 李瑚:《中国历史考证学与陈垣先生对它的贡献》,《陈垣教授诞生百一十周年纪念文集》,第42页。

料,要懂得目录学,懂目录学才能懂得一个问题的过去和现在,才能开阔自己的眼界,不然,搜集资料也是无从下手的。"①其四,教材所引材料是否这条材料的原始出处,若非原始出处而致误,正可认识史料层次,体会"父子证"(即相同信息来源史料)和"兄弟证"在作为证据引用时的不同效力,警戒引书不追索原本而引后来习见转抄之书的偷懒行为。

以上几点,特别是使学生有基本的目录学知识、会用工具书,以及懂得文字与史料的区别、懂得史料的层次,我认为是实现学科训练与否、有无学科素养的基本标准。陈垣先生的这门课程,到目前应该还是实现这个目标的最佳示范课程。

三

前贤经验如此,我们今天是否能够照搬呢?恐怕不行,需要变通。但如何变通,很惭愧,我也并无很成熟的办法,只能提一点极粗浅的想法。

陈垣先生选的《日知录》《廿二史札记》和《鲒埼亭集》,就追查史源来说,《廿二史札记》可能最简单,因其史料都来自正史,《日知录》与《鲒埼亭集》较难,引书未注出处,在尚无电子检索条件的时代,查找史源十分考验对典籍的熟悉程度,也就很能锻炼人。但今日电子检索十分方便,靠"基本古籍库"等,多数史料应能一检便得。难度不可同日而语,得到的锻炼同样大打折扣。北京大学历史学系开设的"中国古代史练习"课程,讲授者叶炜教授也曾说:"以前上这门课时,也想学习陈垣先生,让大家做史源学的讨论和作业,通过分析史源来看原始材料和作者引述的是否有差异,讨论赵翼的观点。但我们现在所处的时代与陈垣先生的时代不一样,《廿二史札记》所用材料均来自正史,现在通过检索找史源很快、很容易。"②

因此在现阶段的技术条件下,若开设类似课程,无论在选教材和出习题都很难照搬陈垣先生的做法。范文仍应选,因为精读范文对学习前辈搜集、运用、裁剪、编排史料的方法仍最有效。以我自己的经验,曾设想过

---

① 杨殿珣:《学而不厌 诲人不倦——励耘书屋问学忆记》,《励耘书屋问学记》(增订本),第120页。
② 叶炜:《〈廿二史札记〉导读(下)——赵翼史学研究的方法与问题》,"北京大学历史学系"微信公众号,2021-12-17。

选《日知录》卷一〇《苏松二府田赋之重》和黄彰健《论明初的四辅官》。这两篇分别讨论明代政治和经济史上最重大的问题,牵涉面很广。从文章来说,有一个共同特点,文章长(《苏松二府田赋之重》放在现在很短,但在当时已经算长)、结构复杂,但作者未细分段落,需要读者顺着作者的思路为其析分,并归纳大意。这个过程就如陈垣先生的弟子说的那样,是跟着前辈学了一遍论证和写作的思路。特别是黄彰健《论明初的四辅官》,由于与自己研究方向相近,该文反反复复看过多遍,自觉收获极大。黄彰健先生的研究还有一个重要特点,就是充分认识到明代史料类型的丰富性,善于从子、史、集三部文献中去寻找证据。此文就成功运用了明初文集,解决了内阁萌生时期的重大问题,这是单靠《实录》等史书无法解决的。我意识到明代集部文献的重要性,就是从读这篇文章开始。这似乎符合上面征引的陈门弟子总结的第二条收获。如果上述经验能够成立,在选教材(范文)方面似乎可以秉持如下标准:对重大问题的经典研究、材料丰富但从今人读(写)文章的角度来说显得结构不明。曾看一位前辈说设想开设"近代史家名篇选读",列有陈寅恪先生的李唐氏族考证,不敢揣测这位前辈的选择标准,但似乎也符合上面所说。

至于如何训练使用工具书和认识史料层次的能力,既无法照搬陈垣先生的成法,目下我也没有很恰当的、操作性强的办法。读书肯定是必由之路,只是读何种书、如何要求还需再讲究。特别是考虑到开课对象为本科生的话,不能过于专门,仍应以第一流名著为上选。在陈垣先生的三种教材中,《日知录》本来最佳,因其最具典范意义,涉及时代也广泛,但问题已如上述。也许《鲒埼亭集》还不妨一试,缺点是涉及面稍窄。曾设想过《四库全书总目》,经史子集各部选若干提要,也许可以尝试。

最后还需说明,即使有成熟的、可操作的想法,实施起来的困难还会不少。这类课程的课前投入可能远超只需讲授的课程,无论对教师还是学生都是这样。在目前的考核条件下,师生双方是否愿意花精力投入都不无疑问。这是很现实的问题。但我想开头说的问题应也确实存在,现将这些粗浅不成熟的想法提供出来,与同道商讨。

读常见书与毕业论文选题

赵大旺

本科生撰写毕业论文,困难最大也是最重要的问题就是论文的选题。选题好则论文成功一半,如果选题缺乏问题意识,不仅写作过程中生拼硬凑、味同嚼蜡,也会因此丧失学术探究的兴趣,将论文写作当成糊弄的工作,最终的论文质量可想而知。因此,如何发现有问题意识的选题,是毕业论文撰写的第一步,也是最关键、最重要的一步。本文以指导学生读书方法为手段,达到培养学生问题意识的目的,从而能够通过阅读史料,发现毕业论文的选题。

一、读常见书与求新材料

20世纪以来,中国史学研究一个重要的特点是新史料的大量涌现,以甲骨文、汉晋简牍、敦煌文献、内阁大库明清档案为代表的新史料,不仅丰富了历史研究的资料,扩充了历史研究的范围,看待史料的眼光与角度也随之改变,新材料对以"二十四史"为代表的传统史料造成了冲击。王汎森注意到,民国时期的新一代史学家"通常对新见材料、或档案、或出土材料有极高度的热情,而且信新材料过于旧材料,以上古史来说,有人甚至宣称非出土材料不可信。这种史料至上主义,广泛地影响到一般的学者,一时之间,崇重史料的风气弥漫"。"自古以来享受极高地位的正统史书地位开始动摇了,人们不但时常把过去认为正统的与非正统的史料的价值等量齐观,而且在某些特定时候,看重非正统史料过于正统史料。"①正统史料地位下降的同时,甚而出现了"不看二十四史"的极端观点。章太炎 1933 年 3 月 15 日在江苏省立无锡师范学校讲演说:"今之讲史学者,喜考古史,有二十四史而不看,专在细微之处吹毛索瘢,此大不可也。"②

其实,很多学者也意识到,熟读常见书才能更好地研究新材料,陈寅恪在评价杨树达《积微居小学金石论丛续编》时说:"自昔长于金石之学者,必为深研经史之人。非通经无以释金文,非治史无以证石刻。群经诸史乃古史资料多数之所汇集,金文石刻则其少数脱离之片段,未有不了解多数汇集之资料,而能考释少数脱离之片段不误者。"③真正能够对新材料作出卓越研究的大多也是传统学问精深的学者。举王国维发现敦煌文献中《秦妇吟》为例,唐代诗人韦庄在唐僖宗广明三年(881)赴长安应举,恰逢黄巢攻陷长安,于是借一位妇女的语气,自诉其被俘黄巢军中的苦难,写成《秦妇吟》,这是一首 1800 余字的长篇叙事诗,写成后流传很广,韦庄甚至因此诗被称为"秦妇吟秀才"。但韦庄晚年编集自己的文集时,舍弃了《秦妇吟》,此诗从此佚失了。五代宋初孙光宪在《北梦琐言》记载了韦庄撰写《秦妇吟》的情况,这也是传世史籍中目前仅见的关于韦庄《秦妇吟》的唯一记载:

> 蜀相韦庄应举时,遇黄巢犯阙,著《秦妇吟》一篇,内一联云:"内库烧为锦绣灰,天街踏尽公卿骨。"尔后公卿亦多垂讶,庄乃讳之。时人号称"秦妇吟秀才"。他日撰家戒内,不许垂《秦妇吟》障子。以此止谤,亦无及也。

1908 年,伯希和从藏经洞带走了大量敦煌文献,其中就包括韦庄的《秦妇吟》写卷,但在给法国中亚协会总部所写的报告中,将其记录为《秦人吟》,没有意识到该写卷的重要价值。1909 年,罗振玉在《东方杂志》发表《敦煌石室书目及发见之原始》,也将该写卷记录为《秦人吟》,但他并没

---

① 王汎森:《民国的新史学及其批评者》,见罗志田主编:《20 世纪的中国:学术与社会·史学卷》,济南:山东人民出版社,2001 年,第 74—75、83 页。
② 章太炎:《历史之重要》,《制言月刊》第 55 期,1939 年 8 月,第 6 页。
③ 陈寅恪:《杨树达〈积微居小学金石论丛续稿〉序》,《金明馆丛稿二编》,上海:上海古籍出版社,1980 年,第 230 页。

有看到写卷,而是根据伯希和的定名记录书目,也没有注意到该写卷实际就是晚唐时期风靡一时的佚诗《秦妇吟》。1912 年,日本学者狩野直喜游历欧洲,在英国抄录了大量敦煌资料,其中就包括该诗,但该诗无首题,狩野直喜并不知道该诗就是《秦妇吟》。直到王国维看到狩野直喜抄写的该诗后,结合孙光宪《北梦琐言》的记载,认为该诗就是《秦妇吟》,并在 1919 年 10 月 6 日将这一发现写信告诉伯希和,信中说:"伦敦博物馆敦煌书中有一残卷,系七言古诗一首,首尾残缺,日本狩野教授曾录得副本。弟见其中有'内库烧为锦绣灰,天街踏尽公卿骨'二句,据《北梦琐言》定为韦庄《秦妇吟》。嗣见《巴黎敦煌书目》有'右补缺韦庄《秦妇吟》一卷',巴黎本有书名、撰人,必较伦敦本为完善,可否影照见寄?"①这里提到的《巴黎图书馆敦煌书目》中有"秦妇吟"一书,就是著名的法藏 P.3381 号《秦妇吟》写本。王国维能根据《北梦琐言》记载的这两句诗推测该写卷就是韦庄的《秦妇吟》,但这一发现受益于沈曾植的启发,1919 年 7 月 30 日,王国维给罗振玉的信中说:

> 渠(沈曾植)谓《大云经疏》内黑河女主之事,似见《大积经》中,而伪《大云经》中取之。黑河女主,西域自有此事,但一时不易考耳。又谓咏黄巢破长安事之长歌,其中"内库烧为锦绣灰,天街踏尽公卿骨"二句,唐人说部曾引之,晚唐郑嵎有一诗甚长,或即是诗,亦未可知,此须一检《全唐诗》并唐人说部,方能知之。

正是由于熟悉传世文献的沈曾植提示王国维,"内库烧为锦绣灰,天街踏尽公卿骨"二句曾见于唐人说部,王国维才能据此查到《北梦琐言》的这条记载。1920 年,王国维在《东方杂志》发表《敦煌发现唐代之通俗诗及通俗小说》,首次公布了狩野直喜在伦敦抄录的《秦妇吟》写卷(S.5476),我国学术界才略窥《秦妇吟》诗的部分原貌。1924 年,伯希和将法藏 P.3381 号《秦妇吟》写本寄给王国维,王国维在《国学季刊》1 卷 4 期发表了《韦庄的秦妇吟》,全文公布了《秦妇吟》,并撰写了跋语。至此,学界才见到《秦妇吟》诗的全貌。可以说,若非沈曾植、王国维等人熟悉传世文献,一般学者即便看到法藏《秦妇吟》写卷,也很难认识到它的学术价值。

---

① 房鑫亮编校:《王国维书信日记》,杭州:浙江教育出版社,2015 年,第 496 页。

现在学界普遍对于新、旧史料基本能够等而视之,如罗志田专门分析民国时期"不看二十四史"这一史学研究取向,认为"本来史料不论常见罕见,其中俱有意思在,读者以意逆志,必有所得"。① 新材料有其难得的史料价值,毋庸赘言,但锤炼基本功还应该读普通常见书。传世史籍浩如烟海,即便只读常见书,篇幅也是非常浩大的。民国学人有"不看二十四史"的说法,除了有史料观的原因,看不完、讲不通也是重要的因素,章太炎说:"正史二十四,约三千余卷,通鉴全部六百卷。如须讲解,但讲通鉴,五年尚不能了,全史更无论矣。如能自修,则至迟四年可毕廿四史。今学校注重讲授,而无法讲史,故史学浸衰。"②要从事论文写作,又不能仅看正史,以唐史研究为例,常见书就包括正史类的《旧唐书》《新唐书》,编年体的《资治通鉴》唐代部分81卷,政书类的《通典》《唐六典》《唐会要》《唐大诏令集》等,类书中的《册府元龟》《文苑英华》等,此外还有《大唐创业起居注》《贞观政要》及唐人文集、笔记小说等,对于本科生来说,通读尚有不逮,要从中发现问题,继而撰写毕业论文,则更需要技巧和方法。"要能从人人能看到、人人已阅读过的旧的普通史料中研究出新的成果,这就不是人人所能做得到了。"③

二、对常见书的比较阅读

心理学的研究表明,比较是一切理解和思维的基础,通过比较找出异同,从而实现透过现象抓住本质。要在阅读过程中尽快发现问题,完成毕业论文的撰写,就要求读书多作比较。古代史籍,由于其形成过程千差万别,受作者本人学识及其所处地位和时代的影响,不同的人对史事的记载,常常会有意或无意地有所差别。即便是同一部书,前后的内容也会有所抵牾,通过比较阅读,发现不同之处,进行深入研究,"通过比较而近真并得其头绪,透过表象探究史事背后的内在联系"④,这是学术论文选题

---

① 罗志田:《史料的尽量扩充与不看二十四史——民国新史学的一个诡论现象》,《历史研究》2000年第4期,第165页。
② 章太炎:《历史之重要》,《制言月刊》第55期,1939年8月,第1页。
③ 严耕望:《治史三书》,沈阳:辽宁教育出版社,1998年,第23页。
④ 桑兵:《治学的门径与取法——晚清民国研究的史料与史学》,北京:社会科学文献出版社,2014年,第72页。

的常用之法。而用于比较的材料，可以是两部相关的史籍，也可以是同一部书在不同之处的相关记载，下面我们对这两种情况分别进行说明。

（一）不同史书之间的比较

史书的形成过程各有不同，作者的观点立场、政治地位千差万别，不同的史书对事件的记载往往会有所出入。《四库全书总目·史部总叙》说："议论异则门户分，门户分则朋党立，朋党立则恩怨结。恩怨既结，得志则排挤于朝廷，不得志则以笔墨相报复。其中是非颠倒，颇亦荧听。"对于不同的历史记载，《总叙》作者主张："虽有疑狱，合众证而质之，必得其情。虽有虚词，参众说而核之，亦必得其情。"对于古代史书，通过比较，发现不同，进而分析造成差异的深层次原因，或者将不同记载互相补充，从而能够得出较为全面的理解。

为人熟知的经典研究是陈寅恪对李唐氏族的研究，这就是不同史书比较研究的成功案例。陈寅恪认为："《册府元龟》及两《唐书》等唐皇室先世渊源之记载固出自李唐皇室自撰之谱牒，即唐太宗御撰之《晋书》亦唐皇室自述其氏族渊源之要籍。"① 李唐皇室自叙之谱系是服从当时政治的需要，并非完全可信，陈寅恪根据《新唐书·宗室世系表》列出关于李唐先世的七条信息，再将其逐一与《宋书》《魏书》中关于李唐先世的资料进行比较，最终得出结论："李唐先世若非赵郡李氏之'破落户'，即是赵郡李氏之'假冒牌'。至于有唐一代之官书，其纪述皇室渊源间亦保存原来真实之事迹，但其大部尽属后人讳饰夸诞之语，治史者自不应漫无辨别，遽尔全部信从也。"②

另外，《旧唐书》《新唐书》等史籍与温大雅的《大唐创业起居注》比较阅读，也会发现李唐开国史中有一些值得研究的问题。比如关于李渊决定起兵反隋的过程，《旧唐书·高祖本纪》说的比较简单："太宗与晋阳令刘文静首谋，劝举义兵。"③《新唐书·高祖本纪》则更为详细：

> 高祖子世民知隋必亡，阴结豪杰，招纳亡命，与晋阳令刘文静谋

---

① 陈寅恪：《唐代政治史述论稿》，上海：上海古籍出版社，2020年，第1页。
② 陈寅恪：《唐代政治史述论稿》，第12页。
③ 《旧唐书》卷一《高祖本纪》，北京：中华书局，1975年，第2页。

举大事。计已决,而高祖未之知,欲以情告,惧不见听。高祖留守太原,领晋阳宫监,而所善客裴寂为副监,世民阴与寂谋,寂因选晋阳宫人私侍高祖。高祖过寂饮酒,酒酣从容,寂具以大事告之,高祖大惊。寂曰:"正为宫人奉公,事发当诛,为此尔。"世民因亦入白其事,高祖初阳不许,欲执世民送官,已而许之,曰:"吾爱汝,岂忍告汝邪?"①

两书均将高祖起兵的首谋之功归于李世民,而高祖李渊则是不得已才答应举兵,从而将李渊刻画成犹豫不决、优柔寡断的形象。但晋阳起兵的当事人、记室参军温大雅所撰写的《大唐创业起居注》对此却是另一种说法,根据他的记载,早在受任为太原留守时,李渊就"私窃喜甚,而谓第二子世民等曰:唐固吾国,太原即其地焉。今我来斯,是为天与,与而不取,祸将斯及。"②马邑太守王仁恭被突厥所败后,隋炀帝"遣司直驰驿系帝而斩仁恭",李渊面临危机也曾对李世民说过:"隋历将尽,吾家继膺符命,不早起兵者,顾尔兄弟未集耳。"③隋炀帝幸江都,"所在路绝,兵马讨掩,来往不通,信使行人,无能自达。惟有使自江都至于太原,不逢劫掠,依程而至。"李渊认为"天其以此使促吾,当见机而作"。于是"雄断英谟,从此遂定","仍命皇太子于河东潜结英俊,秦王于晋阳密招豪友。太子及王,俱禀圣略,倾财赈施,卑身下士。"④根据温大雅的记载,则李渊绝非优柔寡断之人,而是"素怀济世之略,有经纶天下之心"⑤。起兵反隋也并非无奈之举,而是早有预谋。那么,两《唐书》与《大唐创业起居注》记载的差异是如何造成的?晋阳起兵的真相又是如何?考虑到武德贞观之交的政治斗争,这些显然是值得探究的问题。而这些问题的发现,就要归功于对不同来源的资料进行比较阅读。

又比如,均田制研究是唐代经济史研究中的一个重点问题,关于唐代均田制的具体内容,各类史籍的记载大同中也有小异,相关记载主要见于《唐六典》卷三《尚书户部》、《通典》卷二《食货二·田制下》、《唐会要》卷八三《租税上》、《旧唐书》卷四八《食货志》、《新唐书》卷五一《食货志》等,内

---

① 《新唐书》卷一《高祖本纪》,北京:中华书局,1975年,第2—3页。
② 温大雅、韩昇撰,仇鹿鸣笺证:《大唐创业起居注笺证》,北京:中华书局,2022年,第10页。
③ 温大雅、韩昇撰,仇鹿鸣笺证:《大唐创业起居注笺证》,第14页。
④⑤ 温大雅、韩昇撰,仇鹿鸣笺证:《大唐创业起居注笺证》,第18页。

容略有异同,经过比较发现,几处材料对于"非丁男当户者"的受田规定不尽相同。《唐六典》卷三《尚书户部》记载:

> 凡给田之制有差:丁男、中男以一顷,老男、笃疾、废疾以四十亩,寡妻妾以三十亩,若为户者则减丁之半①。

据此,一般情况下老男、笃疾、废疾受田 40 亩,寡妻妾受田 30 亩,二者相差 10 亩,而若他们为户主,则受田额没有区别,均为"减丁之半",即受田 50 亩。而杜佑《通典》记"唐开元二十五年令"如下:

> 丁男给永业田二十亩,口分田八十亩,其中男年十八以上亦依丁男给,老男、笃疾、废疾各给口分田四十亩,寡妻妾各给口分田三十亩,先永业者,通充口分之数。黄、小、中、丁男女及老男、笃疾、废疾、寡妻妾当户者,各给永业田二十亩,口分田二十亩②。

根据《通典》此条记载,一般情况下老男、笃疾、废疾和寡妻妾的受田额与《唐六典》记载并无二致,但在他们是户主的情况下,则"各给永业田二十亩,口分田二十亩",总共 40 亩,比《唐六典》的规定差 10 亩。不过,据日本东京大学东洋文化研究所藏嘉靖十八年西樵方献夫刊本《通典》则写作"各给永业田三十亩,口分田二十亩"③,但日本宫内厅书陵部所藏北宋刊本《通典》,此处仍作"各给永业田二十亩,口分田二十亩"④。胡如雷先生引《通典》此条作"各给永业田三十亩,口分田二十亩",但未说明所用版本,但胡如雷先生将"永业田三十亩,口分田二十亩"校改为"永业田二十亩,口分田三十亩"⑤。则更不明其所据。《唐会要》卷八三《租税上》记载武德七年均田令:

---

① 李林甫等撰,陈仲夫点校:《唐六典》卷三《尚书户部》,北京:中华书局,2014年,第 74 页。
② 杜佑撰,王文锦、王永兴等点校:《通典》卷第二《食货二》,北京:中华书局 1988年,第 29 页。
③ 杜佑:《杜氏通典》卷二《田制下》,嘉靖十八年西樵方献夫刊本,东京大学东洋文化研究所藏,页四右。
④ 杜佑撰,[日]长泽规矩也、尾崎康校,韩昇译:《日本宫内厅书陵部藏北宋版通典》第一册,上海:上海人民出版社,2008 年,第 166 页。
⑤ 胡如雷:《唐代均田制研究》,《历史研究》1955 年第 5 期,第 104 页。

> 凡天下丁男,给田一顷,笃疾废疾给四十亩,寡妻妾三十亩,若为户者加二十亩①。

《旧唐书·食货上》与其说法一致:"丁男、中男给一顷,笃疾、废疾给四十亩,寡妻妾三十亩。若为户者加二十亩。"②《新唐书·食货一》也是如此:"授田之制,丁及男年十八以上者,人一顷,其八十亩为口分,二十亩为永业;老及笃疾、废疾者,人四十亩,寡妻妾三十亩,当户者增二十亩,皆以二十亩为永业,其余为口分。"③据此,则在当户的情况下,老男、笃疾、废疾应当受田 60 亩,寡妻妾当户则受田 50 亩。而天一阁藏明《天圣令》所附《唐令·田令》的说法又不同:

> 诸黄、小、中男、女及老男、笃疾、废疾、寡妻妾当户者,各给永业田二十亩,口分田三十亩④。

这里则很明确的说明老男、笃疾、废疾、寡妻妾当户者都是受田 50 亩,"各给永业田二十亩,口分田三十亩",与胡如雷先生所校订的《通典》记载一致。

经过这样的比较,发现"非丁男当户者"授田额的不同记载,就可以进一步深入研究了。"非丁男当户者"的授田情况到底是如何执行的?造成不同记载的原因在哪?武德七年令和开元二十五年令是否有不同?老男、笃疾、废疾当户者与寡妻妾当户者授田额是否相同?这些问题都是通过对比上述关于均田令的材料而产生的,发现这些问题后,可以借助敦煌、吐鲁番文书,以及传世史籍的相关记载进行研究,从而撰写论文。

(二)同一部书内部记载的比较

一部书的形成,有一人自始至终完成的,如《史记》《后汉书》《三国志》《南史》《北史》等,也有官方组织群体合作完成的,如"唐修八史",还有虽为集体劳动,但经过一人总领编定的,如《资治通鉴》。"唐修八史"是集体

---

① 王溥:《唐会要》卷八三《租税上》,北京:中华书局,1955 年,第 1530—1531 页。
② 《旧唐书》卷四八《食货上》,第 2088 页。
③ 《新唐书》卷五一《食货一》,第 1342 页。
④ 天一阁博物馆、中国社会科学院历史研究所天圣令整理课题组校证:《天一阁藏明钞本天圣令校证:附唐令复原研究》,北京:中华书局,2006 年,第 254 页。

合作,虽有宰相监修,但并没有统筹编定,前后常有抵牾之处。即便一人所修,由于篇帙浩大,也难以完全消除前后矛盾之处。而前后记载的差异常常是由于材料的来源不同,因此,比较不同来源的材料,分析其差异,也是发现问题的重要手段。

如杜希德所言,正史的本纪与列传等部分"这些门类的每一种都经历了各不相同的编纂过程。""正史只是一个漫长而复杂的编纂、再编纂以及编辑的全过程的终端产品。"①在漫长的编纂、修订过程中,同一部史书往往会出现前后抵牾的现象。我们以《旧唐书》为例,唐代开馆修史,不仅编出"唐修八史"这样的前代史书,还编撰了本朝的史书,主要是编年体的实录和纪传体的国史,唐代二十一位皇帝中,武宗以上十六帝均有实录流传至五代,为后晋编修《旧唐书》所采用。宣宗以后实录不存,仅《顺宗实录》五卷由于保存在韩愈的《韩昌黎集》中,得以流传后世。唐代也曾多次修国史,如唐初的吴兢、玄宗时的韦述、肃宗时的柳芳都曾编撰过唐代国史。赵翼说:"唐之实录、国史,本极详备,然中叶遭安禄山之乱,末造又遭黄巢、李茂贞、王行瑜、朱温等之乱,乃尽行散失。"②《旧唐书》的编修,就大量取材于当时可见的国史、实录。赵翼说:

> 五代修唐书,虽史籍已散失,然代宗以前尚有纪传,而庚传美得自蜀中者,亦尚有九朝实录,今细阅旧书文义,知此数朝纪传多钞实录、国史原文也。凡史修于易代之后,考覆既确,未有不据事直书,若实录、国史修于本朝,必多回护。观旧书回护之多,可知其全用实录、国史,而不暇订正也③。

赵翼不仅指出《旧唐书》前半全用国史、实录原文,并且提出其问题,即"回护之多""不暇订正"。

国史中列传主要取材于传主的后代或门生撰写的行状,因此,行状也间接成为《旧唐书》列传部分的资料来源,黄永年先生指出,唐代国史传记

---

① [英]杜希德著,黄宝华译:《唐代官修史籍考》,上海:上海古籍出版社,2010年,第29页。
② 赵翼著,王树民校证:《廿二史札记校证》,北京:中华书局,2018年,第367页。
③ 赵翼著,王树民校证:《廿二史札记校证》,第367—368页。

多根据行状或据行状撰写的家传、碑刻等①。但"行状绝非由一位立场客观的官员或官方哪史家所撰写,而是由与某人、某官有关的人或与死者家庭有关及与死者相知甚深的人写成的。"②因此,行状不能不加审查地相信。刘知幾曾批评牛凤及撰《唐书》,"凡所撰录,皆素责私家行状,而世人叙事谓家状,罕能自远"③。便指出行状的问题在于,写行状的人不能免俗,常常虚饰浮夸。后唐同光四年(926)史馆奏疏也指出这一问题:"大凡行状,皆是门人故吏叙述,多有虚饰文华,今请此后所纳行状,并须直书功业,不得虚文饰词。"④另外,修史者个人素质也影响了史书的可信度,如唐高宗龙朔年间,太子少师许敬宗奉诏修史,"《高宗本纪》及永徽名臣、四夷等传,多是其所造"。刘知幾说:"敬宗所作纪传,或曲希时旨,或猥饰私憾,凡有毁誉,多非实录。"⑤正因为《旧唐书》纪、传有这些问题,将其比较阅读,才会多有抵牾之处。如赵翼的《廿二史札记》中有一篇《新旧书各有纪传互异处》,指出《新唐书》《旧唐书》都有本纪与列传记载相互矛盾的现象⑥。《新唐书》也多有前后矛盾之处,如吴缜撰《新唐书纠谬》一书,在自序中说:"此书讹文谬事,历历具存。予方从宦巴峡,僻陋寡闻,无他异书可以考证,止以本史自相质正,已见其然。"翻阅该书,可见《新唐书》也常有前后矛盾之处。有些矛盾之处,便有问题可以研究。因此,前人推崇的阅读正史的方法,强调前后参照,即在阅读本纪部分时,所记载的事件涉及哪些人,要同时翻阅相关人物的列传,比较异同,这样更能够发现问题所在。

三、示例:比较阅读中发现的选题

前已说明,读正史之本纪,可随时与相关人物之传记进行比较,从而发现问题。兹举一例予以说明。《隋书》卷二《高祖纪下》记载隋文帝开皇

---

① 黄永年:《唐史史料学》,上海:上海书店出版社,2002年,第11页。
② [英]杜希德著,黄宝华译:《唐代官修史籍考》,第62页。
③ 刘知幾撰,浦起龙通释:《史通》,上海:上海古籍出版社,2015年,第341页。
④ 王溥:《五代会要》卷一八,上海:上海古籍出版社,2006年,第304页。
⑤ 刘知幾撰,浦起龙通释:《史通》,第340—341页。
⑥ 赵翼著,王树民校证:《廿二史札记校证》,第411—412页。

十七年四月诏书说：

> 周历告终，群凶作乱，衅起蕃服，毒被生人。朕受命上玄，廓清区宇，圣灵垂祐，文武同心。申明公穆、郧襄公孝宽、广平王雄、蒋国公睿、楚国公勋、齐国公颎、越国公素、鲁国公庆则、新宁公长叉、宜阳公世积、赵国公罗云、陇西公询、广业公景、真昌公振、沛国公译、项城公子相、钜鹿公子干等，登庸纳揆之时，草昧经纶之日，丹诚大节，心尽帝图，茂绩殊勋，力宣王府。宜弘其门绪，与国同休。其世子世孙未经州任者，宜量才升用，庶享荣位，世禄无穷①。

根据"登庸纳揆之时，草昧经纶之日"之语，诏书中提到的十七人在隋朝的建立过程中功勋卓著，以致于隋文帝要"弘其门绪，与国同休"，那么这十七人具体建立了什么样的功勋呢？按照我们提示的读书法，自然要查找这些人的传记。经过翻查，17人中有13人均在《隋书》中有传，1人（韦孝宽）《周书》有传，现罗列《隋书》中的查阅结果如下：

申明公（李）穆，周旧臣，《隋书》有传；

郧襄公（韦）孝宽，大象二年卒，未入隋，《隋书》无传；

广平王（杨）雄，高祖族子，《隋书》有传；

蒋国公（梁）睿，周旧臣，《隋书》有传；

楚国公（豆卢）勋，周旧臣，《隋书》有传；

齐国公（高）颎，周旧臣，《隋书》有传；

越国公（杨）素，周旧臣，《隋书》有传；

鲁国公（虞）庆则，周旧臣，《隋书》有传；

新宁公（叱李）长叉，北齐归周，《北史》卷五三《叱列平传·附子长叉传》称其："武平末，侍中、开府仪同三司，封新宁王。隋开皇中，位上柱国，卒于泾州刺史。长叉无他才技，在官以清干称"，《隋书》无传；

宜阳公（王）世积，周旧臣，《隋书》有传；

赵国公罗云，阴寿字，周旧臣，《隋书》有传；

陇西公（李）询，周旧臣，《隋书》有传；

广业公景，不详姓氏，《隋书》无传。可能是参与平定"相州之乱"的任城公王景，但王景封"广业公"未见史籍记载；

---

① 《隋书》卷二《高祖纪下》，北京：中华书局，1973年，第41—42页。

真昌公振,不详姓氏,《隋书》无传;

沛国公(郑)译,周旧臣,《隋书》有传;

项城公子相,王韶,周旧臣,《隋书》有传;

钜鹿公(贺娄)子干,周旧臣,《隋书》有传。

通过这样的罗列,就会发现一些问题,这17人都是隋文帝下诏褒奖的,其共同点就是在隋朝建立过程中有过卓越功勋,那为何有3人竟在《隋书》中无本传呢?这3人有何特殊之处?其对隋朝又有何功绩呢?广业公景、真昌公振不仅无本传,并姓氏、籍贯、生平皆已难考,故而无从研究,只有新宁公叱李长叉虽无本传,在史籍或稍有记载,可以略作探讨。关于叱李长叉,至少可以探讨两个问题:首先北齐降周者甚多,而只有叱李长叉能与众多北周勋旧同享"庶享荣位,世禄无穷"的待遇,可见其未必如《北史》所云,仅仅是"在官以清干称";再则,以上诸人皆为"与国同休"的重臣,已知身份的15人中除未入隋之韦孝宽外,独叱李长叉在《隋书》中无本传,似与其地位不符,对比之下,恐怕应与其北齐入周的经历有关。

叱李长叉史籍记载不多,但比较值得注意的是,在"相州之乱"时,他被任命为相州刺史。《周书·韦孝宽传》记载:"及宣帝崩,隋文帝辅政,时尉迟迥先为相州总管,诏孝宽代之。又以小司徒叱列长义为相州刺史,先令赴邺。"①平定"相州之乱"后不久,《周书·静帝纪》记载大象二年十二月:"以柱国邗国公杨雄、(为)普安公贺兰薯、鄌国公梁士彦、上大将军新(安)〔宁〕公叱列长(文)〔义〕、武乡公崔弘度、大将军中山公宇文恩、濮阳公宇文述、渭原公和干子、任城公王景、渔阳公杨锐、上开府广宗公李崇、陇西公李询并为上柱国。"②检诸史籍,以此日拜上柱国的诸人在"相州之乱"中均有立功表现——

《隋书》卷四三《观德王雄传》:"周宣帝葬,备诸王有变,令雄率六千骑送至陵所。进位上柱国。"《隋书》卷四〇《梁士彦传》:"尉迥之反也,以为行军总管,从韦孝宽击之。至河阳,与迥军相对。令家僮梁默等数人为前锋,士彦以其徒继之,所当皆破。乘胜至草桥,迥众复合,进战,大破之。及围邺城,攻北门而入,驰启西门,纳宇文忻之兵。"《隋书》卷七四《崔弘度

---

① 《周书》卷三一《韦孝宽传》,北京:中华书局,1971年,第543页。

② 《周书》卷八《静帝纪》,第134—135页。

传》:"及尉迥作乱,以弘度为行军总管,从韦孝宽讨之。弘度募长安骁雄数百人为别队,所当无不披靡。"《隋书》卷六一《宇文述传》:"高祖为丞相,尉迥作乱相州,述以行军总管率步骑三千,从韦孝宽击之。军至河阳,迥遣将李儁攻怀州,述别击儁军,破之。又与诸将击尉惇于永桥,述先锋陷阵,俘馘甚众。平尉迥,每战有功,超拜上柱国,进爵褒国公,赐缣三千匹。"《隋书》卷三七《李崇传》:"尉迥反,遣使招之。崇初欲相应,后知叔父穆以并州附高祖……其兄询时为元帅长史,每讽谕之,崇由是亦归心焉。及破尉惇,拜大将军。既平尉迥,授徐州总管,寻进位上柱国。"同书同卷《李询传》:"高祖为丞相,尉迥作乱,遣韦孝宽击之,以询为元帅长史,委以心膂。军至永桥,诸将不一,询密启高祖,请重臣监护。高祖遂令高颎监军,与颎同心协力,唯询而已。及平尉迥,进位上柱国,改封陇西郡公,赐帛千匹,加以口马。"

叱李长叉在此役中有何作为暂且难考,但其受任相州刺史,以及战后与诸多平乱功臣同拜上柱国,可见此役其必有非凡功勋。其人既非平庸无为,然史书无载,是否可能与其从北齐入周、隋的经历有关呢?

查阅《隋书》,北齐达官显贵降周者不在少数,然《隋书》列传共五十卷,除后妃、烈女、东夷、南蛮、西域、北狄六传外,尚余四十四卷,详略不同,共为343人立传,其中,入仕周隋的北齐遗臣(不包括北齐灭亡前因故奔周者,如司马消难、源雄等)仅四十余人,据《北齐书·源彪传》载:"齐灭,朝贵知名入周京者:度支尚书元修伯,魏文成皇帝之后……周朝授仪同大将军、载师大夫。其事行史阙,故不列于传。齐末又有并省尚书陇西辛悫、散骑常侍长乐潘子义并以才干知名。入仕周、隋,位历通显云。"①但以上诸人虽然"位历通显",但均无本传,行迹也难考。如此,亡齐入周者在《隋书》中无传者不在少数,都是北齐朝贵,难道入了北周就都默默无闻? 可见其必有非常原因。

《周书·萧㧑传》记载:"及高祖平齐,㧑朝于邺……后高祖复与之宴,齐氏故臣叱列长义亦预焉,高祖指谓㧑曰:'是登陴骂朕者也。'㧑曰:'长义未能辅桀,翻敢吠尧!'高祖大笑。"②这条材料足以说明入仕周、隋的亡

---

① 《北齐书》卷四三《源彪传》,北京:中华书局,1972年,第578—579页。
② 《周书》卷四八《萧䕒传附子㧑传》,第864页。

齐故臣为世人所轻，萧岿并非北齐故臣，此语很难说是站在北齐的立场上要求叱李长叉尽忠于北齐，而应该视作士人之间普遍的看法——即应尽忠本朝。从高祖"大笑"这一反应，说明萧岿当众对叱李长叉背齐入周的指责并非禁忌，可见这是当时普遍的看法。故而《隋书》不为叱李长叉立传可能与此有关。

由这一问题切入，可进一步探讨隋唐时期山东地区的北齐旧臣与隋唐政权之间的关系。黄永年在《论北齐的文化》及《尉迟迥相州举兵事发微》两文中，也详述了北齐文化盛于北周，北周近乎夷狄的状况，且用此来解释山东士人敌视周隋政权，并以此分析山东士人在相州之乱中的表现[1]。牟发松《旧齐士人与周隋政权》阐述了山东士人与关中政权的"东西旧隔"，点明了山东士人的不仕周隋与关中政权对山东士族的忌惮[2]。《旧唐书·张行成传》："太宗尝言及山东、关中人，意有同异，行成正侍宴，跪而奏曰：'臣闻天子以四海为家，不当以东西为限；若如是，则示人以益狭。'太宗善其言，赐名马一匹、钱十万、衣一袭。"[3]由此可见，自公元557年北齐灭亡，至太宗朝，已经超过七十年了，而山东地区与关中政权的隔阂仍旧还在，无怪乎作为北齐入仕周、隋的叱李长叉不为时人所重。

---

[1] 黄永年：《论北齐的文化》，载《文史探微——黄永年自选集》，北京：中华书局，2000 年；黄永年：《尉迟迥相州举兵事发微》，载《文史存稿》，西安：三秦出版社，2004 年。

[2] 牟发松：《旧齐士人与周隋政权》，《文史》，总第 62 辑，北京：中华书局，2003 年第 1 辑。

[3] 《旧唐书》卷七八《张行成传》，第 2703—2704 页。

学术价值的把握与史学论文的选题论证

严海建

　　学术写作是思想呈现的主要方式,在研究型大学的学习过程中具有枢纽性地位。史学论文写作有广义和狭义之分,广义的史学论文写作即史学的专业训练,包括选题、资料搜集与整理、结构框架的布局、史料的分析解读等环节,史学论文写作是其终端,狭义的史学论文写作着重点在写作上,似乎更关注文字和表达的问题,实则形式与内容、事实与表现二者不可分离①。

　　史学论文的写作,基本功夫在平时的阅读思考与抄录,但平时的阅读和思考如果最后不能通过写作来呈现,则不算真正意义上的研究者。严耕望先生曾特别提到,"写作事实上不但是为了向外发表,贡献社会,同时也是研究工作的最后阶段,而且是最重要最严肃的研究阶段;不写作为文,根本就未完成研究功夫,学问也未成熟。常有人说某人学问极好,可惜不写作。事实上,此话大有问题。某人可能常识丰富,也有见解,但不写作为文,他的学问议论只停留在见解看法的阶段,没有经过严肃的考验阶段,就不可能是有系统的真正成熟的知识。一个人的学术见解要想成为有系统的成熟的知识,就必须经过搜集材料,加以思考,最后系统化的写作出来,始能成为真知识真学问。因为平时找材料用思考,都是零碎

---

①　从历史哲学叙事转向的视角,历史作品所具有的诗性特征,使得历史写作不再像传统观念中那样居于一个附庸和次要的地位,叙事本身成为历史话语理论所关注的首要问题。正如海登·怀特所指出的,历史著作的形式和内容是难分难解地纠缠在一起,形式本身就蕴含了内容。参见彭刚:《叙事、虚构与历史——海登·怀特与当代西方历史哲学的转型》,《历史研究》2006年第3期。

的,未必严密,也无系统。要到写作时,各种矛盾,各种缺隙,各种问题,可能都钻出来了,须得经过更精细的复读,更严密的思考,一一解决,理出一条线索,把论断显豁出来,这条论断才站得住;否则只能算是个人看法而已,不足称为成熟的学问。所以写作是最精细的阅读,最严密的思考,也是问题研究进程中最严肃的最后阶段,非写作成文,不能视为研究终结。"①

只有进入学术研究论文写作的阶段,才算是真正意义上的学术训练。阅读和思考只是前期的准备,而唯有写作才能真正确立研究者的主体性。写作是一种文字表达的方式和媒介,就像柏拉图意识到的那样,书面文字对于表达思想具有不可替代的意义。尼尔·波兹曼也曾提出,"在学术界里,出版的文字被赋予的权威性和真实性远远超过口头语言。人们说的话比他们写下来的话要随意。书面文字是作者深思熟虑、反复修改的结果,甚至还经过了专家和编辑的检查。这样的文字更加便于核对或辩驳,并且具有客观的特征……书面文字的对象从本质上来说是客观世界,而不是某个个体。书面文字可以长久存在,而口头语言却即刻消失,这就是为什么书面文字比口头语言更接近真理。"②无论是相对于传统的口头表述传统,还是20世纪80年代以来信息化时代的挑战,文字形式的书面写作仍然是学术研究的主要表达方式。

史学论文不是作文,写得好看不是最重要的。在史学论文写作中,选题是首要环节,居于核心的地位,正如前人所言,"好的选题等于成功了一半"。从学术训练的角度而言,能否提出好的选题是衡量一个史学研究者是否合格的最重要的标准。

能够不断提出好的问题,对于研究者而言是最基本的要求,当然也是其面临的挑战。研究的英文是"research","search"是探寻的意思,前面加一个"re"的前缀,意为"重新探寻",而重新探寻的主体就是研究者这个"I"。研究工作对于大多数人而言,其困难就在于"言前人所未言",就像陈寅恪先生常说的"发前人未发之覆"。学术研究探寻的过程固然曲折,然其成就也源于探寻所得之新发现。季羡林评价陈寅恪先生,"他喜欢用的一句话是发前人未发之覆。在他的文章中,不管多长多短,他都能发前

---

① 严耕望:《治史三书》,上海:上海人民出版社,2016年,第97页。
② [美]尼尔·波兹曼著,章艳译:《娱乐至死》,北京:中信出版社,2015年,第24页。

人未发之覆。没有新义的文章,他是从来不写的。"①

既然是"research",那就意味着不能重复,但不重复并不意味着就一定有价值。很多时候学生的选题论证,大多会强调自身的研究是填补了某项空白。实际上,并不是所有的空白都值得填补。正如法国史学家安托万·普罗斯特所言,"真正的空白不是还未有人书写其历史的漏网之鱼,而是历史学家还未做出解答的问题。当问题被更新了,空白有时候不用填就消失了。"②真正有价值的研究应该是能提出新的有价值的问题。在此,就我理解的好的选题的三个方面稍作论述,基本不涉及技术性的问题,主要突出立意。

第一,好的选题必然是综合新材料与习见史料的基础上提出的具有前瞻性的问题。

学术研究的新问题的提出,有赖于史料范围的不断开拓。1930年,陈寅恪提出,"一时代之学术,必有其新材料与新问题。取用此材料,以研求问题,则为此时代学术之新潮流。治学之士,得预此潮流者,谓之预流。其未得预者,谓之不入流。此古今学术之通义。非彼闭门造车之徒,所能同喻者也。"③陈寅恪先生以是否能运用新材料研究新问题为判断学者是否入流的标准。

试举一例说明之,即蒋宝麟对于金陵大学的新研究。此前,学术界对金大校史的研究已有一定基础。张宪文主编的《金陵大学史》是此前唯一一部专门以金大为研究对象的学术专著。英语学界的中国教会大学个案研究从20世纪50年代开始启动,但尚无以金陵大学(University of Nanking)为研究主题的英文论文。研究金大校史,有两种最主要的档案史料。一是中国第二历史档案馆藏"私立金陵大学档案";二是"亚洲基督教高等教育联合董事会档案"(Archives of the United Board for Christian Higher Education in Asia)第四系列"中国教会大学资料"(Series IV

---

① 《〈纪念陈寅恪先生诞辰百年学术论文集〉序》,季羡林著,王树英编:《季羡林序跋集》,北京:新世界出版社,2017年,第183页。
② [法]安托万·普罗斯特著,王春华译:《历史学十二讲》,北京:北京大学出版社,2012年,第72—73页。
③ 陈寅恪:《陈垣〈敦煌劫余录〉序》,《金明馆丛稿二编》,上海:上海古籍出版社,1980年,第236页。

China College Files)中的"金陵大学档案",该档原藏美国耶鲁大学神学院图书馆。亚联董的档案绝大部分为英文文件,包括各种会议记录、各学院文件、教职员论著、各方函电、财务资料与学校期刊。以上两种档案中英文并举,除小部分内容交叉重叠,余者可参照互补。不过,由于档案开放以及语言等问题,这两种档案未得到充分利用。金大内部诸多史实重建有赖于英文档案,特别是对英文会议档案的条理贯通,若只靠中文档案及报刊、回忆录等,往往使许多史实模糊不清、似是而非。蒋宝麟的研究在利用档案及其他史料的基础上,尤其是此前较少使用的英文档案资料,全面考察20世纪20年代金陵大学的两次立案的过程以及由此引发的内部权力结构改组。蒋宝麟的研究认为,在1927年以前,金陵大学的顶层治理由托事部和理事会构成"内外"结构。托事部由各合作差会合作设于美国,对金陵大学的经济与人事负全责,是校产的所有者。在南京的理事会也是金陵大学的决策机构,更是托事部的代表与执行机构。1927年南京国民政府成立后,金陵大学逐渐完成内部改组与"立案",其顶层治理转变为"创始人委员会—校董会—校方"的"中西"结构。创始人委员会代表"西",校董会同时包含"中""西"因素,代表校方"中"。与托事部相比较,创始人委员会对金陵大学的直接管控减弱,校董会并非只是创始人的执行机构。校董会中本地教会和校友力量上升,代表了金陵大学的本土化方向。"校方"是校长及校内由中国籍教师组成的行政层,代表着中国籍教职员在校内的话语权,这是一股新的力量,加强了金陵大学的自主性和本土化[①]。上述问题在习见的中文资料中是很难被发现并得以解决的,此例可谓取新材料研求新问题之典范。

时人对陈寅恪先生的"预流"说也有所辩证,学术研究的新趋向主要在于学术思考的入流与不入流,而不在于材料的新旧。1936年,贺昌群在《历史学的新途径》一文中提出,"我想入流与不入流,有时亦不在以能获得新材料为目的。近来学术界因为争取发表新材料的优先权,往往令人有玩物丧志之感。所以尤在要明了学术研究的新趋向,然后才知所努力,在思辨上有深澈的眼光,文字上有严密的组织,从习见的材料中提出

[①] 蒋宝麟:《20世纪20年代金陵大学的立案与改组》,《近代史研究》2016年第4期。蒋宝麟:《从"内外"到"中西":金陵大学顶层治理结构的转变》,《史学集刊》2020年第3期。

大家所不注意的问题。所以学术的思考上也有入流与不入流之别。"①陈寅恪先生自身的学术研究实践也主要是注重对史料的解读与运用,并不特别强调史料的新旧。正如季羡林所言,"寅恪先生从来不以僻书来吓人。他引的书都是最习见的,他却能在最习见中,在一般人习而不察中,提出新解,令人有化腐朽为神奇之感。"②可见,材料的新旧可能不是最重要的,能不能提出新问题才是决定性的标准,大部分有创见的研究对于新材料的解读也都是在习见史料运用的基础上进行的。

对于新史料发现的意义能否有恰当的把握,能否基于新材料研求新问题,也取决于学者对于学术史了解是否深入,是否具备独到的眼光。并非有了新史料就能发现新问题,如果没有相当的积累,即使有新史料寓目,也会无感。正如马克·布洛赫所言,"一份文献如同一个见证人,正像大多数见证人那样,只有面对提问,他们才会予以说明。"③史学研究者的眼光与材料的运用结合,才能写出好的论文。

第二,好的选题应该是能够关照部分与整体的关系、能够揭示历史变迁深层动力和复杂机制的研究。

在前期阅读史料及相关研究的过程中,如何有意识地培养对于原始材料中"好题目"的敏感性?取决于研究者对于经验研究在历史抽象整体中价值的把握。史学本身的特性决定了任何研究者都不可能书写人类历史的全部,但每个人的研究都应该与整体历史存在一定的关联性,任何的个案和局部的研究都应该成为认识整体历史的切入点。史学与社会科学不同,不寻求所谓普遍规律。梁启超就曾特别提示历史的特性,"历史现象只是'一躺过',自古及今从没有同铸一型的史迹",所以史家的工作"专务求'不共相'"④。但务求"不共相"的同时又不能脱离整体,正如桑兵先

---

① 贺昌群:《历史学的新途径》,《贺昌群文集》第1卷,北京:商务印书馆,2003年,第285页。

② 《〈纪念陈寅恪先生诞辰百年学术论文集〉序》,《季羡林序跋集》,第183页。

③ [法]马克·布洛赫著,张和声译:《历史学家的技艺》,北京:北京师范大学出版社,2014年,第10页。

④ 梁启超:《研究文化史的几个重要问题——对于旧著〈中国历史研究法〉之修补及修正》(1922年12月),汤志钧、汤仁泽编:《梁启超全集》第十一集,北京:中国人民大学出版社,2018年,第359页。

生所提示的,"史学着重见异","不过见异并非仅仅关注具体,反而更加注重整体,要在整体之下研究具体,探寻个别的普遍联系"①。

以赛亚·伯林曾精准地表达了历史学家联系的能力的重要性,"他们所需要的能力是联系的能力,而不是区分的能力,是察觉部分与整体之间关系的能力,察觉具体声音或颜色与它们可能形成的各种可能曲调或图画之间关系的能力,察觉个体作为个人被观察与欣赏,而非主要作为某类型或法则的实例而被观察与欣赏这两者之间关系的能力"②。何以历史学家需要的是"联系的能力"而不是"区分的能力",就我个人的理解,因为研究是由未知到已知的探寻之路,由部分而推测整体,据不完整的材料重建史事,需要的是联系(或可谓抽象的想象)的能力。陈寅恪先生也曾有过类似的表述,"古代哲学家去今数千年,其时代之真相,极难推知。吾人今日可依据之材料,仅当时所遗存最小之一部;欲藉此残余断片,以窥测其全部结构,必须备艺术家欣赏古代绘画雕刻之眼光及精神,然后古人立说之用意与对象,始可以真了解。"③

好的研究选题一定是切入整体历史的具体研究,其与整体历史、既有研究联系越多,给予其他研究者和读者更多启发与共鸣,则其价值越大。正如贺萧(Gail Hershatter)《记忆的性别》一书的序言中提到的,"我所说的一个足够好的故事并不能让我们对过去有一个完整的理解,但它出人意料并且引发思考,根据聆听者的不同需求而朝不同方向发出线索。一个足够好的故事可供再阐释;可以被编织进许多更大的叙事里。"④思想史研究剑桥学派的代表人物斯金纳认为:"我的研究方法当然就具有这样的蕴涵:我们的注意力不应放在个别作者身上,而应放在更具普遍性的他们那个时代的话语之上。"⑤这样的研究方法展现的思想家的思想建构

---

① 桑兵:《中国近现代史的贯通与滞碍》,《近代史研究》2010年第1期,第29页。
② [英]以赛亚·伯林:《科学历史学的概念》,[英]亨利·哈代编,凌建娥译:《概念与范畴:哲学论文集》,南京:译林出版社,2019年,第207页。
③ 陈寅恪:《冯友兰〈中国哲学史〉审查报告》,《金明馆丛稿二编》,北京:生活·读书·新知三联书店,2001年,第280页。
④ 贺萧:《记忆的性别:农村妇女和中国集体化历史》,北京:人民出版社,2017年,第4页。
⑤ Quentin Skinner, "Interpretation and the Understanding of Speech Acts", in *Visions of Politics*, Vol. 1, p. 117.

和表达方式,就不会是超越时空的,而是渊源有自。即便是对思想家个案的研究,也因为有同时代语境的参照而更加具有说服力,反过来,单个思想家也为我们更加了解特定时代思想气候的具体状况和变迁提供了例证[①]。

试举一例说明之,即梁晨对于近代高等教育与社会分层及社会流动的研究。梁晨通过梳理民国大学院校有关招生方法及考务安排的相关史料发现,虽然理论上教育部统管各地各类大学院校,但在招生工作中院校却拥有较强的自主权。民国大学的招生在富有灵活、多样甚至杂乱等特点的同时,在看似开放、客观的表面下也暗含了诸如地域、知识和经济等多方面的要求或门槛。从教育本身的角度看,这些门槛体现了不同院校之间的境况差异,在一定程度上造成了民国考生的特定择校模式;从教育与社会互动的角度看,这些门槛又造成了不同地域和家庭来源的学生教育获得的差异,使得大学招生在体现教育选拔功能的同时,更凸显阶层流动意义上的教育分层功能,教育权利有成为教育特权之趋势[②]。可见,"如何选拔学生"和"如何组织选拔"不仅是大学招生中的技术问题,更可能是深入认识民国社会的关键所在。梁晨通过对民国大学生量化数据库的学生群体地理信息的分析发现,清代科举体制下较均衡的全国性统一人才供给机制在民国时期被彻底打破,大学生的地理来源高度集中于东南地区和中心城市,人才供给规模省际差异显著。同时,在校大学生明显向中心城市集中,这一趋势伴随求学历程不断强化。民国不同地区人口接受新式教育的广度和层次差别甚大,这对国家近代化的进程与特征具有重要影响[③]。梁晨在另一篇论文通过对民国上海高校生源地理分布的量化分析发现,以"从什么地方来""从什么家庭来"和"从什么系统来"三个角度衡量,上海高校学生这一群体的家庭背景较为同质化,地理来源比较集中。理论上面向全国和全社会开放的各类公私立大学,学生主要来自于具有文化或财富优势的本地家庭和与各大学有着千丝万缕联系的本

[①] 彭刚:《昆廷·斯金纳:历史地理解思想》,彭刚:《叙事的转向:当代西方史学理论的考察(第二版)》,北京:北京大学出版社,2017年,第126页。

[②] 梁晨:《从教育选拔到教育分层:民国大学院校的招生与门槛》,《近代史研究》2018年第6期。

[③] 梁晨、任韵竹、李中清:《民国大学生地理来源量化考析》,《近代史研究》2021年第3期。

地中学①。上述研究虽然处理的大学招生及学生地理来源等具体的问题,但其背后涉及的实际上长时段整体性的社会变迁的大问题,通过上述研究可以揭示历史变迁更深层的复杂机制。如果回归对于前近代社会流动的经典研究,比如何炳棣先生的《明清社会史论》(The Ladder of Success in Imperial China)一书从社会史角度考察了明清科举与社会流动之关系,余英时先生的《试说科举在中国史上的功能与意义》一文从"人才的地区分布"和"科举如何适应社会流动"两个方面理解科举的统合功能,梁晨的研究无疑为我们理解近代以后精英教育与社会流动及社会变迁提供了纵深的视角。

第三,好的选题应该是超越简单的史实重建或经验性解释的新解,能够充分体现历史学家特殊技艺的作品。

好的选题应该是能够给读者惊喜的,读者读过以后会有学术认识上的更新或方法论的启发。季羡林评价陈寅恪先生的学术研究,"他有时立一新义,骤视之有如石破天惊,但细按之则又入情入理,令人不禁叫绝。"②严耕望曾提到,陈寅恪先生的历史考证"往往分析入微,证成新解,故其文胜处往往光辉灿然,令人叹不可及"③。史学研究不能论证常识,不应该出现论证分析的结果不出所料,如此从阅读体验而言亦索然无味。优秀的研究作品往往就是那些能"征成新解"或"立一新义"的研究。

试举一例说明之,即茅海建先生对戊戌变法时期康有为、梁启超的思想的研究。光绪二十四年(1898)的戊戌变法,被认为是中国近代史上西方化的政治改革。康有为作为这次改革的主要推动者,向光绪皇帝提出的各类建策,看起来也是非常西方化的。梁启超在《时务报》《知新报》上发表大量政论文章,宣传以"西方"的样式改造中国社会。茅海建先生通过细致的史料爬梳发现,康梁变法思想形似西学而主体仍为中学的本色,他们对西方文艺复兴以来的政治、经济、社会诸学说是不知情、不了解的。他们用中国传统的思想去解读、去理解西方政治学说的核心观念,如"议院""民主"等等。据此推论,戊戌变法表象上是西方化的政治改革,内

---

① 梁晨、任韵竹、王雨前、李中清:《民国上海地区高校生源量化刍议》,《历史研究》2017年第3期。
② 《〈纪念陈寅恪先生诞辰百年学术论文集〉序》,《季羡林序跋集》,第183页。
③ 严耕望:《治史三书》,第97页。

核中却缺乏必要的思想与理论的准备。这是一个巨大的落差,与日本明治维新有着根本性质的区别①。在政治思想梳理的基础上,茅海建先生还对康、梁的政治主张和政策设计做了细致的分析,康的核心思想是建立一个能与光绪帝相对平等对话的,参预高层政治决策的,以康本人为核心的机构,来主导改革运动,同时也说明了康、梁对科举、学校、译书方面的内容比较熟悉,其改革建策亦被清政府所采纳;他们设立政府经济部门、专利法等项建策,清政府交给职业官僚;而关于财政与外交,康、梁没有相应的知识,建策多为不妥甚至失误,清政府也没有采纳。康、梁是优秀的变法倡导者,却不是合适的新政策略家。由此,茅海建先生得出结论:"戊戌变法是以西方化为方向、以强国为目标的改革运动;而康有为不是能将中国政治带上轨道的人,戊戌变法若真要获得成功,仍会有许多磨难。"②上述论证和结论几乎颠覆了传统对于康、梁及戊戌变法研究的认识,然其分析入微,与历史本相严丝合缝,令人叫绝。

　　史学论文选题的论证通常在以下几个层面进行,一是研究的主题或对象的界定,二是确定了研究主题后,要交代清楚其研究的价值。对于学术价值的论证,又可以分为两个层面,一是基于学术史的回顾与检讨,说明该问题存在哪些可以拓展的空间,二是讨论这一问题到底有何意义,如对于更新我们在某方面的认识具有何种价值。实际上这三方面分别对应的是历史认识的不同层面,大部分学生只能完成据史料以重建史事,但常常止步于此,从而陷在史料中而不能经由史料真正进入历史现场或历史过程,也未能在史事重建的基础上展开论述,阐明历史现象或过程背后的复杂机制,从而获致整体性的深刻认识。

　　史学研究的性质决定了史学论文选题论证的主要方向,既然研究是"发前人未发之覆",故而要全面切实掌握先行研究,避免重复劳动,才能真正在学术共同体的整体水准上作出贡献。在拓展学术空间的基础上,还需要恰当把握研究对象的学术价值,确定真正有价值的学术问题。在确认选题研究价值的基础上,可行性的论证则取决于是否掌握充分的史

---

① 茅海建:《中学或西学?——戊戌时期康有为、梁启超学术思想与政治思想之底色》,《广东社会科学》2019年第4期。
② 茅海建:《论戊戌变法期间康有为、梁启超的政治思想与政策设计》,《中国文化》2017年第1、2期。

料，再好的选题如果没有足以支撑的史料也枉然。归根结底，选题并非孤立的技术性问题，具备对于经验材料的敏感性，能够不断提出有价值的议题，无疑是对研究者基本素养的考验。这一切都不是无源之水，需要经过经过积累和养成的阶段。读书治学都不能靠"金针度人"，正如萧公权先生所言，初学者在真正开始研究之前都需要经过一个放眼读书的阶段，如此才能走出自己的路①。

在指导学生专业论文写作的过程中，我们往往有这样的经验，如果指导老师基于自身的学术积累和学术眼光，帮助学生确定一个选题，并提示搜集材料和分析论证的大致方向，最终学生有可能会写出一篇合格甚至优秀的史学论文，但是这样的训练过程并不能代表学生真实的学术素养和研究能力，一旦脱离指导老师的协助，有可能仍然无法独立进行研究和写作。独立进行选题论证，提出一个有价值并具有可行性的选题是从事研究工作至关重要的能力，所以在指导学生的过程中，教师要把握学生主体性的原则，在此基础上可以提供一些建议和指导，万不可越俎代庖，从而削弱学术训练的效果。章学诚曾有言："人生禀气不齐，固有不能自知适当其可之准者，则先知先觉之人从而指示之，所谓教也。教人自知适当其可之准，非教之舍己而从我也。"②史学研究这样创造性的工作，需要发挥一代代不同的研究者的创造性，故而使学生能各就其性之所近，发挥各自的特长，则学术事业可日见增进。史学论文写作的教与学，不只关乎历史学家的技艺，更关乎不可言说的人文的主体性和创造性，其中的奥妙，既要有教者的言传身教，又要有学生的意会和实作。

---

① 萧公权:《问学谏往录——萧公权治学漫忆》，上海：学林出版社，1997年，第70页。

② 章学诚著，仓修良编注:《文史通义新编新注·内篇二·原学上》，北京：商务印书馆，2017年，第108页。

民间文书释读示例*
——以清水江文书为例

谢开键

在历史学研究中,时间是一个非常重要的维度,"历史"一词中的"历"便包含时间涵义。当代学者对"历史"一词有诸多阐释,其中一种较为简单而普遍的看法是,历史乃"过去发生的事情"。无论是对前述看法相同或有所拓展——如杜维运认为历史"是以往实际发生的事件(简言之为往事),或者是以往实际发生的事件的记录(往事的记录)"①,都强调历史带有时间性。又邓广铭先生曾将年代视为历史研究的"四把钥匙"之一②,所谓"年代",换言之即为时间。历史的发生离不开时间、空间和人这三个要素,离开时间谈空间和人物,犹如空中楼阁,不能长久,因之确定历史事件的时间是研究历史的首要任务之一。

清水江文书是明代以降广泛遗存于贵州黔东南苗侗少数民族地区历史文献之总称,因庋藏地集中于清水江流域而得名。中山大学张应强教授主编的《清水江文书》第一辑(以下所论皆为此辑),自 2007 年由广西师范大学出版社出版以来,《清水江文书》的史料价值随着研究的不断拓展和深入而日益为学界所重视。《清水江文书》收录一定数量的风水堪舆文

---

* 本文系南京师范大学 2022 年度教学改革一般项目"中国古代史在线开放课程与线上线下混合式课程的建设"成果之一。
① 杜维运:《史学方法论》,北京:北京大学出版社,2006 年,第 17 页。
② 所谓历史学研究的"四把钥匙"即指职官制度、历史地理、年代学和目录学,见《邓广铭先生学术年谱》,载《邓广铭全集》第 10 卷,石家庄:河北教育出版社,2005 年,第 495 页。

书,集中且涉及具体人和事,是研究当地民俗、民众的日常生活史不可多得的材料。但遗憾的是,这些文书多数没有注明日期,给研究造成一定困难。本文便以《清水江文书》第 3 册所收此类文书为例,最大限度挖掘契约文书所载的信息,以确定这类缺漏时间关键信息的契约文书的精确或大致时间。

一、四份堪舆文书简介

本文择取的四份文书分别是《姜恩瑞造门楼择日单》《盖屋择日单》《姜恩瑞乔迁新屋择日单》和《姜恩瑞荣造门楼择日单》①,为方便讲述,笔者先将四份文书略录如下:

《姜恩瑞造门楼择日单》:

> 恭惟恩瑞兄台为荣造门楼志禧,正屋卯山酉向,门楼宜开南离生气门路……造主癸卯,男丁丑,依五音掌内所属……入山伐木吉日,取戊寅年十一月初二,丁未成日,宜用未时兴工。砍伐起工发垒吉日,取己卯年三月初十,甲寅闭日,宜用寅时发垒大吉。动土平基定磉吉日,取又三月十六,己丑成日,宜用寅时兴工大吉。伐梁木亦用此日,巳时方可大吉。登柱上梁吉日,取四月初十,癸丑娄宿成日,宜用丑时发搥……上门吉日,取八月廿四,乙丑斗宿定日,宜用子时安门大吉……再烦翁老先生尤佳细查定夺可否。契弟张炳兴笔。

《盖屋择日单》:

> 正屋卯山酉向荣修大门、上门、盖屋、安碓、吉期单
> 盖屋上瓦吉日取又五月廿七,乙亥定日,用丑时兴工,吉。
> 安碓吉日取前五月廿六,丙辰开日,宜用申时安移大吉……
> 造门起工吉日取九月廿五,壬午危日,宜用卯时兴工,吉。
> 上门吉日取十月十三,庚子除日,宜用子时,上门大吉……

---

① 以上四份文书分别出自张应强、王宗勋主编:《清水江文书》第一辑,第 3 册,桂林:广西师范大学出版社,2007 年,第 444、446、447、450 页。

《姜恩瑞乔迁新屋择日单》：

恭贺姜府恩瑞兄台,今为移居入宅,架梯作火炉起工修振志禧……本年……姑取正月廿三日辛酉危日……架梯打火炉吉日取二月初七乙亥成日……取(二月)十五日癸未日泥作成就大吉……取十月十三日丙子除日,宜用子时安香火……吉课登梯：乙亥、己卯、乙亥、己卯;吉课入宅：乙亥、丁亥、丙子、辛卯;安神：乙亥、丁亥、丙子、□□……

《姜恩瑞荣造门楼择日单》：

恭惟恩瑞兄台为荣造门楼志禧,正屋卯山酉向,宜开南离生气门路……造主癸卯,男丁丑,依五音所属……入山伐木吉日,取戊寅年十一月初二,丁未成日,宜未时吉。起工发垒吉日,取己卯年三月初十,甲寅闭日,宜用寅时兴工大吉。动土定磉吉日,取又三月十六,己丑成日,宜用寅时兴工。砍梁木亦用此日,巳时方可大吉。登柱上梁吉日,取四月初十,癸丑娄宿成日,宜用丑时发搥……上门吉日,取八月廿四,乙丑斗宿定日,宜用子时安门……友弟张炳兴。

由上引文书可知,四纸文书是风水师张炳兴为姜恩瑞架设门楼、盖瓦安门、架梯安神等建造房屋相关事宜的择日单。其中《姜恩瑞造门楼择日单》和《姜恩瑞荣造门楼择日单》两份文书主体内容除个别用词不同、前者在文末多出列举各事项的具体年月日等干支信息之外,其他基本一样,均是择取涉及建造门楼时涉及伐木、上梁、安门等事项的吉日。两相比较,前者用词更加准确,内容也更为丰富。又仔细对比二纸文书书写笔者,非同一人所写。据此,我们推测前者是张炳兴亲笔所写,后者是事主姜恩瑞或其相识之人为之抄写《姜恩瑞造门楼择日单》之简略版。

我们知道,前引四份文书均未书明文书的书写时间,但它们包含丰富信息：或有文书的事主,干支纪时,或有成日、闭日、定日等堪舆专业术语。能为我们所用的主要历史信息是事主和干支纪时。事主即姜恩瑞,亦即文书中所说的"造主"。堪舆和干支有莫大关系,此类择日单又带有一定的私密性,且择日之事发生与在事由之前的短时间内,因此,它不同于诸如土地交易等行为涉及诸多利权,或为防止纠纷,故需用年号写明签订契约的日期,择日单则只需用干支纪时即可。这种纪时方式为后来者确定其年代造成困难。那么在缺乏年号纪年时,如何确定此类文书的书立时间呢？

二、确定文书书写时间之法

我们采用的方法是,先确定事主的大概生活年代,再依据文书提供的干支信息对照事主主要生活的时间段内的干支信息,从而确定文书书写的大概或确切时间。以《姜恩瑞造门楼择日单》文书为例,具体说明前述方法。首先要确定姜恩瑞的主要生活年代,在缺乏族谱等信息的情况下,如何确定姜恩瑞的主要生活年代呢?这里我们需要借助校勘学的方法。陈垣先生曾将校勘方法归为四类,即对校法、本校法、他校法和理校法。所谓对校法是指,以同书之祖本或别本对读,遇不同之处,则注于其旁。以本书前后互证,而抉摘其异同,则为本校法。以他书校本书,则是他校法。在无古本可据的情况下,结合个人学识,对某一书籍所载作出是非判断之法,称为理校法①。我们借用本校法以确定姜恩瑞的主要生活年代。需要指出的是,本文所谓本校法和陈垣先生所言有所不同。我们采用的方法是即从《清水江文书》中搜寻姜恩瑞的信息,找出其最早和最晚参与订立契约的时间,由此确定他的大致生存年代。这一方法是否可行呢?同一村落或相邻村落中是否有甲乙同名的情况,会不会因此造成误甲为乙的错误呢?笔者认为一般不会出现这样的错误,具体理由有二:

(1)依据《清水江文书》整理者的编辑说明可知,《清水江文书》第1至3册均来源于贵州锦屏加池寨。更为重要的是,这些文书均由姜恩瑞后人持存,不会掺入其他名唤姜恩瑞之人的文书。

(2)正如费孝通先生所说,传统中国的村落是没有陌生人的熟人社会②,即以血缘或亲缘关系为纽带的"面对面的社群"或"圈子社会",这一群体中的成员不但对人,对物也十分熟悉。所以同名者之间,或与某一村落重名之人建立契约关系,必定在契约中区分二者,以避免不必要的麻烦。

综合上述理由,我们认为通过搜寻文书中姜恩瑞的活动信息以锁定其主要生活年代的方法具有可行性。查《清水江文书》可知,姜恩瑞最早、最晚出现于文书且有明确记述的时间分别为道光三十年(1850)十一月二

---

① 陈垣:《校勘学释例》,北京:中华书局,1959年,第144—148页。
② 费孝通:《乡土中国》,北京:北京出版社,2004年,第4页。

十八日、①民国四年六月二十八日②，即姜恩瑞主要活跃于 1850 至 1915 年。这是根据文书所得。那是否有更为确凿如族谱之类的证据呢？在查阅其他出版的文书过程中，笔者发现王宗勋所编《加池四合院文书考释》的第四卷中收录有姜恩瑞家族的世系图（见图1），据此可知，姜恩瑞的生卒年分别为 1843 年和 1916 年，和前述笔者推断之误差较小。再者参与签订契约一般是成年后或与父亲兄弟分家之后，父亲与诸子分家后，一般不再参与交易类契约的签订，扣除这一时间差，其大致活跃的年份和实际生活年龄的误差更小。综合这些因素，笔者前述方法更具可行性。而且我们只是推断事主的大致活跃时代，并不需要确切的生卒年。所以在无更具说服力史料的情况，采用笔者所谓"本校法"以锁定文书中某一人物的大致生活年代具有较高可行性。

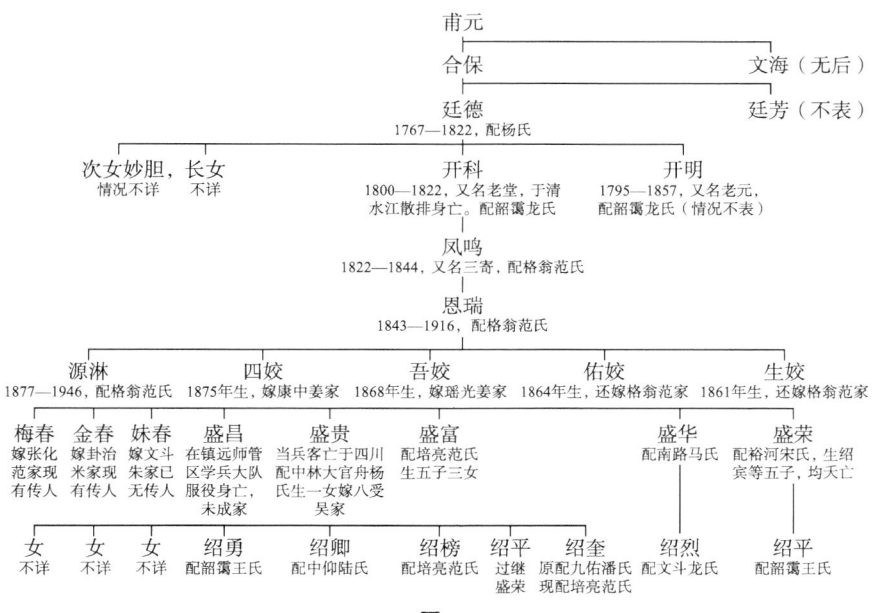

图 1

（资料来源：王宗勋：《加池四合院文书考释》卷四，贵阳：贵州民族出版社，2015 年，第 668 页。）

---

① 张应强、王宗勋主编：《清水江文书》第一辑，第 2 册，桂林：广西师范大学出版社，2007 年，第 258 页。

② 张应强、王宗勋主编：《清水江文书》第一辑，第 4 册，第 437 页。

接下来,我们依据《姜恩瑞造门楼择日单》文书提供的"戊寅年"这一干支纪年信息,查询在 1850 年至 1915 年之间,符合前述干支信息的年份。在此我们需要借助历史纪年干支信息的工具书,首选当为陈垣先生的《二十史朔闰表》,该书初版于 1926 年,是一部检换中国汉代以来两千多年间中历、西历、回历的极好工具书,为研究中外关系,查考年月日期提供方便。又有薛仲三、欧阳颐合编的《两千年中西历对照表》①,该书从公元元年到公元 2000 年各年均有公历与中历的日历对照,是目前通行的比较完备精密的历表之一。利用此表,可以由已知的中历月日查出公历月日,也可以按照书中所讲的推算法,算出某日是星期几,纪日干支是什么。相较而言,《两千年中西历对照表》更加适合初学者。

查《两千年中西历对照表》,在 1850 年至 1915 年之间,只有光绪四年(1878)干支为戊寅。由此我们初步认定"戊寅年"为 1878 年。为保证准确性,我们将《姜恩瑞造门楼择日单》所载其他如戊寅年十二月初二日的纪日干支为"丁未"、己卯年三月初十日的纪日干支为甲寅、又三月(即闰三月)十六为己丑、四月初十为癸丑、八月二十四为乙丑等其他干支信息,同《两千年中西历对照表》(第 376 页)中光绪四年、五年的干支信息比对,知二者完全吻合。故此,可以确定《姜恩瑞造门楼择日单》文书所说"戊寅"年即为光绪四年(1878)。此外,《姜恩瑞造门楼择日单》文书载"造主癸卯",应当是说姜恩瑞生于癸卯年,即道光二十三年(1843)。此点可以从《姜恩瑞为母立造长生枋择日单》②获得验证。该文书内容主要为:姜恩瑞因其母年过花甲,欲为其母建长生枋(即棺材),风水师为恩瑞择定兴工日期为"十月廿丁未",根据前述核查干支方法,清代只有光绪二年(1876)的干支信息与之相符,再据"花甲"之语,则姜母生于 1817 年左右(以虚岁计),恩瑞生年在其母生育年龄之内。这进一步精确姜恩瑞生活年代,即在 1843 年到 1915 年之间。我们之所以如此大费周章,是为在缺乏其他资料的情况下提供解决之法,所得结论也证明笔者的方法具有可行性。

遗憾的是,因《姜恩瑞造门楼择日单》文书没有提供更多信息,无法确认该文书的书写时间是否就是光绪四年,但可以确定该文书书写的时间

---

① 薛仲三、欧阳颐合编:《两千年中西历对照表》,北京:生活·读书·新知三联书店,1956 年。
② 张应强、王宗勋主编:《清水江文书》第一辑,第 3 册,第 445 页。

绝不会迟于光绪四年(1878)十一月。又因是为造门楼而课吉日,所以也不会距此年太久,笔者推测当在光绪四年之前一到三年左右。依此方法,可以根据《姜恩瑞乔迁新屋择日单》(引文见前)文书提供的干支信息判断其大致书写年份。文书中"吉课登梯乙亥"中之乙亥应是年份干支,而且和《姜恩瑞造门楼择日单》之文书时间相去不远,结合"正月廿三日辛酉""二月初七乙亥""十月十三日丙子"等信息,核对《两千年中西历对照表》可知,"乙亥"确为年份干支,即光绪元年(1875)①。加之文书书有"本年"字样,因此可以确定本份文书的书写时间为光绪元年,且在此年正月二十三日(1875年2月28日)之前。同理,《盖屋择日单》文书的时间也可以此类推,其记曰"盖屋上瓦吉日取又五月廿七乙亥定日……安碓吉日取前五月廿六丙辰开日……造门起工吉日取九月廿五壬午危日……上门取十月庚子除日……地支丙子",核查干支信息后可知,该年为光绪二年(1876),根据该文书的行文,我们知道其书立时间即为光绪二年,且在该年五月二十六日(1876年6月17日)之前。至此,我们校证出前述四份文书书立的大致时间。此外,我们还可据此对《命理推算单》②和《安葬期单》③文书加以校补并加以释读。

三、《命理推算单》和《安葬期单》文书的校补和释读

《命理推算单》载"乾造生于癸卯年三月廿二日……坤造生于甲午年十二月廿三日……女命行庚一十七岁……择取辛亥年正月廿八日乙卯日卯时出闺……"这是风水先生依据男女双方的生辰八字为他们择定婚配吉日课单,其选定的吉日为"辛亥年正月廿八日乙卯"。又坤造(即女方)生于甲午年,现年17岁,根据古人以虚岁计算年龄的习惯,知该年为庚戌年,即辛亥年之前一年。在男女婚配前一年为他们择定婚期,这既符合现实,也能与前述辛亥年对应上。接下来考证该文书的书立年份。《清水江文书》收录文书的年代主要是清代且主要是乾隆之后至民国,间有少量产生于1949年之后。所以,依据"辛亥年正月廿八日乙卯"这一关键信息,

---

① 薛仲三、欧阳颐合编:《两千年中西历对照表》,第375页。
② 张应强、王宗勋主编:《清水江文书》第一辑,第3册,第448页。
③ 张应强、王宗勋主编:《清水江文书》第一辑,第3册,第453页。

从清代至今,干支为辛亥的年份共有 6 个,分别是康熙十年(1671)、雍正九年(1731)、乾隆五十六年(1791)、咸丰元年(1851)、宣统三年(1911)及 1971 年。查《两千年中西历对照表》得前述 6 个年份正月二十八日的干支分别为庚辰、壬辰、癸卯、乙卯、丁卯、己卯①,只有咸丰元年符合,因此该文书的书立时间当是道光三十年(1850)。需要说明的是,依据该文书可知,男女双方的年龄相差较大,且有两种可能:一是女方比男方大 9 岁,二是男方比女方大 51 岁。笔者更倾向于前者,女方可能为男方的童养媳。据前引图 1 可知,姜恩瑞之父姜凤鸣生于 1822 年,据《姜恩瑞为母立造长生枋择日单》知恩瑞之母范氏生于 1817 年左右,约比姜凤鸣大 5 岁。据此,在清水江流域,妻子比丈夫年纪大,似是常见之事。另外需要指出的是,《清水江文书》的整理者将该文书的标题拟定为《命理推算单》,显与文书内容不符。

《安葬期单》记曰"……祭主癸卯忌己酉,长孙丁丑,忌癸未。安葬吉日,查取壬午年十一月十四日丙申……",首先依据关键信息"壬午年十一月十四日丙申",自清代至今,只有光绪八年(1882)符合,因此确定该份文书的书立时间为光绪八年,且在该年十一月十四日(1882 年 12 月 23 日)之前。

此外,笔者发现《命理推算单》和《安葬期单》都有"癸卯年"字样,此为姜恩瑞出生干支年份。另外《安葬期单》文书还有"长孙丁丑",与《姜恩瑞造门楼择日单》文书中"男丁丑"恰好对应。姜恩瑞之子姜源淋生于光绪三年(见图 1),是年干支为"丁丑"。又风水先生在《命理推算单》为"乾造"和"坤造"选定的婚嫁年为"辛亥"年,《姜恩瑞欠姜开让猪价欠条》载,咸丰元年姜恩瑞因"喜事无钱交足",欠姜开让猪价"银钱一两四钱一分"②,咸丰元年干支为"辛亥"。由前述信息,笔者推测:《命理推算单》文书中的"乾造"和《安葬期单》文书中的"祭主"应当都是姜恩瑞,且《安葬期单》文书中的逝世者当是姜恩瑞之母③。王宗勋认为《命理推算单》文书

---

① 薛仲三、欧阳颐合编:《两千年中西历对照表》,第 335、347、359、371、383、395 页。
② 张应强、王宗勋主编:《清水江文书》第一辑,第 1 册,桂林:广西师范大学出版社,2007 年,第 362 页。
③ 据王宗勋提供姜恩瑞家族世系表可知,姜恩瑞之父姜凤鸣已于 1844 年去世。见王宗勋:《加池四合院文书考释》卷四,贵阳:贵州民族出版社,2015 年,第 668 页。

是姜恩瑞请张炳兴为其子姜源淋择偶课单①,姜源淋生于丁丑年,而文书中乾造生于癸卯年,显非源淋而是恩瑞本人,课单也非张炳兴所拟。

结　语

　　以上我们借用校勘中的本校法,从文书提供的相关信息出发,推定七份文书的大概或确切书立年份。此法或可适用于未写明书立时间类文书的年代判定。在这一过程当中,深度挖掘文书资料所蕴含的信息,是释读文书重中之重的工作。需要指出的是,我们前述方法只能解决一些文书的释读和其大致书立时间,无法解决诸如姜恩瑞出生于1843年,为何他在1850年即单独参与签订契约这一问题。根据当地的习惯,男性未成年之时,其父若是去世,一般由母亲出面与其共同参与契约的签订。这是我们目前无法解释的。这就需要将此法同田野工作相结合,获取更多的文献或口述史料,由此得出更加切近历史的结论。同时也需要借助社会学、经济学、文献学、书法学、档案学等学科的理论和方法。即历史学研究需要借助其他学科的理论和方法,不可就历史学谈历史学,而应做到"史无定法",即按照不同的对象和史料条件,对历史上某一现象、事件或人物等,采取不同的思维方式加以分析,而不拘泥于某种理论或方法。换言之,依据史料所呈现的研究对象和条件,对某一问题的分析采取不同思维方式,整合多种研究方法展开研究。

　　自18世纪以来,世界范围内产生的社科理论不可谓不多,社会学、经济学、人类学、政治学、心理学等均有重大理论产生。但任何一种伟大的理论学说,在历史的长河中都有可能会成为历史分析的一种方法,这是因为任一理论产生需要一定环境和条件,当环境和条件发生变动后,理论往往会消沉,但它所创的分析方法却可以长存。因之,在立足历史学科的基础上,只要某种(或多种)理论——无论是经典的,或当下流行的,抑或"过时"的,甚至自然科学中的天文学、物理学、化学、地球科学、生物学等——及其所创的方法适用于史学研究,均可为我们所用。

---

① 王宗勋:《加池四合院文书考释》卷四,第500页。

实证是政治史研究的基石

廖基添

自从博士阶段至今,我本人主要从事北朝政治史方向的研究。除了阅读基本史料外,我也有意识地学习前辈学者的论著,揣摩比较他们的研究方法,以汲取养分。这堂课就以我所熟悉的中古政治史领域为例,和大家分享一些粗浅的心得体会。

有学者用"中心陷落、边缘崛起"来形容中国中古史的研究现状。"陷落"的"中心"便是传统的政治史、制度史和经济史研究。具体到中古政治史领域,则是"研究的对象、内容以及方法论,似乎都已经面临捉襟见肘的学术瓶颈"。① 新史料与新方法,固然是突破学术瓶颈的重要助力。但对于经典研究范式的继承与灵活运用,同样不容忽视。近年来,中古政治史研究的一个普遍趋势是重视历史情境而轻视历史线索,重视个案研究而轻视整体叙述。对此,我是持保留意见的。我以为,历史情境与个案研究,乃是对历史线索与整体叙述的反思。倘若在线索与整体还没有弄清的情况下,便急于反思、批判,只会加剧历史研究的"碎片化"。

中古政治史领域,可谓群星璀璨,名家辈出。其中尤以陈寅恪、田余庆二位先生的研究最具典范意义。陈先生的《唐代政治史述论稿》,田先生的《东晋门阀政治》,堪称这一领域里的两座高峰。大致言之,陈著提纲挈领,气魄宏大,而田著严谨周密,曲尽精微。这两本书都值得反复咀嚼。不知大家是否留意到,二位先生的政治史研究又具有方法论层面上的共

---

① 范兆飞:《中古地域集团学说的运用及流变——以关陇集团理论的影响为线索》,《厦门大学学报》2016年第1期。

通性。田先生认为,他与陈先生在治史方法上的共通之处便是:在考证的基础上对历史现象作出通贯解释①。

尽管二位先生的研究旨趣是相近的,但他们呈现出的学术风格却存在显著的差异。应当说,田先生的论著更加符合今天的学术审美,也更值得年轻后进仿效。对于田氏政治史研究的特点,胡宝国先生曾予以概括。其中有两点尤其值得注意:一是对历史细节的细密考证,胡先生称之为"细节嗜好";二是把问题具体化,向"具体"索要答案②。当然,田先生并不满足于对个案的解答,他所追寻的是一个通贯性的解释。

从事清初政治史研究的姚念慈先生也有近似的学术主张。他在一篇题为《实证史学并未山穷水尽》的自序中指出:"政治史若仅从所谓大势着眼,回避个案,无视具体史实,历史叙事就很容易落空,变成概念和逻辑的演绎,政治制度演变的内涵也无法得到显示,而且极有可能发生误解。"又说:"史学的宏观只能得自大量'经验'的累积,即具体史实的综合概括,而史实的准确把握又只能来自实证。"③

在我从事北朝政治史研究的过程中,不免会感慨若干论著在实证层面上的薄弱。在此仅举一例。定姓族是北魏孝文帝改革中最重要的内容之一。可是,却有不少研究者搞不清究竟发生在哪一年。《资治通鉴》在记载北魏太和二十年(496)正月,孝文帝下诏改用汉姓之后,又叙述了几件与定姓族有关的事,诸如孝文帝纳汉女为嫔、为诸弟聘汉女为妃以及定汉人郡姓、定代人姓族,等等。后面几件事并非发生在这一年,只不过《通鉴》未再分别系年,故而合并叙述于此。这是多数研究者都能看出的。可是问题是:这几件事分别发生在哪一年呢?它们之间是怎样的先后关系呢?研究者大多于此缄口。而事实上,这几件事的时间都是可以考证出来的④。如果脱离了对具体过程的考察,而仅仅是把定姓族作为汉化改

---

① 侯旭东:《哲人其萎,教泽永存——送别田余庆先生》,《文汇报》2015年1月9日第T07版。
② 胡宝国:《读〈东晋门阀政治〉》《在题无剩义处追索》《以学术研究为宗教》,均收入《将无同:中古史研究论文集》,北京:中华书局,2020年。
③ 姚念慈:《定鼎中原之路:从皇太极入关到玄烨亲政》,北京:生活·读书·新知三联书店,2018年,第2、3页。
④ 廖基添:《再论世家大族与北魏政治——以"四姓"集团为中心的考察》,《中华文史论丛》2017年第4期,第37—40页。

革的一个环节来阐释的话,那么这种研究就仍然停留在逻辑的层面上,无助于我们走进那个时代。

政治史领域的实证主要包括两个方面:一是对史实的考证;二是对史料的考证。接下来,我主要结合自己的研究,对这两点略作展示。

先看对史实的考证。大致分为两种情况:一种是对被误解的史实的澄清,另一种是对未知史实的发覆。我们分别举例说明。以往学者在讨论高欢信都起义时,往往信据《北齐书·神武纪》(即高欢本纪)的记载。这一记载最为集中详细,可是其真实性却值得怀疑。核诸更早成书的《魏书》,就会发现,《神武纪》对若干史事的发生时间以及先后顺序做了篡改。不仅如此,《北齐书》列传中也有与《神武纪》矛盾抵牾之处①。总的来说,我们的思路是用《魏书》来校正《北齐书》。类似的还有北魏道武帝拓跋珪的例子。关于拓跋珪的身世和早年经历,南朝史书(《宋书·索虏传》《南齐书·魏虏传》)和《晋书·载记》有着与《魏书》全然不同的记载。最早对《魏书》所记提出质疑的是周一良先生。其后,李凭先生又做了重要补充。值得怀疑的还不限于此。《魏书》所记载的北魏开国制度建设方面也颇有一些令人费解之处,例如国号问题、宗庙世系,等等。于是,在对上述具体问题作细致考辨的基础之上,我系统地论述了质疑《魏书》所记北魏开国史的真实性的观点②。

上述两例都是对被误解的史实予以澄清。此外,北朝政治史上还有若干不为研究者所知的史实有待于开掘。例如,北魏于太和十七年(493)自平城迁都洛阳,这是大家习知的。可是绝大多数研究者都不知道,北魏在迁都之初曾经短暂地实行过两都制。这一认识是怎样得来的呢?《魏书》记载:"初,高祖迁洛,而在位旧贵皆难于移徙,时欲和合众情,遂许冬则居南,夏便居北。"③以往研究都把"冬则居南,夏便居北"的主语理解为"旧贵",而我却不这样看。我认为,这句话的主语是朝廷。北魏迁洛之初的两都制,颇类似于元代的两都巡幸之制。这是北族政权在政治重心南

---

① 廖基添:《高欢"建义"史事考辨——对〈北齐书·神武纪〉的订正》,《中华文史论丛》2021年第4期,第53—77页。

② 廖基添:《对〈魏书〉所记北魏开国史真实性的质疑》,《史学月刊》2021年第12期,第5—20页。

③ 《魏书》卷一五《昭成子孙·元晖传》,北京:中华书局,1974年,第378页。

移过程中出现的特殊的国都形态。为此,我又做了一些细节考辨,对两都制的存废问题及其与朝廷政局的关系做了梳理①。至于我的新说能否成立,尚待学界检验。

再看对史料的考证。史料是史实的载体。对史实的考证,往往离不开对史料的考证。前面所举的高欢和拓跋珪的例子,也可视作对《北齐书》《魏书》相关部分史料价值的评估。还有一些经常被研究者使用的史料,其实并没有经过严格的审查。我们还是举定姓族的例子。《资治通鉴》记载:"魏主雅重门族,以范阳卢敏、清河崔宗伯、荥阳郑羲、太原王琼四姓,衣冠所推,咸纳其女以充后宫。"②这则记载仅见于《通鉴》,而不见于《魏书》。不少人相信,《通鉴》的记载另有可靠的来源。甚至有人推测,司马光等人看到了孝文帝的诏书。其实,这条《通鉴》独有的史料,是编纂者自己概括出来的,而且其中还有错误。孝文帝纳卢敏、崔宗伯、王琼之女为嫔,在太和十七年(493);而纳郑羲之女为嫔则在太和十四年以前。翻检《魏书》,在太和十七年,孝文帝还纳荥阳郑胤伯、博陵崔挺、京兆韦崇之女为嫔。我们可以得出两点认识:其一,《通鉴》引文中的"郑羲"当为"郑胤伯",这是出于司马光的考证错误;其二,孝文帝不仅纳"四姓"女为嫔,还有崔挺、韦崇之女,实为六家,因而不能直接把"四姓"与"纳女"划等号。此外,《通鉴》径称范阳卢敏等四人为"四姓",这是套用太和十九年定姓族的观念来解释太和十七年的史料,不免有以后释前之嫌。《通鉴》后文又述及陇西李氏和赵郡李氏,将其与"四姓"合称作"五姓"。所谓"五姓"及"五姓七家",其实是隋唐时代的观念。

近年来,在中古史领域,史料批判研究蔚然成风。不同于传统的以去伪存真为目的的史料考证,史料批判研究更侧重于对编纂意图的探究,也就是"史料为什么会呈现现在的样式"③。这一研究取径,为中古史研究注入了新的活力。不过,现有的史料批判研究主要集中在史学史和制度史领域,优秀的政治史成果并不多见。而且,从整体上看,当前的史料批判研究中,"解构"的成分远大于"建构"。正如在"古史辨"运动之后还需

---

① 廖基添:《两都制兴废与北魏太和后期政局》,待刊稿。
② 《资治通鉴》卷一四〇齐明帝建武三年正月,北京:中华书局,1956年,第4393页。
③ 孙正军:《魏晋南北朝史研究中的史料批判研究》,《文史哲》2016年第1期,第22页。

要"古史重建",在史料批判之后同样需要史实重建。

　　我以为,史实重建包括但不限于对具体史实的考证,对于历史线索的提炼也是其中的应有之义。田余庆先生做了极好的示范。祝总斌先生评价道:"一部史学著作不但需要有宏观方面的理论概括和创造性见解,而且需要有微观方面的严谨处理和史料的细致考订和巧妙运用。前者欠缺,后者便易流于饾饤、烦琐;后者单薄,前者又会失之空洞、缺乏说服力。田余庆先生的《东晋门阀政治》是两者有机结合的一个典范。"①

　　对历史线索的追寻,乃是多数政治史研究者的共同追求,但也极具难度。它不仅要求研究者具备敏锐的洞察力、丰富的想象力,甚至还要有一定的运气。可以说,对于多数研究者而言,尽管大家心向往之,却未必能至。不过,在实证的基础上提供一种新颖的历史解释,以小见大,却是大多数人所能做到的。这也是初学者努力的方向。再举一则我本人的研究经历。前面提到,我指出,北魏在迁都之初曾经短暂地实行过两都制。具体来说,是在太和十八年(494)三月开始,于太和十九年九月废止。这一新发现,会给我们带来哪些新认识呢?太和十九年初,太师冯熙卒于旧都平城。平城的留守官员上表,请求孝文帝返回平城,参加冯熙的葬礼。这一看似合理的要求却惹怒了孝文帝,他不但拒绝,而且还处罚上表官员。这又是为什么呢?有学者推测,这是由于平城的反对派势力密谋挟持孝文帝,而被孝文帝识破。然而此说并无证据支持。我认为,这与两都制格局有关。按照"冬则居南,夏便居北"的原则,北魏朝廷一年之内迁徙两次:秋季自平城迁往洛阳,春季又自洛阳迁往平城。太和十八年正是如此。按照之前的商定,太和十九年春,朝廷又将自洛阳迁往平城。可事实却并非如此。孝文帝借南伐之机,阻挠朝廷北迁。当太和十九年三月,他得到冯熙的死讯以及平城留守官员的上表后,他再也没有"正当"的理由拖延了,只好祭起皇帝权威,通过打击上表的官员来压制异议。这才是孝文帝作出过激反应的真正原因。不仅如此,孝文帝强行终结两都制,还直接激起了太和二十年的平城叛乱。上述新见,便是由两都制这一新发现推演而来的。

　　田余庆先生的政治史研究固然具有典范意义,但大家也应注意到,田

---

① 祝总斌:《评田余庆著〈东晋门阀政治〉》,《历史研究》1993年第1期,第184页。

先生有意无意地回避了制度问题。这或许是他的学术兴趣使然，又或许是研究对象的特点所致。东晋时代的确没有重大的制度演变，而讨论北魏前期的制度则不免陷入"文献不足征"的困境。事实上，一个政治剧烈变动的时代，往往是孕育新制度的温床。离开了政治史，便无从探究新制度演生的动力；而缺少了制度史，政治史研究又容易流于表面、失之细碎。我们大可不必追求研究方法的"纯正"，而应着眼于具体问题之解决。当然，无论是政治史还是制度史，实证都是研究的基石。

教学成果篇

六朝大土地所有制说再思考*
——以走马楼吴简所见土地分布形态为线索

吴龙杰

中国古代社会的土地所有制问题,历来是学界关注的重点。[①] 有关六朝土地所有形态的问题,更是曾引发了中外学者的热烈讨论。大部分学者认为,六朝是大土地所有制盛行的时代。检诸史书,确有诸多反映六朝私人大土地占有的记载。可以说,大土地所有确实是六朝重要的土地所有形态。不过,大土地所有制是否广泛存在于六朝境内的各个地区?其反映的是六朝时期的普遍情况还是一时一地的特殊现象?本文拟以走马楼吴简所见临湘侯国的土地分布形态为线索,对相关问题再做一考察。

一、六朝大土地所有制说的成立与问题所在

大土地所有制的概念,最早由恩格斯提出并予以详细解释。恩格斯

---

* 本文系国家社会科学基金重大项目"秦汉三国简牍经济史料汇编与研究"(19ZDA196)阶段性成果之一。

① 对中国古代社会土地所有制问题的讨论由侯外庐先生首先发起(参见氏著《中国封建社会土地所有制形式的问题——中国封建社会发展规律商兑之一》,《历史研究》1954年第1期,第17—32页),随后,学界围绕土地国有与土地私有、地主私有与自耕农私有、大土地所有与小土地所有等问题展开了大量探讨。最新研究参见臧知非、周国林、耿元骊、李华瑞、赵思渊、刘志伟:《唯物史观视阈下的中国古代土地制度变迁》,《中国社会科学》2020年第1期,第153—203页;晋文:《秦汉魏晋南北朝土地制度的嬗变》,《中国农史》2021年第3期,第56—64页。

在论及马尔克公社解体和西欧封建制度形成的时候指出,所谓大土地所有,就是在"耕作和牧畜是具有决定性的生产部门""地产及其产品占当时财富的绝大部分"的时代,地产和各种动产"日益聚积在同一些人手里"的现象。这些大土地占有者"逐渐发展成为一个特殊的等级,成为贵族",而大土地占有者的侍从"也同样地慢慢变为佃农了"①。可见,大土地所有制最初是针对中世纪西欧封建领主制采邑中的土地所有形态而提出的,其内涵则是封建主占有大量的土地并部分地占有土地上的劳动者。随着相关研究的深入,大土地所有制不再仅限于描述这些领主采邑,而逐渐成为一个被广泛使用的概念。越来越多的学者在研究不同时代的土地所有形态时,均会采用"大土地所有制"的说法。六朝大土地所有制说,就是在这一背景下发展起来的。

对六朝土地所有形态的讨论,最初由加藤繁发起。加藤氏在《唐代庄园的性质及其由来》中指出,唐代庄园的源头可以追溯到汉魏六朝。六朝文献中存在诸多有关庄园的记载,如《宋书·谢灵运传》:

> 移籍会稽,修营别业,傍山带江,尽幽居之美。……作《山居赋》并自注,以言其事②。

同书《孔灵符传》:

> 于永兴立墅,周回三十三里,水陆地二百六十五顷,含带二山③。

这些庄园中不仅有花木泉石,还包含不少耕地,如谢灵运《山居赋》所言:

> 蔚蔚丰秔,苾苾香秫。送夏蚕秀,迎秋晚成。兼有陵陆,麻麦粟菽。候时觇节,递艺递孰④。

加藤据此认为,六朝的贵人富豪就是通过这类庄园占有大面积的耕地,并借此进行土地兼并的⑤。尽管这篇文章探讨的核心并非六朝,对六朝大

---

① 恩格斯:《法兰克时代》,《马克思恩格斯全集》第19卷,北京:人民出版社,1963年,第539—599页。
② 《宋书》卷六七《谢灵运传》,北京:中华书局,1974年,第1754页。
③ 《宋书》卷五四《孔季恭传附孔灵符传》,第1533页。
④ 《宋书》卷六七《谢灵运传》,第1760页。
⑤ [日]加藤繁:《唐の莊園の性質及び其の由来に就いて》,原刊《東洋学(转下页)

土地所有制内涵的阐释也不够清晰,但却启发了学界对六朝土地所有形态的思考。此后,武仙卿、宇都宫清吉等均以地主庄园经济为切入点,对这一问题展开过研究①。

1948年,前田直典发表《古代东亚的终结》一文,正式提出了六朝大土地所有制的概念。前田在文中援引萧梁裴之横的事迹:

> 遂与僮属数百人,于芍陂大营田墅,遂致殷积②。

指出裴之横所营建的"田墅"就可视作一种大土地所有,而这些"僮属"的性质则是奴隶。六朝大土地所有制,就是一部分地主占有大量的土地,并"利用奴隶来耕作"的土地所有形态。前田还对大土地的标准做出了界定。他举出西晋占田法下九品官可得十顷田的规定,指出耕种这些土地仅凭所荫佃客和衣食客显然无法完成,而必须另外"由奴隶担任",这就可以被称作"大土地所有"了。至于那些拥有数十顷甚至数百顷土地的,无疑更是大土地所有者③。六朝大土地所有制的概念初步确立起来。

1950年代以来,多位学者从不同视角对六朝大土地所有制展开过探讨,又以中、日两国学者的成果最为丰富。中国学者的关注点大多集中于大土地所有制的形成过程及表现形式。唐长孺指出,山泽占领是大土地占有的主要手段④。这一说法得到了金家瑞、朱绍侯、王仲荦、蒋福亚、侯

(接上页)报》第7卷第3号,1917年,后收入氏著《中国经济史考证》,吴杰译,北京:中华书局,2012年,第169—188页。

① 武仙卿:《魏晋时期社会经济的转变》,《食货》第1卷第2期,1934年,第31—43页;[日]宇都宫清吉:《東洋中世史の領域》,《東光》第2号,1947年,中译本《东洋中世史の領域》,黄约瑟译,收入刘俊文主编:《日本学者研究中国史论著选译》第一卷《通论》,北京:中华书局,1992年,第122—134页。

② 《梁书》卷二八《裴邃传附裴之横传》,北京:中华书局,1973年,第417页。

③ [日]前田直典:《東アジアに於ける古代の終末》,《歷史》第1卷第4号,1948年(中译本黄约瑟译,收入刘俊文主编:《日本学者研究中国史论著选译》第一卷《通论》,第135—152页)。

④ 唐长孺:《南朝的屯、邸、别墅及山泽占领》,《山居存稿》,北京:中华书局,2011年,第1—26页;《三至六世纪江南大土地所有制的发展》,上海:上海人民出版社,1957年。

旭东、高敏等学者的支持①。韩国磐将大土地所有的形式总结为屯封山泽与设置庄园两种,并指出私屯"势必发展成为私家的田园别墅"②。以此为基础,郑欣、万竟君、汤其领、林校生、章义和等学者就六朝庄园经济的经营模式、对社会经济的作用等问题各自展开了探讨③。金家瑞指出,寺院僧侣的土地占有,同样是大土地所有制的一种形式④。简修炜、张弓等学者又对这一问题做了更深入的剖析⑤。

相比之下,日本学者则更关注大土地上劳动者的身份性质。事实上,这与战后日本东洋史学界对中国历史分期的论争有直接关系⑥。认为这些劳动者是奴隶的前田直典,就是把六朝隋唐视作中国"古代"的"历研派"的代表人物。同为"历研派"学者的西嶋定生也支持前田的说

---

① 金家瑞:《东晋南朝大地主的土地占有与劳动力的编制》,《史学月刊》1957年第1期,第7—11页;朱绍侯:《关于西晋的田制与租调制》,《理论战线》1958年第2期,第64—71页;王仲荦:《魏晋南北朝史》,上海:上海人民出版社,2016年(初版:1979年),第131—172页;蒋福亚:《东晋南朝的大土地所有制》《东晋南朝的占山护泽》,《魏晋南北朝经济史探》,兰州:甘肃人民出版社,2004年,第115—147页;侯旭东:《东晋南朝江南地区封山占水再研究》,《北京师范大学学报(社会科学版)》1993年第3期,第97—106页;高敏主编:《中国经济通史·魏晋南北朝》,北京:经济日报出版社,2007年,第289—295页。

② 韩国磐:《南朝经济试探》,上海:上海人民出版社,1963年,第69—80页。

③ 郑欣:《东晋南朝时期的世族庄园制度》,《文史哲》1978年第3期,第33—44页;万竟君:《东晋南朝庄园经济试探》,《广西师范大学学报(哲学社会科学版)》1981年第2期,第16—20页;汤其领:《东晋南朝世族地主庄园探析》,《苏州大学学报(哲学社会科学版)》1990年第1期,第110—113、133页;林校生:《六朝私家庄园与封建制的横向发展》,《福建论坛(文史哲版)》1991年第1期,第67—71页;章义和:《从谢灵运〈山居赋〉论六朝庄园的经营形式》,《许昌师专学报(社会科学版)》1993年第1期,第10—16页。

④ 金家瑞:《南朝的寺院和僧侣》,《历史教学》1953年第1期,第11—13页。

⑤ 简修炜、夏毅辉:《南北朝时期的寺院地主经济初探》,《学术月刊》1984年第1期,第36—45页;张弓:《南北朝隋唐寺观户阶层述略——兼论贱口依附制的演变》,《中国史研究》1984年第2期,第39—52页;简修炜、庄辉明:《南北朝时期寺院地主经济与世俗地主经济的比较研究》,《学术月刊》1988年第11期,第63—70页。

⑥ 相关学术史的回顾,参见[日]谷川道雄:《战后日本中国史研究的动态与特点》,《江汉论坛》2009年第4期,第97—100页;林晓光:《比较视域下的回顾与批判——日本六朝贵族制研究平议》,《文史哲》2017年第5期,第24—26页。

法①。而视六朝隋唐为中国"中世"的京都学派的宇都宫清吉、宫川尚志则认为,这些劳动者并非奴隶,而是佃客②。当时的另一热点是六朝大土地所有者同中央政权的关系,其中以越智重明、川胜义雄和大川富士夫三人的研究最具代表性③。这些研究也都或多或少涉及历史分期的问题。

在这些成果中,宫崎市定的观点特别值得注意。20世纪50至70年代,宫崎围绕中国古代土地所有制问题陆续撰写了一系列论文,并形成了独特的理论框架。他首先于1952年发表了《宋代以后的土地所有形态》,认为对大土地所有的把握不能仅看土地面积,还要考虑到土地分布形态及由此产生的生产关系。他指出:

> 历来的研究都仅致力于从土地面积大小来把握大土地所有。至于这些土地是以大区块的形式集中在一起,还是由散布各处的小块零碎土地大量累加形成,具体考察还很不充分,……举例而言,同样为十顷土地,若集中在一处为地主所有,其中就会包含小聚落。如此,地主便同时成为该聚落的主人,亦可说是所谓的小领主。那么,地主与村民之间就易于产生封建主从关系。……然而,若十顷土地极为分散,那么这种封建关系就难以成立。……在集中的大土地所有下,地主易于通过土地与耕作的农民产生封建主从关系。而在分散的大土地所有下,地主则很难通过土地束缚农民,使之隶属于自己。这一事实,可以说是一般性原理。

这种将大土地所有与人身依附关系联系起来考察的思路,为宫崎氏有关六朝大土地所有制的论说奠定了初步基础④。在1954年发表的《中

---

① [日]西嶋定生:《貴族制社會と均田法の形成:魏晋南北朝·隋唐時代の諸問題》,《社会経済史学》第20卷第4—5—6号,1955年。

② [日]宇都宫清吉:《漢代社会経済史研究》,東京:弘文堂,1955年;[日]宫川尚志:《六朝時代の奴隷制の問題》,《古代学》第8卷第4号,1960年。

③ [日]越智重明:《魏晋南朝の政治と社会》,東京:吉川弘文館,1963年;[日]川胜义雄:《六朝贵族制社会研究》,徐谷芃、李济沧译,上海:上海古籍出版社,2007年(初版:東京:岩波书店,1982年);[日]大川富士夫:《六朝江南の豪族社会》,東京:雄山阁,1987年。

④ [日]宫崎市定:《宋代以後の土地所有形体》,原刊《東洋史研究》第12卷第2号,1952年,后收入氏著,砺波护编:《東洋の近世:中国の文艺复兴》,张学锋、(转下页)

国史上的庄园》中,宫崎对汉魏六朝时期屯田的性质作了说明。他指出,屯田起初是在边境实行的措施,随着屯田在内地的推广,其逐渐"成为国家财政的主要收入来源"。汉末魏晋以来,政府"以获得收入为目的",不断推行屯田,"自己把土地私有化了",屯田因而变成了"天子的庄园"。与此同时,"国家的经济也在此过程中逐渐变成天子私家的财产"。因此,屯田本身亦是私人大土地经营的一种①。1965年,宫崎在《东洋的古代》中指出,与大土地所有制相适应的经营方式是租佃。《史记·宁成列传》:

> 贳贷买陂田千余顷,假贫民,役使数千家②。

就是指将这些土地租给贫民佃耕,实际上是把这些人"变成了隶属于自己的佃户"。这种经营方式"引发了佃户逐渐隶属田主的趋势",是为六朝大土地所有制的雏形③。

以这三篇文章为基础,宫崎氏于1971年发表了《从部曲到佃户——唐宋间社会变革的一个侧面》,对六朝大土地所有制进行了全面论说。他认为,六朝的大土地所有制与欧洲的庄园有类似之处,具体来说,就是"一部分权势之家凭借权力或财力,在远离城市的山野荒泽进行农田开发而逐渐形成的"。如《抱朴子·吴失篇》描述孙吴境内:

> 僮仆成军,闭门为市,牛羊掩原隰,田池布千里④。

《晋书·刁逵传》:

> 兄弟子侄并不拘名行,以货殖为务,有田万顷,奴婢数千人,……奴客纵横,固吝山泽⑤。

(接上页)陆帅、张紫毫译,北京:中信出版社,2018年,第163—212页(初版:东京:中央公论新社,1999年)。

① [日]宫崎市定:《中国史上の荘園》,原刊《歴史教育》第2卷第6号,1954年,后收入氏著《宫崎市定全集》第8卷,东京:岩波书店,1993年,第337—351页。

② 《史记》卷一二二《酷吏·宁成列传》,北京:中华书局,1959年,第3135页。

③ [日]宫崎市定:《東洋的古代》,原刊《東洋学報》第48卷第2、3号,1965年,后收入氏著《宫崎市定亚洲史论考》,张学锋、马云超等译,上海:上海古籍出版社,2017年,第641—684页(初版:东京:朝日新闻社,1976年)。

④ 葛洪撰、杨明照校笺:《抱朴子外篇校笺》卷三四《吴失篇》,北京:中华书局,1991年,第145页。

⑤ 《晋书》卷六九《刁协传附刁逵传》,北京:中华书局,1974年,第1845—1846页。

《梁书·王骞传》：

> 时高祖于钟山造大爱敬寺，骞旧墅在寺侧，有良田八十余顷，即晋丞相王导赐田也①。

这些土地要么是分布在平坦的低地上，要么是连山带水一起占有，要么是分布在别墅、宅邸中，自然都是连片集中的，因而易于形成人身依附关系。而土地上的劳动者脱离了"原有的户籍和政府的保护，转而托庇于庄园主，成为庄园主的属民"，这就是"客"和"部曲"。他们的身份是"永久性"的，同时又是"完全处于庄园主的控制之下"，"被紧紧地束缚在主人的庄园上"，六朝大土地所有制因而得以形成。至于向来被认为推动了土地均分，阻碍了大土地所有制发展的屯田，由于其本是皇帝的庄园，本质上还是一种大土地所有，只不过其拥有的土地比贵族、豪族庄园的土地多得多罢了。据此，宫崎认为：

> 中世纪（即三国至唐末——引者注）哪是什么土地均分的时代，而应该将之视为庄园的时代，即大土地占有盛行的时代②。

概言之，在宫崎看来，大土地所有制的核心是大面积土地集中分布所造成的劳动者与地主间人身依附关系的加强。仅仅占有大面积土地并不足以形成大土地所有，只有在这些土地集中分布的条件下，人身依附关系才易于产生，大土地所有制也才能够成立。六朝时期，土地被地主以大面积集中的形式占有，这些土地上的劳动者对地主的人身依附关系加强，六朝因而成为"大土地占有盛行的时代"。

尽管宫崎这一论说的直接目的是探究六朝大土地上劳动者的身份性质，仍属于战后历史分期论争的产物，但它的贡献又不仅限于此，还对此后的许多学者产生了影响。如渡边信一郎从阶级关系的角度入手分析汉魏六朝时期的大土地经营，指出这一时期土地的主要经营者虽然仍是家内奴隶，但已存在明显的"地主—佃户"型的依附关系③；堀敏一指出，六

---

① 《梁书》卷七《太宗王皇后传附王骞传》，第159页。
② ［日］宫崎市定：《部曲から佃户へ：唐宋間社會變革の一面》，原刊《東洋史研究》第29卷第4号、第30卷第1号，1971年，后收入氏著《宫崎市定亚洲史论考》，张学锋、马云超等译，第721—778页。
③ ［日］渡边信一郎：《漢六朝期における大土地所有と經營》，《東洋史（转下页）

朝时期的大土地所有导致许多农民被迫依附于大土地所有者,原有的乡里共同体因而遭到破坏①;方高峰指出,六朝大土地所有的发展,使得劳动者的人身依附关系由对国家为主转变为对大土地所有者为主②。这些研究的具体观点虽未必一致,但无疑都受到了宫崎研究的影响。

综上可以看出,有关六朝大土地所有制的研究,学者起初主要集中于对这一时期地主庄园经济的考察,认为大量的土地为少部分地主所拥有,大土地所有制因而建立起来,并对大土地所有的形成过程、表现形式及土地上劳动者的性质等问题开展了大量研究。宫崎市定则指出大土地所有制的核心是大面积土地集中分布所造成的人身依附关系加强,丰富了大土地所有制的内涵,并按照"大面积土地集中占有—人身依附关系加强—大土地所有制形成"的逻辑,论证了六朝是大土地所有制"盛行的时代"。同时,这些研究在文献中均可找到不少印证。六朝大土地所有制说发展到今日,是比较成熟且体系化的。

不过,这一论说也还存在着两方面的问题。其一,从时段来看,既有研究所依据的材料,大都集中分布在东晋和南朝。同样作为六朝之一的孙吴,由于文献记载较少,往往被一笔带过,难以展开深入的分析。其二,从地域来看,这些记载多分布于建康、吴会地区,其他地区则较少见到。究其原因,一方面,建康、吴会地区是六朝政权的统治核心区,相关记载自然会多一些③;另一方面,这些地区的自然环境,确实也比较适合大土地所有制的形成与发展④。然而,六朝的疆域并不仅限于建康和吴会这一小部分,中国南方的广大地区,尤其是长江中游的荆州,同样是六朝统治

(接上页)研究》第33卷第1、2号,1974年。

① [日]堀敏一:《均田制的研究》"原序",韩国磐等译,福州:福建人民出版社,1984年(初版:东京:岩波书店,1975年)。

② 方高峰:《略论六朝时期土地私有化进程的推动》,《中国经济史研究》2009年第3期,第120—122页。

③ 权家玉指出,南朝时期建康与三吴、浙东地区存在天然的依赖关系,而地方军镇则有很强的独立化倾向,由此形成的文武分区的格局,对建康政权造成了巨大的威胁,具体参见氏著《地域性与南朝政局——围绕政权基础与军镇的考察》,北京:社会科学文献出版社,2021年。

④ 有关建康、吴会地区自然环境与当地大土地所有制产生之间的关系,参见本文部分。

的重要区域,这些地方的土地所有形态值得关注。

实际上,早在20世纪50年代,唐长孺就已经注意到有关六朝大土地占有的材料在地域分布上极不均衡的现象。唐先生在《三至六世纪江南大土地所有制的发展》一书的开头就指出,"所谓江南的范围可以非常广大",该书所讨论的"实际只限于建康和吴会区域";在后论部分,唐先生又再一次表示,"能够用以说明这个问题的资料几乎只限于扬州区域",其他地区的资料则非常缺乏,"连荆州都很少提到",因此"所能供参考的范围是很狭小的"①。唐先生的这一补充相当重要。遗憾的是,学界对此似未能充分留意,在论及这一时期大土地所有制的分布范围时,往往还是泛泛地谈江南、南方甚或综论南北方。

1996年出土于湖南长沙走马楼的三国吴牍,为重新认识六朝时期的土地所有形态提供了新视角。这批简牍保留了孙吴前期临湘侯国大量的行政官文书,涉及孙吴基层行政和社会生活形态等诸多方面,是三国史研究的珍贵资料。同时,其反映的主要是荆州南部长沙境内的社会情况,也有助于加深对长江中游地区的认识。吴简中最早公布的《嘉禾吏民田家莂》②,记录了临湘侯国基层官吏依土地种类和面积,征收嘉禾四年(235)、五年各乡吏民田家的租税,并进行核验的内容,其中有不少材料涉及当地土地的分布形态。通过对这些内容进行统计分析,结合吴简中的其他记载以及传世文献,有助于探究临湘侯国的土地所有形态,并对六朝大土地所有制说做一些新的思考。

二、吴简所见临湘侯国的土地零碎化现象

嘉禾吏民田家莂是一种形制较为特殊的木简,其所载内容也有较为

---

① 唐长孺:《三至六世纪江南大土地所有制的发展》,第1、97页。
② 长沙市文物考古研究所、中国文物研究所、北京大学历史学系走马楼简牍整理组:《长沙走马楼三国吴简·嘉禾吏民田家莂》,北京:文物出版社,1999年,下文或简称为田家莂。本文引用吴简简文,仅于引文后标明简号,不一一注出原书页码。简文表示方式分为两类:引用《嘉禾吏民田家莂》的内容,前一部分指年份,后一部分指简号,如4.24即为嘉禾四年田家莂第24号简;引用《竹简》的内容,前一部分指书的序号,后一部分指简号,如叁·6320即为《竹简(叁)》第6320号简。

固定的格式①。现存可以断定年代的田家莂均分布于嘉禾四、五两年,另有少部分年份不明的。兹逐录嘉禾四、五年的田家莂各一枚为例:

> 下伍丘郡吏廖裕,田廿町,凡卌六亩。其卌一亩,皆二年常限。其廿七亩,旱败不收,亩收布六寸六分。定收十四亩,收米一斛二斗,为米十六斛八斗。亩收布二尺。其五亩余力田。旱败不收,亩收布六寸六分。其米十六斛八斗,四年十一月廿一日付仓吏郑黑。凡为布一匹五尺,四年十一月十日付库吏潘有。其旱田亩收钱卅七,其熟田亩收钱七十。凡为钱一千九百七十九钱,四年十一月十一日付库吏潘有。嘉禾五年三月十日,田户经用曹史赵野、张惕、陈通校。(简 4.24)

> 石下丘男子烝粜,佃田二町,凡六亩廿步,皆二年常限。其四亩廿步旱败不收布。定收二亩,为米二斛四斗,亩收布二尺。其米二斛四斗,五年十一月十一日付仓吏张曼、周栋。为布四尺,准入米二斗五升,五年十一月十日付仓吏张曼、周栋。其旱田不收钱。熟田亩收钱八十,凡为钱百六十,五年十一月九日付库吏潘慎。嘉禾六年二月廿日,田户曹史张惕校。(简 5.212)

田家莂一般在简文的开头交代吏民所佃田的町数与面积②。其中"町"即地块,部分简牍中也写作"处",如简 4.31、4.32、4.187 等③。紧接着町数书写的是佃田的面积。嘉禾四年田家莂的面积一般只精确到亩,

---

① 关于嘉禾吏民田家莂的性质,学界存在多种看法。相关学术史的回顾,参见凌文超:《嘉禾吏民田家莂研究述评》,复旦大学历史学系、本书编委会编:《中国中古史研究(第七卷)》,上海:中西书局,2019 年,第 105—108 页。
② 有关走马楼吴简中佃田的含义,学界存在较大争议,大致可分为租佃土地、耕种土地两类,其中耕种土地一说又可分为国有土地屯田与私田两种。相关学术史的回顾,参见胡伟:《"佃田"平议——兼论〈嘉禾吏民田家莂〉中的土地性质问题》,《第九回六朝历史与考古青年学者交流会论文集》,南京:南京大学历史学院六朝研究所,2022 年 11 月,第 42—44 页。
③ 学者一般认为"町""处"的含义均为"地段""地块",两者可以互换。李研则指出,田家莂中记"町"和记"处"并非随意书写,其差别在于,记"町"表明佃田是平地之田,而记"处"则表明佃田是山地之田,参见氏著《〈嘉禾吏民田家莂〉中佃田记"町"、记"处"差别考》,《许昌学院学报》2014 年第 6 期,第 14—18 页。本文在表述时统一用"町"。

仅有简 4.221、4.364 等少量精确到步的①。而嘉禾五年则有大量精确到步的例子,约占总数的四分之一。亩和步都是三国时期常用的度量单位,这一点自不必说;而"町"这一单位的含义却值得思考。考虑到吴简中每町佃田的面积各不相同,既有多达数十亩的,也有尚不足一亩的②,十分不规律,因此町的划分应当和面积等因素无关,而确实就是表示自然形成的"地块"或者"地段"。但这样一来,又会产生一个新问题:如果几町佃田是彼此相接的,那么自然没有必要将它们割裂开来分别统计;如果这些佃田虽不相接,但彼此相邻,那么同一人在同一处地方耕种的土地,为何要分成许多小块呢?这既不便于日常耕作,更会给后续的统计造成很多不必要的麻烦,同样令人难以理解。综合考虑,只有一种解释比较合理,就是各町佃田不仅不相接,而且相互之间也有一定的距离,因此在统计时才不能作为一个整体,而必须分别统计。《清史稿·王恕传》:

> 福建多山田,零星合计成亩③。

虽然时代和地点不同,但这种"零星合计"的做法,应当和吴简中将佃田分成许多町分别统计的思路一致。

尽管不同吏民佃田的町数、面积都不尽相同,但翻检田家莂,却不难发现一些共性,即吏民的佃田町数都比较多,或者说,吏民佃田的分布大都显得比较零碎。据笔者统计,嘉禾四年田家莂中吏民平均每人有佃田 10.49 町,嘉禾五年则是 12.30 町④。而如果具体到单个吏民,则还不乏町数在 20 町以上甚至超过 50 町的。表1将吏民佃田的町数分成多个区

---

① 吴简中的"步",实为"平方步"的简称。秦汉时期1亩折合240平方步,参见孙贻让撰:《周礼正义》卷二〇《地官·小司徒》,王文锦、陈玉霞点校,北京:中华书局,1987年,第803页。

② 如阿田丘男子陈幼,佃田2町,共50亩,平均每町佃田25亩(简4.277);石下丘男子区拾,佃田2町,共60亩,平均每町佃田30亩(简4.201)。而湖田丘男子邓黑,佃田11町,共7亩140步,平均每町佃田0.69亩(简5.707);新唐丘男子勇宾,佃田仅1亩220步,竟分为9町,平均每町佃田仅0.21亩(简5.799)。

③ 《清史稿》卷三〇八《王恕传》,北京:中华书局,1977年,第10576页。

④ 笔者统计的对象仅限于年份、佃田町数、总面积和各项面积均可确定的简牍。佃田町数、总面积不明的,以及町数和总面积确定,但各项面积不明或者年份不明的,均不在统计范围之内(下同)。关于嘉禾四、五两年佃田町数的平均值,阿部幸信的统计结果分别为 10.48 町和 12.39 町,参见[日]关尾史郎主编、[日]阿部幸信、(转下页)

间,可以较为直观地反映吏民佃田的分布情况。

表1 嘉禾四、五年吏民佃田町数分布一览

町数(a)	嘉禾四年	当年占比	嘉禾五年	当年占比
$1 \leqslant a < 5$	269	44.17%	276	25.63%
$5 \leqslant a < 10$	126	20.69%	312	28.97%
$10 \leqslant a < 15$	79	12.97%	219	20.33%
$15 \leqslant a < 20$	26	4.27%	69	6.41%
$20 \leqslant a < 30$	47	7.72%	103	9.56%
$30 \leqslant a < 40$	35	5.75%	50	4.64%
$40 \leqslant a < 50$	11	1.81%	22	2.04%
$a \geqslant 50$	16	2.63%	26	2.41%
总计	609	100.00%	1077	100.00%

如果将10町以下视为分布比较集中,10町及以上视为分布比较零碎的话,则嘉禾四年分布较为集中的佃田仅占总数的三分之二弱,有三分之一强的佃田分布均比较零碎;而嘉禾五年较集中的更是刚刚过半。实际上,如果一个人的土地超过5町,就可以认为是比较零碎的了。以此为标准的话,则嘉禾四年一半以上、嘉禾五年近四分之三的吏民佃田都要超过这一标准。因此,单从佃田的町数来看,临湘侯国吏民的土地确实是比较零碎的。

不过,是否存在这样一种情况,即吏民佃田的町数虽多,但每町佃田的面积也比较大?例如,某人佃田共20町,每町面积均达数十亩甚至百亩,虽然单看町数的话确实会给人一种分布很零碎的感觉,但考虑到每町的面积均比较大,这样的土地分布也很难说是零碎的。然而,田家莂中并不存在这样的例子。我们将佃田总面积与町数的比值称为"积町比",所表示的就是平均每町佃田的面积。上文已经列举了部分吏民佃田的积町

(接上页)伊藤敏雄编:《嘉禾吏民田家莂數值一覽(Ⅰ)》,平成16年度科學研究費補助金〔基盤研究(B)(1)〕"長沙走馬樓出土吳簡に関する比較史料學の研究とそのデータベース化"(課題番號16320096)資料叢刊,新潟,2005年,第17、51頁。虽然数值稍有差异,但总体来说并不影响最终的结论。

比,可以看到,既有不足1的,也有高达20以上的,似乎各个区间的数量都不少。然而,田家莂中绝大部分吏民佃田的积町比都在10以下甚至5以下,总体来看都是比较低的。

表 2 　嘉禾四、五年吏民佃田积町比分布一览

积町比(b)	嘉禾四年	当年占比	嘉禾五年	当年占比
$b<1$	7	1.15%	44	4.09%
$1 \leq b<5$	294	48.28%	930	86.35%
$5 \leq b<10$	206	33.83%	97	9.01%
$10 \leq b<20$	92	15.11%	6	0.56%
$b \geq 20$	10	1.64%	0	0
总计	609	100.00%	1077	100.00%

如果说嘉禾四年的积町比还相对高一点,还有少部分超过10甚至超过20的话,那么嘉禾五年的积町比则几乎完全集中在5以内,还有40多例小于1的,不低于5的例子连总数的10%都没有。再来看看整体的情况,嘉禾四年田家莂共记录佃田23532亩,分为6387町,平均积町比3.68;嘉禾五年田家莂共记录佃田30820亩,分为13248町,平均积町比2.33。即便积町比为5,土地分布也决称不上集中,更罔谈两年的积町比都不足5了。

因此,无论是单看佃田的町数,还是将町数和面积综合起来考察,都不难看出,临湘侯国的土地分布相当零碎[①]。从便于管理和提高劳动效率等角度出发,耕地通常是集中分布为好,而绝不会刻意将其分散开来。前文已述,对于田家莂中土地的性质,学者或认为是吏民的私田,或认为是租佃官府的官田或者国有土地屯田。如果是私田,则证明在临湘侯国仅凭私人的力量很难占有大面积连片的土地,私人大土地所有难以发展;如果是官府租种出去的官田或者屯田,则证明即便以政府强大的统筹能力,也无法将土地集中到一起,而只能是分散在多处,个人就更不可能集中占有土地

[①] 凌文超指出,嘉禾四年吏民田家莂不足原莂册的三分之一,嘉禾五年吏民田家莂不足原莂册的二分之一,残缺严重(参见氏著《吴简田家莂新解》,《文史》2023年第1辑,第45—56页)。不过,考虑到吴简出土带有随机性,现存的田家莂仍能在一定程度上反映临湘侯国的土地分布情况。

了。因此,尽管吴简中吏民佃田的性质尚不明确,但有一点是可以肯定的,即临湘侯国不具备私人集中占有大面积土地的条件,以此为基础的人身依附关系难以形成,宫崎所认为的大土地所有制自然也就无从发展。

三、土地零碎化原因试析与六朝大土地所有制说的再思考

那么,临湘侯国这种极为零碎的土地分布形态是如何产生的?或者说,建康、吴会地区可以形成大土地所有制,而临湘地区则难以发展,哪些因素造就了这一差异?我们认为,这要从自然环境和政治军事形势两方面来考察。

首先来看自然环境。临湘侯国位于今湖南省长沙市,这一带的地理环境比较复杂。从地形来看,东北、西北两端分别是幕阜—罗霄山的北段和雪峰山余脉的东缘,山地环绕,地势高峻,南部丘岗起伏,中部是长衡丘陵盆地向洞庭湖平原过渡地带,北部相对平坦开阔。从地势来看,东部有海拔800米以上的山峰50多座,西部有海拔800米以上的山峰13座,在平原、丘陵地区也还有孤峰高耸。总体看来,山地、丘陵占据了当地的大部,少量平原则集中在江河两侧①。具体到六朝时期,《晋书·陶淡传》云其:

> 于长沙临湘山中结庐居之,养一白鹿以自偶。亲故有候之者,辄移渡涧水,莫得近之②。

陶淡长期在临湘居住,对此处的地形非常熟悉,所以才能行动自如;而他的"亲故"们则只能"莫得近之",几乎寸步难行。据此便可一窥临湘侯国地形的复杂。临湘当地引水灌溉的不便,也侧面印证了这一点。高凯指出,临湘侯国境内不仅有湖南第一大河湘江自南向北穿行,还接纳了湘江的三条支流浏阳河、涝水和沩水,因此三国时期当地"应是河网密布、湖汊纵横的景象"③。由此看来,临湘侯国的吏民引水灌溉似乎非常便利。但

---

① 谭仲池主编:《长沙通史·现代卷》"绪言",长沙:湖南教育出版社,2013年,第2页。
② 《晋书》卷九四《隐逸·陶淡传》,第2460页。
③ 高凯:《地理环境与中国古代社会变迁三论》,博士学位论文,复旦大学历史地理研究所,2006年,第137页。

事实却是,当地耕地的灌溉不仅称不上便利,相反还面临严重的干旱问题。《竹简(叁)》中保留了一份"隐核波田簿"①,记录了都乡、小武陵乡等乡统计陂田旱败情况和估算整治所需的人力物力,为水利兴修做准备的情况②。这些枯芜的陂田面积往往可达数顷,整治工程的规模也很庞大,如:

  亭下波一所深一丈七尺长廿丈殿十一丈沃田九顷枯兼十年可用一万夫(叁·6320)

  ☐沃田十四顷枯兼可用万一千八百夫作(叁·6414)

  ☐☐波二所……长十九丈殿七丈沃田……顷枯兼卅六年可用三万(叁·7235)

孙吴政府之所以投入大量的成本整修水利,应当就是由于当地很多耕地难以获得灌溉水源,严重影响了农业生产。联系到田家莂中许多吏民佃田的旱败率很高③,可能也和缺乏灌溉水源有关④。临湘当地水网密布,都乡、小武陵乡更是西邻湘江⑤,取水本应更加便利,但却需要另修陂塘

---

① 长沙简牍博物馆、中国文物研究所、北京大学历史学系走马楼简牍整理组:《长沙走马楼三国吴简·竹简(叁)》,北京:文物出版社,2008年。

② 对隐核波田簿的整理复原,参见凌文超:《走马楼吴简"隐核波田簿"复原整理与研究》,《中华文史论丛》2012年第1期,第107—145页。相关学术史的回顾,参见沈国光:《再论走马楼吴简"隐核波田簿"所见东吴的陂池兴修与管理》,邬文玲、戴卫红主编:《简帛研究二〇一九(秋冬卷)》,桂林:广西师范大学出版社,2020年,第295页注释6。

③ 笔者统计嘉禾四年吏民佃田的旱败率为75.89%,五年为43.46%;关尾史郎等人的统计结果分别为77.11%和44.16%,见[日]关尾史郎主编,阿部幸信、伊藤敏雄编:《嘉禾吏民田家莂数值一览(Ⅰ)》,第17,51页;李卿的统计结果则分别为75%和40%(氏著〈长沙走马楼三国吴简·嘉禾吏民田家莂〉性质与内容分析》,《中国经济史研究》2001年第1期,第130页)。

④ 灌溉的便利程度很可能对吴简中旱、熟田的划分有重要影响。有学者指出,能否得到稳定、充分的水源灌溉,是划分旱、熟田的主要因素,具体参见王勇:《也释吴简〈嘉禾吏民田家莂〉中的"旱田"与"熟田"》,西北师范大学历史文化学院等编:《简牍学研究》第六辑,兰州:甘肃人民出版社,2015年,第160—161页;王承乾、晋文:《再论吴简"二年常限"田的含义》,《中国农史》2022年第2期,第61页。

⑤ 此据侯旭东所绘《吴简所见临湘侯国部分乡相对位置示意图》,参见氏著《长沙走马楼三国吴简所见"乡"与"乡吏"》,原刊北京吴简研讨班编:《吴简研究》(转下页)

以蓄水。出现这种矛盾现象,只能是当地地形复杂多变,河流的水不能直接引来灌溉的结果。

这样复杂的地形条件,势必难以发展出大面积连片的土地,而更多的是散布在各处的零碎土地,需要"零星合计成亩"。另外,由于临湘多山,吏民的耕地应当也有不少是在山间开垦的。《宋史·李允则传》:

> 湖湘多山田①。

虽然说的是北宋的情况,但孙吴的情况也不会相差太远。这些山田也显然不会是集中分布,而是零碎分布的。可以说,复杂的地形地貌,是造成临湘侯国土地分布零碎的主要原因。

除了地形的复杂,临湘侯国的土地质量也在一定程度上影响了土地的分布形态。汉魏六朝时期,长沙地区的土地质量不高,突出表现为土地垦殖率较低,大量土地难以开发利用。走马楼西汉简《都乡七年垦田租簿》记载都乡当年土地总数为 40000 余顷,而"垦田"与"可垦不垦"的数量加在一起尚不足 900 顷②,不足总数的 3‰;而青岛土山屯汉简《堂邑元寿二年要具簿》所载堂邑(今南京六合)地区仅"可垦"田一项的面积就占到

(接上页)第一辑,武汉:崇文书局,2004 年,后收入氏著《北朝村民的生活世界:朝廷、州县与村里(增订版)》,北京:商务印书馆,2022 年,第 337 页。虽然有学者对这一复原方式的可行性提出质疑[参见苏卫国、岳庆平:《走马楼吴简乡丘关系初探》,《湖南大学学报(社会科学版)》2005 年第 5 期,第 33—38 页;安部聪一郎:《长沙走马楼三国吴简中所见"乡"与"丘"对应关系的再研究》,长沙简牍博物馆编:《纪念走马楼三国吴简发现二十周年:长沙简帛研究国际学术研讨会论文集》,上海:中西书局,2017 年,第 119—132 页],但侯氏依据吴简出土位置将都乡定位于湘江东岸的思路当不致大误,故本文仍采用。

① 《宋史》卷三二四《李允则传》,北京:中华书局,1977 年,第 10479 页。
② 马代忠:《长沙走马楼西汉简〈都乡七年垦田租簿〉初步考察》,中国文化遗产研究院编:《出土文献研究》第十二辑,上海:中西书局,2013 年,第 213—214 页。马增荣也注意到《都乡七年垦田租簿》中"垦田"与"可垦不垦"占比极低的情况,并推测"也许与当地的自然环境和聚落形态有关"[氏著《读山东青岛土山屯 147 号墓出土木牍札记——考古脉络、"堂邑户口簿(簿)"、"邑居"和"群居"》,武汉大学简帛研究中心主办:《简帛》第二十一辑,上海:上海古籍出版社,2020 年,第 209—210 页]。关于"都乡七年"的具体年份,参见晋文:《走马楼西汉简〈都乡七年垦田租簿〉的年代问题》,《山东师范大学学报(社会科学版)》2021 年第 3 期,第 85—94 页。

总数的约三分之一①；西汉成帝时东海郡（今江苏东海）仅宿麦一种作物的种植面积就占到总面积的五分之一②。相比之下，西汉时期长沙地区的土地垦殖率确实较低。至于孙吴的情况，目前虽没有直接资料，但郴州晋简所见西晋惠帝年间桂阳郡的上计簿书为解决这一问题提供了一个视角。该簿载桂阳郡水陆田总数为171357顷50亩，其中不任垦田144020顷65亩③，约占总数的84.05%，则垦田和可垦不垦的总占比至多不会超过16%。陆帅、晋文通过排除法算得桂阳郡垦田的面积为21357顷50亩④，那么当地的垦殖率约为12.46%。长沙郡的自然条件比桂阳郡优越一些，但差距也不会过大，垦殖率至多仍在20%左右，较之长江下游地区还是处于较低的位次。这反映出长沙郡的土地质量较差，存在大量难以开垦的瘠田。这无疑加剧了土地的零碎化。

再来看政治军事形势。汉末三国时期，长沙及其周边地区战乱频繁，局势极不稳定，所谓"荆楚四战之地，五达之郊，井邑残亡，万不余一"⑤。自汉灵帝中平四年（188）至汉献帝建安二十年（215），不到三十年间，长沙数次易主，先后为孙坚、张羡、刘表、曹操、刘备、孙权等人占有，期间还频

---

① 青岛市文物保护考古研究所、黄岛区博物馆：《山东青岛土山屯墓群四号封土与墓葬的发掘》，《考古学报》2019年第3期，第427页。

② 连云港市博物馆、东海县博物馆、中国社会科学院简帛研究中心、中国文物研究所编：《尹湾汉墓简牍》，北京：中华书局，1997年，第77—78页。由于存在阙文，东海郡垦田的总面积无法确定，学界对此也存在争议（具体参见赵淑玲、昌森：《论两汉时代冬小麦在我国北方的推广普及》，《中国历史地理论丛》1999年第2期，第38—40页；晋文：《从考古发掘看秦及汉初"磨"在徐州地区的使用——兼论小麦种植与小麦面食在西汉时期的推广》，徐卫民、王永飞主编：《秦汉研究》第15辑，西安：西北大学出版社，2021年，第67页），但考虑到当地的作物显然不会只有小麦一种，认为东海郡的土地垦殖率远高于20%，当不致大误。

③ 孔祥军：《西晋上计簿书复原与相关历史研究——以湖南郴州苏仙桥出土晋简为中心》，《中华历史与传统文化研究论丛》第1辑，北京：中国社会科学出版社，2015年，第171—172页。关于郴州晋简中"不任垦"田的含义，陆帅、晋文认为即汉代提封田中的不可垦田，参见氏著《郴州晋简"县领水田"解析》，《光明日报》2021年5月24日，第14版。

④ 陆帅、晋文：《郴州晋简"县领水田"解析》。

⑤ 《宋书》卷五四"史臣曰"，第1540页。事实上，长沙地区这种战乱频仍的局面在其他出土文献中也有反映，具体参见东牌楼汉简《荆南频遇军寇文书》，王素：《长沙东牌楼东汉简牍选释》，《文物》2005年第12期，第71—72页。

遭贼乱①，鲜有无战之年。建安二十年，孙刘双方以湘水划界，长沙至此结束了反复易主的局面，长期归孙吴所有②。然而，动乱的局势并未因此结束。仅仅一年之后，吴砀及袁龙等便密谋联合关羽，"复为反乱"③；建安二十四年（219），樊伷诱导诸夷，欲以武陵附刘备④；刘备伐吴时，"诸县及五溪民皆反为蜀"，即便在其兵败后，"零、桂诸郡犹相惊扰，处处阻兵"⑤。虽然这几次叛乱都被孙吴政府迅速平息，但却足以说明在较长的一段时间内长沙及周边地区的局势相当不稳定。期间孙吴政府派人将兵出长沙，或许也与稳定当地局势有关⑥。黄武二年（223）以后，长沙进入相对安定的时期，除步骘曾一度请求增加驻军而未果外⑦，并没有发生较大规模的战事。黄龙三年（231）二月，武陵五溪蛮夷再度起事，孙权遣潘濬与吕岱、朱绩等领兵五万讨伐⑧，驻军于长沙西北的五溪山⑨。这场战争在吴简中也有体现：

　　　☐……月廿二日丁亥书给吕侯都尉陈☐☐☐☐（壹·2301）
　　　军吕岱所领☐☐☐……☐（壹·2326）

---

① 如《三国志》卷四六《吴书·孙破虏讨逆传》："时长沙贼区星自称将军，众万余人，攻围城邑。"北京：中华书局，1959 年，第 1095 页；《后汉书》卷七四下《刘表列传》："诏书以表为荆州刺史。时江南宗贼大盛。"北京：中华书局，1965 年，第 2419 页；《续汉书·五行志三》："建安七八年中，长沙醴陵县有大山常大鸣如牛响声，积数年。后豫章贼攻没醴陵县，杀略吏民。"第 3317 页。关于汉末三国长江南部宗贼的性质，唐长孺《孙吴建国及汉末江南的宗部与山越》（《魏晋南北朝史论丛》，北京：中华书局，2011 年，第 1—26 页）一文做了详细考辨；对这一问题的最新研究，参见林昌丈：《社会力量的合流与孙吴政权的建立约论》，武汉大学中国三至九世纪研究所编：《魏晋南北朝隋唐史资料》第三十二辑，上海：上海古籍出版社，2015 年，第 13—19 页。
② 《三国志》卷四七《吴书·吴主传》，第 1119—1120 页。
③ 《三国志》卷六〇《吴书·吕岱传》，第 1384 页。
④ 《三国志》卷六一《吴书·潘濬传》注引《江表传》，第 1398 页。
⑤ 《三国志》卷四七《吴书·吴主传》，第 1122 页；卷五二《步骘传》，第 1237 页。
⑥ 《三国志》卷五二《吴书·步骘传》，第 1237 页。
⑦ 《三国志》卷六一《吴书·潘濬传》注引《吴书》，第 1398 页。
⑧ 《三国志》卷四七《吴书·吴主传》，第 1136 页；卷六〇《吕岱传》，第 1385 页；卷五六《朱然传附朱绩传》，第 1308 页。
⑨ 《太平御览》卷四九《地部·五溪山条》引《长沙图经》，北京：中华书局影印本，1960 年，第 241 页上栏。

□ 吕 岱 所督都尉(?)□□□陈综司马吕 石 (?)等所领士众(贰·794)①

与此前的几次叛乱不同,此次叛乱直至嘉禾三年十一月方才平定,前后历时近四年。《三国志·吴书·潘濬传》说自此以后"群蛮衰弱,一方宁静"②,也从侧面反映出双方投入兵力之多,可谓是倾全力一战,波及面极广。连年不断的战争,尤其是黄龙、嘉禾年间对武陵、五溪蛮的大规模作战,严重影响了临湘侯国的生产生活,造成土地归属的混乱,与当地土地的零碎化有直接的关系。

相比之下,建康、吴会地区的自然环境更加适合大土地所有制的发展。前文已述,要想发展大土地所有制,大面积土地的连片占有是不可缺少的一环。临湘侯国就是由于多山地而少平原,才难以产生大土地所有。建康、吴会地区则分布着大量平原。前者地形以真高从5—6米到40多米,相对高度从几十厘米到数米不等的高亢平原以及真高15—50米,相对高度5—10米的黄土岗地为主,仅在京口存在少量海拔100—300米之间低山丘陵③;后者主要位于今环太湖平原和宁绍平原两大平原区,周围还散布着一些较小的平原,如萧绍平原、姚慈平原和宁奉平原等。这些地区地势大都低缓平坦,环太湖平原西部低山丘陵区海拔多在20—25米之间,东部的水网平原海拔在10米以下,宁绍平原的海拔也在10米以下④。低缓平坦的地势,有利于大面积连片土地的产生,也造就了大片良田。沈约曾感叹:

　　会土带海傍湖,良畴亦数十万顷,膏腴上地,亩直一金,鄠、杜之

---

① 长沙市文物考古研究所、中国文物研究所、北京大学历史学系走马楼简牍整理组:《长沙走马楼三国吴简·竹简(壹)》,北京:文物出版社,2003年;长沙简牍博物馆、中国文物研究所、北京大学历史学系走马楼简牍整理组:《长沙走马楼三国吴简·竹简(贰)》,北京:文物出版社,2007年。

② 《三国志》卷六一《吴书·潘濬传》,第1397页。

③ 本书编写组编:《江苏农业地理》,南京:江苏科学技术出版社,1979年,第2—5页。

④ 本书编委会编:《浙江省农业资源和综合农业区划》,上海:上海科学技术出版社,1990年,第249页;潘艳:《人类生态视野中的长江下游农业起源》,上海:上海辞书出版社,2017年,第95—96页。

间,不能比也①。

这样优越的自然环境,出现"豪族富室,顷亩不少""良田有逾于四百,食客不止于三千"的现象也就不足为奇了②。这与临湘侯国多山且土地质量低下的情况形成了鲜明的对比。六朝时期的大土地经营,大都分布在这些平原上。如谢灵运的别业就是西滨曹娥江,东连群山,北依横山,南达两江口,低丘平原的面积可达 5 平方千米,占据别业的大部。尽管别业内也包含诸如北山、南山等景观,但最高处也不过百米,其间还分布着大量山间平地③。比起临湘侯国的高山峻岭,谢灵运别业中的山充其量只能称作小土丘。孔灵符位于永兴的别业"水陆地二百六十五顷,含带二山",这些"山"应当和谢灵运别业内的情况相仿。裴之横"大营田墅"的芍陂位于淮河中游地带,地形也是以平原为主。

在政治军事形势上,建康、吴会地区的社会也比临湘侯国更加稳定。三国时期该地作为孙吴政权的核心区,始终比较安定。永嘉丧乱以来,"海内大乱,独江东差安,中国士民避乱者多南渡江"④。自东晋定都江南,直至侯景之乱爆发,建康、吴会等地"无风尘之警,区域之内,晏如也"。期间虽有孙恩、卢循之乱的破坏,但并未造成毁灭性的打击,到刘宋年间复又出现"民户繁育,将曩时一矣。地广野丰,民勤本业,一岁或稔,则数郡忘饥"的繁荣景象⑤。六朝时期建康、吴会的社会比较稳定,为达官贵人占山封泽,通过权势巧取豪夺等手段发展大土地所有制提供了便利⑥。

因此,临湘侯国难以发展大土地所有制的原因可大致归为三点:多山地而少平原的地形是限制大面积土地集中分布的最主要因素;土地质量较差,可垦田数量较少加剧了土地的零碎化;自汉末以来长年累月的战

---

① 《宋书》卷五四"史臣曰",第 1540 页。
② 《宋书》卷五四《孔季恭传附孔灵符传》,第 1533 页;《陈书》卷二《高祖本纪下》,北京:中华书局,1972 年,第 36 页。
③ 王欣、胡坚强:《谢灵运山居考》,《中国园林》2005 年第 8 期,第 73—77 页。
④ 《资治通鉴》卷八七晋怀帝永嘉五年六月条,北京:中华书局,1956 年,第 2766 页。
⑤ 《宋书》卷五四"史臣曰",第 1540 页。
⑥ 许辉、蒋福亚主编:《六朝经济史》,南京:江苏古籍出版社,1993 年,第 110—138 页。

乱,尤其是黄龙、嘉禾年间对武陵、五溪蛮的作战,严重影响了当地的生产生活,是土地零碎化的又一原因。与之相对的则是,建康、吴会地区多平原,良田广布,社会环境也比较安定,这些都有助于大土地所有制的形成发展。自然环境和政治军事形势等方面的差异,造就了两地截然不同的土地所有形态。

不过,临湘侯国的土地分布形态也只是六朝境内的一个个案。如果以此来反驳六朝大土地所有制说的理论框架,是否同样有以偏概全之嫌?同时,吴简反映的只是孙吴前期很短一段时间的情况,而六朝则是历时三个半世纪的漫长时期,孙吴时期临湘侯国难以产生大土地所有,能否说明其在整个六朝时期都是如此呢?

对于前一个问题,正如唐长孺先生所指出的,长期以来,能用以说明六朝时期土地所有形态的材料"几乎只限于扬州区域",以往有关这一问题的探究也大都是围绕扬州——尤其是建康、吴会——展开的[①]。基于上述地区和材料而形成的六朝大土地所有制说,与实际情况基本相符。本文举出临湘侯国的个案,只是为了说明大土地所有并非六朝时期的普遍现象,原有的理论框架并不具有普适性。换句话说,本文所论既不是六朝大土地所有制说的产物,也无意于否定既有的理论框架,而是提供一个无法用现有框架解释的新的视角。至于后一个问题,从现有材料来看,造成临湘侯国土地零碎的主要原因毕竟是自然环境而非人为因素,而自然环境在几百年内的变化幅度是很微小的。前引《宋史·李允则传》的材料也表明,至少到北宋时期,湖南地区仍是以零碎分布的山田为主。认为六朝时期长沙地区的大土地所有制一直不够发达,当不致大误。当然,确实没有更多有关东晋南朝长沙地区土地所有形态的资料支持此说,上文所论也只能是一种推测[②]。

四、结 语

本文试图以走马楼吴简所见临湘侯国的土地分布形态为线索,重新

---

① 唐长孺:《三至六世纪江南大土地所有制的发展》,第97页。
② 东晋南朝时期荆南地区的蛮汉冲突融合应当对当地的土地所有形态有所影响,参见本文第四节。

思考六朝大土地所有制说的相关内容。可以看到,六朝大土地所有制说经过几代学者的发展,已经形成比较完备成熟的体系,其中又以宫崎市定"大面积土地集中占有—人身依附关系加强—大土地所有制形成"的论说最具代表性。不过,这些研究的对象大都集中在建康、吴会等地,其他地区的资料则比较缺乏。走马楼吴简的出土,既弥补了材料在地域分布上的不均衡,又充分说明了大土地所有制并非在六朝境内各地都有分布。不同地区的土地所有形态,需要结合当地的自然环境、政治军事形势等因素具体分析。

从这一角度出发,对六朝时期土地所有形态与经济发展水平之间的关系也可作进一步思考。建康、吴会是大土地所有制盛行的区域,也是经济较为繁荣的区域,这一点自不必说;临湘侯国难以发展大土地所有,那么当地的经济是否就比较落后呢?亦非如此。何德章指出,从人口增长率和人口密度两方面看,两汉时期湘、赣流域的发展水平都要高于扬州。六朝初期,"江南经济最发达的地区并不在扬州三吴、会稽,而是在湘江流域的长沙、零陵"①。张荣强也认为,"较之江南其他地区,古代长沙的经济发展水平还是比较高的"②。事实上,即便是建康、吴会地区,其经济水平在六朝时期能有迅速发展,也是优越的自然条件与商业贸易发达、政府政策支持等因素共同作用的结果③。这提示我们,影响经济发展水平的因素是多样的,土地所有形态或许是重要的一点,但并非决定性的。

随着西晋的统一,各方割据势力在荆州此消彼长的权力角逐也逐渐结束。但荆州作为"四战之地",其局势仍颇不稳定。东晋南朝时期,汉族与少数族群间的冲突融合成为影响荆州——尤其是荆南——政局的主要因素。一方面,大量少数族群人口或主动或被动地出山,成为编户民;另一方面,也有一些地区汉族与少数族群间的强弱关系出现逆转,并加速了

---

① 赵德馨主编,何德章著:《中国经济通史》第三卷《魏晋南北朝》,长沙:湖南人民出版社,2002年,第64—89页。

② 张荣强:《吴简〈嘉禾吏民田家莂〉"二年常限"解》,《历史研究》2003年第6期,第27页。

③ 赵德馨主编,何德章著:《中国经济通史》第三卷《魏晋南北朝》,第76—82页;薛海波:《六朝时期建康丝绸贸易新探》,《江苏社会科学》2021年第2期,第194—202页。

后者内部的社会分化与政治体演进①。这不仅与少数族群的"华夏化"进程密切相关,还深刻影响到了当地的社会组织结构。这些变化对当地的土地所有形态产生了哪些影响？汉族与少数族群在其中分别发挥了什么样的作用？大土地所有制与之又存在什么样的关系②？作为对下一个时代的展望,这些问题值得作进一步思考。

---

① 较早讨论六朝时期荆州蛮汉关系问题的是黎虎,鲁西奇、魏斌、罗新、胡鸿等学者又进行了更加深入的研究,分别参见黎虎:《六朝时期荆州地区的人口》,《魏晋南北朝史论》,北京:学苑出版社,1999年,第291—320页;鲁西奇:《释"蛮"》,《文史》2008年第3辑,第55—75页;魏斌:《吴简释姓——早期长沙编户与族群问题》,武汉大学中国三至九世纪研究所编:《魏晋南北朝隋唐史资料》第二十四辑,武汉:武汉大学文科学报编辑部,2008年,第23—45页;罗新:《王化与山险——中古早期南方诸蛮历史命运之概观》,《历史研究》2009年第2期,第4—20页;胡鸿:《六朝时期的华夏网络与山地族群——以长江中游地区为中心》,《历史研究》2016年第5期,第19—38页。

② 魏斌对东汉前期武陵蛮的空间构成与官府控御体系做了详细探讨,孙闻博则考察了汉末三国江南地方贼帅及其部众的族群归属、居住形态等问题,分别参见魏斌:《古人堤简牍与东汉武陵蛮》,《"中央研究院"历史语言研究所集刊》第85本第1分,2014年,第61—103页;孙闻博:《走马楼吴简自首士贼帅簿复原研究——兼论贼帅、自首士身份与孙吴建国》,《文史》2022年第4辑,第72—80页。

东魏北齐治下京兆韦氏族员的身份转变及其影响

师启明

  京兆杜陵韦氏是中国中古时期关中地区的大族之一。西晋永嘉之乱后,韦氏族人大部分都选择留居本乡、出仕十六国北朝政权,仅有少部分南渡江左。及至北魏分裂,留居北方的韦氏族员被迫分为东西两支。其中,韦氏东支在东魏、北齐治下的关东地区生活,直到北周、隋统一北方后才得以返回关中。学界研究京兆韦氏的成果颇丰,宋艳梅、马建红等代表性学者集中讨论过留居关中和少数南迁成员的情况,但对于北魏分裂后东支韦氏的研究仍有明显不足①。主要原因有两点。第一,相较于留居关中和南渡的房支,东支韦氏的地位较低、活动较少;第二,记载东支韦氏

---

  ① 日本学界对中古大族(日本学界称之为"豪族")较早开展了个案研究,矢野主税是具有代表性的学者之一。他曾于20世纪60年代围绕京兆韦氏撰写了两篇《韦氏研究》(参看[日]矢野主税:《韋氏研究》,《社会科学論叢》第11号,1961年,第49—64页;《韋氏研究(二)》,《社会科学論叢》第11号(臨時増刊号),1962年,第26—42页)。中国学界研究京兆韦氏的代表性学者主要有宋艳梅、马建红等。宋艳梅关注京兆韦氏的迁徙和分布问题,参看宋艳梅:《永嘉乱后京兆韦氏南迁江左考述》,《南京晓庄学院学报》2009年第5期,第22—26页;《北朝政权中的京兆韦氏》,《兰州学刊》2009年第11期,第223—226页。特别是《北朝政权中的京兆韦氏》一文初步涉及了笔者本文欲讨论的北朝后期关东韦氏成员,但基本是基于世系梳理的简单罗列。马建红长期关注京兆韦氏家族的变迁,也注重利用墓志资料研究韦氏家族、校补传统史料。参看马建红:《唐代韦氏墓志考补〈新唐书·宰相世系表〉四则》,《唐史论丛》2013年第2期,第262—271页;《中古京兆韦氏的变迁》,北京:商务印书馆,2022年。

的史料相对分散。京兆韦氏东支是脱离乡里的边缘成员,他们的门第品位在他乡发挥了什么作用? 这支族人的生存状态、身份地位如何? 他们在经历北朝至隋的历史演进过程时,又对整个韦氏家族产生了什么样的影响?

近年来,西安周边发掘了一定数量的隋唐韦氏墓葬,出土的墓志为研究东支韦氏提供了新的材料[1]。本文尝试在梳理文献的基础上,结合近年来发现的北朝隋唐韦氏墓志资料,观察京兆韦氏东支的生存状态和家族影响细节,从而进一步完善中古时期韦氏家族研究的相关部分。

一、史料所见京兆韦氏东支族员的构成与判断

京兆韦氏东支族员中,有史料可考的共十四人,男性十二人,女性两人,涉及五个房支。分别是:韦阆房的韦子粲、韦道谐、韦荣亮,韦珍房的韦融、韦鸿、韦道植,韦道福房的韦元睿,韦崇房的韦道建、韦道儒、韦道逊,韦直善房的韦子迁和韦子迁之侄,以及未知支属的两位韦氏女性。

韦子粲,"字晖茂,京兆人",曾祖韦阆[2]。父韦隽,原为西魏政权的南汾州刺史,在东西魏的战争中,"(齐)神武命将出讨,城陷,子弟俱破获,送晋阳,蒙放免。以粲为并州长史,累迁豫州刺史,卒。"[3]韦道谐是韦子粲少弟,二人共至南汾州,道谐出任镇城都督一职。南汾州被东魏攻破后,"子粲及道谐俱被获,送于晋阳"[4]。韦子粲在关东任官受爵,死后还被追赠谥号[5]。相较之下,韦道谐在关东的遭遇似乎没有其兄这样尊贵。《北齐书·韦子粲传》中的记载侧面反映了韦道谐的生活状态:"粲富贵之后,

---

[1] 得益于对西安市长安区韦曲北原隋唐韦氏家族墓的考古发现,历史和考古学界自20世纪末起便涌现出大量利用墓志校补韦氏世系、考证史事的研究。21世纪以来,先后有牟发松、张蕴、吕卓民等学者开展了基于墓志资料的研究,兹不赘述。

[2][3]《北齐书》卷二七《韦子粲传》,北京:中华书局,1972年,第379、379—380、380页。

[4]《北史》卷二六《韦子粲传》,北京:中华书局,1974年,第956页。

[5]"齐天保初,封西魏县男。后卒于豫州刺史,谥曰忠。"见《北史》卷二六《韦子粲传》,第956页。

遂特弃道谐,令其异居,所得廪禄,略不相及,其不顾恩义如此。"①韦道谐被迫与其兄分户而居,二人之间也少有往来,似并非同族兄弟。韦荣亮,据《新唐书·宰相世系表》记载,曾任北齐左卫大将军②。

  韦融,韦珍之孙。曾任北魏大司马开府司马,其生活范围应在洛阳一带。据《魏书·韦阆传》记载:"天平中,疑其妻与章武王景哲奸通,乃刺杀之。"③天平,东魏孝静帝的首个年号,章武王景哲当指元景哲,是北魏章武王拓跋太洛曾孙,袭父祖爵④。《魏书·文苑传》中也记载了章武王景哲与居住在邺城的裴伯茂之间的纠纷⑤,可见韦融确实生活在东魏统治的关东地区。韦鸿,字道衍,韦融族弟,曾任北魏中书舍人,又"天平三年,坐漏泄,赐死于家,时年三十二",当生活在东魏治下⑥。韦道植,韦鸿之弟,"道植"或为其字,武定末出任东魏"仪同开府中兵参军",二人也生活在东魏治下⑦。宋艳梅曾提出"韦珍支在北魏分裂东西后悉仕东魏北齐"⑧,本段上述三人确是出仕关东,但韦融之兄韦彪在北魏孝庄帝末年曾任蓝田太守,《魏书》仅模糊地记载他"没于关西"⑨,至于他何时去世、是否出仕过西魏北周在文献史料层面仍是未知。1998年,长安县韦曲北塬的韦彪夫妇合葬墓中出土的《韦彪墓志》揭示了不为文献所记录的韦彪生平。韦彪,字道亮,录其墓志文字为:

  属魏政陵迟,禄去王室,拥宠擅命,窥觎神器。遂使銮舆西幸,宗唐禾垂。君忧国忘家,志匡靖难,乃星言奔赴,奉卫途中。鱼水相见,君臣体合,烈封河山,用酬丹赤,赏频阳县开国侯,食邑八百户。值大周龙潜,扫清寰寓,君上攀云翼,下厕一毛,每从征战,义勇俱发。庆位乃班,戎章转峻,除车骑将军、廷尉卿。疑狱从宽,议无回僻,季高

---

① 《北齐书》卷二七《韦子粲传》,第380页。
② 《新唐书》卷七四上《宰相世系表四上》"韦氏"条,北京:中华书局,1975年,第3052页。
③⑨ 《魏书》卷四五《韦阆传》附《韦珍传》,北京:中华书局,1974年,第1015页。
④ 参看《魏书》卷一九下《章武王传》,第515页。
⑤ "(天平)二年,因内宴,伯茂侮慢殿中尚书、章武王景哲,景哲遂申启……"见《魏书》卷八五《文苑传》附《裴伯茂传》,第1873页。
⑥⑦ 《魏书》卷四五《韦阆传》附《韦珍传》,第1016页。
⑧ 宋艳梅:《北朝政权中的京兆韦氏》,《兰州学刊》2009年第11期,第225页。

秉法,文惠之能,用今况古,何以加焉。禄以德崇,位昇鼎铉,既列九棘,复树三槐,除车骑大将军、仪同三司①。

韦彪先后在北魏、西魏和北周政权中任官,参与过孝武帝西奔长安及北周立国等诸多政治事件,最终官至北周车骑大将军,病逝于北周明帝武成二年(560)。可见,韦珍一支皆出仕东魏北齐的判断是不够准确的。

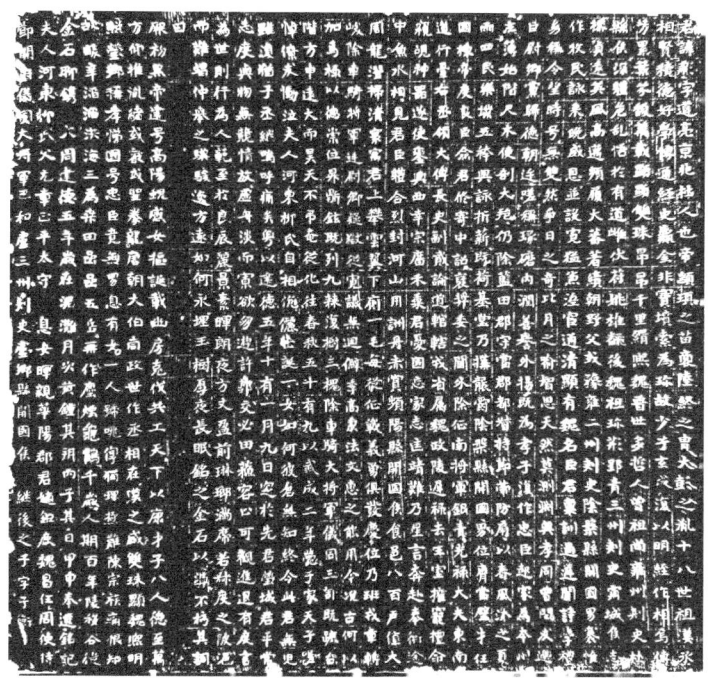

图 1 《韦彪墓志》拓片
(采自《汉魏六朝碑刻校注(第 10 册)》)

---

① 《韦彪墓志》的出土情况及录文,参看周伟洲、贾麦明、穆小军:《新出土的四方北朝韦氏墓志考释》,《文博》2000 年第 2 期,第 65—72 页。罗新、叶炜在未见拓片的情况下,对录文进行了初步的修订,参看罗新、叶炜著:《新出魏晋南北朝墓志疏证》,北京:中华书局,2005 年。其后,牟发松等又根据拓片重新对志文进行了校订,参看牟发松、盖金伟:《新出四方北朝韦氏墓志校注》,《故宫博物院院刊》2006 年第 4 期,第44—63 页。拓片参看毛远明校注:《汉魏六朝碑刻校注(第 10 册)》,北京:线装书局,2008 年,第 294 页。

韦元睿，韦阆从叔韦道福之孙，"武定中，颍州骠骑府长史"①。颍州在北魏分裂期间数度更易所属政权。颍州初属东魏，东魏天平四年（537）冬十月"颍州刺史贺若微执刺史田迅西叛，引（元）宝炬都督梁回据城"，颍州入西魏。东魏元象元年（538）正月，东魏攻打颍州，"梁回等弃城遁走，颍州平。"颍州重回东魏管辖。东魏武定五年（547），"司徒侯景反，颍州刺史司马世云以城应之……（侯）景乃遣使降于宝炬，请师救援。宝炬遣其将李景和、王思政帅骑赴之。"②颍州此后两年均在西魏的军事占领之下，直至武定七年（549）六月，东魏齐王高澄将其攻克。颍州在武定年间的最终归属是东魏政权，可知韦元睿生活在东魏、北齐治下无疑。

韦道建，韦崇之孙，"武定末，定州仪同开府长史，带中山太守"③。又《北齐书·彭城景思王浟传》记载："时有人被盗黑牛，背上有白毛。长史韦道建谓中从事魏道胜曰……"④可知韦道建也在东魏为官。韦道儒，韦道建之弟，任"（北）齐文襄王大将军府东阁祭酒"⑤。又《北齐书·后主纪》记载："（天统二年）六月，太上皇帝诏兼散骑常侍韦道儒聘于陈。"⑥可证其出仕东魏、北齐。韦道逊，《北齐书·文苑传》载其于后主武平初年任"尚书左中兵，加通直散骑侍郎，入馆，加通直常侍。"《文苑传》序载："斑等奏追通直散骑侍郎韦道逊……等入馆撰书"⑦，亦可证其出仕北齐。该传还记录了韦道逊的两位兄长任官情况，韦道建卒于司农少卿，韦道儒官至中书黄门侍郎。

韦子迁，韦直善第四子，《周书·韦孝宽传》记载："孝宽弟子迁，先在山东，又锁至城下，临以白刃"⑧，可见韦子迁在北魏分裂前就生活在关东地区，东西魏交战时被高欢挟持作为谈判的筹码。韦子迁墓志的发现为了解其人的经历提供了更丰富的材料，据《周仪同洛州刺史安定乡男宇文子迁墓志》志文：

---

① 《魏书》卷四五《韦阆传》，第 1011 页。
② 以上引文见《魏书》卷一二《孝静纪》，第 301—311 页。
③⑤ 《魏书》卷四五《韦阆传》，第 1012 页。
④ 《北齐书》卷一〇《彭城景思王浟传》，第 134 页。
⑥ 《北齐书》卷八《后主纪》，第 99 页。
⑦ 《北齐书》卷四五《文苑传》附《韦道逊传》，第 603、626 页。
⑧ 《周书》卷三一《韦孝宽传》，北京：中华书局，1971 年，第 537 页。

> 君讳子迁，字季举，京兆杜陵人。本姓韦……属中原丧乱，海水群飞，君及嫂侄俱沦燕赵，方冀混一车书，共清伊洛……岂谓昊天不吊，春秋三十九，早摧异域。周齐和睦，礼送归乡，不似智莹之还，欲同襄老之反①。

可知与韦子迁同在关东的还有其嫂子和侄子。

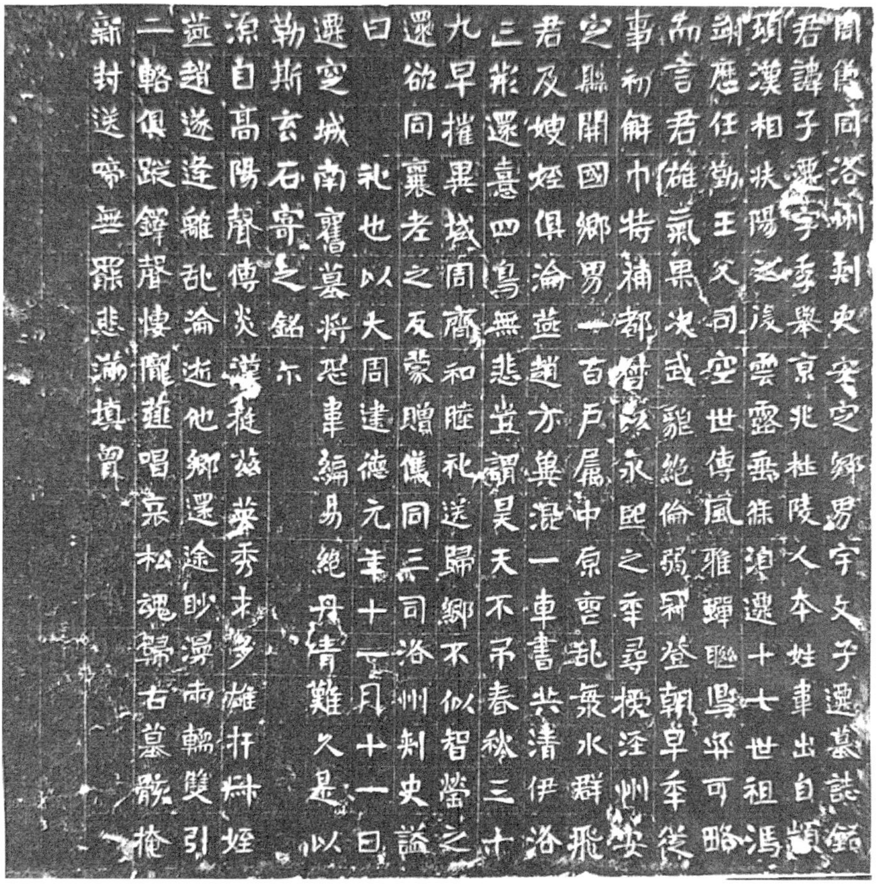
周儀同洛州刺史安定鄉男宇文子遷墓誌銘
君諱子遷字季舉京兆杜陵人本姓韋出自顓
頊漢相狀陽之後雲露無絲鴻還十七世祖馮
翊歷任勤王父司空世傳風雅蟬聯學彩可略
而言君雄氣果決武貌絕倫弱冠登朝早季從
事初解巾特補都督[illegible]永熙之季尋授涇州[illegible]
定縣開國鄉男一百戶屬中原喪亂海水群飛
君及嫂姪俱淪並趙方冀混一車書共清伊洛
三紀還期四鳥無悲豈謂昊天不弔春秋三十
九早摧異域周齊和睦礼送歸鄉不似智瑩之
還欲同襄老之反蒙贈儀同三司洛州刺史謚
曰 礼也以大周建德元年十一月十一日
遷窆城南舊墓將恐聿編易絕丹青難久是以
勒斯玄石寄之銘尔
源自高陽聲傳炎漢挺茲華秀來多雄杰[illegible]姪
並趙遂逢離亂淪逝他鄉還途眇漠雨轜雙引
二輅俱蹤鐸聲悽隴[illegible]唱哀松魂歸右墓骸掩
新封送啼無罷悲滿填胷

图 2 《周仪同洛州刺史安定乡男宇文子迁墓志》拓片

（采自《长安凤栖原韦氏家族墓地墓志辑考》）

① 《周仪同洛州刺史安定乡男宇文子迁墓志》的拓片和录文，参看戴应新编著：《长安凤栖原韦氏家族 墓地墓志辑考》，西安：三秦出版社，2020 年，第 58—61 页。

两位韦氏女性,其一据《北齐书·孙搴传》记载:"(高祖)赐妻韦氏,既士人子女,又兼色貌"①,可知为北齐孙搴之妻。其二据《北史·裴文举传》记载:"文举叔父季和为曲沃令,终于闻喜川,而叔母韦氏卒于正平县,属东西分隔,韦氏坟陇,遂在齐境。"②可知为裴季和之妻。二人均在北齐治下生活。

以上十四人,是基本可以确证生活在关东的韦氏族员。通过梳理官职、地区、年代等记载,佐以文献中记录的一些细节事件为旁证,可以对他们的生活情况做初步的判定。

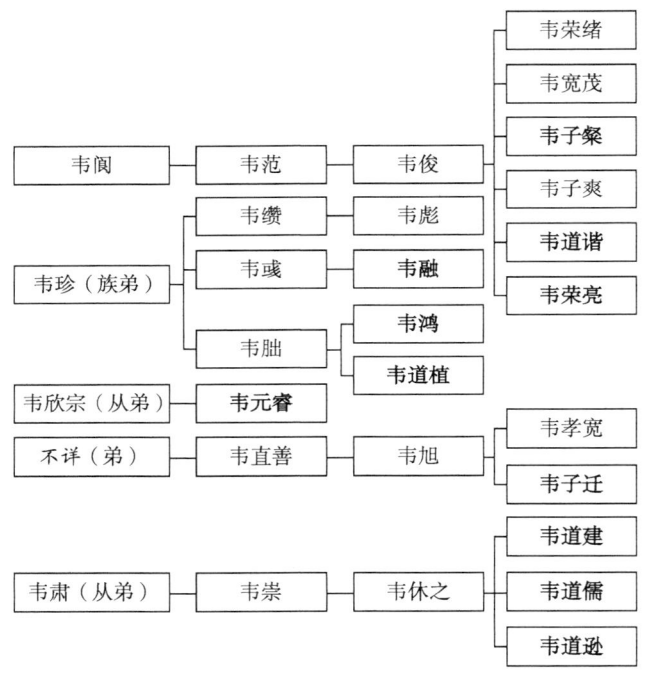

表1　京兆韦氏东支族员家系表(部分)

(注:表中括号标示与韦阆的关系,加粗者为本文所述京兆韦氏东支族员)

---

① 《北齐书》卷二四《孙搴传》,第341页。
② 《北史》卷三八《裴文举传》,第1405页。

二、京兆韦氏东支族员的组织形态与政治身份

前文已述,韦氏十四人离开本乡、生活在关东的原因有很大差异,有因任官而迁徙的、有因战事而分隔的,也有南渡又北归关东的。京兆韦氏东支的族员,虽然同出一个家族,但各自之间的联系难说紧密,其组织形态更接近于同姓人群,血缘和亲属关系已经颇为淡薄。原出自各房的族员之间不见有往来的记载,即使是同房支的兄弟之间也少有交流。如韦道建、道儒、道逊三兄弟出仕时机不同,在官也各有任职,互无联系。又如韦子粲、韦道谐兄弟,二人同降东魏,关中家人受到牵连,"归国获存,唯与弟道谐二人而已。"①然而,韦子粲和韦道谐的关系却并不融洽,前文已引《北齐书·韦子粲传》的记载:

> 谐与粲俱入国。粲富贵之后,遂特弃道谐,令其异居,所得廪禄,略不相及,其不顾恩义如此②。

韦子粲的举措或许是部分受到了个人情感的影响,但他与韦道谐分户而居的行为,则体现出家族关系在京兆韦氏东支族员之间的逐渐消解。

毛汉光在研究中古士族演变时曾提出过"士族中央化"的概念,即隋唐以后士族多脱离原籍、迁居京城,成纯官僚人物而消失了地方性③。虽然毛汉光指出"京兆韦氏等因地望在两京一带,暂不研究"④,但马建红在研究京兆韦氏的迁徙时对这一观点进行了进一步阐释,指出京兆韦氏在隋唐以来有一大批成员向两京迁徙,虽然这一现象无法从籍贯上观察到,但实际上可以发现韦氏的精英成员逐渐地走向京城并开始"京城化",成为以京城为主要生活空间的纯粹官僚⑤。彼此孤立、各有原委的京兆韦氏东支族员,在东魏北齐时代可以说提前进入了"京城化"的早期阶段——血缘和乡土共同构成的家族关系在东支族员中逐渐淡化,他们在

---

①② 《北齐书》卷二七《韦子粲传》,第 380 页。
③ 参看毛汉光:《从士族籍贯迁移看唐代士族之中央化》,载氏著《中国中古社会史论》,上海:上海书店出版社,2002 年,第 244 页。
④ 毛汉光:《中国中古社会史论》,第 247 页。
⑤ 参看马建红:《隋唐关中士族向两京的迁徙——以京兆韦氏为中心的考察》,《南都学坛》,2010 年第 2 期,第 39—41 页。

关东地区分散和重组成新的小型家族,"韦氏"仅是他们共有的姓氏,而不再是有力的标识;在任官情况上,如本文第一节所述,他们多是按照东魏北齐政权的安排,出任中央或地方的随机官职,在政治身份上呈现出去家族的、依附政权的特征。

京兆韦氏东支的转型还在婚姻关系的无序上有所体现。《魏书·韦阆传》中记载:

> (韦)融娶司农卿赵郡李瑾女,天平中,疑其妻与章武王景哲奸通,乃刺杀之。惧不免,仍亦自害①。

赵郡李瑾,按《新唐书·宰相世系表》记载:"瑾字伯瑜,大司农卿,文公。"②韦融所娶妻李氏尚且还属于高门赵郡李氏的成员,而《北齐书·孙搴传》中记录的京兆韦氏东支一位女性族员的婚配状况则完全不同:

> (高祖)赐(孙搴)妻韦氏,既士人子女,又兼色貌,时人荣之③。

韦氏女所配的孙搴属乐安孙氏,其家族在唐代发展为显赫的文学科举世家④。但在东魏北齐时代,乐安孙氏尚不是高品的士族,从《魏书》《北齐书》等记载的孙搴兄弟任官过程可知:

> 崔祖螭反,搴预焉,逃于王元景家,遇赦乃出。孙腾以宗情荐之,未被知也⑤。

> 熙平初,中尉、东平王匡博召辞人,以充御史,同时射策者八百余人,子升与卢仲宣、孙搴等二十四人为高第。于时预选者争相引决,匡使子升当之,皆受屈而去。搴谓人曰:"朝来靡旗乱辙者,皆子升逐北。"遂补御史,时年二十二⑥。

> 会高祖西讨,登风陵,命中外府司马李义深、相府城局李士略共作檄文,二人皆辞,请以搴自代。高祖引搴入帐,自为吹火,催促之。搴援笔立成,其文甚美。高祖大悦,即署相府主簿,专典文笔。又能

---

① 《魏书》卷四五《韦阆传》附《韦珍传》,第1015页。
② 《新唐书》卷七二上《宰相世系表二上》"赵郡李氏"条,第2481页。
③⑤ 《北齐书》卷二四《孙搴传》,第341页。
④ 参看郭学信:《论唐代乐安孙氏家族举业兴家的时代特征》,《阜阳师范大学学报(社会科学版)》,2022年第5期,第138—143页。
⑥ 《魏书》卷八五《温子升传》,第1875页。

通鲜卑语,兼宣传号令,当烦剧之任,大见赏重①。

丞相府记室孙搴属绍宗以兄为州主簿,绍宗不用②。

孙搴主要依靠自身的文才机辩和主政者高欢的赏识才得以起家,孙搴之兄虽经其引荐,仍不能出任州主簿,这与只凭门第就可任官的高品门阀子弟是有明显差异的。韦氏女出身于京兆韦氏,孙搴出身相对寒微,二人的婚姻极不符合京兆韦氏的婚配原则。以《魏书》《周书》及墓志资料记载的关中韦氏族员婚配情况为例:

普泰初,天光在关西,遣(杨)侃子妇父韦义远招慰之,立盟许恕其罪③。

(薛)裕慕其恬静,数载酒肴候之,谈宴终日。(韦)琼遂以从孙女妻之④。

(韦)彪夫人河东柳氏,自相伉俪⑤。

京兆韦彪妻河东郡南解县柳遗兰⑥。

京兆韦氏族员的婚姻对象,基本都是如弘农杨氏、河东薛氏、河东柳氏这样的高门,没有出现过与低品和寒门联姻的情况⑦。也正是在东魏北齐治下,受家族转变的影响才出现了这样的特例。

---

① 《北齐书》卷二四《孙搴传》,第 341 页。
② 《北齐书》卷二〇《慕容绍宗传》,第 273 页。
③ 《魏书》卷五八《杨侃传》,第 1284 页。
④ 《周书》卷三五《薛裕传》,第 622 页。
⑤ 韦彪墓志。录文参看周伟洲、贾麦明、穆小军:《新出土的四方北朝韦氏墓志考释》及罗新、叶炜著:《新出魏晋南北朝墓志疏证》,第 281—282 页。拓片见毛远明编著:《汉魏六朝碑刻校注(第 10 册)》,第 294 页。
⑥ 韦彪妻柳遗兰墓志。录文参看周伟洲、贾麦明、穆小军:《新出土的四方北朝韦氏墓志考释》及罗新、叶炜著:《新出魏晋南北朝墓志疏证》,第 237 页。拓片见毛远明编著:《范维瑞草碑刻校注(第 8 册)》,第 224 页。
⑦ 戴应新通过对韦氏成员墓志的分析指出:"韦家姻亲们也都是名门望族,官宦人家,皇亲国戚,皆为富贵荣显的统治阶级。"参看戴应新编著:《长安凤栖原韦氏家族墓地墓志辑考》,第 9 页。

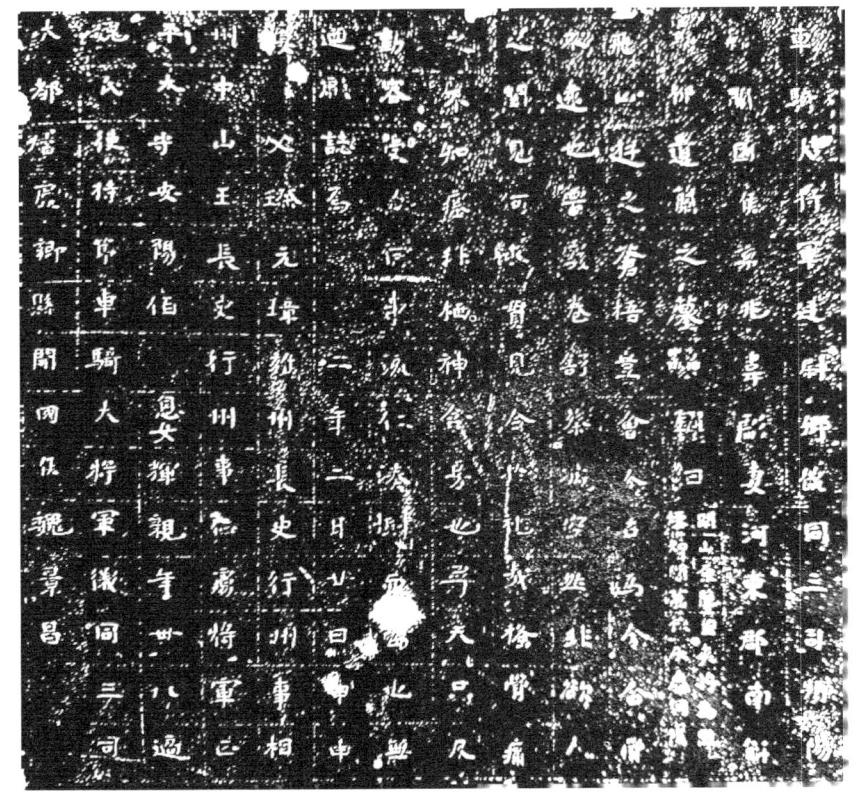

图 3　《韦彪妻柳遗兰墓志》拓片
（采自《汉魏六朝碑刻校注（第 8 册）》）

韦氏女出嫁寒门,是主政者高欢恩宠孙搴以高门女子为赏赐的结果。高欢的举措是对士族社会内在规则的破坏,同时也体现出,京兆韦氏东支的身份在脱离本籍地和家族主体后发生的转变,逐渐成为附属皇权的普通官僚①;他们的门第品位也转化为荣誉性的虚衔,无法在政治和社会生活中发挥原本的作用。

---

①　矢野主税曾关注到了北朝韦氏家族内部凝聚力的变化以及韦阆一支后人远离关中的情况,同时也从经济生活的角度表达了他对韦氏家族"官僚化"的看法,指出其人虽然拥有大量的田产,但在经济生活中扮演的角色更近似于富足的官僚阶层。参看矢野主税:《韋氏研究》,第 55—57、59—60 页。

三、京兆韦氏东支族员的影响与关东关中的联系

韦子粲是京兆韦氏东支中史料记载最为丰富的族员,前文所述他归降东魏的事件,不仅改变了他和其弟韦道谐的命运,还对关中的京兆韦氏家族产生了重要影响。

永熙三年(534),北魏孝武帝元修脱离权臣高欢的控制,从洛阳逃奔至长安,高欢随即另立元善见为孝静帝,北魏自此分裂为东、西魏两个政权。韦子粲在孝武帝西迁后即出任了西魏的南汾州刺史。南汾州,据《魏书·地形志》记载领吐京、定阳、五城等九郡①,《隋书·地理志》记载:"文城郡。东魏置南汾州",统吉昌、伍城等四县②。虽然北魏、北齐(东魏)两代都各自设立过南汾州的区划,但从领郡县的情况来判断,两代南汾州的位置区别不大,大抵是今山西省吕梁市南部、临汾市西部之间的区域。

538年,东魏将领贺拔仁攻克南汾州,韦子粲及其弟南汾州镇城都督韦道谐被俘获。虽然二人都被高欢放免,韦子粲还官至东魏北齐的豫州刺史,但是他在西魏境内的亲属则遭受了重大的打击。《北齐书·韦子粲传》中记载:

> 初子粲兄弟十三人,子侄亲属,阖门百口悉在西魏。以子粲陷城不能死难,多致诛灭,归国获存,唯与弟道谐二人而已③。

《周书·裴宽传》也记载:

> 时汾州刺史韦子粲降于东魏,子粲兄弟在关中者,咸已从坐④。

《北齐书》中韦子粲亲属百余人均因他仕于东魏而被诛的说法,为司马光所继承。他在《资治通鉴》中写道:"东魏大都督善无贺拔仁攻魏南汾州,刺史韦子粲降之,丞相(宇文)泰灭子粲之族。"⑤然而《北齐书》《通鉴》中所

---

① 《魏书》卷一六〇《地形志上》,第2489页。
② 《隋书》卷三〇《地理志中》,北京:中华书局,1973年,第850页。
③ 《北齐书》卷二七《韦子粲传》,第379页。
④ 《周书》卷三四《裴宽传》,第595页。
⑤ 《资治通鉴》卷一五八梁武帝大同四年二月条,北京:中华书局,1956年,第4891页。

说的韦子粲一族被灭,与其他史料记载有出入,是一种夸大的说法。《周书》的记载虽不再夸张地说"族诛",但仍不可信。《北史·韦子粲传》中就提到:

> 子粲兄弟十三人,并有孝行……弟荣亮最知名。荣亮字子昱。博学有文才,德行仁孝,为时所重。历谏议大夫、卫大将军。卒,赠河州刺史①。

此外,《新唐书·宰相世系表》中也提到:

> (韦)荣亮,字子昱,北齐左卫大将军②。

韦荣亮出仕北齐的可信度和具体细节,目前还不能尽知,但以上这两条记载至少可以证明,西魏对于韦子粲兄弟的惩处不是族诛或连坐,韦子粲之弟韦荣亮就得以存活、任官,死后还得到了追赠。

记录韦子粲相关经历的史料中,当以《魏书》的可信度为最高。虽然《魏书》常被称为"秽史",但魏收是东魏北齐时人,对于韦子粲兄弟遭遇的了解,要比编纂《周书》《北史》等史书的唐人更为真切。韦子粲兄弟(或亲属)受牵连被诛的说法,不见于《魏书》的记载。《魏书·韦阆传》提及韦子粲的两位兄长时说:

> 荣绪,字子光,颇涉文史。袭(其父韦儁)爵,除员外散骑侍郎、齐王萧宝寅仪同开府属,因战败殁。荣绪弟荣茂,字子晔。以干局知名。历侍御史、尚书考功郎中。出为征虏将军、东秦州刺史。永熙末,兄弟并殁关西③。

韦荣绪死因"战败"中的战事,应当指的是北魏的萧宝寅之乱。然而萧宝寅的反叛已于530年失败,韦荣绪不可能等到永熙末年(538年左右)才和弟弟韦荣茂"并殁关西"。如果二人确是同死于538年,则当是受到了韦子粲归降东魏一事的牵连。但韦荣绪曾任"萧宝寅仪同开府属"、韦荣茂"以干局知名",再结合《北史·韦子粲传》记载其早年在关中从属萧宝寅的经历:

---

① 《北史》卷二六《韦子粲传》,第956—957页。
② 《新唐书》卷七四上《宰相世系表四上》"韦氏"条,第3052页。
③ 《魏书》卷四五《韦阆传》,第1010页。

>齐王萧宝寅为雍州刺史,引为府主簿,转录事参军。及宝寅反,子粲与弟子爽执志不从,相率逃免①。

可见韦氏家族中,荣绪、荣茂、子粲、子爽兄弟四人,都与萧宝寅产生过联系。萧宝寅在关中作战不利,担心被追责,加之"长安轻薄之徒,因相说动"②,最终举兵反叛。上述韦氏兄弟四人,此时既是萧宝寅的僚属,也是他在关中发展的支持者。尽管韦子粲和韦子爽在萧宝寅叛乱后离开了他的势力,甚至韦子粲还参与组建了反攻萧宝寅的义军,但他们早期的僚属关系是不可忽视的。据《周书·裴宽传》的记载:

>(韦子粲)季弟子爽先在洛,窘急,乃投宽,宽开怀纳之。遇有大赦,或传子爽合免,因尔遂出。子爽卒以伏法③。

据《通鉴》所记年月,宇文泰在538年大赦之后,且面临与东魏交战的紧急情况,仍要处死韦子爽,但却没有追究藏匿韦子爽的裴宽,可见其目的之明确。

因此笔者认为,上述韦子粲兄弟三人的死因,表面上是受到了韦子粲的牵连,而其背后是宇文泰清算萧宝寅党羽、整顿大族势力的政治安排。北魏分裂以后,宇文泰为巩固河东前线的防御,在吸纳河东本地大族加入西魏政权的同时,也派遣一些关中士族出任前线长官,并以他们的亲属为制约。韦子粲归降东魏,既是西魏在军事上的失利,也是一次政治危机。韦子粲及其兄弟在家族中属韦阆一支,韦阆则是北魏早年稳固关中的重要人物,其支在关中经营多年、影响深远。韦荣绪、荣茂和子爽三人,先前已卷入萧宝寅之乱,此时又发生了韦子粲的事件,宇文泰出于稳定局势的考虑,有针对性地处死了三人。韦子粲兄弟之死有效地震慑了京兆韦氏另一房支的族员韦孝宽。他在驻守玉璧城时,面对高欢的劝降言道:"我城池严固,兵食有余,攻者自劳,守者常逸。岂有旬朔之间,已须救援。适忧尔众有不反之危。孝宽关西男子,必不为降将军也。"随后高欢挟持其侄韦子迁,"锁至城下,临以白刃,云若不早降,便行大戮。"面对这样的胁迫,韦孝宽并未动摇,反而"慷慨激扬,略无顾意。士卒莫不感励,人有死难之心。"④

---

① 《北史》卷二六《韦子粲传》,第956页。
② 《魏书》卷五九《萧宝寅传》,第1323页。
③ 《周书》卷三四《裴宽传》,第595页。
④ 以上引文见《周书》卷三一《韦孝宽传》,第537页。

韦子粲兄弟遭到清算后,京兆韦氏家族内部的格局也发生了改变。韦氏家族中,早在北魏时即得到任用的就是韦子粲所属的韦阆一房。韦阆任北魏咸阳太守(后转武都太守),期间"杏城镇将郝温及盖吴反,关中扰乱,阆尽心抚纳,所部独全"①,北魏明元帝称赞其"我欲有臣皆如阆"②,韦阆子孙因此自号"阆公房"。然而随着韦子粲兄弟的离散,韦阆一支也在韦氏家族中沉寂下去,没能进入韦氏九方中,取而代之的是韦孝宽为祖的"勋公房"和韦孝宽之兄韦琼为祖的"逍遥公房"。

除上述自东至西的政治影响之外,周齐两国民间的交往也并没有因为东西魏的分立而完全阻断。以《周书》所载裴季和及其妻韦氏为例:

> 初,文举叔父季和为曲沃令,终于闻喜川,而叔母韦氏卒于正平县,属东西分隔,韦氏坟陇,遂在齐境。及文举在本州,每加赏募。齐人感其孝义,潜相要结,以韦柩西归,竟得合葬③。

北魏正平郡,按《中国历史地图集》郡治今临汾市新绛县④,是北周北齐的边界地带,北齐境内为东雍州,北周境内为绛州⑤。裴文举任西魏绛州刺史期间,举措相对平和,"百姓美而化之"⑥,因此韦氏灵柩得以穿越边境,自齐入周。相似的例子还有第一节中提及的韦子迁,其墓志中提到他的灵柩"周齐和睦,礼送还乡",据戴应新的考证,应该是在北周建德元年(572)前后发生的⑦。总之,这样的交流时断时续,直到北周、隋统一北方,关东关中的交往才得以畅通。

结 语

张全民在《略论关中地区隋墓陶俑的演变》一文中指出:"隋都大兴城位于关中平原中部,受其辐射影响,关中地区隋代俑群迅即效仿东魏、北

---

① 《魏书》卷四五《韦阆传》,第1009页。
② 《新唐书》卷七四上《宰相世系表四上》"韦氏"条,第3051页。
③⑥ 《周书》卷三七《裴文举传》,第669页。
④ 谭其骧主编:《中国历史地图集(第四册)》,北京:中国地图出版社,1982年,第66—67页。
⑤ 《周书》卷四《明帝纪》,第54页。
⑦ 参看戴应新编著:《长安凤栖原韦氏家族墓地墓志辑考》,第58—59页。

齐样式,进而取代西魏、北周的传统样式,表现出融汇统一的趋势……受北齐样式影响的本地新样式也仍有延续。"①随葬器物形制演变体现出的文化交融,既受到隋初政策的推动,也依赖于具体人物作为载体进行传递。如前所述,在周齐对峙时期,东西交流在民间已经有所开展,裴季和之妻韦氏灵柩自关东西迁。此外,据吕卓民研究,韦子迁"蒙难于东魏,所谓'早摧异域、沦没他乡',(墓)志文又云'周齐和睦,礼送还乡',当是指周、齐两国建立后,曾出现过一段和平共处时期,此间两国交换人质等,子迁的遗骨也得以归还"②。以京兆韦氏东支族员为代表的人群在关东文化因素西传方面产生了哪些影响,是一个值得进一步讨论的问题,有赖于结合丧葬文化等材料展开分析。

京兆韦氏东支族员中,韦崇一房的兄弟三人身世较为特殊。韦崇之父韦道寿,在刘义真占领关中期间被辟为主簿,"随义真渡江,历魏郡弋阳二郡太守、豫州刺史"。韦道寿在韦崇十岁时去世,韦崇母"郑氏以入国,因寓居河洛"。其后,韦崇生子韦休之,休之生道建等三人。这样"南渡北归"的案例在韦氏家族中不局限于东支族员中。韦黑曾出仕前秦,苻坚败亡后,韦黑携家南渡,其子韦道福官至刘宋盱眙、南沛郡太守。随后,"(宋)徐州刺史薛安都谋欲拥州内附,道福参赞其事,以功除安远将军,赐爵高密侯",韦道福之子欣宗也"以归国勋,别赐爵杜县侯"③。如韦崇、韦道福这样在南北各个政权之间辗转的流动人群,不局限于京兆韦氏宗族之内,发掘和整合这样一种人口流动的趋势,或也能为理解南北朝的对立与交往提供一个新的角度。

京兆韦氏是中古时期关中地区的望族,该家族伴随着南北朝的分裂和统一而分散与重整。其中,因北魏分裂而短期生活在关东地区的东支族员,对韦氏家族产生了重要影响,但由于记载该房支的史料分散,历来不为学界所重视。本文通过分析部分京兆韦氏东支族员的组织形态、任官及婚配等情况,结合韦氏族员墓志,分析了以韦氏东支为代表的中古士族演变趋势,总结了韦氏东支对韦氏家族整体的影响。

---

① 张全民:《略论关中地区隋墓陶俑的演变》,《文物》2018年第1期,第70—79页。
② 吕卓民:《长安韦杜家族》,西安:西安出版社,2005年,第232页。
③ 以上引文见《魏书》卷四五《韦阆传》,第1011—1012页。

京兆韦氏东支的族员,虽然出于同族,但他们之间的血缘和亲属关系已经颇为淡薄。其人留居关东的原因不一,但都因远离郡望和家族整体,依附于东魏北齐的皇权,丧失了作为门阀士族阶层的独立性,呈现出身份边缘化和政治官僚化的特征。韦氏东支诸房中,韦阆房对京兆韦氏家族产生了重要影响,该房成员在北魏分裂时或出仕关东,或离散身死,使得韦阆房自北魏时积蓄的势力迅速衰落,地位也为出仕西魏北周政权的其他房支所取代。周、隋统一北方前后,以韦氏族人为代表的民间交往也逐渐产生、活跃,为统一后东西文化因素交融奠定了基础。

论淮南地区与北齐政治

——以文宣帝天保时期为中心

吴诗扬

北齐后主武平四年(573),陈将吴明彻北伐,北齐在淮南的统治随即土崩瓦解。《隋书》卷二二《五行志上》云:

> 武平中,陈人寇彭城,后主发言忧惧,侍中韩长鸾进曰:"纵失河南,犹得为龟兹国子。淮南今没,何足多虑。人生几何时,但为乐,不须忧也。"帝甚悦,遂耽荒酒色,不以天下为虞。未几,为周所灭①。

从韩长鸾此语中不难看出,北齐政权的统治重心在河北,河南次之,淮南又次之。淮南地区似为北齐可有可无的边缘区②。前辈学者引用这条材料,也大都将其作为北齐轻视淮南的例证。不过需要考虑的是,韩长鸾此语是在何种背景下说出的? 又是否能代表所有北齐统治者的共识? 在北齐不同时期及不同人物眼中,淮南的地位是否皆是如此? 这都是值得思考的问题。另一方面,北齐于天保六年(555)尽占淮南之地时③,北齐国

---

① 《隋书》卷二二《五行志上》,北京:中华书局,1973年,第633页。
② 本文所论之淮南地区,是指北齐治下整个淮南江北之地。具体而言,根据施和金先生所考,北齐淮南地区共29州。参见施和金:《北齐地理志》卷五《淮南地区》,北京:中华书局,2008年,第538—681页。
③ 司马光及胡三省都把东魏尽占淮南之地的时间定于梁太清三年(549)十二月。(《资治通鉴》卷一六二梁武帝太清三年条,北京:中华书局,1956年,第5033页)根据李万生先生考证,《通鉴》中所说太清三年东魏尽有的淮南之地,其实仅指淮河以南且紧邻淮河的十州三郡。天保六年攻克梁谯、秦二州之时,北齐才完全占据淮南江北之地。参见李万生:《侯景之乱与北朝政局》,北京:中国社会科学出版社,(转下页)

力达于极盛;武平四年(573)失淮南之地后,北齐很快灭亡。北齐对淮南地区的控制几乎与其政权本身相始终。这提示我们,淮南地区在北齐政治地位似乎具有一定特殊性。北齐在淮南采取怎样的统治政策、地方社会和国家处于怎样的互动关系之中、淮南地区在国家战略中处于何种地位,这些问题值得我们做进一步考察。

学界对北齐政治史的研究,主要聚焦于上层政治斗争,多围绕胡汉冲突问题、文武之争问题、军队以及勋贵问题、君位继承问题展开讨论①,但对北齐中央与地方关系缺乏足够考察②。对南北朝末期淮南地区的研究,也主要是从军事角度或是南朝视角展开③。故本文在前人基础上,选取北齐视角,重点论述北齐治理淮南的方式以及淮南地区与北齐政治的互动关系。从时间上看,本文的视野贯穿整个北齐一代,并以天保年间(550—559)为论述中心。这是因为文宣帝高洋之天保时期,既是北齐开国之始,也是北齐尽夺淮南之地之始,在此期间,北齐基本确定了统治淮南的政策基调。同时,天保时期也是北齐政权各种矛盾集中、国力盛极而衰的关键时期,这为我们通过淮南地区窥探北齐政治的面貌提供了极好的切入点。

(接上页)2003年,第104页。本文遵从李说。

① 代表性的研究主要有:万绳楠整理:《陈寅恪魏晋南北朝史讲演录》,合肥:黄山书社,1987年,第281—300页;缪钺:《东魏北齐政治上汉人与鲜卑之冲突》,收入其著《缪钺全集》第一卷《冰茧庵读史存稿》,石家庄:河北教育出版社,2004年,第288—302页;黄永年:《北齐政治斗争的真相》,收入其著《六至九世纪中国政治史》,上海:上海书店出版社,2004年,第5—39页;[日]谷川道雄:《北齐政治史与汉人贵族》,收入其著《隋唐帝国形成史论》,李济沧译,上海:上海古籍出版社,2011年,第196—238页;王怡辰:《东魏北齐的统治集团》,台北:文津出版社,2006年;薛海波:《5—6世纪北边六镇豪强酋帅社会地位演变研究》,北京:中华书局,2020年;等等。

② 涉及北齐地方和中央关系的研究,有何德章:《高乾兄弟的命运——东魏解散豪族私家武装的过程》,收入其著《魏晋南北朝史丛稿》,北京:商务印书馆,2010年,第26—40页。此外,侯旭东先生在《地方豪右与魏齐政治——从魏末启立州郡到北齐天保七年并省州郡县》(《中国史研究》2004年第4期,第53—80页)一文中,系统考察了北齐地方豪强受国家打击的史实,但此文所论并没有充分涉及北齐淮南地区。

③ 参见李万生:《侯景之乱与北朝政局》,北京:中国社会科学出版社,2003年;《南北朝史拾遗》,西安:三秦出版社,2003年;程涛:《王琳与南朝后期政局》,硕士学位论文,上海社会科学院,2015年。

一、北齐治理淮南之方式：从"政烦赋重"到"绥抚"

淮南地区在整个南北朝时期都是军事对峙的要冲，也是南北政权统治的"中间地带"①。虽几度易手，但从整体上看，淮南地区属于南朝。这不仅表现在南朝控制淮南地区的时间更长，也反映在淮南的社会结构和民众心理更倾向南朝。当北齐获得这一地区时，就需要考虑如何将这一习惯上属于南朝的区域纳入有效控制之中。天保六年（555），北齐尽占淮南江北之地，其势力得以浸润长江，窥伺江左。和军事上的征服相比，政治上如何实现对淮南地区的有效治理更是值得北齐统治者深思的问题。

直接说明天保年间北齐治理淮南政策的记载甚少，考诸文献，只可见寥寥数语：

《北齐书》卷四二《卢潜传》：

> 显祖（文宣帝）初平淮南，给十年优复。年满之后，逮天统、武平中，征税烦杂②。

《隋书》卷二四《食货志》：

> 寻而侯景乱梁，乃命行台辛术，略有淮南之地。其新附州郡，羁縻轻税而已③。

《资治通鉴》卷一六四梁元帝承圣元年（552）条：

> 齐政烦赋重，江北之民不乐属齐，其豪杰数请兵于王僧辩，僧辩以与齐通好，皆不许④。

这几则史料乍看互相抵牾：《北齐书·卢潜传》曰高洋给予淮南地区"十年优复"，《隋书·食货志》也说对于新附地区北齐只是"羁縻轻税而已"，但《通鉴》却说北齐在淮南"政烦赋重"。不过矛盾之处并非不可解释：《北齐

---

① 关于南北朝政权中间地带的研究，可参看陈金凤：《魏晋南北朝中间地带研究》，天津：天津古籍出版社，2005年。
② 《北齐书》卷四二《卢潜传》，北京：中华书局，1972年，第555—556页。
③ 《隋书》卷二四《食货志》，第676页。
④ 《资治通鉴》卷一六四梁元帝承圣元年条，第5091页。

书·卢潜传》所言"年满之后,待天统、武平中",具体而言,年满之年应指天统元年(565),距此十年之前恰是天保六年,即北齐尽占淮南江北之地之年。《通鉴》所载之承圣元年,北齐尚未完全平定淮南地区。这三则史料似乎暗示北齐天保年间,从开始略夺淮南之地到平定整个淮南后,北齐治理此地的政策应有一次转变,即从"政烦赋重"转向"绥抚"。

需要指出的是,"齐政烦赋重,江北之民不乐属齐"一语独见于《通鉴》,而不见于《梁书》《陈书》《北齐书》等南北朝传世正史。若非别有所据,《通鉴》这一表述,当是为下文记广陵侨人朱盛等谋袭杀齐刺史之事做原因说明,使其叙事链条更加完善。那么这一表述是司马光等人的主观想象,还是基于史实的正确分析?

首先,相较于梁末相对宽松的政策基调,东魏北齐"政烦赋重"当是事实。东魏立国于六镇乱后,"是时法网宽弛,百姓多离旧居,阙于徭赋",高欢于是命孙腾、高隆之"分括无籍之户,得六十余万。于是侨居者各勒还本属,是后租调之入有加焉"。北齐立国后,当亦继承此政策,以维持"租调之入"。文宣帝高洋又"立九等之户,富者税其钱,贫者役其力"①。以上皆是东魏、北齐承天下大乱之后,强化国家对户口控制的体现。"政烦赋重"一语概括了南朝士民对这些政策的认识。

其次,《通鉴》所云"江北之民不乐属齐"的情况在天保六年之前也属事实。天保六年之前,北齐占据的淮南地区发生过多次异动。天保三年(552),"广陵侨民朱盛、张象潜结兵袭齐刺史温仲邕",陈霸先"率众济江以应之"。值得注意的是,陈霸先引兵还京口时,"江北人随军而南者万余口"②。反映了由于传统上淮南地区属于南朝,故在北齐占据之初,其民众心向江左政权的事实。

此外,一年之后即天保四年十二月,淮南地区发生更大规模的异动。《梁书》卷五《元帝本纪》:"宿预土民东方光据城归化,魏(北齐)江西州郡皆起兵应之。"③陈霸先亦发兵淮南为其声援。天保五年,北齐任用勋贵集团核心、名将段韶才将其平定。此次动乱的发起者东方光的身份殊堪玩味,《北齐书》卷一六《段韶传》曰:"(天保)四年十二月,梁将东方白额潜

---

① 《隋书》卷二四《食货志》,第 676 页。
② 《陈书》卷一《高祖本纪上》,北京:中华书局,1972 年,第 6 页。
③ 《梁书》卷五《元帝本纪》,北京:中华书局,1973 年,第 134 页。

至宿预,招诱边民,杀害长吏,淮、泗扰动。"①东方白额即东方光,《梁书》称其为"宿预土民",而《北齐书》称其为"梁将",可见,北齐官方叙述似乎有意突显此次动乱系"外部势力"之干涉,而对地方社会内部问题有意回避。不过,《北齐书》卷二四《杜弼传》记此事为"楚州人东方白额谋反,南北响应"②,也承认其为北齐楚州人,称此事件的性质是谋反,这似乎表明,东方白额并非梁将的可能性更大③。此外,这次叛乱虽被北齐平定,但有"宿预义军三万家济江"归江左,或许东方白额正是前引《通鉴》中所说"不乐属齐"且"数请兵于王僧辩"的地方"豪杰"④。正因为如此,段韶与辛术认为其"终不为用",尽管东方白额已"开门请盟",却依然将其"执而斩之"⑤。如果以上推测不误,东方白额称"请盟"而不称"请降",亦可品出江北地方豪强欲与北齐政权分庭抗礼的意味。

"江北之民不乐属齐"的原因,除了传统上淮南地区属于南朝之外,可能正是北齐在此地"政烦赋重"。首先,这一时期淮南战事不断,北齐在此掠夺经济利益以维持战事开支是完全可能且必要的。其次,"政烦赋重"也可能是北齐军队军纪不严、横征暴敛的体现。虽然淮南经略使辛术"及定淮南,凡诸资物一毫无犯"⑥,但似乎也能从侧面说明北齐其他将领存在掠夺、贪赃的行为。如暴显"(天保)三年,与清河王高岳袭历阳,取之,为赃货,解郑州,大理禁止"⑦。最后,从前述东方白额请降后仍被斩之事来看,抑制豪强势力始终是北齐经略淮南的基本方针,"政烦赋重"也有打击豪强的意味。胡三省于东方白额起兵之事后注曰:"江、淮之民苦于齐之虐政,欲相率而归江南。"⑧淮南士民之叛与"齐之虐政"具有直接因果关系,这一认识无疑是合理的。

总之,前引《北齐书·卢潜传》"十年优复"以及《隋书·食货志》"羁縻

---

①⑤《北齐书》卷一六《段韶传》,第210页。
②《北齐书》卷二四《杜弼传》,第353页。
③《通鉴》亦称东方白额为"齐宿预民",这是符合历史事实的判断,足见司马光等人考史之细。《资治通鉴》卷一六四梁元帝承圣二年条,第5107页。
④《陈书》卷一四《南康愍王昙朗传》,第210页。
⑥《北史》卷五〇《辛术传》,北京:中华书局,1974年,第1823页。
⑦《北齐书》卷四二《暴显传》,第536页。
⑧《资治通鉴》卷一六四梁元帝承圣二年条,第5107页。

轻税"的记载,应是在天保六年北齐尽占淮南江北之地以后的政策。天保前期北齐在淮南的统治面临危机,调整统治政策,实现由乱到治的转变迫在眉睫。

除了应对现实危机外,高洋在淮南调整统治政策也可能是对历史经验的借鉴。《南史》卷五二《萧泰传》：

> 江北人情犷强,前后刺史并绥抚之。(萧)泰至州(谯州),便遍发人丁,使担腰舆扇伞等物,不限士庶。耻为之者,重加杖责,多输财者,即放免之,于是人皆思乱。及侯景至,人无战心,乃先覆败①。

根据引文,可知江左政权治理淮南江北之地的一贯政策应为"绥抚"。所谓"绥抚",即是指安抚民众、惠及百姓的政策。无论是"十年优复"还是"羁縻轻税",都是这一政策方针的具体体现。

天保六年尽占淮南之后,文宣帝高洋实行的"绥抚"政策,既是专制王朝安定新附之地民众的一般做法,也是应对统治危机的现实需要,更是对历史经验的借鉴。根据引文可知,侯景之所以能乱梁,很大程度上正是利用了民众对萧泰改变"绥抚"方针而行苛政的不满,这一点应当被高洋所看到。此外,"绥抚"亦是对北魏治理淮南方式的继承。北魏宣武帝景明元年(500),南齐豫州刺史裴叔业以寿春降北魏。"淮南之镇莫大于寿春"②,寿春在南北对立的形势下具有极为重要的战略地位。裴叔业死后,北魏改南齐豫州为扬州,以彭城王元勰领刺史。元勰在扬州,"简刑导礼,与民休息,州境无虞,遐迩安静。……政崇宽裕,丝毫不犯,淮南士庶,追其余惠,至今思之"③。又,王肃在担任都督淮南诸军事、扬州刺史期间,"悉心抚接,远近归怀,附者若市,以诚绥纳,咸得其心"④。元勰与王肃前后相继,他们对寿春的治理都体现了"绥抚"原则。北齐在占领整个淮南地区以后,吸收借鉴前代统治经验是完全可能的。

北齐在天保六年以后在淮南地区实行"绥抚"政策,虽史无明文,但可

---

① 《南史》卷五二《萧泰传》,北京:中华书局,1975年,第1300页。
② 李焘撰,胡阿祥、童岭点校：《六朝通鉴博议》卷一《总六朝形势论》,南京:南京出版社,2007年,第154页。
③ 《魏书》卷二一《献文六王下·彭城王勰传》,北京:中华书局,1974年,第578页。
④ 《魏书》卷六三《王肃传》,第1411页。

从若干侧面得以体现。首先,天保后期,在淮南较少再见到大规模民众反叛。有记载的只有天保九年,"齐广陵南城主张显和、长史张僧那各率所部入附(陈)"①。不过,此次事件中并没有看到民众的积极响应,可能只是张显和、张僧那个人行为,并没有造成淮南地区大规模异动。此二人之所以叛齐入陈,或许与辛术等人曾在淮南推行的整顿吏治政策有关②。

其次,北齐任命的淮南地方官员也有推行"绥抚"政策的记载。《北齐书》卷二一《封子绘传》:

>(天保)七年,改授合州刺史。……(封)子绘晓达政事,长于绥抚,历宰州郡,安之③。

封子绘在天保七年被任命为淮南地区的合州刺史,可能正是由于其"长于绥抚"的能力。又《北齐书》卷四二《阳斐传》:

>显祖亲御六军,北攘突厥,仍诏(阳)斐监筑长城。作罢,行南谯州事④。

案,据《北齐书·文宣帝纪》,显祖高洋北击突厥在天保四年十二月,"发夫一百八十万人筑长城"在天保六年⑤。所以阳斐"行南谯州事"应当也在天保六年前后。阳斐主张"宜轻徭薄赋,勤恤民隐"⑥,正与"绥抚"政策相一致。此外,魏兰根在天保中"除霍州刺史。在职有治方,为边民悦服"⑦。涉及天保年间淮南地方治理政策的史料甚少,然而为数不多的史料中常可见地方官员推行此类惠政,再联系"十年优复"及"羁縻轻税"的记载,可知天保后期,北齐治理淮南地区确实采用以"绥抚"为核心的政策。

天保中后期,"北兴长城之役,南有金陵之战",又"以修创台殿,所役甚广。……是时用度转广,赐与无节,府藏之积,不足以供"⑧。在当时北

---

① 《陈书》卷一《高祖本纪下》,第 37 页。
② 《北史》卷五〇《辛术传》,第 1822 页。
③ 《北齐书》卷二一《封子绘传》,第 305—306 页。
④⑥ 《北齐书》卷四二《阳斐传》,第 554 页。
⑤ 《北齐书》卷四《文宣帝纪》,第 58、61 页。
⑦ 《北齐书》卷二三《魏兰根传》,第 332 页。
⑧ 《隋书》卷二四《食货志》,第 676 页。

齐全境这样的背景中,更可见淮南地区保境安民的"绥抚"政策之特殊性。要之,天保后期,北齐基本确定了统治淮南的政策基调。"绥抚"得以确立和推行,暂时实现了安抚淮南民众、防止南朝招抚、巩固统治的目的。从总体上看,所谓"江淮帖然,民皆安辑"①当不为妄语。

那么,在北齐后期的武成帝高湛、后主高纬时代,尤其是"十年优复"期满之后,北齐统治淮南的政策方针又出现了怎样的变化?这是本节最后需要略加探讨的问题。

一方面,尽管"十年优复"期满,但"绥抚"的政策在一定程度上得到延续。源彪在武成、后主时期任淮南泾州、秦州刺史,其"恩信待物,甚得边境之和"②正是天保后期"绥抚"政策的延续。此外,武平四年陈人入侵淮南时,王纮主张"薄赋省徭,息民养士,使朝廷协睦,遐迩归心,征之以仁义,鼓之以道德,天下皆当肃清,岂直伪陈而已。""高阿那肱谓众人曰:'从王武卫者南席。'众皆同焉。"③尽管王纮的建议怀有放弃淮南的动机且并没有被采纳,但至少反映出,直到北齐后期,"绥抚"依然是受多数人认同的统治政策。又有卢潜"在淮南十三年,……随事抚慰,兼行权略,故得宁靖"。④

终北齐一代,淮南地区可考的地方长官多为汉人文官。苏小华先生认为这体现了北齐对南部的轻视态度和相对保守的战略布置⑤。然而,相对于总是"利用权势为自家经济产业巧取豪夺"的鲜卑勋贵⑥,汉人文官无疑具有更高的行政素养,且与淮南文化的共通性更高,更利于获得民众认同。他们任职于淮南,可能正是为了"绥抚"政策的推行。

不过另一方面,"绥抚"政策在北齐后期也发生了改变。卢潜"随事抚慰"是为了应对淮南地区出现的新状况:

---

① 《北齐书》卷一六《段韶传》,第 210 页。
② 《北齐书》卷四三《源彪传》,第 577 页。
③ 《北齐书》卷二五《王纮传》,第 366—367 页。
④ 《北齐书》卷四二《卢潜传》,第 555—556 页。根据本传,卢潜"在淮南十三年",具体而言应指从乾明元年(560)"肃宗作相,以潜为扬州道行台左丞",到"武平三年,征为五兵尚书"。
⑤ 参见苏小华:《东魏北齐重北轻南的原因及其影响》,《社会科学评论》2009 年第 4 期,第 80—87 页。
⑥ 薛海波:《5—6 世纪北边六镇豪强酋帅社会地位演变研究》,第 381 页。

又高元海执政,断渔猎,人家无以自资。诸商胡负官责息者,宦者陈德信纵其妄注淮南富家,令州县征责。又敕送突厥马数千匹于扬州管内,令土豪贵买之。钱直始入,便出敕括江、淮间马,并送官厩。由是百姓骚扰,切齿嗟怨①。

案,高元海执政在后主武平中②,正是恩倖势力不断壮大的时期。北齐的恩倖来源极广,"西域丑胡"即是其中一类。正如薛海波先生所论,"西域丑胡"常常运用恩倖掌握的政治权力来掠夺经济利益③。恩倖势力的壮大使北齐对淮南的治理偏离"绥抚"政策,造成民众不满。

不仅如此,北齐后期亦曾在淮南地区掠夺人口。北齐灭亡后,北周武帝宇文邕下诏:"自伪武平三年以来,河南诸州之民,伪齐被掠为奴婢者,不问官私,并宜放免。其住在淮南者,亦即听还,愿住淮北者,可随便安置。"④

要而论之,北齐后期,统治淮南的政策已经发生改变。虽然"绥抚"的基本方针还在一定程度上继续,但随着"十年优复"期满及恩倖集团的上台,征税烦杂、掠夺人口等苛政严重激化北齐政权与淮南民众的矛盾,这是齐失淮南的重要原因之一。

二、淮南地方社会

《北齐书》卷四三《李稚廉传》:

> 天保初,除安南将军、太原郡守。显祖尝召见,问以治方,语及政刑宽猛,帝意深文峻法,(李)稚廉固以为非,帝意不悦⑤。

这则材料再次证明,文宣帝高洋理想的统治方针是"深文峻法"而非"绥抚"。高洋"绥抚"淮南,只是出于淮南地区特殊性的现实政治考量。

---

① 《北齐书》卷四二《卢潜传》,第556页。
② 《北史》卷五一《高元海传》,第1854页。
③ 参见薛海波:《吴明彻北伐与南北朝统一新论》,《南京晓庄学院学报》2017年第4期,第28—34页。
④ 《周书》卷六《武帝本纪下》,北京:中华书局,1971年,第101页。
⑤ 《北齐书》卷四三《李稚廉传》,第572页。

《北史》卷八六《苏琼传》：

> 皇建中,赐爵安定县男、徐州行台左丞,行徐州事。……旧制,以淮禁不听商贩辄度①。

案,"皇建"为孝昭帝高演年号,此处"旧制"当指天保年间前后之制。"淮禁"反映出淮河两岸的交流被有意隔断,虽然天保年间的"绥抚"政策暂时安定淮南,但北齐统治者依然对淮南民众有所提防。

《北齐书》卷四二《卢潜传》：

> (卢)潜随事抚慰,兼行权略,故得宁靖。武平三年,征为五兵尚书。……潜叹曰:"正恐不久复来耳。"至邺未几,陈将吴明彻渡江侵掠,复以潜为扬州道行台尚书②。

案,陈将吴明彻北伐在武平四年(573)五月。陈伐齐之议,不当早于武平二年四月连齐伐周的计划被北齐拒绝之前③,至早也当在陈太建四年(572)八月"周遣使来聘"之时④。且直到武平四年正月,齐陈之间依然保持外交往来⑤,所以卢潜离任之时,似乎不太可能预料到陈人即将北伐。其"正恐不久复来"之叹,应是针对淮南内部状况而言。

以上三则史料提示我们,由于内部原因,淮南地区似乎一直未被北齐纳入有效治理之中。"绥抚"政策是不得已之举,且只可得暂时之安定,淮南始终存在离心倾向。北齐政权无法在此地立足,除了后期的恩倖政治及苛政之外,或许还有需要从淮南社会内部来寻找的深刻原因。

淮南地区作为南北对峙的要冲,向来是北来流民的集中之地。以江淮流民集团构成的"江淮剽勇"更是被视为天下精兵。正所谓"江淮兵劲,其锋难当"⑥。众所周知,东晋北府兵就是由江淮流民构成的武装力量,谢玄以其力克前秦,救江左于危殆。此外,宋齐之际的淮阴集团亦以江淮流民武装为核心组成,萧道成因之以成帝业。

---

① 《北史》卷八六《苏琼传》,第 2879 页。
② 《北齐书》卷四二《卢潜传》,第 556 页。
③ 《北史》卷八《齐本纪下·后主帝纪》,第 292 页。
④ 《陈书》卷五《宣帝本纪》,第 81 页。
⑤ 《北史》卷八《齐本纪下·后主帝纪》,第 294 页。
⑥ 《梁书》卷三二《陈庆之传》,第 463 页。

南北朝末期,北方政局动荡,不少流民南下滞留江淮之间。另外,南朝由于货币二重构造的问题,也有大量农民流亡①。流民数量增加,江淮流民似有复兴之势。《北齐书》卷三二《王琳传》:"孝昭帝(高演)遣琳出合肥,鸠集义故,更图进取。琳乃缮舰,分遣招募,淮南伧楚,皆愿勠力。"②孝昭帝时王琳依然能在淮南招募"伧楚"组建兵团,可以想见,北齐时期,淮南地区依然存在大量流民。虽然我们无法判断流民在淮南民众中占比如何,但可以推测,"绥抚"政策很大程度上正是出于安抚这些"淮南伧楚"的需要。

不过,江淮流民在政治上没有独立性,往往只有在豪族统领下才能发挥其政治作用。在南朝齐梁时期,在淮南具有统领民众作用的豪族是以寿春为中心的豫州豪族。韩树峰先生在《南北朝时期淮汉迤北的边境豪族》一书中,对南朝宋、齐、梁三代政权中,活动于淮南豫州地区③的北来豪族做过精彩的研究。韩先生通过梳理以裴、皇甫、夏侯、郑、柳等大姓为代表的豫州豪族在南北对峙格局下的兴替,分析了豫州豪族集团招徕、安抚、统领江淮流民的历史作用以及对南北政治所产生的影响④。不过,韩先生的研究主要着眼于豫州豪族在南朝政局中的作用以及其作为边境豪族"可南可北"的特殊性,对于豫州豪族在北朝政治尤其是北齐政治中的动向缺乏考察。由于卷入侯景之乱,豫州豪族遭遇重创,其影响力骤然下降。不过,豫州豪族的身影在北齐政权中依然若隐若现。寿春是淮南重心,豫州豪族集团又是对淮南地区影响最大的豪族势力,其在北齐政权中的动向为我们思考北齐国家与淮南地方势力的关系提供了极好视角。

北齐政权借鉴南朝经验,以豫州豪族人物经略淮南地区,这在《北齐书》中是可以找到一些个案的。其中最为典型的是裴英起。裴英起"其先晋末渡淮,寓居淮南之寿阳县"⑤,当属豫州豪族人物无疑。天保六年

---

① 参见[日]川胜义雄:《货币经济的进展与侯景之乱》,收入氏著《六朝贵族制社会研究》,徐谷芃、李济沧译,上海:上海古籍出版社,2007年,第253—289页。

② 《北齐书》卷三二《王琳传》,第434页。

③ 韩树峰先生所论的豫州,包括了刘宋初期分置的豫(治寿阳)、南豫(治历阳)二州。

④ 参见韩树峰:《南北朝时期淮汉迤北的边境豪族》,北京:社会科学文献出版社,2003年,第77—116页。

⑤ 《北齐书》卷二一《裴英起传》,第300页。

(557),"显祖诏立(萧渊)明为梁主。……侍中裴英起卫送明入建邺,遂称尊号"①。萧渊明在给王僧辩书中称:"裴侍中英起,淮南贵族,兼事戎行。……江淮旧隶,悉已招携,方禀英谟,共剪雠难。"②显然,萧渊明是利用裴英起在淮南地区的影响迫使王僧辩纳己为梁主。天保七年,裴英起又同萧轨、李希光、东方老、王敬宝率步骑数万渡江讨伐陈霸先。需要注意的是,北齐五将"名位相侔,英起以侍中为军司,萧轨与希光并为都督,军中抗礼,不相服御,竞说谋略,动必乖张",以至于"将帅俱死,士卒得还者十二三,所没器械军资不可胜纪"③。这反映出,文宣帝高洋在用裴英起经略江淮地区的同时,有意以诸将相互掣肘。这种对豫州豪族极力提防的态度,已经与南朝齐、梁时代豫州豪族被委以统兵重任的情形大不相同。

除此之外,北齐政权中可能出自豫州豪族的人物还有皇甫和。《北齐书》卷三五《皇甫和传》:

> 皇甫和,字长谐,安定朝那人,其先因官寓居汉中。祖澄,南齐秦、梁二州刺史。父徽,字子玄,梁安定、略阳二郡守。魏正始二年,随其妻父夏侯道迁入魏,……和十一而孤,母夏侯氏,才明有礼则,亲授以经书。及长,深沉有雅量,尤明礼仪,宗亲吉凶,多相咨访。卒于济阴太守④。

皇甫和祖先寓居南朝,《北齐书》虽言"其先因官寓居汉中",但却未说从何处迁徙至汉中。韩树峰先生推测,"皇甫徽应该就是出自豫州"⑤。另外,皇甫徽妻父夏侯道迁"随裴叔业至寿春,为南谯太守",且与裴氏"为姻好";北归后又"随王肃至寿春,遣道迁守合肥"⑥,可见夏侯道迁长期活动于以寿春为中心的淮南地区,且于豫州豪族裴氏存在姻亲关系,故其应当出自于从谯国徙居豫州的豪族夏侯氏。考虑到此皇甫家族与夏侯氏也存

---

① 《北齐书》卷三三《萧明传》,第442页。
② 徐陵撰,许逸民校笺:《徐陵集校笺》卷六《为贞阳侯与太尉王僧辩书》,北京:中华书局,2008年,第601—602页。
③ 《北齐书》卷二一《李希光传》,第300页。
④ 《北齐书》卷三五《皇甫和传》,第467—468页。
⑤ 韩树峰:《南北朝时期淮汉迤北的边境豪族》,第83页。
⑥ 《魏书》卷七一《夏侯道迁传》,第1580页。

在姻亲关系,故皇甫和亦应当出自豫州豪族皇甫氏。《魏书》卷七一《皇甫徽传》:"(皇甫徽)子和,武定末,司空司马。"①案,武定为东魏孝静帝最后一个年号,故皇甫和卒于济阴太守时应当已入北齐。济阴在济水之南,属河南淮北之地,可见北齐政权似乎有意隔断豫州豪族人物与淮南地区的联系,这与梁朝廷以豫州豪族治理豫州;北魏以豫州豪族人物任南境诸州地方官的情形已大不相同。要之,零星的豫州豪族人物在北齐政权中,受到国家力量的有意排挤与提防。一方面,豫州豪族对淮南地区还有或多或少的影响,这被北齐政权所利用;另一方面,我们再也见不到豫州豪族或是其他地方豪族集团能在淮南地区发挥治理民众、统民作战的作用。在南梁时期,梁武帝"以豫州豪族为主北伐豫州,又以其来治理豫州"②。换言之,在江左政权中,地方豪族充当了国家政权与民众之间"中间人"的角色,国家无法越过豪族直接实现对民众的控制。但是,淮南地区由豪族统领民众的社会结构在北齐时代受到了国家力量的强力压制。

不过,由于豪族统领民众的强大历史惯性,北齐需要以既没有强大地方宗族基础,又能统领江淮流民的人物从军事和政治上经略淮南。北齐政权中能够起到这一作用的人物,正是南来的王琳。陈将吴明彻北伐时,赵彦深曾问源彪御敌之计。前辈学者大都留意到源彪"朝廷精兵必不肯多付诸将"及"国家待遇淮南,失之同于蒿箭"之语③,将其作为北齐轻视淮南的明证。不过,我们更关注的是,被源彪寄予厚望的王琳在淮南社会和北齐政治中所扮演的角色。

《北齐书》卷三二《王琳传》:"琳果劲绝人,又能倾身下士,所得赏物,不以入家。麾下万人,多是江淮群盗。"王琳投奔北齐后,孝昭帝"遣琳出合肥,鸠集义故,更图进取。琳乃缮舰,分遣招募,淮南伧楚,皆愿勠力"④。可见,王琳其实扮演了豫州豪族统领江淮流民的角色。关于王琳集团的构成以及王琳在梁末陈初的兴败历程,程涛在《王琳与南朝后期政局》⑤一文中有精彩的研究,故本文不再赘述。针对王琳在北齐政局中的

---

① 《魏书》卷七一《皇甫徽传》,第1592页。
② 韩树峰:《南北朝时期淮汉迤北的边境豪族》,第106页。
③ 《北齐书》卷四二《源彪传》,第577、578页。
④ 《北齐书》卷三二《王琳传》,第432、434页。
⑤ 程涛:《王琳与南朝后期政局》。

动向，我们想补充以下几点内容。

首先，王琳"本兵家"，其之所以能统领淮南地区民众，或许不只是因为"元帝居藩，琳姊妹并入后庭见幸，琳由此未弱冠得在左右"。王琳具有"倾身下士，所得赏物，不以入家"的重要品格，这与豫州豪族的精神一脉相承，能起到招徕流民的作用。除此之外更为重要的是，《北齐书·王琳传》云："陈合州刺史裴景晖，琳兄珉之婿也，请以私属导引齐师。"①此裴景晖可能正是出自豫州豪族裴氏，可见王琳家族或许与豫州豪族存在联姻关系。王琳能统帅江淮流民并在淮南地区甚得民心，当与此不无关系。

其次，北齐政权在利用王琳控制淮南地区的同时，有意加以掣肘。王琳在寿阳，有卢潜与之颉颃。"（王琳）与行台尚书卢潜不协，更相是非，被召还邺"。此外，武平四年陈将吴明彻北伐时，后主既令王琳"便赴寿阳，并许召募"②，又以一向与王琳不协的卢潜"为扬州道行台尚书"③。这似乎印证了源彪的担忧："若不推赤心于琳，别遣余人掣肘，复成速祸，弥不可为。"④王琳被围于寿阳，"皮景和等屯于淮西，竟不赴救"⑤，尽管皮景和不救王琳是因为"怯懦不敢前"⑥，但似乎也是北齐对王琳抱有猜忌的结果。这与上文所论天保七年文宣帝高洋在用裴英起经略江淮地区的同时，有意以诸将相互掣肘的情形非常相似。

再次，和南朝的豫州豪族集团相比，王琳缺乏政治上的独立性。王琳于战败后几乎是只身归附北齐，缺乏地方宗族基础，其政治力量十分有限。王琳是否出现在淮南地区，全凭北齐南方战略的需要。故孝昭帝以图南为意，便"遣琳出合肥，鸠集义故，更图进取"；当武成帝时"属陈氏结好于齐"，王琳便"被召还邺"；当陈将吴明彻来寇时，又"令琳共为经略"⑦。可见，王琳几乎已沦为北齐政权经略淮南地区的棋子。

最后，尽管淮南民众对北齐政权缺乏认同感，但王琳个人却深受民众爱戴。王琳被吴明彻所俘后，"百姓泣而从之。吴明彻恐其为变，杀之城

---

① 《北齐书》卷三二《王琳传》，第431、432、434页。
②⑤ 《北齐书》卷三二《王琳传》，第435页。
③ 《北齐书》卷四二《卢潜传》，第556页。
④ 《北齐书》卷四二《源彪传》，第578页。
⑥ 《资治通鉴》卷一七一陈宣帝太建五年条，第5328页。
⑦ 《北齐书》卷三二《王琳传》，第434、435页。

东北二十里,时年四十八,哭者声如雷。有一叟以酒脯来酹,尽哀,收其血,怀之而去"①。除王琳个人品格因素外,这应该也是淮南民众受到北齐晚期苛政压迫,怀念豪族庇护的心理使然。

如此,我们或许可以对源彪之计有新的认识。在他看来,在"朝廷精兵必不肯多付诸将"的背景下,"专委王琳,淮南招募三四万人,风俗相通,能得死力"是唯一可行之法。源彪不认为外部之救援可解淮南困局,而是要以王琳为中心,招募流民,凝聚淮南社会内部之力。源彪"往在泾州,甚悉江、淮间情事"②,正因如此,他能认识到淮南地区南朝社会结构的强大历史惯性,不重新激活以豪族为中心的共同体,则无一战之力。然而,这一社会结构却始终是北齐政权遏制的对象,"别遣余人掣肘"在所难免,故王琳虽遣,亦不足以阻陈军兵锋,源彪于此似有未谛。

要之,王琳与豫州豪族人物存在诸多相似性,但也存在政治独立性上的不同。王琳从属于北齐政权,是北齐政权的附庸。这本质上反映出,淮南地方社会与国家政权力量的此消彼长。

淮南地方社会力量的削弱,与北齐力图压制地方豪族的政策密切相关。从高欢创业伊始,东魏北齐政权对地方豪族的抑制就是一项基本国策。侯旭东先生在《地方豪右与魏齐政治——从魏末启立州郡到北齐天保七年并省州郡县》一文中认为,天保七年(556)并省州郡县正是北齐政权打击地方豪族政策的重要一环③。不过侯先生的研究并未具体考察北齐淮南地区的情形。其实,天保七年的并省州郡县也涉及淮南地区。如淮南的安丰州,就在北齐天保七年"废州为县"④。值得留意的是,天保七年正是北齐尽占淮南之地的后一年,文宣帝高洋在此时制定并省政策,或多或少也是受到解决淮南地区豪族问题这一动机的影响。

可以说,从天保后期开始,北齐在淮南地区推行的"绥抚"民众政策与抑制豪族政策相辅相成,其共同的主题是打破豪族垄断,力图实现北齐国

---

① 《北齐书》卷三二《王琳传》,第435页。
② 《北齐书》卷四二《源彪传》,第578、577页。
③ 参见侯旭东:《地方豪右与魏齐政治——从魏末启立州郡到北齐天保七年并省州郡县》。
④ 乐史撰,王文楚等点校:《太平寰宇记》卷一二九,北京:中华书局,2007年,第2550页。

家政权对民众的直接控制。然而,豫州豪族虽已不复当年,但其他地方豪族势力依然盘根错节、冰冻三尺,且与南朝关系颇深。同时,由于强大的历史惯性,淮南民众在受到苛政等压迫时,更倾向于寻求豪族的庇护。淮南隶属北齐前后不过十数年,北齐政权力图削弱豪族却无法真正打破原有的社会结构,被抑制的地方势力始终酝酿着离心倾向,它们只需要一次适当的时机,就可以卷土重来。陈军北伐,正是淮南统治瓦解的导火索。

吕春盛先生认为,北齐一朝,地方豪族反叛很少,基层统治较为稳定[①]。在北齐统治的大部分地区确实如此,但淮南地区似是例外。如本文第一节中所论,天保四年到天保五年,宿预土民东方白额反叛,招引梁将,造成淮南扰动,此事从性质上看很可能就是一次地方豪强叛乱。此后,虽然北齐通过"绥抚"流民和抑制豪族的措施使淮南地区获得暂时安定,但地方势力的离心倾向却依然存在。《刘宾及妻王氏墓志》载:"值江淮不静,蛮夷动乱,君(刘宾)以武略所及,肃然清荡。"[②]该墓志虽属隋代墓志,但刘宾是北齐时人。虽然根据传世文献我们无法确定此次江淮动乱的具体时间,不过根据墓志下文,刘宾卒于北齐天统五年(569),故此次骚动发生在吴明彻北伐之前,也是北齐治下淮南社会内部问题的体现。

武平四年(573),陈将吴明彻北伐,北齐在淮南的统治随即土崩瓦解。在陈人北伐的过程中,淮南地方"义兵"的作用不应被忽视。例如,在陈军围攻淮阴时,"淮、泗义兵相率响应,一二日间,众至数万,遂克淮阴、山阳、盐城三郡,并连口、朐山二戍"[③]。又如陈将周炅攻克巴州后,"江北诸城及谷阳士民,并诛渠帅以城降"[④]。太建七年(575),陈宣帝陈顼下诏:"豫、二兖、谯、徐、合、霍、南司、定九州岛及南豫、江、郢所部在江北诸郡置云旗义士,往大军及诸镇备防。"[⑤]亦可证明大量江北"义兵"参与陈伐淮南的战斗。这些"义兵",应该就是由对北齐统治不满的民众和地方豪强

---

① 参见吕春盛:《北齐政治史研究——北齐衰亡原因之考察》,台北:台湾大学出版委员会,1987年,第175—181页。
② 罗新、叶炜:《新出魏晋南北朝墓志疏证(修订本)》,北京:中华书局,2016年,第553页。
③ 《陈书》卷一二《徐敬成传》,第191页。
④ 《陈书》卷一三《周炅传》,第204页。
⑤ 《陈书》卷五《宣帝本纪》,第88页。

鸠合而成，他们站在北齐政权的对立面，对瓦解其统治起到了重要作用。可与之对照的是，晋阳被北周军队包围时，北齐民众"皆争为死，童儿女子亦乘屋攘袂，投砖石以御周军"①，显示出和国家共存亡的斗志。淮南的重要性固然不能和晋阳相提并论，但这足见两地民众对北齐政权的态度天差地别。

吴明彻北伐所造成的地方异动甚至越过淮河波及河南之地。《北史》卷四七《祖珽传》：

> 解(祖)珽侍中、仆射，出为北徐州刺史。……会有陈寇，百姓多反，珽不闭城门，守陴者皆令下城静坐，街巷禁断人行，鸡犬不听鸣吠。贼无所闻见，莫测所以，或疑人走城空，不设警备。至夜，珽忽令大叫，鼓噪聒天，贼众大惊，登时走散。后复结陈向城，珽乘马自出，令录事参军王君植率兵马，仍亲临战。贼先闻其盲，谓为不能拒抗，忽见亲在戎行，弯弧纵镝，相与惊怪，畏之而罢②。

案，诸史料中无陈军与北齐军在北徐州直接交战的记载③，故攻击北徐州者应是当地民众。《通鉴》记此事为"齐北徐州民多起兵以应陈"，又称攻城者为"反者"④，此意更明。从上引文献中看，起兵的北徐州民作战有纪律性，规模较大，且自城外攻击城内，不似一般民众暴动。我们或许可以相信，这是地方豪族带领部曲，反抗北齐中央而响应陈军的作战行动。淮北河南之地尚且有大规模的豪族响应，陈军兵锋所指的淮南地区豪族异动应当更多。而之所以会有如此大规模的豪族异动，应当是由于地方豪

---

① 《北史》卷二五《安德王高延宗传》，第1881页。
② 《北史》卷四七《祖珽传》，第1743—1744页。另，谷川道雄先生《北齐政治史与汉人贵族》一文中写到："祖珽死后，藉以他事杀崔季舒等'汉儿文官'的，正是其(韩长鸾)所为。"([日]谷川道雄：《北齐政治史与汉人贵族》，收入氏著《隋唐帝国形成史论》，李济沧译，第212页)案，据《北史》卷八《齐本纪下·后主帝纪》，崔季舒等文官被杀在武平四年十月辛丑；陈人寇淮北在武平五年五月(见第295—296页)。北徐州在淮北，其地发生异动当在陈军渡淮之后。故祖珽在北徐州的战斗不早于武平五年五月，其死亦必在其后。也就是说，崔季舒等被杀是在祖珽死之前而非其死后，谷川先生文章此处说法似有不妥之处。
③ 《陈书》卷五《宣帝本纪》："(太建五年十一月)己丑，鲁广达等克北徐州。"(第85页)此处鲁广达所克之北徐州显非因祖珽而保全不陷之北徐州。
④ 《资治通鉴》卷一七一陈宣帝太建五年十一月甲戌条，第5330页。

族在北齐政权中长期被压制的不满。

不应否认,北齐在淮南统治的瓦解是由多方面原因造成的。最直接的原因当然是陈人入侵。此外,北齐晚期的吏治腐败、上层政争、北周掣肘,以及统治者对淮南的轻视等都是不可忽视的原因。不过,北齐无法立足淮南的原因也应当从淮南地方社会内部寻找。北齐从南朝手里夺取淮南之地,不可避免地把南朝时淮南原有社会结构也带入其中。北齐政权力图否定地方豪族,将民众直接置于国家控制之下,造成地方豪族不满。另一方面,北齐晚期"绥抚"政策改变,民众不满与日俱增并重新与豪族结合,陈人伐齐时各地"义兵"云起正是这一问题的体现。在反扑的淮南地方势力和陈军的打击下,北齐的统治走向奔溃。

三、淮南地区与北齐国家战略

《北齐书》卷四《文宣帝纪》:

> (文宣帝高洋)尝于东山游燕,以关陇未平,投杯震怒,召魏收于御前,立为诏书,宣示远近,将事西伐。是岁,周文帝殂,西人震恐,常为度陇之计①。

案,周文帝宇文泰卒于556年,恰为北齐尽占淮南之地之次年。可见,高洋在平定淮南后,便着手准备西伐。高洋因为"关陇未平"而"投杯震怒",这既是统一在中古政治人物意识中的强制性作用,同时也是东魏时代的历史遗产。构成西魏政权的三支主要政治势力贺拔岳旧部、贺拔胜旧部、孝武帝元魏朝廷皆是高欢不共戴天之敌,故在高洋的意识中,以关陇政权为北齐首要之敌实属自然。

然而颇为吊诡的是,天保一朝,北齐军事力量主要在南北方向上拓展,而东西政权之间并未爆发大规模冲突。这很大程度上是因为"东西两国,强弱力均"②的结果③。据有关陇之险,且拥有相当数量六镇武装的西

---

① 《北齐书》卷四《文宣帝纪》,第67页。
② 《资治通鉴》卷一六六梁敬帝太平元年条,第5149页。
③ 天保一朝,北齐在军事和国力上更占优势。"文宣时,周人常惧齐兵之西度,恒以冬月,守河椎冰"(引自《北史》卷五四《斛律光传》,第1968页)。

部政权固然不易征服。可是除了缺乏实际军事行动,北齐方面连西伐之姿态亦甚少,这是一个值得深思的问题。一些史料也给我们提供了新的思考方向。

《北史》卷五三《彭乐传》:

> 西军退,神武(高欢)使(彭)乐追之。周文大窘而走,曰:"痴男子!今日无我,明日岂有汝邪?何不急还前营收金宝?"乐从其言,获周文金带一束以归。言周文漏刃破胆矣。神武诘之,乐以周文言对。且曰:"不为此语放之。"神武虽喜其胜,且怒,令伏诸地,亲称其头,连顿之,并数沙苑之失,举刀将下者三,噤龂良久,乃止①。

彭乐属于东魏北齐政权的勋贵集团成员②,彭乐不捉宇文泰似乎体现了勋贵集团对关陇政权的心态:勋贵们并不愿意关陇政权被消灭。若无关西劲敌的存在,勋贵难免有兔死狗烹之悲,他们在东魏北齐政权中的特殊地位将无法维持。除此之外,高欢在给杜弼分析天下形势时提到,东魏诸将"家属多在关西"③。东西部勋贵大都同出自六镇,又有共同的聚集于尔朱荣集团的经历,导致双方在文化和人事关系上的共通性较高。再考虑到灭亡关陇政权的实际难度,故东魏北齐勋贵常常对西伐之事态度消极。

值得玩味的是,在彭乐一事中,"神武诘之,乐以周文言对",高欢"举刀将下者三,噤龂良久,乃止",彭乐不惧以周文言回答高欢,高欢又对彭乐颇有无可奈何之感。不过,彭乐最终在天保二年被高洋所杀④,或许正与此事有关。同时,彭乐被杀,似也暗示了高洋继位伊始即以图西为意。

勋贵不愿西伐还有其他材料可以证明。同样是在邙山之战中:

> 高祖(高欢)于邙山破之,乘胜长驱,遂至潼关。或谏不可穷兵极武者,高祖总命群僚议其进止。(封)子绘言曰:"……混一车书,正在今日,天与不取,反得其咎。……伏愿大王不以为疑。"高祖深然之。

---

① 《北史》卷五三《彭乐传》,第 1924 页。
② 勋贵集团在东魏北齐政权中的地位极为重要,相关研究可参看王怡辰《东魏北齐的统治集团》(台北:文津出版社,2006 年)一书。
③ 《北齐书》卷一六《杜弼传》,第 348 页。
④ 《北齐书》卷四《文宣帝纪》,第 54 页。

>   但以时既盛暑,方为后图,遂命班师①。

表面上看,高欢班师是由于盛暑,但其实更可能是勋贵不愿"穷兵极武"的结果。另外,封子绘出身汉人豪族渤海封氏,和多由代北及六镇出身的勋贵相比,汉人豪族或许更具有"混一车书"的天下意识。

又《北史》卷五三《潘乐传》:

>   后从破周师于河阴,议欲追之,令追者在西,不愿者东,唯乐与刘丰居西。神武善之,以众议不同而止②。

可见,尽管周师已败,但多数勋贵仍不愿追周师,尽管这可能是力不能及的结果,但至少体现了勋贵没有与周师决一死战的决心。尽管高欢本人认同潘乐的主张,但只能"以众议不同而止"。文宣帝高洋的个人威望远在其父高欢之下③,其西征的主张当然更不可能实现。这也提示我们,高洋与勋贵集团的矛盾,不仅体现在是否接受魏禅以及皇位继承等问题上,二者的矛盾也包含国家攻守战略的不同这一重要方面。西伐既然难以实现,高洋只能把战略重心南移。所以,其在淮南地区推行的"绥抚"民众与打击豪族政策,是与北齐在特定时期战略重心南移相一致的。我们有理由相信,高洋力图强化对淮南地区的控制,一个重要目的就是将其作为进

---

① 《北齐书》卷二一《封子绘传》,第305—306页。

② 《北史》卷五三《潘乐传》,第1922页。案,《北齐书》卷一五《潘乐传》原缺,后人以《北史·潘乐传》补之。该卷《校勘记》云:"《通志》卷一五二此下有:'神武再破周文也,乐皆先锋摧阵。邙山之役,乐因势追之。至其营所,仍大抄掠,乐获周文金带一袋。贪货稽留,不即东返。于时周文于阵可擒,失而不获者,实乐贪货之由也。神武忿之,以大捷之后,恕而不问'一段文字。按此事见于《北史》卷五三《彭乐传》而更详。郑樵似不致窜改《北史·彭乐传》中语入《潘乐传》,且今《通志》同卷自有《彭乐传》,全同《北史》。如果郑樵以彼乐为此乐,就应删去《彭乐传》中此事,何以两传重出?《北齐书》无《彭乐传》,疑《北齐书》本以此为潘乐事。《北史》别据其他史料为《彭乐传》,则以为彭乐事。《通志》两取之,以致重复。"(第206页)此说值得商榷。此事不太可能为潘乐事。潘乐既然主张追宇文泰,就不太可能"贪货稽留"。此外,高欢临终前曾言:"潘相乐(即潘乐)本作道人,心和厚。"(《北史》卷六《齐纪上·高祖神武帝纪》,第231页)故从个人品性上看,潘乐也不太可能"贪货"。

③ 高洋欲称帝时,其母亲娄太后曰:"汝父如龙,汝兄如虎,尚以人臣终,汝何容欲行舜、禹事?"(《北齐书》卷三〇《高德政传》,第408页)

一步攻击江左政权的跳板①。这就是天保七年(556)裴英起等人渡江作战的背景。此次南伐,北齐并未选择在建康扶持代理人以建立傀儡政权,显示出其一举吞并江左政权的决心。

天保七年渡江作战的失败是北齐政治的一个重要转折点,其后北齐的疆域范围基本确立,其南部边界止于淮南地区,再也无法越过长江一线。西伐和南征的停止,标志着北齐国家战略重心由对外拓展转向维持内在稳定。天保后期,文宣帝高洋开始进行大规模的杀戮与政治清洗,力图克服自身皇权缺乏根基的缺陷。从地方上看,北齐政权推行"绥抚"民众与打击豪族的政策,以实现国家对地方的有效控制。然而,面对各种政治阻力,高洋从"留心政术,以法驭下"转向了"留连耽湎,肆行淫暴"②,东魏北齐政权也逐渐丧失了高欢创业以来锐意进取的气魄,为其最终的灭亡埋下了种子。

高洋之后,短暂在位的高演亦有征伐之意。然而,高演登基仅一年之后,"有兔惊马,坠而绝肋"③,不久便因伤重而死。高演之死颇为蹊跷,史料有限,我们不敢断言,只能对其死亡背后的隐情略作猜测。

高演受伤之前,高湛曾在邺城与高元海密谋起兵,高湛虽对起兵之议十分满意,却因巫觋言高演将死、无需举兵而作罢④。占卜之言虽不可信,但高湛选择按兵不动确是事实。这表明高演之死似有先兆,有人已经察觉,并将其告诉了高湛。

此外,高演受伤之后,"不豫而无阙听览",重伤之人,何以做到"无阙听览"？又,高湛登基之后,随即宣布改元,似有革命意味。传位于高湛的指示在高演遗诏中言之凿凿⑤,高湛又为何急于改元,与高演划清界限？高演受伤后,本纪中虽言其"无阙听览",但其主要活动的记载却只有确立遗诏。不禁让人怀疑,从高演坠马重伤到完成遗诏后死亡这一个月的时

---

① 李万生先生也认为淮南地区是高洋攻击江南的跳板。(参见李万生:《南北朝史二题》,《贵州师范大学学报(社会科学版)》2002 年第 5 期,第 57—60 页)但他未能揭示出高洋对淮南的经略存在西伐受阻这一重要背景。
② 《北齐书》卷四《文宣帝纪》,第 67—68 页。
③ 《北史》卷七《齐本纪中·孝昭帝纪》,第 273 页。
④ 《北史》卷五一《高元海传》,第 1853 页。
⑤ 《北史》卷七《齐本纪中·孝昭帝纪》,第 271、281 页。

间,是否真实存在①?

  王怡辰先生认为,高湛获得政权是高演发生意外后"不流血政变的结果"②,不过以上疑点却表明,高演之死本身可能就并非意外。如果高演之死并非意外的话,那么他又会是因为何原因被杀?我们以为,高演之死可能正与其"将事西伐"的意图有关。如上节所论,勋贵从高欢时代开始就对"西伐"态度消极,导致"西伐"可能成为了北齐政治中一个较为敏感的话题。高洋谈及此,都曾借助醉酒戏言,并且还受到责备③。高演对关右怀有兼并之志,人所共知,他曾与卢叔武探讨平西策略,并将付诸实践④。高演能取得帝位完全是由于娄太后及勋贵的支持,几乎等同于勋贵的傀儡⑤,其西征的图谋难免造成勋贵的不满。此外,高演即位后一直身处勋贵势力的大本营——晋阳,这也似为勋贵动手提供了便利。

  当然,以上完全出于推测,高演之死只是意外也并非不可能。不过,武成帝高湛继位后,北齐对外战略迅速改变却是事实。不仅西伐之谋"事遂寝"⑥,王琳对淮南的经略也随着和陈关系改善而被叫停⑦。高演、高湛对外战略存在巨大差异,当不仅仅是二人品性和能力的差别。只有将高

---

 ① 黄寿成先生认为高演遗诏的真实性可疑,且高演死后,高湛即位实际上是一场宫廷政变的结果。这场政变的主谋是娄太后,主要参与者和获益者是与娄太后关系密切的勋贵和宗室,政变的目的在于阻止高演之子高百年即位,维持娄太后的实权(参见黄寿成:《北齐高演高湛兄终弟及考释》,《北大史学》第15辑,北京:北京大学出版社,2010年,第100—111页)。黄先生对高演之死原因的分析值得商榷。无论是高演还是高百年,都不足以动摇娄太后的实权地位,相对于高演、高百年,受娄太后扶持即位的高湛其实更难驾驭,且高演在位时几乎等同于勋贵的傀儡。所以从权力或继承人之争的角度看,无论娄太后还是勋贵都无杀高演的动机。若高演真是被害,唯一的解释可能只有其与勋贵在国家战略上的矛盾。
 ② 王怡辰:《东魏北齐的统治集团》,第309页。
 ③《资治通鉴》卷一六六梁敬帝太平元年条:"都督刘桃枝曰:'臣得三千骑,请就长安擒之以来。'帝壮之,赐帛千匹。赵道德进曰:'东西两国,强弱力均,彼可擒之以来,此亦可擒之以往。桃枝妄言应诛,陛下奈何滥赏!'帝曰:'道德言是。'回绢赐之。"(第5149页)
 ④《北齐书》卷四二《卢叔武传》,第559—560页。
 ⑤ 参见王怡辰:《东魏北齐的统治集团》,第287—311页。
 ⑥《北齐书》卷四二《卢叔武传》,第560页。
 ⑦《北齐书》卷三二《王琳传》,第435页。

欢欲决战而不得、高洋西伐受阻且南征惨败、高演离奇死亡这一系列事件综合考察,并从中抽离出勋贵集团对征伐之事的真实态度,才能理解高湛即位后北齐战略转折的深刻背景。

需要强调的是,高洋、高演欲西伐南征,皆有建立功业以扩充皇权之目的,这无疑会改变勋贵与君主共治天下的局面,打破北齐政治平衡,故而遭到勋贵反对。他们多已位极人臣,若征讨成功也不过是增加帝王之功业,更何况西伐在军事上的难度极大,一旦失败则难免使自身原有基业受损。

不过亦有反例。斛律光曾忧言:"国家常有吞关、陇之志,今日至此,而唯玩声色!"[1]斛律光此语,当是表达对高湛即位后沉溺声色,恩倖势力抬头,国家丧失进取精神的不满。细玩此语,亦可品出斛律光对高洋、高演这些有"吞关、陇之志"之君的怀念。这种西伐之志,在勋贵之中甚是少见,当算一则特例。薛海波先生认为,恩倖能够派少量禁军,就将斛律光家族诛杀殆尽的原因是,斛律光在高俨政变中选择支持高纬,从而失去了怀朔勋贵群体的保护[2]。通过以上分析我们也可以认为,斛律光的西伐之志与勋贵主流意见不一致,或许这也是其失去勋贵群体保护的原因之一。

对于高演的悲剧,史书所谓"将齐之基宇,止在于斯,帝欲大之,天不许也"[3],其实也是"人不许也"。

最后,还需对文章开头所提问题加以讨论。如前所述,高洋、高演时代,淮南是北齐重要的拓展方向,也是高洋苦心经营之地,至少在高洋眼里,尚不存在轻视淮南一说。那么,韩长鸾所谓"纵失河南,犹得为龟兹国子。淮南今没,何足多虑"[4]之语,是否就是其所代表的恩倖立场的体现?恐怕也未必。诚如薛海波先生所论,恩倖不会轻易放弃淮南财源重地,高阿那肱以大量禁军南援江淮即是明证。韩长鸾之语不过是掩饰军事失利的无奈之语[5]。此论颇有见地,不过我们也可对其观点略作补充。

恩倖确实不愿放弃淮南,真正认为淮南可有可无的"统治者",或许还

---

[1]《北史》卷五四《斛律光传》,第1968页。
[2] 参见薛海波:《5—6世纪北边六镇豪强酋帅社会地位演变研究》,第430页。
[3]《北史》卷七《齐本纪中·孝昭帝纪》,第274页。
[4]《隋书》卷二二《五行志上》,第633页。
[5] 薛海波:《吴明彻北伐与南北朝统一新论》。

是作为立国之本的勋贵集团。证据有三。其一,本文第一节提及的王纮,他是勋贵子弟。在淮南受到陈军进攻时,其主张"绥抚"淮南而不愿出兵相救,并得到了大部分人认同①。王纮的主张可能正代表着勋贵集团对淮南地区的一般性看法。

其二,《北史》卷五二《文襄诸子·兰陵王长恭传》记载:

> 及江淮寇扰,(高长恭)恐复为将,叹曰:"我去年面肿,今何不发?"自是有疾不疗②。

高长恭为高澄之子,属于北齐宗室。北齐宗室与勋贵已结成关系密切的利益共同体③。高长恭在淮南寇扰时不愿为将,一定程度上反映了勋贵集团对淮南地区的态度。当然,高长恭有疾不疗是受后主猜忌时的自保之举。不过,在高长恭既然以"国事"为"家事",且在芒山与北周的作战中不顾危险冲入敌阵④,当不至于完全因个人原因而不愿出军江淮。或许在他看来,淮南之得失不值得自己置个人安危于不顾。

如果这两则史料难为确证的话,另一条证据或许更具有说服力。武平五年(574)二月,高思好发动叛乱。此次叛乱的性质应是宗室和勋贵对北齐内廷势力的反扑⑤。高思好在给"并州诸贵"书中,指责恩倖乱政,残害勋贵宗室,却对前一年的寿春陷落、淮南之失只字不提⑥,勋贵对淮南地区的态度可以想见。总之,史书中有关北齐轻视淮南的表述,实则是勋贵意识形态的反映。

淮南之失是北齐灭亡的前奏,在此之后,各政治势力间的裂痕更加明显。勋贵对淮南地区的态度也得以充分体现。多出身于代北及六镇的北齐勋贵,缺乏以天下为己任的精神,具有浓厚的河北本位色彩,在艰苦创业之后思考的更多是如何保持自身政治经济地位,只求保存原有基业而不愿继续征伐天下。正因如此,北齐政权被束缚手脚,难以承担统一的历史使命。

---

① 《北齐书》卷二五《王纮传》,第366—367页。
②④ 《北史》卷五二《文襄诸子·兰陵王长恭传》,第1879页。
③ 参见薛海波:《5—6世纪北边六镇豪强酋帅社会地位演变研究》,第379—381页。
⑤ 参见王怡辰:《东魏北齐的统治集团》,第397—399页。
⑥ 《北史》卷五二《高思好传》,第1854—1855页。

结　语

在南北对峙的格局下，淮南地区在南北政权中处于不同地位。于北朝政权而言，淮南似是边缘区[①]；但于南朝政权而言，淮南是执行"守江必守淮"战略的核心区，淮南之得失关乎南朝政权之存亡，故南朝政权更重视淮南之地的经营，其与淮南地方豪族的关系应当也更为深厚。当北齐获得这一地区时，需要考虑的是如何将这一习惯上属于南朝的区域纳入北朝国家的政治模式。文宣帝高洋借鉴历史经验，针对淮南地区的特殊性，给予淮南十年优复，并采取"绥抚"民众并抑制豪强的政策，企图在淮南地区实现国家对民众的直接控制。但传统的社会结构短期内并非北齐政权的力量可以撼动，北齐政权也无法真正在此地立足。北齐后期，恩倖势力抬头，"绥抚"政策改变，淮南地区的离心倾向就更加明显，在反扑的

图3　北齐淮南地区示意图

● 根据谭其骧主编：《中国历史地图集》第四册《东晋十六国·南北朝时期》改绘。

[①] 北魏时期，淮南重镇寿春即有"鸡肋"之说。《元瓚墓志》载："景明三年，除给事中。而时寿春始降，鸡肋初附，频岁无年，边储未积。"（赵君平、赵文成编：《河洛墓刻拾零》，北京：北京图书馆出版社，2007年，第21页）

淮南地方势力和陈军的打击下,北齐的统治走向奔溃。南北朝末期,时代的主题是重振君主专制与中央集权,使中国政治模式返回历史的常态。北齐政权,从中央上看无法建立强有力的嫡长子继承制以强化君权①;从地方上看似也未能将淮南这一新附之地纳入国家的有效治理之中。

另一方面,淮南地区也可以为我们提供"以边缘看核心"的视角,是窥探北齐国家战略及政治特征的窗口。淮南在天保一朝是北齐势力唯一可能的拓展方向。北齐勋贵集团具有很强的地域性、保守性,束缚了北齐持续扩张的步伐。北齐前期的高洋、高演时代,国力虽然强盛,但都走不出勋贵集团塑造的历史困境。统一中国的历史使命,需要由融合胡汉贵族、凝聚中央地方之力的"关陇集团"来完成。

---

① 参见姜望来:《高洋所谓"殷家弟及"试释》,《武汉大学学报(人文科学版)》2010年第2期,第152—158页。

圆仁与李德裕关系新考

——以赴台州公验的申请为中心

章智恒

唐开成三年(838),日本国遣唐使渡海来华,抵达扬州。时任淮南节度使的李德裕招待了来自日本的使者,被日本遣唐使团队内的天台宗僧人圆仁记录在《入唐求法巡礼行记》(以下简称《行记》)中,这是研究李德裕在淮南节度使任上的第一手史料,因而受到了历史学界的关注,有学者曾撰专文讨论圆仁在扬州期间与李德裕的交流与互动[1]。

随遣唐使船队入唐的圆仁,计划前往台州国清寺求法。圆仁肩负着日本宫廷和教门的使命,怀抱着求法巡礼的夙愿入唐,而这些使命大都与天台宗发源地台州国清寺有关,因此非去台州不可[2]。为此,圆仁尽力尝试前往台州,多次向日本遣唐使大使藤原常嗣和唐朝淮南节度使李德裕提出请求,希望能够获得赴台州的公验,但李德裕坚持等待皇帝的敕令,拒绝发放公验。最终,圆仁赴台州的申请被唐文宗敕令拒绝。后来,心有不甘的圆仁回程时冒险脱离遣唐使团队,终于以个人身份在唐求法巡礼。

过去数十年间,国内学界已对圆仁赴台州种种尝试终告失败的原因进行了一定探讨。作为接待日本使者的地方官员,李德裕的行动也得到了越来越多的注意。对于李德裕拒绝给圆仁发放赴台州的公验,学界更有着种种解读。现有对圆仁赴台州申请过程的研究,往往结合最澄与圆

---

[1] 李济沧:《圆仁与李德裕——〈入唐求法巡礼行记〉所记扬州的李德裕》,《首都师范大学学报(社会科学版)》1995年第2期,第9—14页。

[2] 王勇:《最后一次遣唐使的特殊使命——以佚存日本的唐代文献为例》,《甘肃社会科学》2010年第5期,第92—99页。

珍的案例对比分析,还有将圆仁在扬州的经历与圆仁在登州、青州的经历对比分析的做法。笔者认为,圆仁此时的身份等背景条件具有特殊性,不宜与最澄或圆珍的案例类比,也不宜和圆仁本人后来在登州、青州等地的情形类比。而李德裕坚持原则和底线,恪守法度不轻易发放公验的表现,是符合其身份与职责的。

以下,笔者拟分析国内学界目前对于圆仁赴台州尝试失败的各种观点,然后论述圆仁赴台州失败的原因。不当之处,还请方家指正。

一、学界目前对于圆仁赴台州尝试失败的不同见解

管见所及,国内学界对于圆仁赴台州尝试失败的原因已经有了一定的探讨,笔者将这些原因列举如下:

(1) 根本原因在于晚唐财政困难导致唐朝政府对外政策收紧,对待外宾的开支调整节制,学生和僧人的待遇也相应下调。这一观点由张志宏在 1994 年提出①。张志宏认为圆仁赴台州失败的表层原因一是请益僧身份的归期限制,二是圆载赴台州留学可能"挤掉了"圆仁的短期交流身份。对于深层次的原因,张宏志认为晚唐政治衰退导致经济困难,使得唐朝政府接待外宾的开支有所调整节制,外来的学生和僧人也因此受到不同程度的影响。这一观点后来被马国云所援引并赞同②。由于张志宏意在深挖圆仁赴台州失败背后的根本原因,因此对其直接原因的论述几乎一笔带过。

(2) 文宗朝对佛教的抑制态度。这一观点见于马国云③。马国云认为文宗朝对佛教的抑制态度也是唐文宗不颁发给圆仁赴台州敕许的因素之一。

对于直接原因,有如下两种看法:

(1) 圆仁未获得敕许的一种直接原因是李德裕的个人因素,这其中又存在四层因素。第一层是小野胜年认为李德裕态度不太通融,但李济

---

① 张志宏:《圆仁入唐散论》,《文史哲》1994 年第 3 期,第 96—97 页。
② 马国云:《日僧圆仁不得入台州辨析》,《厦门广播电视大学学报》2016 年第 4 期,第 55—56 页。
③ 马国云:《日僧圆仁不得入台州辨析》,第 54—55 页。

沧认为这一因素仍然不充足;第二层是李济沧认为"牛李党争"使李德裕不愿与牛党人员有任何形式的接触;第三层仍然是李济沧最先提出的,认为李德裕反对结党营私与地方藩镇割据,极力支持中央集权、维护皇帝权威,因而坚持等待皇帝敕命①。由于李济沧原文的主题在于考察李德裕的形象,因此未对圆仁赴台州失败的其他原因进行阐述。此后葛莹从圆仁的视角论述圆仁不得入台州的原因:一是受"牛李党争"影响,二是藩镇类型不同使得不同官员处理圆仁的事务时态度不同,在李济沧的观点上进一步发展②。两篇文章都着力凸显李德裕和其他官员的个人因素,而对其他方面的原因没有进行论述。

马国云则对李济沧的观点提出异议,根据圆仁后来在登州、青州获得公验的事例,坚持认为李德裕态度不够通融、对圆仁的请求似乎消极处理,并且跳过牛李党争与政见的因素提出了第四层因素:李德裕不太待见佛教③。关于李德裕本人对待佛教的态度,目前学界仍有争议。虽然学界一向认为李德裕不太待见佛教,但也存在若干质疑的声音。封野认为李德裕本人虽然站在国家立场上在经济方面认识到"佛教兴盛给国家造成的严重危害",但在个人层面却"既不崇道又非抑佛,以一种兼容并取的态度对待佛、道文化",存在"礼僧敬佛的态度",在会昌灭佛中有所保留④。杨发鹏也撰文对通说进行了质疑,认为李德裕兼信佛教,且在会昌灭佛中作用非常有限:李德裕在会昌灭佛期间掌握大权,并不等于李德裕具有反佛教的思想并因此利用自己的权力去灭佛,现有的史料反而说明李德裕在会昌灭佛中保持尽可能的克制⑤。

(2)另一直接原因是在制度层面上官府不能越境勘发公验,即使越境勘发,也只能过境而无法抵达目的地使用,因此李德裕无权在无敕许的

---

① 李济沧:《圆仁与李德裕——〈入唐求法巡礼行记〉所记扬州的李德裕》,第10—12页。

② 葛莹:《圆仁往台州求法失败原因考》,《河北北方学院学报(社会科学版)》2017年第5期,第42—45页。

③ 马国云:《日僧圆仁不得入台州辨析》,第51—54页。

④ 封野:《论李德裕与会昌灭佛之关系》,《江苏社会科学》1998年第3期,第133—138页。

⑤ 杨发鹏:《论李德裕在会昌灭佛中的作用》,《宗教学研究》2011年第1期,第101—106页。

情况下签发圆仁过境浙西观察使辖区、到达浙东观察使辖区境内目的地台州的公验,而皇帝的敕许是全国通用的公验。这是张飘在考察唐代公验制度时,考察了包括圆仁申请赴台州过程等史料后得出的推论①。这一推论引人思考:如果制度层面上确实存在程序限制,那么相比上述种种从李德裕个人因素展开的分析,更加具有解释力。在对现有成果进行初步梳理后,以下,笔者将对圆仁赴台州申请过程的若干细节进行分析。

二、圆仁身份的特殊性:与最澄、圆珍案例的对比

圆仁在唐求法巡礼的整个过程都是极其特殊的。最初,作为遣唐使团队的成员入唐,圆仁具有请益僧与还学僧的官方身份。② 请益僧指进一步深造而请教的僧人,还学僧指需要随遣唐使团队一同返回的僧人③。请益和还学实质上是从入唐目的和在唐期限两个不同方面对同一身份的不同称呼,都代指在唐短期进修而要随遣唐使船队一同回国的僧人。

李济沧曾援引小野胜年的做法,用最澄和圆珍前往台州求法的事例与圆仁类比,但是这一类比是不完全恰当的。圆仁虽然和最澄身份一致,均要和遣唐使团队一同回国,但也正如李济沧所指出的那样,最澄所在的遣唐使船队当时在明州登陆,在华期间所经过的明州、台州、越州都在浙东观察使辖境内,公验和文牒比较容易发放④。圆仁则很不幸地随遣唐使船队在扬州登陆,想要去台州沿途要经过淮南节度使、浙西观察使和浙

---

① 张飘:《出土文书所见唐代公验制度》,《史学月刊》2017年第7期,第50—52页。
② 在《行记》中,圆仁脱离遣唐使团队前都自称请益僧,另可见[日]圆仁《日本国承和五年入唐求法目录》《慈觉大师在唐送进录》等(见《大正藏》第55册,第2155、2156号。[日]高楠顺次郎编:《大正新修大藏经》卷五五,东京:大正一切经刊行会,1928年,第1074页)。圆仁还学僧的身份,见《行记》开成三年八月四日条与同月廿六日条,圆仁著,白化文等校注:《入唐求法巡礼行记校注》,北京:中华书局,2019年,第27—28、38页。本文下引《行记》原文均使用此版本,并采用括注,括注所在条目日期及所在页码。
③ [日]木宫泰彦:《日中文化交流史》,胡锡年译,北京:商务印书馆,1980年,第125页。
④ 李济沧:《圆仁与李德裕——〈入唐求法巡礼行记〉所记扬州的李德裕》,第11页。

东观察使三个辖区。而圆珍是通过自己向日本朝廷申请,以个人身份入唐求法,并不属于遣唐使人员①。因此,圆珍不具有还学僧这样的官方身份,更不存在归期限制,因而可以不用担心时间问题,得以畅行无阻。

更何况,圆珍入唐时已经到了唐宣宗年间,唐朝政府对佛教态度有所放宽。《唐会要》载大中六年(851)十二月祠部奏:"其僧中有志行坚精,愿寻师访道,但有本州公验,即任远近游行","制可。"②僧侣只要持有本州公验,就可以任意求法。这一规定恰好出台于圆珍赴唐前夕。虽然圆仁在唐时适用的规程未见,但在文宗、武宗两朝排佛的背景下,应该要比宣宗朝出台的这项规定严格,否则宣宗朝不必再出台这样的规定。因此,在圆珍与圆仁的身份背景等条件完全不同的情况下,圆珍的畅行无阻并不能说明圆仁也存在畅行无阻的可能。

同样地,葛莹认为处理圆仁事务时李德裕与登州、青州各地官员态度不一致是由于藩镇类型不同等社会历史背景因素,这也不够恰当③。因为在登州、青州等地时,圆仁的身份已经由以官方身份入唐的僧人变为以个人身份求法的僧人了,不再存在归期限制,因而登州、青州等地官员可以宽松对待。圆仁在唐朝的官方身份(即请益僧或还学僧),在脱离遣唐使团队后已经终止,后来以个人身份求法的圆仁与最初以官方身份求法的圆仁在身份方面大相径庭。即使圆仁脱离遣唐使团队后确实畅行无阻,但那已经是后话了。不论如何,此时的圆仁仍然受到归期限制,仍然必须考虑时间问题。

在这一背景下,由于圆仁存在归期限制,因此大使藤原常嗣向李德裕

---

① 参见[日]石井正敏:《遣唐使以後の中国渡航者とその出国手続きについて》,[日]村井章介、榎本涉、河内春人编:《遣唐使から巡礼僧へ》,东京:勉诚出版,2018年,第232页,原载中央大学人文科学研究所编:《島と港の歴史学》,八王子:中央大学出版部,2015年。

② 《唐会要》卷四八《议释教下》,北京:中华书局,1960年,第844页。《资治通鉴》也记述了这一奏议,但表述不同:"其欲远游寻师者,须有本州公验。"《资治通鉴》卷二四九唐宣宗大中六年十二月,北京:中华书局,1956年,第8174页。《唐会要》记载奏议原文是在唐宣宗"护持释教"的背景下上奏的,而《通鉴》缩写后只选取了对佛教限制的规章部分,带有排佛态度,笔者认为应以《唐会要》更加原始的史料为是。

③ 葛莹:《圆仁往台州求法失败原因考》,第44页。

提出请求:"留学僧暂住扬府,请益僧不待敕符,且令向台州"①。实际上圆仁是在开成四年二月十八日离开扬州的,亦即是说只要圆仁能够在这一期间内往返扬州和台州,就可以完成种种任务,实现在天台求法巡礼的夙愿。从开成三年八月中旬到开成四年二月十八日共有七个月左右的时间(开成四年存在闰正月),而呼啸在估算圆载的行程时,认为从扬州到国清寺的路程理想状况下一个半月足够②。即使满打满算,单程需要两个月的时间,来回四个月的用时是远小于七个月的期限的,圆仁还有三个月左右的时间在扬州与台州活动。所以时间上的前提条件成立,只要圆仁能够尽快动身,就可以去台州求法。

三、李德裕与圆仁交流的细节:从法度层面上再探

虽然限制条件要求圆仁尽快行动、并且早去早回,但是最初圆仁对李德裕覆问书的答复完全不能体现这一点。这份覆问书的背景是日方向李德裕提交了官方书面申请,让圆仁和圆载前往台州,李德裕当即作出回应,参见《行记》开成三年八月一日、八月三日条,第24、26页。

观察李德裕的覆问书:

还学僧圆仁,沙弥惟正、惟晓,水手丁雄满

　　右,请往台州国清寺寻师,便往台州。为复从台州却来,赴上都去?(《行记》开成三年八月四日条,第27页)

再观察圆仁的应答:

还学僧圆仁

　　右,请往台州国清寺寻师决疑。若彼州无师,更赴上都,兼经过诸州。(《行记》开成三年八月四日条,第28页)

在李德裕的覆问书里,首先"便往台州"表现出李德裕对日本朝廷官方牒状申请的许可。而后,李德裕的覆问,是询问圆仁在去台州之后的行

---

① 《行记》开成三年八月十日条,第32页。
② 呼啸:《日本留学僧圆载入唐行迹及其形象演变探析》,《唐史论丛》第31辑,2020年9月,第198页。

程计划。而圆仁的应答虽然字里行间充满了求法的决心,但在字面意思上告诉李德裕,自己还有去长安和其他地方的打算,丝毫没有考虑到自己的归期限制。虽然圆载的应答与圆仁相似,但圆载作为可以长期留学的留学僧,去长安或者其他诸州是完全有机会的。用现在的话来说,圆仁持有限定了滞留时间的外交签证,为了个人层面的求学活动而要在此基础上单独申请短期访问签证,却对签证官说得像要不顾滞留时间限制而长期留学一样,自然会使签证官李德裕有所困扰。李德裕执着于寻求皇帝敕许,或许也是因为圆仁的应答与原先日本政府的官方牒状上有所出入有关,因而更加需要寻求皇帝的裁定与敕许。

如果等待敕许,事态就困难许多,首先遣唐使团要到达长安之后才可能获得敕许,其次敕许从长安送到扬州也需要较长时间。圆仁在开成四年正月廿一日才收到大使去年十二月六日的书状,书状送到扬州用了一个半月①。这是使团最早从长安寄回扬州的书状,即使敕许也在其中,此时距离遣唐使归国已经不足两个月,按照圆仁正常的行进速度是绝对来不及往返台州的。

因此,除非敕许圆仁可以不随遣唐使团队一同归国,否则即使拿到了皇帝签发的可通行全国的公验,圆仁也会因为时间不足而无法成行。实质上,圆仁能否去台州的问题等价于:在没有唐朝皇帝敕命的情况下,圆仁能否仅凭淮南节度使李德裕签发的公验过所前往台州?根据圆仁的记述,沈弁向圆仁转告过李德裕的立场,李德裕本人明确表示这是不可行的:

> 沈弁来,助忱迟发。便问:"殊蒙相公牒,得往台州否?"沈弁书答云:"弁咨问相公,前后三四度。咨说:'[日]本国和尚往台州,拟一文牒,不审得否?'②相公所说:'扬州文牒出到浙西道及浙东道不得一事,须得闻奏。敕下即得,余不得。'又相公所管八州,以相公牒便得往还。其润州、台州别有相公,各有管领,彼此守职不相交。恐若非敕诏,无以顺行矣。"③

---

① 《行记》开成四年正月廿一日条,第100页。
② 括注[日]字为笔者据文意补。
③ 《行记》开成四年正月十七日条,第95页。

张飘据此认为,这条史料体现了公验一般不越境勘发①。当我们再回过头看最澄《明州牒》的时候,发现台州刺史陆淳在其中提及:"使君判付司给公验,并下路次县给船及担送过者。准判谨牒。"②具有官方外交人员身份的圆仁,需要的公验可能并不仅仅是普通的过境公验,还涉及唐朝方面对待外宾要在地方进行一定的招待安排,"给船及担送过者"。显然,即使发给圆仁公验、圆仁一行得以过境,淮南节度使李德裕也不能凭自己的身份命令辖区之外浙西、浙东观察使辖区的各地官员履行守职,给予符合圆仁官方身份的招待,必须请示中央等待皇帝敕许。因此,李德裕的说法并非托辞,而是制度层面上实有限制。

结　语

圆仁申请赴台州终告失败的直接原因是未能申请到赴台州的公验。对此,制度层面的原因是最重要的,而圆仁初到唐土,不论是对官僚制度还是政区制度,总之对唐朝制度的认识还远远不够。正如大使藤原常嗣在接触了唐朝从地方到中央各级政府部门之后,试图劝阻圆仁不要脱离遣唐使团队时所说,"此国之政极峻"(《行记》开成四年三月五日条,第124页)。在这一事件中,李德裕凭本分恪守法度、按章办事,这是李德裕恪尽职守的优秀品质,不宜苛求李德裕突破当时的制度限制而通融迁就圆仁的请托。

当然,如前所述,在圆仁这一兼具外国外交人员身份的特殊场合下,唐朝内部的公验制度或许并非唯一的制度原因,还应当从外交角度出发,综合考虑圆仁本人的归期限制。倘若圆仁在回复李德裕的覆问书时作出符合短期访问身份的快去快回的许诺,李德裕或许才有进行通融的基础条件。而考虑到圆载出发向台州是在遣唐使团队返回扬州带来皇帝的批准之后,或许的确如李德裕所言,即使圆仁越境去台州也需要皇帝的敕命。

---

① 张飘:《出土文书所见唐代公验制度》,第50页。
② 《传教大师入唐牒》明州牒,原件藏日本延历寺,图片转引自林佩莹:《唐代中日佛教交流网络:日僧最澄(767—822)台州旅行之考察》,《佛教文化研究》第五辑,2017年,第300页。

总之,这一事件在一定程度上反映了晚唐制度执行的严格。虽然由于关于公验过所制度以及对待日本遣唐僧人相关律令制度的直接史料仍有很大不足,研究者不可避免要用残存的案例来逆推法律制度,但案例与案例之间不同的背景与条件差异不同忽视,忽视这些差异而展开的论述未必是可靠的。

对于圆仁在唐活动的过程,从制度史特别是法制史的角度,还有进一步研究的空间。尤其是外国人在唐朝的活动与涉外法律关联较大,而日本遣唐使以及其他来华人员留下了许多史料与案例,值得进一步探索分析。

辽上京"东向"格局考*

——城市格局变化的权力因素考察

马郝楠

通过系统性的都城规划与营建,形成有序的城市形态与空间安排,并藉此强化其权威,乃是历代王朝之常见做法。对于影响中国古代王朝都城形制的权力性因素,学界已存在不少相关讨论①,常见的做法是从礼制的角度出发,以礼制同城市形态与城市空间安排中所显现的对应关系作为研究对象,探讨一种"合法性"与"文化权利"视角下的合理阐释。然而影响城市形态与空间安排的因素通常并非仅有礼制一种,因此,权力因素究竟在何种程度、以何种方式作用于中国古代王朝都城的城市空间中,确实需要我们进一步探讨。鉴于相关问题较为复杂,本文谨以辽上京临潢

---

* 本文撰于2018年,曾提交2018年7月吉林大学、赤峰学院等共同举办的"第三届赤峰考古论坛"与2018年8月首都师范大学举办的"首都师范大学第八届史学论坛"。

① 关于影响中国古代王朝都城形制因素的研究,可参见董鉴泓:《中国城市建设史》,北京:中国建筑工业出版社,2004年;杨宽:《中国古代都城制度史研究》,上海:上海古籍出版社,1993年;许宏:《先秦城市考古学研究》,北京:燕山出版社,2000年等城市史方面的著作。近年来国内城市形态同权力因素关联性的研究主要有鲁西奇、马剑:《空间与权力:中国古代城市形态与空间结构的政治文化内涵》,《江汉论坛》2009年第4期,第81—88页;成一农:《中国古代地方城市形态研究现状评述》,《中国史研究》2010年第1期,第145—172页;刘耀春:《意大利城市政治体制与权力空间的演变(1000—1600)》,《中国社会科学》2013年第5期,第185—203页;张萍:《古代城市形态研究的两个维度》,《历史研究》2014年第6期,第32—35页。

府为例①,探讨辽上京城市形态历时性演变过程中的方位观念变化现象,并在此基础上对其与权力因素的关系提出初步的看法。

一、从"前'皇都'时代"到"'皇都'时代":辽上京东向格局之形成

根据《辽史·地理志》的记载,"太祖取天梯、蒙国、别鲁等三山之势于草甸,射金龊箭以识之,谓之龙眉宫。神册三年城之,名曰皇都。天显十三年,更名上京,府曰临潢。"②可知辽上京之地本无城郭,所谓"辽右八部世没里地"③也。随后辽上京所在之地经历了两次重要的变化,一次为神册三年(918),"城皇都,以礼部尚书康默记充版筑使"④,辽上京以"皇都"之名作为完整的城市开始营建;另一次为天显十三年(会同元年,938年)⑤,在契丹获得燕云十六州后,"诏以皇都为上京,府曰临潢。升幽州为南京,南京为东京"⑥,辽上京正式以"上京"之身份列于诸京之中。

---

① 关于近年辽上京之研究,主要有王德忠:《论辽朝五京的城市功能》,《北方文物》2002年第1期,第77—81页;董新林:《辽上京城址的发现和研究述论》,《北方文物》2006年第3期,第23—31页;韩光辉、林玉军、王长松:《宋辽金元建制城市的出现与城市体系的形成》,《历史研究》2007年第4期,第42—62页;陈章龙:《辽上京城"两城制"的探讨》,《辽金历史与考古》(第一辑),沈阳:辽宁教育出版社,2009年,第236—242页;李冬楠:《辽代都城研究中的几个问题》,《齐鲁学刊》2009年第3期,第50—53页;肖爱民:《辽上京的历史地位及其建筑所反映的诸社会现象》,《宋史研究论丛》(第11辑),保定:河北大学出版社,2010年,第178—190页;任爱君:《辽上京皇城西山坡建筑群落的属性及其功能》,《北方文物》2010年第2期,第91—95页;武田和哉:《契丹、辽都城的形制变化和特征》,《东北亚古代聚落与城市考古国际学术研讨会论文集》,北京:科学出版社,2015年,第319—332页。
② 《辽史》卷三七《地理志一》,北京:中华书局,2016年标点本,第496—497页。
③ 《辽史》卷三七《地理志一》,第500页。该条记载在"祖州天成军"下,关于何为"世没里",杨军在《牧场与契丹人的政治》中有着比较详尽的讨论。(杨军:《牧场与契丹人的政治》,《首都师范大学学报(社会科学版)》2017年第2期,第1—5页),在上述观点及后文关于"西楼"之讨论的基础之上,笔者认为"本辽右八部世没里地"述西楼之故,而辽上京亦属西楼,因此辽上京原为"辽右八部世没里地"。
④ 《辽史》卷一《太祖本纪》,第12页。
⑤ 根据《辽史·太宗本纪》记载,在辽太宗"诏以皇都为上京"前即改元会同。
⑥ 《辽史》卷四《太宗本纪》,第49页。

上述两次重要的变化可将辽上京城市之发展划分为为三个阶段,即第一阶段:"前'皇都'时代",辽上京其城尚未开始营建,契丹政权于此地零星筑有"明王楼""天雄寺""龙眉宫"等功能性建筑;第二阶段为"'皇都'时代",辽上京以"皇都"的身份开始建设并初步建成,此后这里成为契丹政权重要的政治中心;第三阶段为"'上京'时代",辽上京作为兼治华夏文明的诸京之一,在权力等因素的影响之下,体现出城市格局的调适与变化。因而在上述时空理解的基础之上,结合契丹政权及辽上京城市发展的阶段性特点,我们将分两个部分逐一探讨辽上京城市形态历时性演变过程中的方位观念变化现象。在本部分主要讨论的是"前'皇都'时代"到"'皇都'时代"辽上京东向格局之形成,而在下一部分,将主要探讨"'皇都'时代"到"'上京'时代"过程中东向格局的逐步消解与调整。

(一) 文献记载所见"皇都"之建设

契丹本是漠北游牧之族,"其俗旧随畜牧,素无邑居"①,唐亡以后,契丹逐步展开扩张行动,其活动范围抵达燕、蓟、渤海等以定居为主要居住方式的地区,并常有军事冲突及劫掠。《辽史·地理志》载,"唐天复五年,太祖为迭烈部夷离堇,破代北,迁其民,建城居之"②,《太祖本纪》又云,"明年秋七月,以兵四十万伐河东代北,攻下九郡,获生口九万五千,驼、马、牛、羊不可胜纪"③,为了安置这些劫掠而得的人口,契丹"城龙化州于潢河之南"④,"龙化州"即阿保机未称帝前契丹部族所建的城市。上述"劫掠—安置"过程即是契丹部族时期及契丹政权早期最为常见的一种建城模式,例如:

> 太祖伯父于越王述鲁西伐党项、吐浑,俘其民放牧于此(指越王城),因建城。⑤

> 是时,刘守光暴虐,幽、涿之人多亡入契丹。阿保机乘间入塞,攻陷城邑,俘其人民,依唐州县置城以居之⑥。

---

① 《旧五代史》卷一三七《外国列传》,北京:中华书局,2015年标点本,第2132页。
② 《辽史》卷三七《地理志一》,第505页。
③④ 《辽史》卷一《太祖本纪》,第2页。
⑤ 《辽史》卷三七《地理志一》,第501页。
⑥ 《新五代史》卷七二《四夷附录》,北京:中华书局,2015年标点本,第1002页。

"劫掠—安置"模式同有辽一朝之"头下军州"制度亦有关联①。史载:"头下军州,皆诸王、外戚、大臣及诸部从征俘掠,或置生口,各团集,建州县以居之。横帐诸王、国舅、公主许创立州城,自馀不得建城郭②。"头下军州制度自阿保机建国之初始,至天祚帝天庆五年(1115)"饶州渤海结构头下城以叛,有步骑三万馀,招之不下"③,贯穿辽政权始终。可见,"劫掠—安置"模式为契丹部族及契丹政权建设城市的一条重要线索,而辽上京的最初建设,又是否与"劫掠—安置"模式相关呢?相关史料能够提供一定的线索:

> 俗旧随畜牧,素无邑屋,得燕人之所教,乃为城郭宫室之制于漠北。距幽州三千里,名其邑曰西楼邑④。
> 上京临潢府,本汉辽东郡西安平之地。新莽曰北安平。太祖取天梯、蒙国、别鲁等三山之势于苇甸,射金龊箭以识之,谓之龙眉宫⑤。

上述史料中有两点比较重要的信息。首先,辽上京临潢府之选址乃是辽太祖阿保机"射金龊箭以识",这也就意味着,按照上述文献的说法,辽上京所在的位置从一开始便计划修建重要的建筑,即所谓的"金龊一箭,二百年之基"⑥。其次,辽上京在系统性地建设"皇都"之前已兴建有城郭宫室,并且名叫"西楼邑"。辽代相关史料中常见有"四楼"的说法。《资治通鉴》引《虏庭杂记》曾经提到,"契丹阿保机于所居大部落置楼,谓之西楼,今谓之上京;又于其南木叶山置楼,谓之南楼;又于其东千里置楼,谓之东楼;又于其北三百里置楼,谓之北楼"⑦;《续资治通鉴长编》引宋仁宗《实

---

① 关于头下军州制度的相关研究,可以参见张博泉:《辽金"二税户"研究》,《历史研究》1983年第2期,第120—129页;李锡厚:《头下与辽金"二税户"》,《文史》第38辑,北京:中华书局,1994年,第79—96页;刘浦江:《辽朝的头下制度与头下军州》,《中国史研究》2000年第3期,第86—101页。
② 《辽史》卷三七《地理志一》,第506页。
③ 《辽史》卷一一○《萧陶苏斡列传》,第1580页。
④ 《旧五代史》卷一三七《外国列传》,第2132页。杨军认为,该句中"邑"字应断至下句,参见杨军:《契丹"四楼"别议》,《历史研究》2010年第4期,第171—179页。
⑤ 《辽史》卷三七《地理志一》,第496—497页。
⑥ 《辽史》卷三七《地理志一》,第498页。
⑦ 《资治通鉴》卷二六九引《虏廷杂记》,北京:中华书局,1956年,第8929页。

录》又云,"有四楼,在上京者曰西楼,木叶山曰南楼,龙化州曰东楼,唐州曰北楼"①,指出了四楼的具体位置。由于相关史料记载晦暗不明,加之不同记载间颇有冲突,目前学界关于"四楼"的性质存在着数种不同的解释。王树民、任爱君、陈晓伟等认为,"四楼"乃是分别位于四个不同地点的楼阁式建筑,或是类似中原王朝"丹墀陛阶"的一种专供可汗享用的毡殿,上述观点可被称作"四楼建筑说"②;杨军等则学者认为,"四楼"可能与辽代的制度有关,并同其后的斡鲁朵制度与四时捺钵制度一脉相承,上述观点可被称作"四楼制度说"。③

解决"四楼"问题的关键是对"楼"的涵义进行准确恰当地阐释。就持"四楼建筑说"观点学者常举史料来看,例如《武经总要》记载,"至阿保机私立年号,称大辽国,建所居部落为西楼,有楼数间而已。后燕人所教,乃为城郭宫室之制。邑屋皆东向,如军帐之法"④。《武经总要》后出于《旧五代史》,其中"后燕人所教,乃为城郭宫室之制。邑屋皆东向,如军帐之法"语全抄自《旧五代史》⑤,仅改"车"为"军"字而已,且二字形近,似为讹误。此外这里提到"有楼数间而已"是否就意味着"西楼"乃是楼阁式建筑呢?《武经总要》又云:"阿保机既创西楼,又于西南筑一城以贮汉人,今名祖州。"⑥这里文献已经交代的很明白了,西楼既为阿保机所"创",又何来建筑一说呢,"有楼数间",也更像是说明"西楼"那时的聚落形态,而并非对"西楼"一词内涵的补充性描述。

《辽史》对于"四楼"的表述则更加清楚。《辽史·地理志》:"太祖秋猎

---

① 《续资治通鉴长编》卷一一〇天圣九年六月己卯条引《实录》,北京:中华书局1985年标点本,第2561页。
② 参见王树民:《略论契丹建国初期营建的四楼》,《文史》第16辑,北京:中华书局,1982年,第99—103页;任爱君:《契丹四楼源流说》,《历史研究》1996年第6期,第35—49页;陈晓伟:《捺钵与行国政治中心论——辽初"四楼"问题真相发覆》,《历史研究》2016年第6期,第16—33页。
③ 参见杨军:《契丹"四楼"别议》。
④ 曾公亮、丁度:《武经总要》前集卷二二《上京四面诸州·上京》,《中国兵书集成》第4册,北京:解放军出版社、沈阳:辽沈书社,1992年,第1113—1114页。
⑤ 参见《旧五代史》卷一三七《外国列传》,第2132页。
⑥ 曾公亮、丁度:《武经总要》前集卷二二《上京四面诸州·上京》,《中国兵书集成》第4册,第1116页。

多于此,始置西楼"①,此处用"置",犹如文献中常见之"置某州"者。《辽史·太祖本纪》:"是岁,以兵讨两治,以所获僧崇文等五十人归西楼,建天雄寺以居之,以示天助威威"②,此处以寺建于西楼,其"西楼"当指空间范围。与此相对的是,南方汉人通常径称辽上京为"西楼"。《胡峤陷虏记》云:"遂至上京,所谓西楼也"③;《桯史》曰:"(上京)乃契丹所谓西楼者。"④案:《辽史》虽"在历代正史中最为下乘",然而其本自辽人耶律俨的《皇朝实录》及金人萧永祺、陈大任等人所修之《辽史》,可信度较高;《胡峤陷虏记》乃为胡峤亲手所著,其理解或有所偏差,然而胡峤既说"所谓西楼也",估计是他曾听到将上京称为"西楼"的叫法。因此"四楼建筑说"若想成立,则必须给予上述史料以合理的解释,或者直接否认上述全部史料,这是相当有难度的,因此目前来看,"四楼建筑说"仍旧缺乏坚实的证据。另外从上述史料中可以看出,"四楼"似乎同辽初的某种行政区划制度相关,或者可能为阿保机所置的某种地理区域概念(类似于关树东等学者对于五京道的理解)⑤,这里我们不对"四楼"作为行政区划制度或是地理区域概念的具体内容进行蠡测,仅就同"四楼"相关的史料而言,首先,《辽史·地理志》"祖州天成军"条:"太祖秋猎多于此,始置西楼"⑥,可知祖州与辽上京所在之地均属"西楼"⑦;其次,"西楼非楼",辽上京城市正式开始营建以前,并没有独立的称作"西楼"的建筑存在;再次,辽上京于正式营建之前"有楼数间",已经存在数个可能为楼阁式建筑的建筑物。

---

① 《辽史》卷三七《地理志一》,第500页。

② 《辽史》卷一《太祖本纪》,第6页。

③ 胡峤:《胡峤陷虏记》,赵永春:《奉使辽金行程录》(增订本),北京:商务印书馆,2017年,第9页。

④ 岳珂:《桯史》卷五《赵良嗣随军诗》,北京:中华书局,1981年,第63页。

⑤ 参见关树东:《辽朝州县制度中的"道""路"问题探研》,《中国史研究》2003年第2期,第129—143页;傅林祥:《辽朝州县制度新探》,《历史地理》第二十二辑,上海人民出版社,2007年,第83—89页。

⑥ 《辽史》卷三七《地理志一》,第500页。

⑦ 与此类似的是,《辽史·地理志》记载降圣州"本大部落东楼之地,太祖春月行帐多至于此"(《辽史》卷三七《地理志一》,第505页),又记龙化州"契丹始祖奇首可汗居此,称龙庭。太祖于此建东楼"(《辽史》卷三七《地理志一》,第505页),则可知降圣、龙化二州均属东楼。上述材料亦可佐证上文"'四楼'似乎同辽初的某种行政区划制度相关,或者可能为阿保机所置的某种地理区域概念"之观点。

《辽史》所载神册三年(918)前可能为辽上京所在地的已经存在的建筑物如下：

1. 明王楼。辽太祖二年(908)，"建明王楼"①，辽太祖七年(913)，耶律剌葛叛乱，"其党神速姑复劫西楼，焚明王楼"②，明王楼遭到焚毁。由后文"冬十月甲子朔，建开皇殿于明王楼基"③；"太宗诏蕃部并依汉制，御开皇殿，辟承天门受礼，因改皇都为上京"可知④，明王楼确实位于辽上京所在地中，确切的位置在后来所建的开皇殿处。

2. 天雄寺。辽太祖六年(912)，"是岁，以兵讨两冶，以所获僧崇文等五十人归西楼，建天雄寺以居之，以示天助雄武"⑤，由后文"又于内城东南隅建天雄寺，奉安烈考宣简皇帝遗像"可知⑥，天雄寺也确实位于辽上京所在地内。董新林等认为，"皇城南部有不规整的街道及官署、府第、作坊和寺院基址，其中一座寺院内残存一尊残高4.2米的石刻菩萨像，为天雄寺遗址。"⑦

3. 龙眉宫。"太祖取天梯、蒙国、别鲁等三山之势于草甸，射金龊箭以识之，谓之龙眉宫"⑧，又"秋八月己卯，幸龙眉宫，辖逆党二十九人，以其妻女赐有功将校，所掠珍宝、孳畜还主"⑨，因此"龙眉宫"可能为辽上京所在地的一座建筑⑩。目前尚不清楚其始筑时间，亦不详其何时废弃。

4. 开皇殿。辽太祖八年(914)，"冬十二月甲子朔，建开皇殿于明王楼基"⑪，又"天显元年(926)，平渤海归，乃展郛郭，建宫室，名以天赞。起三大殿：曰开皇、安德、五鸾"⑫。这两条史料相互矛盾，笔者认为，根据

---

① 《辽史》卷一《太祖本纪》，第4页。
② 《辽史》卷一《太祖本纪》，第7页。
③ 《辽史》卷一《太祖本纪》，第10页。
④ 《辽史》卷三七《地理志一》，第499页。
⑤ 《辽史》卷一《太祖本纪》，第6页。
⑥ 《辽史》卷三七《地理志一》，第498页。
⑦ 董新林、陈永志、汪盈：《内蒙古辽上京遗址探微》，《中国文化报》2013年6月7日，第4版。
⑧ 《辽史》卷三七《地理志一》，第496—497页。
⑨ 《辽史》卷一《太祖本纪》，第8页。
⑩ 由"谓之龙眉宫"看，"龙眉宫"亦有可能只是地名而已。
⑪ 《辽史》卷一《太祖本纪》，第10页。
⑫ 《辽史》卷七四《康默记传》，第1356页。

《辽史·地理志》的文法,此处之"起三大殿"乃是约略之说,实际上三大殿的始筑时间可能有所不同。若太祖八年建开皇殿的记载正确,那么开皇殿在神册三年正式开始兴建"皇都"前便至少已经开工。

因此,尽管史料有载:"始建都,默记董役,人咸劝趋,百日而讫事"①,听起来像是"罗马一日建成"的感觉,但是事实上在神册三年"城皇都"之前,辽上京城市的营建工作便已经有条不紊地进行了,明王楼、天雄寺、龙眉宫与开皇殿,均是先于正式开始兴建"皇都"前的首批建设项目。"神册元年(916)春二月丙戌朔,上在龙化州,迭烈部夷离台耶律曷鲁等率百僚请上尊号,三表乃允。丙申,群臣及诸属国筑坛州东,上尊号曰大圣大明天皇帝,后曰应天大明地皇后"②,在上京城尚在建设的过程中,阿保机先于龙化州"上尊号",其后于神册三年(918),契丹政权正式决定宣布"城皇都","梁遣使来聘。晋、吴、越、渤海、高丽、回鹘、阻卜、党项及幽、镇、定、魏、潞等州各遣使来贺"③,可见对于契丹政权甚至是附近各国来说,"皇都"的正式兴建都是非常重要的大事。

契丹政权于明王楼、天雄寺、龙眉宫与开皇殿建设后才决定正式开始兴建"皇都",自然存在其深层次的考量,在没有相关记载的情况下,我们不去多加揣测,在这里仅讨论由于上述兴建逻辑而产生的一个后果,即在契丹政权尚未完成汉化,甚至连契丹政权都尚未成形,其生活习惯尚以"素无邑居"为主之时,其所兴建的建筑必然在更大程度上烙有民族文化及其知识体系的痕迹,并且在"皇都"正式开始兴建之后,尽管阿保机仿照华夏礼制"称帝""上尊号",甚至"诏建孔子庙、佛寺、道观"④,然而受到先期所建建筑的影响,加之可能存在的契丹民族的文化惯性,"皇都"的总体城市形态与空间安排并不能完全消除旧有因素的影响。其东向格局正是一个较为显著的例子。

《旧五代史·外国列传》:"(皇都)屋门皆东向,如车帐之法"⑤,这很容易让人联想到《辽史·百官志》中的"辽俗东向而尚左,御帐东向,遥撵

---

① 《辽史》卷七四《康默记传》,第 1356 页。
② 《辽史》卷一《太祖本纪》,第 10—11 页。
③ 《辽史》卷一《太祖本纪》,第 12 页。
④ 《辽史》卷一《太祖本纪》,第 13 页。
⑤ 《旧五代史》卷一三七《外国列传》,第 2132 页。

九帐南向,皇族三父帐北向"①。契丹国俗"凡祭皆东向,故曰祭东"②,从中可窥见契丹人有着同华夏礼制不同的方位观念,尽管这样的方位观念在不同时期、因不同社会成员个体所处的知识环境而存在着不同,然而通过上述文献记载的梳理与考证,总的来看,不难发现上述方位观念在"皇都"的建设过程中体现在城市空间与城市形态安排上,并对辽上京的形制、布局及下一步的营建修葺工作产生了深远的影响。

(二) 考古材料所见"皇都"之面貌

除了上述文献资料外,近年来涌现的一批考古学材料也为探讨从"前'皇都'时代"到"'皇都'时代"辽上京东向格局之形成提供了帮助。从目前可以见到的考古学材料来看,赤峰巴林左旗辽上京遗址经过系统发掘的辽代遗迹自外至内有:皇城城墙的西门③、东门④及其瓮城;皇城城内的"皇城一号街道"⑤(即皇城南门内大街)及皇城东门内大街⑥;宫城城墙的西门⑦、东门⑧及南门⑨;宫城内的"一号殿址"⑩和"二号院南廊庑"⑪以及

---

① 《辽史》卷四五《百官志一》,第 800 页。
② 《辽史》卷一一六《国语解》,第 1698 页。
③ 董新林、陈永志、汪盈等:《辽上京城遗址首次大规模考古发掘乾德门遗址》,《中国文物报》2012 年 1 月 20 日,第 8 版。
④ 董新林、陈永志、汪盈、肖淮雁、左利军:《辽上京城址首次确认曾有东向轴线》,《中国文物报》2016 年 5 月 6 日,第 8 版。
⑤ 董新林、陈永志、汪盈、肖淮雁、左利军:《2013 辽上京皇城遗址考古发掘取得重要收获》,《中国文物报》2014 年 2 月 14 日,第 8 版。
⑥ 中国社会科学院考古研究所内蒙古第二工作队、内蒙古文物考古研究所:《内蒙古巴林左旗辽上京遗址的考古新发现》,《考古》2017 年第 1 期,第 3—8 页。
⑦ 中国社会科学院考古研究所,内蒙古文物考古研究所,董新林、陈永志、汪盈、左利军、肖淮雁、李春雷:《考古发掘首次确认辽上京宫城形制和规模》,《中国文物报》2015 年 1 月 30 日,第 8 版。
⑧ 中国社会科学院考古研究所内蒙古第二工作队、内蒙古文物考古研究所:《内蒙古巴林左旗辽上京宫城东门遗址发掘简报》,《考古》2017 年第 6 期,第 3—27 页。
⑨⑪ 中国社会科学院考古研究所内蒙古第二工作队、内蒙古文物考古研究所:《内蒙古巴林左旗辽上京遗址的考古新发现》。
⑩ 董新林、陈永志、汪盈、肖淮雁、左利军:《辽上京城址首次确认曾有东向轴线》,《中国文物报》2016 年 5 月 6 日,第 8 版。

靠近皇城西城墙的"西山坡佛寺遗址"[1]。其中多数遗迹经历过多次修缮与营建,结合不同时期遗迹所呈现的地层层位关系以及相关的史料记载,大体能够推断出从"前'皇都'时代"到"'皇都'时代"辽上京东向格局形成时期的相关遗迹,兹梳理如下:

1. 皇城西门、东门及其瓮城。《辽史·太祖本纪》:"癸亥,城皇都"[2];《地理志》:"乃展郭郛,建宫室"[3]。城墙是后期中国古代王朝都城的最重要元素之一,"城皇都"与"展郭郛"亦有修筑城墙之意[4],因此依照中国古代王朝都城修筑的常规逻辑来讲,"'皇都'时代"皇城城墙、皇城西门、东门及其瓮城可能已经存在。文献记载汉城之北"谓之皇城,高三丈,有楼橹。门,东曰安东,南曰大顺,西曰乾德,北曰拱辰"[5],可知皇城西门应名为乾德门,东门应名为安东门。

皇城西门遗址位于辽上京皇城西城墙中部,共经历三次较大规模的营建与修葺过程,其中首次营建的时间应属辽代初期,与"皇都"大规模展开营建的时间较为吻合。根据考古发掘的情况来看,首次营建时的皇城西门遗址共分为城门与瓮城两个部分,其中城门为单门道,门基宽约6.2米,进深20余米,南北墩台发现条石块包墙与外抹白灰面痕迹;瓮城部分平面呈马蹄形,亦仅有一南向门道,宽约5.84米,南北进深约为8米。董新林曾提到"根据门道内外倒塌的砖瓦堆积推测,城门之上应有城楼建筑",但发掘简报中并未提及倒塌砖瓦堆积出于何地层[6]。

皇城东门遗址位于辽上京皇城东城墙中部,同皇城西门遥遥相对。目前尚未公布皇城东门遗址发掘的详细资料,从相关的报道来看,皇城东门在首次营建时亦分为城门与瓮城两部分,其中城门部分呈一门三道格局,门道内残存石地栿、木地栿承排叉柱的建筑结构基础,并且在倒塌堆

---

[1] 中国社会科学院考古研究所内蒙古第二工作队、内蒙古文物考古研究所:《内蒙古巴林左旗辽上京皇城西山坡佛寺遗址考古获重大发现》,《考古》2013年第1期,第3—6页。

[2] 《辽史》卷一《太祖本纪》,第12页。

[3] 《辽史》卷三七《地理志一》,第498页。

[4] "郭郛"常指外城,亦泛指城郭。

[5] 《辽史》卷三七《地理志一》,第499页。

[6] 董新林、陈永志、汪盈等:《辽上京城遗址首次大规模考古发掘乾德门遗址》,《中国文物报》2012年1月20日,第8版。

积内发现了大量的砖木构件,因此可能存在城楼建筑。若上述城楼建筑在皇城东门首次营建时同时营建,则能合"有楼橹"之记载。根据勘探,瓮城部分有一南向门道,具体状况有待进一步发掘①。

2. "皇城一号街道"及皇城东门内大街。上述二街始建年代缺乏文字记载,不过按照常理来说,通常在兴建城门时即同时修建穿过城门的大道,因此推测上述二街于"'皇都'时代"业已存在。

"皇城一号街道"遗迹为南北向,位于皇城中部偏东,北接宫城南门,向南可能通向皇城南门,根据层位关系及遗迹与遗物的变化,可将"皇城一号街道"自营建起从早至晚分为五段。第一段为辽初遗迹,其时代大体与"'皇都'时代"相仿,街道宽度约为17—18米,路面中部高于两侧,其下即为生土层;路西侧发现同时期建筑F30,亦建于生土之上,"坐西朝东,开放式面向街道"。史书记载"正南街东,留守司廨,次盐铁司,次南门,龙寺街"②,但相关报道有"在各阶段的街道和房址中,均发现大量动物骨骼。其中一部分是有切割、磨制等加工痕迹的骨料"的说法,因此"皇城一号街道"路旁临街建筑的性质仍需要进一步讨论③。

皇城东门内大街为东西向、联通皇城东门与宫城东门的道路。根据试掘的情况来看,皇城东门内大街应至少经过三次营建,最早一层路面直接建于生土之上,路面残宽43.5米,其南部有一条浅路沟。根据出土遗物及层位关系,发掘简报认为其始建与宫城东门大体同时④。

3. 宫城西门、东门及南门遗址。从"中有大内。内南门曰承天,有楼阁;东门曰东华,西曰西华。此通内出入之所"记载可知,⑤宫城南门应名为"承天门",西门应名为"西华门",东门应名为"东华门",又由"太宗诏番部并依汉制,御开皇殿,辟承天门受礼,因改皇都为上京",⑥若该条史料记载准确,则可知两点:首先,"'皇都'时代"即存在宫城城墙,因此按理

---

① 董新林、陈永志、汪盈、肖淮雁、左利军:《辽上京城址首次确认曾有东向轴线》,《中国文物报》2016年5月6日,第8版。
②⑤⑥《辽史》卷三七《地理志一》,第499页。
③ 董新林、陈永志、汪盈、肖淮雁、左利军:《2013辽上京皇城遗址考古发掘取得重要收获》,《中国文物报》2014年2月14日,第8版。
④ 中国社会科学院考古研究所内蒙古第二工作队、内蒙古文物考古研究所:《内蒙古巴林左旗辽上京遗址的考古新发现》。

来讲"'皇都'时代"宫城应至少存一门以供出入;其次,南门即"承天门"为"'上京'时代"所辟,因此"'皇都'时代"宫城疑无南门。此外从目前公开的考古学材料来看,尚不能断定宫城西门于"'皇都'时代"是否已经存在。

宫城西门遗址与皇城西门相对,据勘探可知两门间有路相连。相关报道认为该门址在辽代至少经历过两次较大的营建,但不清楚其具体营建状况。从整体的发掘结果来看,宫城西门遗址由两侧的墩台和中间的单门道两部分组成,门道宽度约为6.4米。关于其具体始建时代,还需要等待相关发掘报告的发表①。

宫城东门遗址亦与皇城东门相对,其兴建前,首先在宫城东墙夯筑时预留宽度为22米缺口,再在缺口上夯筑宫城东门并修建相关设施,根据上述现象能够判断,若无意外情况,宫城东门应与宫城城墙几乎同时修建,结合"太宗诏番部并依汉制,御开皇殿,辟承天门受礼,因改皇都为上京"可看出,宫城东门应于"'皇都'时代"即已存在。根据发掘简报,辽上京宫城东门是一座殿堂式的城门,始建于生土层之上,南北面阔31.2米,东西进深13.1米,有较为清楚的柱网结构城门建筑遗迹。发掘简报认为宫城东门的始建年代应在神册三年(918)至天显元年(926)间,是说可从②。

4. "一号殿址"及"二号院南廊庑"遗址。《辽史·地理志》:"天显元年,平渤海归,乃展郭郛,建宫室,名以天赞。起三大殿:曰开皇、安德、五鸾"③,《薛映记》:"北行至景福门,又至承天门,内有昭德、宣政二殿与毡庐"④,加上上文中所提到的"龙眉宫"与"开皇殿",可知辽上京或有开皇殿、安德殿、五鸾殿、昭德殿、宣政殿、开皇殿与龙眉宫等殿堂式建筑。但由于记载不明,加之同"一号殿址"及"二号院南廊庑"发掘相关的报道信

---

① 中国社会科学院考古研究所,内蒙古文物考古研究所,董新林、陈永志、汪盈、左利军、肖淮雁、李春雷:《考古发掘首次确认辽上京宫城形制和规模》,《中国文物报》2015年1月30日,第8版。

② 中国社会科学院考古研究所内蒙古第二工作队、内蒙古文物考古研究所:《内蒙古巴林左旗辽上京宫城东门遗址发掘简报》。

③《辽史》卷三七《地理志一》,第498页。

④《辽史》卷三七《地理志一》引《薛映记》,第500页。

息量有限,因此尚无法将上述遗址同文献记载相对应,从目前的情况来看,亦无法断定其始建时间。值得注意的是,上述遗址均为东向院落式建筑①。

5. "西山坡佛寺遗址",位于辽上京皇城内西南的自然高地上,经正式考古发掘的北组三座圆台型建筑基址均为东向。"西山坡佛寺遗址"同"一号殿址"及"二号院南廊庑"遗址类似,始建时间尚不可考②。

综合上述考古学材料,"'皇都'时代"遗迹多始建于生土之上,"取天梯、蒙国、别鲁等三山之势于草甸"之记载应当可信③;"'皇都'时代"辽上京的皇城东门、皇城东门内大街及宫城东门规模与形制均大于同类建筑,例如皇城东门内大街宽度至少在43.5米以上,而"皇城一号街道"宽仅17—18米,因此就城郭遗迹所呈现的格局来看,"'皇都'时代"辽上京的东向格局确已形成;"一号殿址""二号院南廊庑"及"西山坡佛寺遗址"还不能确定其始建时间,但整体朝向上仍旧偏东,同东向格局的城郭相同,若今后能够证明这些建筑在"'皇都'时代"已经存在,则更能为上述判断增添强有力的证据。

从"前'皇都'时代"至"'皇都'时代"辽上京之发展可总结如下:至少于辽太祖二年(908),即辽太祖称帝后的第二年,契丹政权已经有了在辽上京所在地建都的设想。随后的十年里,尽管辽上京的建筑工作曾受到刺葛之乱的影响,天雄寺、开皇殿等建筑仍旧循序渐进地开始修建。神册三年(918),"皇都"正式展开兴建,其皇城与宫城可能于此时开始修建,朝向为东,至此,辽上京的东向格局正式形成。

二、从"'皇都'时代"到"'上京'时代":辽上京格局的新变化

进入"'皇都'时代"后,契丹政权迅速扩张,并逐渐走向成熟。天显元

---

① 董新林、陈永志、汪盈、肖淮雁、左利军:《辽上京城址首次确认曾有东向轴线》,《中国文物报》2016年5月6日第8版;中国社会科学院考古研究所内蒙古第二工作队、内蒙古文物考古研究所:《内蒙古巴林左旗辽上京遗址的考古新发现》。
② 中国社会科学院考古研究所内蒙古第二工作队、内蒙古文物考古研究所:《内蒙古巴林左旗辽上京皇城西山坡佛寺遗址考古获重大发现》。
③《辽史》卷三七《地理志一》,第496—497页。

年(926)"改渤海国为东丹,忽汗城为天福。册皇太子倍为人皇王以主之"①,契丹政权实质性控制了渤海政权;会同元年(938),"晋复遣赵莹奉表来贺,以幽、蓟、瀛、莫、涿、檀、顺、妫、儒、新、武、云、应、朔、寰、蔚十六州并图籍来献"②,据有燕云十六州的契丹国,其政权性质与统治手段逐渐变化;大同元年(947),耶律德光"亲征晋国,重贵面缚"③,"建国号大辽,大赦,改元大同"④,契丹政权进一步融入中原文明之话语体系;统和二十二年(1005),"宋遣李继昌请和,以太后为叔母,愿岁输银十万两,绢二十万匹"⑤,至此辽国的劫掠战争大体停止,其政权的运作方式、权力结构与形式特征逐步定型⑥,辽国成为"东至于海,西至金山,暨于流沙,北至胪朐河,南至白沟,幅员万里"的大国⑦。

在上述背景之下,会同元年"诏以皇都为上京,府曰临潢。升幽州为南京,南京为东京"⑧,"皇都"正式成为辽之"上京";统和二十五年(1007)"建中京"⑨;重熙十三年(1044)大同军节度"升为西京,府曰大同"⑩,"于是五京备焉"⑪。"五都错峙,帝宅尊乎中上,则大定之分甲天下"⑫,在权力因素影响下,辽人的空间观念与地理认知均有所变化,从宏观角度来看,辽国形成了以五京为政治经济中心城市的地理格局;而从城市空间层位的微观角度来看,以辽上京为例,从"'皇都'时代"至"'上京'时代",辽上京的东向城市格局产生了微妙的变化。综合文献记载与考古学材料,试将辽上京格局出现的新变化分梳如下:

---

① 《辽史》卷二《太祖本纪》,第 24 页。
② 《辽史》卷四《太宗本纪》,第 49 页。
③ 《辽史》卷四《太宗本纪》,第 65 页。
④ 《辽史》卷四《太宗本纪》,第 64 页。
⑤ 《辽史》卷一四《圣宗本纪》,第 175 页。
⑥ 可参见漆侠:《从对〈辽史〉列传的分析看辽国家体制》,《历史研究》1994 年第 1 期,第 75—88 页。
⑦⑪《辽史》卷三七《地理志一》,第 496 页。
⑧ 《辽史》卷四《太宗本纪》,第 49 页。
⑨ 《辽史》卷一四《圣宗本纪》,第 177 页。
⑩ 《辽史》卷一九《兴宗本纪》,第 264 页。
⑫ 《创建静安寺碑铭》,《辽代石刻文编》,石家庄:河北教育出版社,1995 年,第 360 页。

1. "承天门"之开辟。据上文所论,"'皇都'时代"宫城疑无南门,"皇都"改"上京"时,"太宗诏番部并依汉制,御开皇殿,辟承天门受礼"①,此条材料有两条非常重要的线索。

首先是"承天门"其名。《辽史·地理志》:"中有大内。内南门曰承天,有楼阁;东门曰东华,西曰西华"。②北宋东京宫城东门即谓"东华门",西门谓"西华门",③南宋"东苑门曰东华"④,明代南京宫城"南曰午门,东曰东华,西曰西华,北曰玄武"⑤,北京紫禁城"凡庙社、郊祀坛场、宫殿、门阙,规制悉如南京"⑥,亦有东华门、西华门与承天门,其中承天门于清代改名为天安门。上述宫城中,"东华门"与"西华门"均为宫城东西两侧偏门,而承天门为宫城南侧之正门。因此按照上述命名逻辑,辽人可能将名为"承天门"的宫城南门视作正门。

其次,"承天门"为太宗依汉制因礼而辟。南向观念是"汉制"的重要内涵,因此在上述需求下新辟宫城南门不无道理。《辽史》载:

> 十一月甲辰朔,命南北宰相及夷离堇就馆赐晋使冯道以下宴。丙午,上御开皇殿,召见晋使。壬子,皇太后御开皇殿,冯道、韦勋册上尊号曰睿文神武法天启运明德章信至道广敬昭孝嗣圣皇帝。
>
> ……
>
> 二年春正月乙巳,以受晋册,遣使报南唐、高丽。丁未,御开皇殿,宴晋使冯道以下,赐物有差⑦。

契丹受燕云十六州时,开皇殿确实作为重要的礼仪场所,"召见晋使""册

---

①② 《辽史》卷三七《地理志一》,第499页。

③ 参见《宋史》卷八五《地理志一》,第2097页。

④ 《咸淳临安志》卷一《行在所录·宫阙一》,《宋元方志丛刊本》,北京:中华书局,1990年,第3258页。

⑤ 《明史》卷六八《舆服志四》,北京:中华书局,1974年,第1667页。案:《明史·地理志》中的记载同此处不同,为:"……亦南紫禁城,门六:正南曰午门,左曰左掖,右曰右掖,东曰东安,西曰西安,北曰北安。宫城之外门六:正南曰洪武,东曰长安左,西曰长安右,东之北曰东华,西之北曰西华,北曰玄武。"叶骁军曾对此问题进行过考证,参见叶骁军:《南京明宫城门名考辨》,《中国古都研究(第二辑)——中国古都学会第二届年会论文集》,杭州:浙江人民出版社,1984年,第203—207页。

⑥ 叶骁军:《南京明宫城门名考辨》引《明实录·太宗实录》,第206页。

⑦ 《辽史》卷四《太宗本纪》,第48—49页。

上尊号"并举行宴会。在辽上京宫城南门的考古发掘过程中,亦见到仪式性活动所存留的遗迹。宫城南门门道中央有一打破始建路面的动物埋藏坑,坑内发现两副基本完整的狗骨架和两个羊头骨,其位置经刻意摆放,两犬以侧卧的姿势将羊头骨包围在中间①。就目前经过发掘的皇城西门、东门,以及宫城西门、东门来看,尚未见到类似遗迹,说明宫城南门具有特殊性。因此,承天门的开辟可能意味着"'上京'时代"城市格局的变动。

2. 宫城诸门之修缮。修缮状况之不同能够在一定程度上反应宫城不同城门在始建后重要性与地位的变化,从考古材料看,宫城的南门与西门均经过多次修缮或营建,而宫城的东门自始建后仅在局部有所修补。

宫城南门在辽代经历了三次营建,第一次应即会同元年(938)"辟承天门受礼"。先是在宫城南墙上设一豁口(亦可能在修筑宫城南墙时便已预留),再修建夯土墩台、门楼与登临墩台门楼用的马道,墩台与马道外壁抹黄泥。第二次营建对夯土墩台进行了削减调整,并在墩台外改抹白灰皮。第三次营建除了调整夯土墩台外,还对墩台及马道进行了包砖处理。宫城南门的数次修缮均未改变其形制与大小,自始建至被毁,宫城南门始终仅有一个门道。②

宫城西门在辽代经历了两次营建,其首次营建时间不详,报道亦未提及其在第二次营建后同第一次营建相比有何变化。③

宫城东门在"'皇都'时代"首次营建后,仅在台基中部及北部进行过修补,其中台基中部的补夯痕迹超出了东门台基的夯土范围,推测是对路面进行的修补。由于遗迹破坏严重,始建地面大多被晚期灰坑、灰沟破坏,因此并不清楚其始建时的门道数目。董新林曾在相关报道中推测,由于皇城东门为三门道格局,加之由柱网结构遗迹推测门楼为面阔间、进深两间的平面布置,因此宫城东门可能亦为三门道布局④。

---

①② 中国社会科学院考古研究所内蒙古第二工作队、内蒙古文物考古研究所:《内蒙古巴林左旗辽上京遗址的考古新发现》。

③ 中国社会科学院考古研究所内蒙古第二工作队、内蒙古文物考古研究所:《内蒙古巴林左旗辽上京宫城城墙2014年发掘简报》,《考古》2015年第12期,第78—97页。

④ 中国社会科学院考古研究所内蒙古第二工作队、内蒙古文物考古研究所:《内蒙古巴林左旗辽上京宫城东门遗址发掘简报》。

尽管从建筑形制上讲,疑为三门道布局的宫城东门在宫城三门中最为特殊,但宫城南门不但经过的修补次数最多,亦在辽代中后期进行了包砖处理,结合辽代中后期五京制的确立,辽上京在国家政治体系中的重要性减弱,如中京即设"大同驿以待宋使,朝天馆以待新罗使,来宾馆以待夏使"①,宫城南门未改筑为三门道布局亦属合理。

3. 宫城宫殿朝向之变化。目前发现一座重要宫殿基址存在朝向变化现象,该建筑遗址被称为"1号建筑基址",位于宫城最西端的自然高地上,始建时为东向建筑,同宫城东门与皇城东门处于同一条轴线上。在辽代第二次营建的过程中,该建筑的朝向被改为南向。② 由于尚未有发掘报告发表,且亦无文献记载能够对应,因此暂不清楚该建筑改建的具体细节。

4. "汉城"之修筑。《辽史·地理志》:"天显元年,平渤海归,乃展郛郭,建宫室,名以天赞"③。"郛郭",《说文解字注》:"郛、恢郭也。城外大郭也",若此处"展郛郭"记载有修建汉城之意,则说明汉城最早于天显元年就已经开始建设。《辽史·地理志》又载,"南城谓之汉城,南当横街,各有楼对峙,下列井肆",④"城高二丈,不设敌楼,幅员二十七里。门,东曰迎春,曰雁儿;南曰顺阳,曰南福;西曰金凤,曰西雁儿"。⑤《薛映记》:"子城东门曰顺阳"⑥,同《辽史·地理志》的记载相冲突,因此上述城门名称的记载不一定可靠,不过从当前辽上京遗址地表显现的遗迹来看,辽上京皇城南部确实存在子城,该子城修筑于皇城南部,可能也存在着南向布局的考虑。

此外,辽中京的城市空间格局亦可以作为参考。辽中京是辽政权在"澶渊之盟"后所建设的都城。《契丹图志》:"奚地居上、东、燕三京之中,土肥人旷,西临马盂山六十里,其山南北一千里,东西八百里,连亘燕京西山,遂以其地建城,号曰中京"⑦;《辽史·地理志》:"圣宗尝过七金山土河之滨,南望云气,有郛郭楼阙之状,因议建都。择良工于燕、蓟,董役二岁,

---

① 《辽史》卷三九《地理志三》,第 546 页。
② 邱静、王义晶:《契丹皇都"辽上京"遗址考古有重大发现》,《赤峰日报》2017 年 11 月 4 日,第 1 版。
③ 《辽史》卷三七《地理志一》,第 498 页。
④⑤ 《辽史》卷三七《地理志一》,第 499 页。
⑥ 《辽史》卷三七《地理志一》引《薛映记》,第 500 页。
⑦ 叶隆礼:《契丹国志》卷二二《州县载记·四京本末》引《契丹图志》,北京:中华书局,2014 年,第 241 页。

郛郭、宫掖、楼阁、府库、市肆、廊庑,拟神都之制……二十五年,城之,实以汉民"①;《王说墓志》:"建彼皇都,营筑劳神,板图任重,加授户部使,掌户籍,辖民夫。大内既成,宏基已就。功名未显,疾病俄萦。"②根据上述材料,首先,辽中京所在之地本为"奚地",所谓"七节度金山河川地"也,在辽上京城始筑前并无聚落,此同辽上京当年的情况类似;其次,辽中京亦有"皇都"之称,同辽上京有着相似的政治地位;再次,辽中京的城市形态"拟神都之制",从史料来看,辽、宋诸京均无"神都"之叫法,尽管唐代曾短暂将东都更名为"神都"③,但从相关记载来看,《辽史·地理志》中所说的"神都"指的应当并不是唐东都洛阳,而是指"南望云气"所看到的"郛郭楼阁之状"。那么"拟神都之制"所建的辽中京究竟是什么样的呢,《辽史·地理志》引《上契丹事》记载:

> 二十里至中京大定府。城垣卑小,方圆才四里许。门但重屋,无筑阇之制。南门曰朱夏,门内通步廊,多坊门。又有市楼四:曰天方、大衢、通阛、望阙。次至大同馆。其门正北曰阳德、闾阖。城内西南隅冈上有寺。城南有园圃,宴射之所④。

路振《乘轺录》:

> 外城高丈余,步东西有廊,幅员三十里。南门曰朱厦门,凡三门,门有楼阁。自朱厦门入,街道阔百余步,东西有廊舍约三百间,居民列尘肆庑下。街东西各三坊,坊门相对。

> 三里第二重城。城南门曰阳德门,凡三间,有楼阁。城高三丈,有晘睨,幅员约七里。自阳德门入,一里而至内门,内阊阖门,凡三门,街道东西并无居民,但有短墙以障空地耳。阊阖门楼有五凤,状如京师,大约制度卑陋。东西掖门去阊阖门各三百余步。东西角楼相去约二里。⑤

---

① 《辽史》卷三九《地理志三》,第545—546页。
② 《王说墓志》,《辽代石刻文编》,第131页。
③ 《旧唐书》卷六《则天皇后本纪》,载:"改东都为神都,又改尚书省及诸司官名。"中华书局,1975年,第117页。
④ 《辽史》卷三九《地理志三》引《上契丹事》,第549页。
⑤ 路振:《乘轺录》,《奉使辽金行程录》,北京:商务印书馆,2017年,第13—24页。

1959年至1960年,辽中京发掘委员会曾组织对辽中京进行勘探与发掘①,结合上述材料,我们认为辽中京在城市形态与空间安排上呈现以下特点:首先,辽中京自外之内分为外城、内城(第二重城)与皇城。外城位于内城南部,为规整的长方形形态,其同内城的方位关系与辽上京汉城同皇城的方位关系颇为类似,其北墙即内城之南墙。内城亦为规整的长方形形态,其居中偏北的位置坐落有辽中京的皇城,为近乎规整的正方形,其北墙即内城之北墙。外城、内城与皇城共同以朱夏门、阳德门、闾阖门为轴线,呈现坐北朝南的格局,其轴线所在的位置有大道相通,宽度达到64米,应为辽中京最重要的干道。

综合上述材料,"'皇都'时代"至"'上京'时代"辽上京格局所出现的变化如下:在"'皇都'时代"所形成的东向城市格局的基础之上,在部分建筑及区域上呈现出对东向格局的消解与破坏,承天门的开辟、宫城城门的不断修缮、宫殿朝向的变化与汉城的修筑使南向格局不断显现。位于这一时期所兴建的辽中京亦能作为这一变化过程中有价值的参考,其显著的南向格局与都城规制反映了此时辽人在认知与认同上同"'皇都'时代"的差异,这有助于我们更好地理解上述新变化同权力因素之间的关联。

值得注意的是,辽上京城市格局出现的上述新变化并不意味着其东向格局的根本性改变。"'皇都'时代"其城郭、宫室与主要建筑便已悉数落成,其时所形成的东向格局伴随建筑的沿用可能延续至辽末。除了上文中所提到的皇城、宫城东门一直沿用的三门道格局以外,辽上京的很多建筑仍旧保持东向的形态,如薛映于上京所见,"北行至景福门,又至承天门,内有昭德、宣政二殿与毡庐,皆东向"②。考古勘探亦发现了更多沿用至辽末的东向格局建筑③。"'上京'时代"所出现的南向格局建筑的究竟在多大程度上改变了辽上京的城市格局,仍需进一步进行探讨。

---

① 辽中京发掘委员会:《辽中京城址发掘的重要收获》,《文物》1961年第9期,第34—40页。
② 《辽史》卷三七《地理志一》引《薛映记》,第500页。
③ 参见中国社会科学院考古研究所内蒙古第二工作队、内蒙古文物考古研究所:《内蒙古巴林左旗辽上京遗址的考古新发现》;董新林、陈永志、汪盈:《内蒙古辽上京遗址探微》,《中国文化报》2013年6月7日,第4版。等。

小结与余论

根据上述讨论,我们认为在辽上京城市形态的历时性演变过程当中,其方位格局存在着较为明显的变化。从辽上京预谋修建到神册三年辽上京城市格局初步形成,辽上京呈现出强烈的东向格局特征,其城郭、建筑与道路多东向,并形成以皇城东门、宫城东门及宫城内宫室建筑为关键点的东向轴线。随着契丹政权形式与性质上的中原化,在上述东向格局的基础之上,辽上京的城市形态呈现出诸多新的变化,以特征性建筑上的方位表达为代表,南向格局形制的大量出现,呈现出对既有东向格局的突破与消解。因此,辽上京的城市格局问题并非是一个简单的"坐西朝东"还是"坐南朝北"的问题,其格局的历时性动态变化,不单单在空间表达上使辽上京的空间安排呈现出某种复杂性,更以上述过程作为表征,反映出辽人在上述时空环境下的方位观念之变化。

辽初上京东向格局的形成,某种程度上体现着契丹政权在权力表达的过程中,试图对不同族群进行整合时所产生的冲突现象。根据相关记载来看,"劫掠—安置"模式并不能使劫掠而得的定居人口在契丹部族的政权结构中得到有效之整合,因此双向性统治宣誓手段的出现便成为此时契丹政权在权力运作当中的突出特点。从此时辽上京的实际格局来看,营建城郭宫室是出于向受中原文化影响的定居者表达权威的需要;而屋门东向,则应和了向漠北游牧部族展示权威的需求。因此,辽上京早期的东向型城市形态并非仅仅是契丹民族与宗教文化传统的外在表达,而是上述话语、权威的根本性冲突下的一种"妥协式的平衡"。

辽中期上京格局的新变化,意味着辽政权体系内上述平衡性的破坏与冲突的加剧。"妥协式的平衡"剥夺了任何一种"文明话语"在政权中的垄断可能,而渤海、燕云十六州等带有浓厚中原文明色彩地区的纳入,造成了权威表达的严重失衡,辽政权被迫以更加偏向中原文化的话语进行权力的表达。从此时辽上京实际格局出现的新变化来看,"汉制""礼仪"等中原文明语境下的概念成为新建筑营建的重要参考因素,平衡下的混合式城市格局以"多元形态"的面貌呈现出实质性的消解。其在政治维度上的表现便是混合式政治体制的消解与双轨制政治体制的成熟:"四时捺钵"与"五京制"、"北面官"与"南面官"①,其核心便是冲突下所形成的另一种"动态平衡"。

中国古代城市发展的一条基本线索便是"权力"同"城市"的关系,权力因素常常伴随着城市的规划、建设、发展、衰落与废弃,在城市的整个生命周期中发挥重要的作用。夯土城墙、宫殿基址与周遭的高规格墓葬,均是自新石器时代始城市遗迹中的重要元素。春秋战国以来,文献中可考的礼仪性建筑、礼制性布局与礼俗性活动勾勒出以权力为核心的城市生态的巨大图景:权力网络下的礼仪、社会交往与社会行为;话语体系中的个体——空间互动、空间认知与空间安排;建筑、个体同政治的内在关联性——这样的图景究竟以何种形式展开?其互动又以何种形式发生与完成?我们仍然需要更多的实例性研究以补全这张宏大的拼图。

因此,在考证辽上京城市形态变化的基础之上,我们希望上述考察能够对探索由城市形态进一步认识中国古代城市同权力因素间的关联起到一定的帮助。

---

① 参见陈晓伟:《捺钵与行国政治中心论——辽初"四楼"问题真相发覆》;尤李:《辽金元捺钵研究评述》,《中国史研究动态》2005年第2期,第9—16页;傅林祥:《辽朝州县制度新探》;李大龙:《多民族国家建构视野下的游牧与农耕族群互动研究——宋金时期游牧行国体制与王朝藩属的第二次对峙和重组》,《暨南学报》(哲学社会科学版),2017年第5期,第89—105页;杨军:《辽朝南面官研究——以碑刻资料为中心》,《史学集刊》2013年第3期,第3—19页。

"苟具其数,不求其良":明代地方军器制造体系研究

高闻康

军事制度是明史研究的重要话题之一,对于厘清明代国家权力结构及其运作机制有着重要意义,如美国学者鲁大维(David Robinson)所说,对军事制度的密切关注可以更充分地揭示中国政府与各种社会行为体之间复杂多变的互动关系的真实限度。[1]具体来说则是要与政治控制、社会经济变迁、王朝财政和文化价值观等结合起来,探讨其间的相互作用[2]。在讨论明代军事制度时,学者对地方军器制造管理体系亦曾有所涉及,其研究成果又大致可分为两类:一是对明代军事手工业或典章制度的宏观研究[3],二是选取某一具体区域或特定的研究对象进行专门的

---

[1] David Robinson, "WHY MILITARY INSTITUTIONS MATTER FOR MING HISTORY," *Journal of Chinese History*, vol. 1, Special Issue2(July 2017), pp. 297 – 327.

[2] David Robinson, "WHY MILITARY INSTITUTIONS MATTER FOR CHINESE HISTORY CIRCA 600 – 1800," *Journal of Chinese History*, vol. 1, Special Issue 2(July 2017), pp. 235 – 242.

[3] 这类的研究成果多为对明代地方军器制造体系基本情况的介绍,如陈诗启:《明代官手工业的研究》,武汉:湖北人民出版社,1958年,第51、59、62—63页;刘展:《中国古代军制史》,北京:军事科学出版社,1992年,第449—462页;陈高华、钱海皓:《中国军事制度史·后勤制度卷》,郑州:大象出版社,1997年,第297—315页;张德信:《明朝典章制度》,长春:吉林文史出版社,2001年,第429—432页;肖立军:《明代中后期军事制度研究》,博士学位论文,南开大学历史系,2005年,第183—188页;王兆春等:《中国古代军事工程技术史(宋元明清)》,太原:山西教育出版社,(转下页)

探讨。① 即便如此,目前学界对此问题的相关认识仍然没有完全明晰,这一体系从产生到确立,经历了一个怎样的发展过程?地方所成造的各类军器可谓数目浩繁,但为何明军仍然陷入了无械可用的窘迫局面?在明朝中后期货币白银化的浪潮下,地方军器制造体系又发生了什么样的变革?诸如此类的问题,均提示着我们有必要对明代地方军事手工业展开更进一步的研究。本文即欲通过对相关史料的分析整理,以期取得更加完备的认识。

一、明代地方军器制造体系的建立

明代的地方军器制造体系基本上是承袭元朝而来,二者在成造机构、工匠来源以及军器解京等诸多方面都具有一定的相似性②。明初军兴仍频,明廷在很长一段时间内都未能进行条理化的制度设计,使得明朝建国之初的地方军器制造略显混乱。从考古发掘结果来看,洪武初年所铸火铳既有出自卫所,也有出自府州③,可见明初地方卫所、府州在军器制造

(接上页)2007年,第197—205页。此外,肖立军在对省镇营兵后勤供应问题的研究中,提出有司成造军器的职能有向卫所转移的趋势,又对诸如"军三民七"的实施时间等细节性问题进行了考证。见肖立军:《明代省镇营兵制与地方秩序》,天津:天津古籍出版社,2010年,第300—321页。

① 如李伯重:《万历后期的盔甲厂与王恭厂——晚明中央军器制造业研究》,赵轶峰、万明主编:《世界大变迁视角下的明代中国:国际学术研讨会论文集》,长春:吉林人民出版社,2012年,第170—210页;赵岩:《明1368—1571山西边军后勤补给初探》,硕士学位论文,天津师范大学历史系,2012年,第28—42页;赵阳阳:《明代固原镇研究》,博士学位论文,陕西师范大学历史系,2017年,第245—257、260—264页;石涌:《明代九边所需军器的制造与革新》,天津师范大学历史系硕士学位论文,2021年,第9—70页。

② 对于元代军器制造的相关研究,可以参看胡小鹏、程利英:《元代的军器生产》,《西北师大学报(社会科学版)》2004年第2期,第45—49页;丛海平:《元代军事后勤制度研究》,博士学位论文,南开大学历史系,2010年,第112—119页。

③ 1971年,在内蒙古自治区曾经出土了四尊洪武前期所造火铳,其中三尊刻有铭文。在这三尊火铳中,两尊造于凤阳府,另一尊造于袁州卫器局。见崔璿:《内蒙古发现的明初铜火铳》,《文物》1973年第11期,第55—57页。永乐以后,明朝政府即对火器制造采取较为严格的管理措施,将其制造权重新收归中央。直到正统初年以后,明廷才逐步放开了对地方制造火器的禁令(张志军:《论明代允许地方自(转下页)

方面的职能区分不甚明显。但随着各类制度的逐渐完善,明朝在地方建立起了分属布政司与都司两大系统的军器制造体系,①以下将对其建立完善的过程分别展开论述。

（一）司府州县系统的军器制造

早在洪武八年(1375),明太祖即命令山东等省设局,"造甲胄给军士"②。至洪武十一年(1378),明太祖下诏修整武备,命工部"以岁造军器之数著为令",其中"甲胄之属一万三千四百六十五,马步军刀二万一千,弓三万五千一十,矢一百七十二万",并且明确了各地分摊的数额③。对于这部分军器,明廷并未要求地方将其解送京师,应当是存留当地备用。

然而,学界对于洪武十一年所定有司成造军器数目的相关认识,尚存在不小的偏差,或默认其继续成造④,或未正面回应⑤。事实上,短短三年以后,由于"天下府县、卫所岁造甲胄弓矢之属,民多劳扰",明太祖"以四方宁谧,当与民休息,故命罢之"⑥。但从后面的情形来看,这项任务仅仅

（续上页）已制造火铳的时间和地点》,《宁夏社会科学》2004 年第 3 期,第 83—86 页)。由于各地解禁时间不一,且其并非例行制造,故不在下文探讨范围之内。

① 明中叶以后,卫所军政日益败坏,营兵制逐渐成为主流。虽然各镇营兵也开始自行制造军器,但当地都司卫所在后勤保障方面的职能并未被取代(肖立军:《明代省镇营兵制与地方秩序》,第 523—534 页)。此外,周孝雷曾指出,明代广东地区的兵器制造机构还包括兵备道系统(见周孝雷:《明代广东的海防军器及其修贮基地》,鸦片战争博物馆编:《明清海防研究》,第 8 辑,广州:广东人民出版社,2015 年,第 292—310 页)。但是所谓兵备道系统的军器局,其所用工匠仍然由相关卫所调拨(嘉靖《惠州府志》卷一〇下《兵防志下·军器》,《天一阁藏明代方志选刊》,第 48 册,上海:上海古籍书店,1961 年,第 719 页),只是主管官员代之以兵备道。这与嘉靖以后浙江都司下属诸卫所将料银径解省府统一成造性质相似(嘉靖《临山卫志》卷一《军器》,《中国方志丛书》,华中地方,第 564 号,台北:成文出版社有限公司,1983 年,第 60 页),都是为提高产品质量而进行的集中生产,本质上仍然未超出都司卫所的范畴。基于以上考虑,本文仅将明代地方军器制造体系分为布政司与都司两大系统。

② 《明太祖实录》卷一〇二,洪武八年十一月辛巳,台北:"中研院"史语所,1962 年,第 1724 页。

③ 《明太祖实录》卷一一八,洪武十一年五月丙子,第 1928—1930 页。

④ 赵岩:《明 1368—1571 山西边军后勤补给初探》,第 40 页。

⑤ 王兆春等:《中国古代军事工程技术史(宋元明清)》,第 202 页。

⑥ 《明太祖实录》卷一三五,洪武十四年正月壬子,第 2141 页。

是暂时停止而非彻底罢废。在洪武十六年(1383)以及十七年(1384),明廷曾两度对部分布政使司及直隶诸府追加派额①,足见所谓"与民休息"仅是暂时性的。洪武二十三年(1390),明太祖同样以"天下岁造弓箭扰民"为由,"令工匠轮班赴京成造"②,然此制实行未久,地方有司于洪武二十六年(1393)再度承担起了制造弓箭的职责,明廷还首次"令各处布政使司岁造进贡"③。

  因此,经过以上频繁的变动以后,地方司府州县实际所成造的军器,已与洪武十一年所定"天下岁造军器之数"的有关规定有着不小的出入。据《徽州府志》记载,洪武年间当地"杂造局季造弓一百七十五张,腰刀三百把,其余头盔、铁甲、弦箭等项随时所需,未有定额"④,而《永乐大典》所载湖州府常课岁办军器,也与之相似⑤。可见在正常情况下,各地只须成造弓、腰刀即可。

  至永乐年间,对于洪武十一年规定的甲胄、马步军刀等项,明廷似已不再要求地方成造。宣德六年(1431),温州府知府何文渊奏称,"本府属县自永乐十年至宣德五年,逋欠岁造弓三万七千一百九十三张,箭二十五万二千三百二十一枝,弓弦一十七万四千五百二十六条"⑥,已出现了类似后来《大明会典》中所记各布政使司须成造弓、箭、弦的配置。正统时期(1436—1449),湖广澧州知州蒋肇上疏提及,"本州岁办弓箭解京,至沿途损敝",后英宗答复"今后弓箭令所司用心提督成造,输送到者即从公辩验收受"⑦。在这则材料中,无论是蒋肇的上疏抑或是英宗的批复,均未言及地方在岁办弓箭以外仍须造解其他军器,亦可为证。

  根据洪武二十六年(1393)的规定,各处布政使司皆有造解弓箭的任

---

① 《明太祖实录》卷一五八、卷一六四,洪武十六年十一月己酉、洪武十七年八月己卯,第2441、2536页。
② 万历《大明会典》卷一九二《工部十二·军器军装一》,扬州:广陵书社,2007年,第2606页。
③ 《明太祖实录》卷二二九,洪武二十六年九月乙丑,第3357页。
④ 弘治《徽州府志》卷三《食货志》,《四库全书存目丛书·史部》,第180册,济南:齐鲁书社,1996年,第670页。
⑤ 解缙等:《永乐大典》卷二二七七,北京:中华书局,2012年,第886页。
⑥ 《明宣宗实录》卷七七,宣德六年三月甲戌,第1788页。
⑦ 《明英宗实录》卷一二四,正统九年十二月壬申,第2488页。

务。但对布政使司这样主管民政的机构而言,制造军器终非其本来职责,军器局、杂造局等机构亦"不系额设衙门"①,所以部分地区的造解任务后来已逐渐废止。由于现存史料中的相关记载相对较少,对于废止时间、涉及地区等具体问题今已难以考证。不过可以明确的是,随着造解任务的取消,许多地方都较为普遍地经历了一个裁并司府州县军器局的过程,亦即肖立军所指出的有司成造军器的职能有向卫所转移的趋势②。从各地的具体情况来看,有司军器局的裁撤并非同步完成,其动因主要出自于地方官员的主动请求,而不是明廷中央的统一部署。如正统六年(1441),巡抚右佥都御史罗亨信称,山西大同府"杂造局久无造作,官吏闲旷,宜裁省"③。同年八月,陕西平凉府知府陈杰也以类似的理由,请求裁撤该府杂造局④。

至迟在弘治年间,造解弓箭的任务被明廷调整分派到浙江等地,此后再未有所改变,这一部分亦即地方行政系统所须例行造解的全部军器。其成造数额曾屡有所变化,兹以两朝《明会典》所见整理如下表:

表1 《会典》所记弘治、万历年间部分布政司解京军器数额表(单位:件)⑤

布政司	弘治年间			万历年间		
	弓	箭	弦	弓	箭	弦
浙江布政使司	12077	200000	110785	22000	220000	110000
江西布政使司	25896	198796	129292	25873	198879	132008
福建布政使司	16000	199962	79963	16000	200000	79500
湖广布政使司	574	191330	2862	574	191333	2867
南直府州	2960	330000	14800	2320	224000	12807
合计	57507	1120088	337702	66767	1034212	335975

可能引起争论的是《工部厂库须知》中的一些记载,在此有必要进行

---

① 《明英宗实录》卷一〇,宣德十年十月丙辰,第197页。
② 肖立军:《明代省镇营兵制与地方秩序》,第304—305页。
③ 《明英宗实录》卷七六,正统六年二月癸巳,第1508页。
④ 《明英宗实录》卷八二,正统六年八月庚午,第1637页。
⑤ 本表据《大明会典》相关内容制成。见万历《大明会典》卷一九二《工部十二·军器军装一》,第2612、2615—2617页。

说明。《工部厂库须知》卷六记有各地解至工部的"军装本折"数目。在南直隶诸府名下,除弓、箭、弦外,还记有若干"副"军器(见下文),如淮安府下记有军器320副①,似与上文所得结论背离,实则不然。从根本上说,这里所涉及的其实是府州县与卫所之间的关系问题。此处所记载的军器副数,并非是指由这些府负责成造,而是由驻防在该府辖区的卫所承担,只是由于明代中后期卫所的职能逐渐向府州县转移,"军、民系统间的严格分际渐趋模糊",为了便于统计才归到某府名下②。换言之,淮安府下所列军器320副,其所指代的乃是位于该府政区内的淮安、大河、邳州三卫③造解军器数目之和④,这正与该书后文所记载的浙江等地名下的军器副数,为该省诸卫所岁造之和原理一致⑤。

(二)都司卫所系统的军器制造

在明太祖看来,由卫所成造军器在某种意义上属于"劳民"之举。洪武十五年(1382),广州左卫曾奏请造兵器以御倭,但明太祖却答复,"兵以卫民,今欲御寇而以兵器役民,是民未被寇先有劳费,非所以安之也。自今天下卫所兵器有缺,宜以军匠付布政司,听其置局,以民匠相参造之,毋令卫所造作劳民"⑥。可见在明太祖本来的设想当中,司府州县才应当是

---

① 何士晋:《工部厂库须知》卷六《虞衡司》,《续修四库全书》,第878册,上海:上海古籍出版社,2002年,第572—574页。
② 于志嘉:《卫所、军户与军役:以明清江西地区为中心的研究》,北京:北京大学出版社,2010年,第195页。
③ 万历《淮安府志》卷七《兵卫志》,《天一阁藏明代方志选刊续编》,第8册,上海:上海书店,1990年,第526—528页。盐城守御千户所虽然位于淮安府境内,每年亦须造解20副,但其系"卫属守御千户所",隶属于扬州卫(参李新峰:《明前期军事制度研究》,北京:北京大学出版社,2016年,第63—65页),故不计入《淮安府志》,而载于扬州地区的方志之中(见嘉靖《惟扬志》卷一〇《军政志》,《四库全书存目丛书·史部》,第184册,第599页)。
④ 三卫成造数目分别为160副、80副、80副,见万历《大明会典》卷一九二《工部十二·军器军装一》,第2615页。
⑤ 何士晋:《工部厂库须知》卷六《虞衡司》,《续修四库全书》,第878册,第574—575页。不过,《工部厂库须知》成于万历末年,各省军卫成造军器的具体数目已与修于万历初年的《会典》略有出入,但大体相近。
⑥ 《明太祖实录》卷一五〇,洪武十五年十一月庚午,第2364—2365页。

军器制造的主要单位。因而在洪武二十二年(1389)以前,明廷对地方军器制造体系的整顿基本上局限于府州县系统,较少涉及卫所,诸卫所是否设局则情况不一。

迟至洪武二十二年(1389),明太祖始令各卫所自行设立军器局①,但其所造,"止是各照原额旗军若干,额造盔甲枪刀弓箭若干,给与披执。缺欠损坏者,每年查数补造"②,从而基本保证军伍内部器械的必要补充及日常维护。在明朝前期,地方卫所成造军器虽然须经过层层审核,最终经过五军都督府的批准才能执行,"凡在外都司卫所,遇有造作,千户所移文达卫,卫达都指挥使司,司达五军都督府,奏准方许兴造"③,但仍然保留了一定的自主性。正统初年,巡按御史李果上疏说:

> 成造军器,各处卫所官吏视为泛常,甚至有恣肆贪婪、侵克物料者。夫物料皆民所出,倍取诸民而苟于成造,则兵无实用,民遭横毒。况各卫军器初无定数,任其自造,军匠与物料众者,军器反寡。乞敕该部于天下卫所,量其军匠多寡,定与物料则例,使各如数造之,其收造放支仍置簿书备查,岁终类册奏缴,庶革弊利民④。

可见从洪武二十二年直至正统初年,明廷都没有对地方卫所制造军器的数目做出统一的要求,而是将权力完全下放到了卫所,后来也仅规定地方成造完毕后应按时向中央报备。正统四年(1439),明廷令"各卫所月具所造军器数以报",后因铜鼓、五开、偏桥等卫地处偏远,遂从湖广都司之请,允其"岁终一报"⑤。

---

① 《明太祖实录》卷一九五,洪武二十二年正月庚午,第2932页。肖立军指出,《会典》对于此事的记载有误,将其年份误作洪武二十年,见肖立军:《明代省镇营兵制与地方秩序》,第304页。

② 陆容:《式斋先生文集》卷三三《浙藩文稿下》,《浙江等处承宣布政使司右参政臣陆容谨奏为条陈时务事》,《原国立北平图书馆甲库善本丛书》,第720册,北京:国家图书馆出版社,2013年,第517页。

③ 《明太祖实录》卷一九五,洪武二十二年二月壬戌,第2932页。

④ 《明英宗实录》卷六〇,正统四年十月戊寅,第1142页。

⑤ 《明英宗实录》卷五一,正统四年二月辛酉,第980页。正德《大明会典》据此记载,(正统)"四年……又令天下各卫所所造军器每月具报,惟湖广铜鼓等卫路远者岁终一报"(见正德《大明会典》卷一五六《工部十·军器军装》,文渊阁四库全书,第618册,台北:商务印书馆,1986年,第538页)。万历年间重修《大明会典》时,(转下页)

李果的建议得到了明廷的批准,但受限于史料的缺失,明朝政府在此以后做出了怎样的调整,已是不得而知。景泰二年(1451),明廷对天下各卫所都规定了一定数额的成造任务,"每卫岁造军器一百六十副,每所四十副"①。所谓"副"是若干军器的合计单位,每副一般包括"盔、甲、腰刀各一件,弓一张,弦二条,箭三十枝,撒袋一副,铳箭五枝",每两副还须加团牌一面、长枪一根,后团牌改为长牌、长枪改为斩马刀②,但在地方实践中则未必能完全照此执行③。

　　明制,"凡军卫衙门派造军器各有定额,逐年起解,运赴京师,输之武库,以备军旅之用"④。弘治年间,明廷以景泰朝所定成造指标为准,规定浙江等腹里地区的卫所每年都须解送军器进京。对于陕西等边远地区,明廷则特许当地卫所岁造军器可以尽数存留本地给军⑤。至万历朝,明

(接上页)却将此事误记为"宣德四年,令天下各卫所所造军器每月具报,湖广铜鼓等卫路远者岁终一报",见万历《大明会典》卷一九二《工部十二·军器军装一》,第2610—2611页。

① 从后文所列"今各军卫有司岁额军器"的记载来看,这里的"所",为有别于普通所的守御千户所。如浙江都司下所列36所,虽然隶属关系不同,或归卫管辖如三江千户所(万历《绍兴府志》卷三《署廨志》,《四库全书存目丛书·史部》,第200册,第390页),或直属都司如海宁千户所(《明史》卷九〇《兵志二》,北京:中华书局,1974年,第2197页),但均为守御千户所。见万历《大明会典》卷一九二《工部十二·军器军装一》,第2612—2613页。

② 万历《大明会典》卷一九二《工部十二·军器军装一》,第2611页。

③ 如彰德卫岁造军器9919件,其中盔、甲、腰刀各160件,铳箭则有1600枝,显然并未按照一"副"的比例进行成造。见嘉靖《彰德府志》卷三《建置志》,《四库全书存目丛书·史部》,第184册,第375页。

④《明神宗实录》卷七七,万历六年七月辛未,第1662页。

⑤ 万历《大明会典》卷一九二《工部十二·军器军装一》,第2611—2612页。明代卫所的管理关系较为复杂,判定某卫所成造军器是否解京,主要依据在于其隶属关系,而非地理位置。以潼关卫为例,虽然其位于陕西境内,但却接受北直隶的管辖。所以,潼关卫需要承担"陕西都司卫所无需承担的一些特殊任务",如漕运、京操等相关研究见高寿仙:《明代潼关卫与北直隶关系考论》,《故宫博物院院刊》2016年第6期,第6—16页),而造解军器亦是如此。此外,明朝末年由于北方局势紧张,仅靠各处例行造解与京师自制已难以满足战事所需,明廷也会命令这些地区解运部分军器至京,如崇祯年间贵州即解送了长刀、火铳、斧头等物。见《兵部行〈贵州总兵标下守备郑惟德续解到军器事〉稿》,"中研院"史语所编:《明清史料·辛编》,第1本,北京:中华书局,1987年,第108页。

朝为每个卫所都单独确立了造解数额,不再拘于景泰年间的僵化规定,同一地区即便规模相同的卫所,它们所需承担的额度也可能有所不同。以福建为例,按照《明会典》的记载,万历年间镇东等三卫每年各须解100副,福宁等十二卫每年各须解80副,镇海卫每年只须解60副①。若仅从卫所编制来看,镇东卫、福宁卫以及镇海卫俱下辖7所②,但它们所成造的数额却完全不同。兹以两朝《明会典》所见整理如下表:

表2 《会典》所记弘治、万历年间部分都司造解军器数额表(单位:副)③

都 司	弘治二年	万历初年
浙江都司	1380	2000
江西都司	540	460
福建都司	880	1680
福建行都司	420	
山东都司	1380	1600
河南都司	780	884
大宁都司	900	
北直隶诸卫	3120	1426
南直隶诸卫	3060	4600
总计	12460	12650

对于《明会典》所记载的这些数目应如何理解,学界尚存在争议。张德信将之视为地方各卫所成造军器的全部数目④,王兆春则主张《明会典》所记乃是各都司上交军器的副数,在此以外各都司每年还会制造本地所需军器⑤。实际上正如崔瑞德(Denis Twitchett)所指出的那样,明代"地方分权延及到具体的政策制定与执行等方面,各地情况更为复杂",

---

① 万历《大明会典》卷一九二《工部十二·军器军装一》,第2613页。
② 乾隆《福建通志》卷一六《兵制》,文渊阁四库全书,第527册,第607页。
③ 本表据《大明会典》相关内容制成。见万历《大明会典》卷一九二《工部十二·军器军装一》,第2611—2615页。
④ 张德信:《明朝典章制度》,第430页。
⑤ 王兆春等:《中国古代军事工程技术史(宋元明清)》,第203页。

"已经不可能再简单地对明帝国作出总体上的概括"①,在军器成造方面同样也是如此。据正德《漳州府志》记载,漳州卫确如王兆春所言,专门拨出经费成造"镇库军器"②,甚至比解京军器更为实用③,嘉靖时江西袁州、赣州等卫也存有一定数目的"岁造贮库"军器④,但与其处于同一时代的滁州卫,情况却大为不同。嘉靖初年,王邦瑞出任滁州知州⑤,他在为重修滁州卫军器库所作的记中这样记载:

> 滁州城中西北隅,旧有滁州卫军器库云。予初视滁,求其故不得。召耆老而问之,或曰国初时遗器也,库而藏之;或曰卫岁造也,藏之以豫,罔适主……乃会蔡指挥勋同视,得军器数若干。间阅枪箭,或书纪年,远之则有宣德四年造者,近之则有成化十三年造者,然后知为岁造无疑也。盖卫中每岁必造军器,弘治以前则存贮各境,即此是也,继后定运京之制,故无贮焉⑥。

由此,滁州卫在完成明廷规定的造解任务以外,已不再从事额外的军器生产。从各地方志保留下的记录来看,这似乎是一个普遍的现象。对于卫所军士而言,应付朝廷明文规定的造解差事已殊为不易,更不必说成造额外的器械,而且腹里地区社会秩序总体稳定,对于军器的需求较小。总之,在经历了景泰、天顺、成化三朝统一规定卫所军器生产规模以后,明朝又部分恢复了地方卫所在制造军器方面的自主权,但此时已无大规模战事,多数卫所并未额外成造。

每当地方被灾或因各种原因无力承担成造任务时,明廷还会酌情调

---

① 黄仁宇:《十六世纪明代中国之财政与税收》,崔瑞德:《序》,阿风等译,北京:生活·读书·新知三联书店,2001年。
② 正德《漳州府志》卷三二《工纪·廨署志》,厦门:厦门大学出版社,2012年,第1958—1962页。
③ 万历年间重修《漳州府志》时,作者在"解京军器"下附加按语,言"此乃解京军器,非今所用战阵之器。且其所造,不过盔甲弓刀之类,以为观美之具而已。若今之所用,有长短刀,有镖枪、扒笼、藤牌、铳、弩之类,不一而足",见万历癸酉《漳州府志》卷七《兵防志》,第251页。
④ 《明世宗实录》卷三八,嘉靖三年四月己巳,第960页。
⑤ 《明史》卷一九九《王邦瑞传》,第5270页。
⑥ 王邦瑞:《修军器库记》,万历《滁阳志》卷一三《艺文志》,《中国方志丛书·华中地方》,第687号,第950—951页。

整,准许当地卫所暂时停造,待日后补还①。明廷也会主动对各卫造解数目进行变动,这就使得各处成造数额与《明会典》所列往往不完全一致。这不仅导致了军器征解的混乱,而且也为朝廷的加征创造了可乘之机,所以地方政府对此颇有意见。崇祯年间,江西巡按御史王万象即奏称:

> 查《会典》开载江省三卫十一所,岁额军器四百六十副,后又增九江卫一百六十副,则《会典》所不载者也。又查《会典》开载江省岁额弓二万五千八百七十三张、箭一十九万八千八百七十九枝、弦一十三万二千零八条,此皆炳如日星、班班可考,而历年以来多寡之数各有不同,增减之故,茫无可稽。臣等查阅今次部文,未开盔若干项、甲若干件、刀若干把、弓若干张、箭若干枝、弦若干条,该司无凭遵造。窃觇皇上政先法祖,每事必讨旧章而恢复之,则新颁军器之数,乞敕该部复议,奉《会典》而定画一,永示遵守,俾臣等檄行该司,遵照确数督造解纳可也②。

可见正是由于历年造解数目增减不定,使得工部实际下达的指标与地方引以为据的《会典》出现了分歧,加重了地方的负担。对此问题,《临山卫志》的作者即曾论述道,"今以军需定例开列于后,俾官知用之者有定额,而不容于过取;军知供之者有定数,而不虑其过多,庶公务得以举行而卒伍不至于贫困"③。

总体而言,通过这一体系,明朝在全国范围内普遍设立了军器制造机构,这对于明朝政府调配地方资源以加强军事建设,以此充分保证各地军器的有效供应,无疑具有很大的积极意义。各腹里地区的司府州县、都司卫所岁造军器需要解送进京,则有利于保持中央对地方的军事优势,"国家建都燕京,各省直岁造军器辇致内库,凡为强干计也"④,对于维护明朝统治的稳定起到了十分重要的作用。至于边疆地区的卫所,因军事压力

---

① 《明宪宗实录》卷二五七,成化二十年十月己卯,第4351页。
② 王万象:《巡按江西监察御史王万象题本》不分卷《题为军器奉颁新式敬陈紧要事宜恳祈敕部覆议恭请圣裁以裨实用事》,《四库未收书辑刊》第4辑,第19册,北京:北京出版社,1997年,第25—26页。
③ 嘉靖《临山卫志》卷一《军器》,《中国方志丛书·华中地方》,第564号,第60页。
④ 《明神宗实录》卷一五,万历元年七月辛丑,第466页。

较重,明廷则准许将岁造军器留存地方,正如申时行所指出的那样,"军器局造就物产之便,免转运之艰,且损原数以求实用,省查盘以息烦扰,此边方至计也"①。

二、"器械不利":地方军器制造使用的危机与困境

明朝政府在地方建立起了分属行政和军事两大系统的军器制造体系,旨在充分调动地方力量以加强武备。若仅从制度设计上看,各地军器总产量是极为庞大的数字,但明代的军备成效却不甚理想,实际效果与制度设计之间显然有着相当大的距离,所造军器名目浩繁但堪用者少,"即今陈陈山积,要徒具形与数而止耳"②,地方卫所的军器有时连数量都难以保证,"方今各卫军器,无论朽钝不堪,亦已强半不备"③。

按照明廷的制度设计,军事后勤的供应完全可以通过遍设军器制造机构,由各地自行组织生产的方式来解决,而且朝廷还可以获得来自地方的征解军器,在保证中央政府的军事优势的同时,还能解决地方军队武器装备供应的难题,可谓一举两得。可是各地的情况十分复杂,这一体系本身即存在着较为严重的缺陷,过于理想化的规划在贯彻中更是常常与地方实际相背离。

首先,在盔甲等军器的生产制造过程中,难免会消耗大量的铜、铁等原料,对于那些自然资源不甚富饶的地方而言,如何有效保障原料的供应,无疑是一项十分艰巨的考验。早在明初,这一弊端便开始逐渐显现。永乐年间,工部右侍郎刘仲廉指出,"辽东都司三万卫地临边境,成造兵器用铁数多,卒难应办"④。到了万历年间,同样是在辽东地区,蓟辽总督张国彦奏称,"广宁九卫地属河西,原不出产铜铁,岁造军器每年俱辽阳收

---

① 申时行:《纶扉简牍》卷八《答徐巡按》,《四库禁毁书丛刊》,集部,第161册,第349页。
② 胡松:《胡庄肃公文集》卷五《答翟中丞边事对》,《四库全书存目丛书·集部》,第91册,第192页。
③ 无名氏:《草庐经略》卷一《精器械》,周光培编:《历代笔记小说集成·明代笔记小说》,第27册,石家庄:河北教育出版社,1995年,第5页。
④ 《明太宗实录》卷一一五,永乐九年五月己巳,第1471页。

买,海州等处装运,往返数百余里,车牛倒损,屯民苦累"①。

而即便能够筹措到相应的原料,其品质也未必适合用于成造军械,这在南方诸省表现得尤为明显。管大勋指出,"臣计解到军器内中堪用者,在江北十之六七,江南十之三四,江南卫所之十三四,州县之十一二",其原因在于"民间未谙造作,南北风气不同"②。南北所造军器质量存在差异的说法,并非完全出于北方官员对南方的狭隘偏见。在南方官员的奏疏中,也经常可见类似的表述,曾任江西巡按御史的程启充认为,"南北风土不同",南方所造弓箭往往"筋开漆脱,箭镞不利,翎叶披离,弦腹柔脆,一挽辄断"③。

对于都司卫所来说,由于军士逃亡现象十分严重,大量军户不断脱离原籍,也影响到了卫所军器的制造,如辽东都司三万等卫,"询其匠役则以被掳逃亡为词,查其物料则以年荒犯欠为解",后朝廷派人至卫盘查,"皆称卫所委的无人无料,难以造作"④。

情况还不止于此,军士逃亡以后,本该由其承担的赋役却并未免除,而是"落在原属户族其他成员的身上",使得"在自身差役繁重的情况下还要替脱籍人口承担差役的原属户族成员苦不堪言"⑤。据《明代辽东档案汇编》记载,曹国忠本为复州卫百户孙继祖手下的铁军,每年须纳铁用以打造盔甲等军器。但其为躲避差役,于嘉靖年间从复州卫逃亡至铁岭,后又在定辽左卫重新落籍。然而曹国忠出逃以后,原先的差役并未得以豁免,而是被转嫁到了百户孙继祖身上。由于孙继祖本人尚有其他差役,根本无力承担,遂导致这部分铁一再拖欠,仅万历十年(1582)至万历十九年(1591)间所欠数目便达1900斤⑥。这不仅激化了卫所脱籍军士与尚未

---

① 《明神宗实录》卷二二二,万历十八年四月辛巳,第4137—4138页。

② 管大勋:《光禄集》卷二《巡视盔厂复命疏》,《北京师范大学图书馆藏明刻孤本秘笈丛刊》,第18册,桂林:广西师范大学出版社,2010年,第369页。

③ 程启充:《弓箭弦条折价疏》,万历《新修南昌府志》卷二五《艺文志》,《日本藏中国罕见地方志丛刊》,第5册,第486页。

④ 李承勋:《辽东据处残破边城疏略》,陈子龙等编:《明经世文编》卷一〇〇,北京:中华书局,1962年,第893页。

⑤ 杜洪涛:《戍鼓烽烟:明代辽东的卫所体制与军事社会》,上海:上海古籍出版社,2021年,第238页。

⑥ 辽宁省档案馆、辽宁社会科学院历史研究所编:《分守辽海东宁道山东(转下页)

逃亡的原属户族其他成员的矛盾,还影响了复州卫成造军器所用原料的供给。更为重要的是,由于留在卫所的原属户族需要分担本应由脱籍人口承担的赋役,负担陡然加重,很有可能会导致新一轮的军士逃亡乃至哗变,如此恶性循环,最终加速卫所体制的进一步瓦解。

  明朝政府规定,各处卫所制造军器所需物料基本上按照"军三民七"的比例由当地军民分摊①,明初"有司出自里甲,均平支解布政司或各府收贮;卫所出自军余,拨办征纳解都司或各卫所收贮"②,后来则"照田粮均派"③,从而减轻卫所的压力。但一些府县民贫地瘠、财政窘迫,安有余力供应卫所,"民七分料价,常年内有拖欠,负累余丁"④,几乎成为一些地方的常态。弘治年间,天津三卫岁造军器所需经费合计达一千三百余两,然而这些银两"俱系均徭余丁逐年办纳,并无有司相兼料造","地方所累,莫甚于此"⑤。甘肃"孤悬河外,三面皆番夷戎虏之地"⑥,但当地军器成造所需物料却屡遭拖欠,竟有连续二十余年未能完纳者。嘉靖年间,甘肃巡抚陈棐记载:

    查得陕西布政司西、凤二府征解本镇甘州左等十五卫所民七料物,每岁额该熟铁一十万二百七十斤,钢铁七百六十三斤八两,并白锡、红铜、鹅翎、牛角、弓面、鱼鳔、生漆、青白布等项,例该挨年解运本镇,给领各该卫所成造军器。除已解外,及查嘉靖十二年起,至嘉靖

(接上页)布政使司右参议荆州俊为问完欠纳铁课的铁军曾国忠等处罪的呈文》,《明代辽东档案汇编》下册,沈阳:辽沈书社,1985年,第657—661页。

 ① 万历《大明会典》卷一九二《工部十二·军器军装一》,第2612页。经肖立军先生考证,这一规定开始于成化年间(肖立军:《明代省镇营兵制与地方秩序》,第306页),此前则是"各处成造军器合用颜料,系军卫者,军卫自办,系有司者,有司支拨"(万历《大明会典》卷一九二《工部十二·军器军装一》,第2610页)。

 ② 嘉靖《广东通志初稿》卷三三《军器》,《北京图书馆古籍珍本丛刊》,第38册,北京:书目文献出版社,1997年,第548页。

 ③ 崇祯《肇庆府志》卷一七《兵防志下》,《日本藏中国罕见地方志丛刊续编》,第14册,北京:北京图书馆出版社,2003年,第431页。

 ④ 赵时春:《浚谷先生集·疏案》,《题为稽考边储事》,《四库全书存目丛书·集部》,第87册,第462页。

 ⑤ 蒋曙:《兴革利弊疏》,陈子龙等编:《明经世文编》卷一七五,第1782页。

 ⑥ 《明孝宗实录》卷一五一,弘治十二年六月癸卯,第2669页。

二十七年止,各年料物欠一季者有之,欠两季者有之,俱未全完。自嘉靖二十八年起,至嘉靖三十六年止,共九年,料物通未解到①。

除此以外,管局官员多还中饱私囊、侵吞官银,在生产过程中又缺乏严格统一的制作流程,"各自成铸,星散无统,监工不设,阅视以文"②,使得产品质量参差不齐,地方军器制造业百弊丛生,"虽有科道验收,不过观其粗略,犹念道远费多,亦不一一拣选。积之数年,率皆朽坏锈钝,所谓有实费而无实用者"③。隆庆五年(1571),工科给事中刘伯燮在巡视戊字库时指出:

> 以其军器言之,如八瓣盔已行颁降式样,乃解到者率削其顶而敞其檐。夫其顶之削,则于额有擎挚之患;其檐一敞,则于首无吻合之规。盔之重也,既以压其首,而复使戴覆不便,人将厌苦之矣。紫花新甲亦已通行,但其板叶直者而复直之,止可穿着,不可以携。既以数斤压其首,复以十余斤压其身,即一奔走,已先疲矣,矧能制敌! 且盔甲之制,为避刀箭,非为观美。今皆顽钝之铁,即一努力射之,如中鲁缟,奚济于用……欲令改造,则业成而器非一;欲遂退出,则解到而途且遥。除已行收纳者,止可备常朝关领,不足给边④。

这一情况一直未能有所改变。崇祯时期,戊字库管事太监秦进义言,"窃惟各省解到盔、甲、刀、弓、弦、扣,委属多有不堪况",如绍兴府所解弦一万条被驳回七千条,扣一万副更是全被退回⑤。

---

① 陈棐:《陈文冈先生文集》卷一二《题为条陈地方事宜以固边圉以图永安事》,《四库全书存目丛书·集部》,第103册,第696页。

② 唐龙:《渔石集》卷一《军器局记》,《四库全书存目丛书·集部》,第65册,第372页。

③ 林景旸:《玉恩堂集》卷一《崇修实政以裨安攘大计疏》,《四库全书存目丛书·集部》,第148册,第459页。

④ 刘伯燮:《鹤鸣集》卷二《议处戊字库军器疏》,《四库未收书辑刊》,第5辑,第22册,第260页。

⑤ 中国第一历史档案馆、辽宁省档案馆编:《戊字库掌库太监秦进义等为验收军器驳退弦扣看择疏详伏望慈宥事奏本》,《中国明朝档案总汇》,桂林:广西师范大学出版社,2001年,第80册,第510页。

"凡各边合用盔甲弓箭等项军器,俱于各处都司所属卫所岁造数内关用"①,若军情紧急,明廷虽然准许地方赴部领取军器,但手续却极为繁杂。《大明会典》载,"凡守边将帅,但有取索军器钱粮等物,须要差人,一行布政司,一行都指挥使司;再差人,一行五军都督府,一行合干部分,及具奏本,实封御前。其公文若到该部,五军都督府须要随即奏闻区处,发遣差来人回还"②,涉及都指挥使司、五军都督府、工部等诸多部门,迁延日久,耗时甚多。

在强干弱枝思想的主导下,明廷中央还时常推脱拒绝③。这样就造成京师所贮军器积压于库,"各省直岁造完解,行之二百年来,无少欠缺。内库充盈,取用不竭,甚有堆积腐烂,无所稽考者矣"④,但边镇地区仍然出现缺乏器械的矛盾局面。曾任辽东巡按的李辅说:

> 臣伏闻工部历年所造军器以待不时之需者陈陈相因,狼籍于库藏而不可胜计。夫在辇谷之地既积之为朽蠹之具,而在边境之人又盼盼焉,求藉以防朝夕之虞而不可得,是不可以变通而处之哉。合无敕下该部,将见贮军器量发数千解至本镇,以济目前急用,而责令抚臣严督额造军器以为久远之图,斯亦衰多益寡、有备无患之道也⑤。

前文提及,考虑到边地的实际情况,明廷曾特准将当地岁造军器全部存留,不必解送京师,然而笼统地以省级行政区划作为区分边镇与腹里的界限未免失之草率。汪道昆记载,保定左右中前后等九卫临近边地,额造军器理应存留当地给军领用以御虏,然工部虽然承认其近边地位,但仍然令其将军器解京,"保定左等九卫虽系近边,节年征解赴部发库收贮,原不列于边卫之数,且各卫军士自有应得军器,似难一概存留,仍令照旧解部完纳"。汪氏慨叹,"军士盔甲器械,俱各敝坏不堪,况抚镇两营例当入援

---

① 万历《大明会典》卷一五六《兵部三十九·军器》,第 2186 页。
② 万历《大明会典》卷一六六《刑部八·律例七》,第 2315—2316 页。
③ 《明世宗实录》卷二九五、卷三七一,嘉靖二十四年闰正月甲子、嘉靖三十年三月辛丑,第 5635、6628 页。
④ 周世选:《衡阳先生集》卷五《条陈理财六议疏》,《四库全书存目丛书·集部》,第 136 册,第 600 页。
⑤ 李辅:《条陈辽东八事疏》,《全辽志》卷五《艺文志上》,韩钢点校,北京:科学出版社,2016 年,第 469 页。

紫荆诸关,各有防御,万一虏报卒至,其何以当锋御敌哉？目今地方公私匮竭,军士俯仰无资……各卫虽建腹里,而各军实戍边方",最后他只得提出一个折中方案,即以三年为期,一年暂留料银于当地自制军器,另外两年则照例解送京师①。

　　李伯重曾撰文指出,明代的中央军器制造业,自明中叶起便以逐渐走向衰落,无论是数量还是质量均远不能满足战事所需,在这一过程当中地方军器制造业却开始兴起②。不可否认,诚如李伯重所言,一些边镇生产出来的军器质高量大,东南沿海部分地区由于与西洋关系密切,在先进火器的制造技艺上超过了中央军器制造业,但这种"异常"发达在整个明朝范围内仅是极少数,很有可能也是"选精""集粹"的结果。嘉靖四年(1525),御史浦鋐甚至还提出了要全面废止卫所军器局的主张：

> 各卫所岁造军器,承委官员或侵费官银,经年不解；或到各逃匿,历岁不完。比验中入库,则门库官吏百计需索,费复不赀。且天下良工美才皆聚都下,莫若移此署造者,省一岁转解之值,足以为一岁成造之费③。

　　万历《六安州志》言,"天下名存而实亡者,无甚军伍；费而无适于用者,无甚于岁办之军器。上下皆知其然,而卒莫能正之者,承平久而沿习,成法久而弊,固其变也"④,在很大程度上,地方军事手工业的兴起是与都司卫所体制的逐渐完善相伴随的。明中叶以后,"海内军士日就逃亡,器械日就朽钝,尺籍徒有空名,卫所几于虚设"⑤,都司卫所体制已趋于崩坏,然而这一体系却并未能够进行根本性的改革,其衰落自然也就无法避免了。因此,我们对于明中叶以后地方军器制造业的总体发展程度不可高估。

---

① 汪道昆:《太函集》卷九〇《保定善后事宜疏》,《续修四库全书》,第1348册,第104—105页。

② 李伯重:《万历后期的盔甲厂与王恭厂——晚明中央军器制造业研究》,第170—210页。

③ 《明世宗实录》卷五四,嘉靖四年八月庚戌,第1335—1336页。

④ 万历《六安州志》卷四《秩官志》,《日本藏中国罕见地方志丛刊》,第10册,北京:书目文献出版社,1991年,第538页。

⑤ 王崈:《遲菴先生集》卷一《陈言兵事疏》,《四库未收书辑刊》第5辑,第19册,第20页。

与此同时,明朝虽然建立起营兵制,但是卫所制仍然对其发挥着重要的辅助性作用①。在后勤方面,尽管各镇营兵逐渐开始制造军器,不完全依赖于卫所,但卫所仍是军器供应体系中的重要主体。这对于营兵制下明军战力的发挥,恐怕是不小的制约因素。熊廷弼悲观地认为,"计一营能有好弓几张、好箭几枝、好刀几口杀得人者?虽有年例局造,不过一块顽铁,又只朽放诸库,谁曾依时查给?其器械之不济又如此"②。

如前所述,明朝虽然在各地都设有军器局、杂造局等机构,致力于整合地方资源、发挥地方作用,从而保障军事后勤的有效供给,但却收效甚微。从各地实际情况来看,由于物料供应、官吏贪墨、缺乏工匠等一系列问题难以得到解决,所成造的军器往往流于粗滥而无济于事。此外,军器解京的制度又进一步加剧了地方尤其是部分边镇军械供应不足的危机。

三、"银纳化":明代中后期的军器折银

在明初的实物财政体制下,各地民众皆须缴纳诸色实物,以此保障军器生产的正常进行。据《徽州府志》记载,当地岁办军器物料有瓜铁、生铁、生钢、白锡、猪油等项,竟多至数十种③,名目众多且过于纷繁。与夏税、秋粮等正额田赋不同,物料的征收并无定额,这就为胥吏盘剥百姓提供了可能。弘治年间,南京礼部尚书童轩上疏提及,"近年以来,东南之民恒困于岁办……岁办如油、麻、铜、铁之类,重以贪猾之掊克,奸民之包揽,皆倍取其直。民出什一之赋,而又有此额外之征,虽欲不困不可得矣"④。而当军器成造完毕以后,繁难的转运工作又成了摆在地方面前的一道现实难题。

对于民众而言,在承办物料以外,有时候还须承担卫所所派差役,正常的生产生活不得不受到干扰。《隆庆志》载,"本州有车之家,除在州应

---

① 肖立军:《明代省镇营兵制与地方秩序》,第523—534页。
② 熊廷弼:《辽中书牍》卷一《与赵太室纳言》,《四库禁毁书丛刊·集部》,第122册,第648页。
③ 弘治《徽州府志》卷三《食货志》,《四库全书存目丛书·史部》,第180册,第675—677页。
④ 《明孝宗实录》卷一〇七,弘治八年十二月戊辰,第1958—1959页。

用外,又有协济隆庆卫之役。凡遇运军器等项,车到,彼辄来取车。接送车户之苦不可备述,排年里老亦不获宁"①。此外,"凡驿递转运军器,车牛所过,需索不赀"②,为筹办所需运费,地方官府左支右绌、疲于应付,河南巡按金光辰说,"运送军器、盔甲人夫动至百名,牛车至数十辆,有限银两安能供此无穷差徭"③。在转运过程中,解运军士的境遇亦十分悲惨,"往在戊子己丑,入冬苦寒,递运军器之车日相踵辏。临潼熙河无桥,牛骡馁瘦,驱策不前,稍经蹶仆,立死河下,怨声彻天"④。历经千难万苦终于运抵京师以后,管库太监还会百般刁难、从中渔利,如正德年间"内府甲字等库监收内臣求索无厌,解官、解户甚苦之。台州卫指挥同知陈良进纳军器,迟留八年而不得实收,行丐于市,几不能生"⑤。若所纳军器"不中式",工部还会予以驳回,令地方重新成造再行解送。据《嘉兴县志》记载,该县成造额用银 319.47 两,但所解军器被工部"悉驳还改造再解","自是前银不敷,乃加增新式军器银一百三十一两九钱六分,又加钢银一百四十三两零二分,每年在秋粮内派征起解布政司"⑥。

地方政府"弓箭弦条等项外解甚苦"⑦,而且"所造军器但务充数,不计所用之不堪","是以有尽之财,造无用之器"⑧,一些有识之士开始了对如何改革这一体系的思考。明中叶以后,原有的宝钞体系彻底崩溃,白银自下而上地成为了明朝的主导货币,实物财政体系也受到了蓬勃发展的

---

① 嘉靖《隆庆志》卷三《食货志》,《天一阁藏明代方志选刊》,第 8 册,第 70—71 页。

② 吕维祺:《明德先生文集》卷七《藩运条议》,《四库全书存目丛书·集部》,第 185 册,第 118 页。

③ 金光辰:《金双岩中丞集》卷一《为豫省时值兵荒驿递疲困已甚备查革过弊端具奏并纠纵扰官员事》,《四库禁毁书丛刊》,史部,第 38 册,第 689 页。

④ 康海:《康对山先生集》卷二七《凤鸣桥记》,贾三强、余春柯点校,西安:三秦出版社,2015 年,第 497 页。

⑤ 《明世宗实录》卷二,正德十六年五月庚辰,第 113 页。

⑥ 崇祯《嘉兴县志》卷一〇《食货志》,《日本藏中国罕见地方丛刊》,第 17 册,第 415 页。

⑦ 倪元璐:《倪文贞集·奏疏》卷九《胪陈生节疏》,文渊阁四库全书,第 1297 册,第 295 页。

⑧ 袁黄:《历代兵制考》,顾煜:《射书》卷四,《续修四库全书》,第 1106 册,第 230 页。

商品经济的强烈冲击,折银这一新的经济现象在更多领域开始制度化①。岁造军器改征折色遂应运而生,成为这一领域颇为令人瞩目的现象。姜埰即指出:

> 军器、胖衣等项关系军需,乃外造有水脚之苦、铺垫之苦、守候掣批之苦。既解之后新式屡更,一经驳发,复有改造重累之苦。此何一非百姓之脂膏?应解折色赴京就便制造,既不愆期,又得实济,即于原额之外倍之,亦百姓之所乐从者矣②。

大致而言,明代中后期军器的折色是在地方岁办物料折银与地方岁造军器折银两个维度相继展开的。

对于前者,由于商品货币经济发展的差异,各地岁办物料的银纳化进程也有着相当大的差距。《杭州府志》载,"国初,各卫所成造军器咸有定例,其料银征七于民(于九县丁田内派征),征三于军(于旗军月粮银内扣)"③,似言早在明初已开始实行物料折银,而且实现了随粮带征,将其摊入田赋之中一并征收,但这显然与史实不符。丁亮即指出,这里所说的"国初"定例所指并非明初,而是在弘治、正德时期④。至迟在嘉靖年间,这一新的经济因素已经渗入到了内陆地区。尽管前引甘肃巡抚陈棐的奏疏提及,西安、凤翔二府所承办的民七物料,仍然是以本色的形式运抵相关卫所交割,但在同样成于嘉靖年间的《全陕政要》一书中,各府县"银差"条下基本上都有军器的记载⑤,而辽东地区也有类似情况⑥,可见物料折

---

① 邱永志:《"白银时代"的落地:明代货币白银化与银钱并行格局的形成》,北京:社会科学文献出版社,2018年,第133—176页。
② 姜埰:《敬亭集》卷七《钦奉圣谕揭》,《四库全书存目丛书·集部》,第193册,第633页。
③ 万历《杭州府志》卷三六《兵防志下》,《中国方志丛书·华中地方》,第524号,第2595页。
④ 丁亮:《明代浙江地方财政结构变迁研究》,博士学位论文,东北师范大学历史系,2014年,第89—90页。
⑤ 这样的记载散见于全书各处。以咸阳县为例,该地祭祀、军器等项"共征银六百四十九两六钱四分",见龚辉:《全陕政要略》卷一,《四库全书存目丛书·史部》,第188册,第542—543页。
⑥ 辽宁省档案馆、辽宁社会科学院历史研究所编:《自在州呈报现存军器及打造军器装备所需工料数目清册》,《明代辽东档案汇编》上册,第64—66页。

银已是相当广泛。

需要指出的是,物料的折银虽然为地方带来了便利,但又在一定程度上导致了赋役承担不均的新问题。以往学者多从南北地域发展的角度出发,探讨以"银纳化"为主要特征的新的赋役制度在推行全国过程中产生的矛盾①,然而来自南方内部的质疑声音同样不可忽略。以浙江处州为例,当地里甲"丁田多寡不一",徭役承担能力相差悬殊,但在岁办差役折银以后,官府却无视社会分化,只是将任务摊派至各里甲。时任知府潘润言:

> 物料逐年买办,全无定规……部派于司,司派于府,府派于县,县派于里,里派于甲。照里分派,不论贫富。照甲取银,不论高下。细民受害,不可胜言。且人民一百户内原设里长一名,甲首十名,轮年应役。里长有富有贫,甲首有全有欠。有里甲共至十数丁,而田不过二三十亩者。有里甲共至百余丁,而田或有四五百亩者。若不凭据丁田,惟照里分,一概派银,则贫困之民诚不能免不均之叹②。

随着物料的改折,民众在承办上供物料方面的负担总体上虽然已有所减轻,但如果仅有物料折银而岁造军器还须解本色的话,当地匠户在领取料银、成造完毕以后,官府仍然需要差人解运京师,"外解甚苦"、质量不佳的问题并没有得到根本改善。在这种情况下,对本色军器实行折银便势在必行。

成化十六年(1480),明廷"以在库弓箭弦足用,准折征三年",其中一张弓折银 0.62 两、一枝箭折银 0.03 两、一条弦折银 0.05 两③,开始对地方岁造军器折银。此次折征仅规定弓、箭、弦折银,并未涉及盔、甲、腰刀等物,与各卫所应当制造的一"副"相去甚远,故此谕所面向的,应当只是承担岁造任务的布政司。正德十年(1515),明朝开始对这一年各都司卫

---

① 吕杨:《橘化为枳:明一条鞭法的北方困境》,《西北师大学报(社会科学版)》2010 年第 2 期,第 43—50 页。
② 潘润:《处州府知府潘润奏为均赋役以苏民困事》,万历《景宁县志》卷三《民政志》,《原国立北平图书馆甲库善本丛书》,第 375 册,第 341 页。
③ 万历《大明会典》卷一九三《工部十三·军器军装二》,第 2622 页。

所负责造解的军器折征白银,"每盔、甲、弓、箭、弦、腰刀、撒袋一全副,共折银八两"①,共"可得银九万九千六百两有奇"②。至此,地方岁造折银已相继在行政与军事两大系统内全面展开。虽然其持续时间较短,但无疑为后来的折银奠定了初步的基础。

嘉靖元年(1522),明廷准许浙江等地岁造弓箭弦条等折色解京,由工部军器局自行雇匠团造,三年后又令解本色。③ 与以往相比,明朝政府效法成化年间所征匠班银事例,规定折色以后,地方虽然无需负责成造,但本应由地方支出的匠役银仍要与岁造所折银两一并解运进京,再由工部另行成造,"局匠比照班匠则例,每名每季征银一两八钱。差委的当人员,每年上半年限六月内,下半年限十二月内解部收贮。着军器局匠作,逐年带造",④这一制度进一步发展完善。在随后的数十年间,地方政府还曾屡次以所造军器"粗恶难用""造作不如式"为由而请改折色⑤。可见改征白银的发展走向已不可避免,军器征解白银化的趋势蔚然可观。

尽管银纳化迅速发展,来自地方的折银呼声此起彼伏,但明廷长期以来在征本色与征折色之间仍然迟疑不决,近似于是试探性的局部改革,偶尔虽行折色却也旋即罢止。隆庆五年(1571)以后,明廷下令悉征本色,"隆庆四年以前或本色,或折征,五年以后俱征本色"⑥。究其原因,一方面是折色以后,原先的实物军器变为了无法直接使用的白银,倘若边地有警难以及时成造,所谓"即朽腐之资,皆军实之需也"⑦。早在嘉靖时即有人奏称,"嘉靖二十一年起至二十五年止,军器料银该工部咨取解京。俱

---

① 万历《大明会典》卷一九三《工部十三·军器军装二》,第2622页。
② 《明武宗实录》卷一一五,正德九年八月戊申,第2333页。
③ 万历《大明会典》卷一九二《工部十二·军器军装一》,第2606页。
④ 《明都察院及六部事例不分卷》,《工部事例》,明抄本,中山大学图书馆藏。转引自李义琼:《明嘉靖间上供物料折银与工部白银财政的建立》,《厦门大学学报(哲学社会科学版)》2019年第2期,第133—141页。
⑤ 《明世宗实录》卷三五〇,嘉靖二十八年七月庚寅,第6336页。
⑥ 万历《大明会典》卷一九二《工部十二·军器军装一》,第2615页。
⑦ 李汝华:《户部尚书李汝华题为极陈太仓匮乏之由竭撼军饷急需之策仰祈圣明权时通变酌盈济虚以固封疆以奠治安事》,程开祜:《筹辽硕画》卷八,《丛书集成续编》,第242册,第303页。

经通行去后,续据各卫所申称,原造军器乃系给边之用。今若征解银两,遇有警报,边军告领,将何取给"①。另一方面,洪武祖制的思想残余仍然影响着明廷的政策制定。万历年间,广西巡按御史唐炼建议改折,但明廷却答复道,"近来各项钱粮多议改折,本图省便。但祖宗立法初意,未尝不便于民。今只宜革弊补偏,岂可轻为改易?今后但有建议的,尔部院衙门都要仔细讲究停当,不许擅便纷更,违者以变乱成法论"②,再次强调了所谓"祖宗之法"的权威。此外,明朝国家为彰显中央权威而在赋税征收领域所确立下的不计成本的"贡赋逻辑",也是明廷不愿意全面推行改折的重要因素,明代即已有人意识到,"愚以谓弓箭弦条,不若合天下俱贡其赋于天府,而别委一部主事督造之,庶可以责成功。然而岁供之说,上与下相仍,不能破也"③。在这些因素的制约下,明廷只好在改折和维持旧制之间继续摇摆。

然而,伴随着商品经济的发展与海外白银的大量流入,实物财政体制逐渐为货币财政体制取代,银纳化的趋势毕竟已悄然确立,而折银较之传统的实物运输又有着不可比拟的优势。万历《福州府志》的记载甚为具体,保留下了当时征本色年分与征折色年分所需银两的详细情况:

表3　万历年间福州府及周边卫所军器银(单位:两)④

		福州左卫	福州右卫	镇东卫	福州中卫	福州府
本色年分	军	料价银92.129 水脚银36.852			料价银73.654 水脚银33.306	
	民	料价银214.969 水脚银40.902			料价银171.861 水脚银32.7	料价银1231.655 水脚银277.517

---

① 侯纶:《钦奉圣谕御边疏》,陈子龙等编:《明经世文编》卷二三三,第2445—2446页。
② 《明神宗实录》卷一一,万历元年三月癸未,第364页。
③ 崇祯《抚州府志》卷七《地理志七·田赋籍》,《中国方志丛书·华中地方》,第926号,第397页。
④ 本表据万历《福州府志》制成,见万历己卯《福州府志》卷七《舆地志七》,《日本藏中国罕见地方志丛刊》,第9册,第55页。表中福州府料价银在本色年分与折色年分的差异,目前还未见有相关的史料加以说明,笔者亦不得而知,待考。

续表

		福州左卫	福州右卫	镇东卫	福州中卫	福州府
折色年分	军	料价银 92.129 水脚银 1.566			料价银 73.654 水脚银 1.252	
	民	料价银 214.969 水脚银 3.654			料价银 171.861 水脚银 2.921	料价银 2179.012 水脚银 37.043

通过该表可以发现,对于当地军民而言,无论是征本色抑或是征折色,其所需料价银并未因为所解物品而发生变化。与之形成鲜明反差的,则是水脚银在本色年分和折色年分的天壤之别,征本色年分所需运费常常是征折色年分所需数十倍之巨,而福州中卫在本色年分所征水脚银已逼近料价银之半,由此也直观地呈现出以白银为征纳物对于减少地方转运劳费、缓解当地民众负担所具有的积极意义。不仅如此,一些地区在此基础上还更进一步,在实行折征以后,彻底免征水脚银,"如军器改折,路费停征"①。

所以,成于万历初年的《会典》虽然记载了隆庆"五年以后俱征本色",但这并不意味着在此后的数十年里,就没有恢复折色的实践或提议。如万历中叶工部即复请,"各省直岁造军器多不堪用,请半议改折以裕经费"②。从后面的记载来看,这一制度在当时得到了较为切实的推行,且至少持续了五年之久③。直到崇祯年间,杨嗣昌还声称,"近日调募抢攘,一切兵仗,内府关给,多不堪用……外解成器,复须改作,一物两造,所费愈多",建议凡地方岁造军器不如"尽改折色,征解到京,却令雇匠团造"④。

但是由于政策的游移不定,明廷从未将折色作为正式的制度确立下来,也就失去了对地方军器制造体系进行彻底改革的契机,更未能实现其在新的经济发展形势下的转型。就这样,积弊已久的传统地方军事手工

---

① 万历《龙游县志》卷四《田赋志》,《中国方志丛书·华中地方》,第 603 号,第 53 页。
② 《明神宗实录》卷二二六,万历十八年八月己丑,第 4203 页。
③ 《明神宗实录》卷二九○,万历二十三年十月戊辰,第 5381—5382 页。
④ 杨嗣昌:《杨嗣昌集》卷一《复留金花等银充辽饷稿》,梁颂成辑校,长沙:岳麓书社,2008 年,第 4—5 页。

业仍被保留下来,直至明朝的灭亡。吴遵曾无奈地指出,地方所造"率多虚具,加之内府需索留难,解役有百倍之苦,军士无一分之用。有识者每议解银至边听其自造,诚为有益,而壅隔不行,可叹也"①。

尽管明廷早在成化朝便开始试行折银,嘉靖一朝更是银纳化的一个高峰期,但在岁办物料与岁造军器相继改征折色以后,明廷对于各地成造所用钱粮开支的管理却明显脱节。降至崇祯初年,省直额解军器数目及所需钱粮已无从核实,由此导致了户部与工部相互推诿。工部认为:

> 所有动支钱粮,或系额征各府州县地亩银两,或系卫所屯粮造办进京,俱系各该布政司每年呈详,两院委官督造解纳,臣部止司验进。而额设动支之数,隶在户部,开造以及各该省直之坐派,臣部亦不得而稽也。伏乞敕下户部,将动支钱粮款项数目行查明确,立限回奏②。

然《工部厂库须知》早已载明,"军器、弓、箭、弦本折俱巡视厂库衙门挂号,而本色则验试厅验过,送戊字库收,折色节慎库收"③,可见地方解到军器无论是本色还是折色,均交由工部下属仓库管理。所以时任户部尚书的毕自严不得不作出辩解,强调军器成造乃工部职掌,与其所管户部无关,"夫应办之省直卫所,则其地也;而应解纳之军器数目,则其款项也,皆工部之职掌也。至于省直卫所应解本色折色各若干,在该部原有额设,即折色或应改本色,本色或应改折色,亦听之该部主持耳","盖缘军器分派肇自国初,一切本折既定之后,在内则工部自为职掌,在外则省直卫所自为奉行,皎若分畔,即臣部原未尝每岁通行会计颁布天下也"④。

不过,在明代赋役体制的发展演变过程中,赋役征收的货币化现象是颇有经济结构意义的,实行军器折银更是货币主导的新型财政体制形成过程中的重要一环。尽管直到崇祯年间,明朝政府都还没有对其确立一

---

① 吴遵:《初仕录·兵属》,《官箴书集成》,第2册,合肥:黄山书社,1997年,第51页。
② 毕自严:《度支奏议》册库卷一《查报二部料价钱粮疏》,《续修四库全书》,第490册,第557页。
③ 何士晋:《工部厂库须知》卷六《虞衡司》,《续修四库全书》,第878册,第577页。
④ 毕自严:《度支奏议》堂稿卷一四《覆查工部军器钱粮疏》,《续修四库全书》,第483册,第606—607页。

套行之有效、井然有序的管理体系,制度的建设明显落后于社会实际,但这一现象在明代中叶以后确实表现为扩大化的倾向,"军器折银"大量地出现在史料记载当中,与明代前期军器全征本色大相径庭。结合这一时期的发展走向而言,军器折银这一现象的出现,反映的乃是明初所定实物财政体制的逐渐瓦解以及明代中后期经济领域不断发展壮大的"货币白银化"趋势,这对于理解明代经济结构的演变仍不失为一个很好的观察角度。

结　语

地方军器制造体系是明朝军事后勤制度的重要组成部分,对于保障武器装备的有效供给、增强武备有着极为重要的作用。它与元制有着莫大的渊源,但在长期的发展演变过程中又形成了较为鲜明的明代特色。大致而言,明代的地方军事手工业经历了从无序到有序的转变,背后所隐藏的则是地方军器成造自主权的伸缩。至弘治朝,明廷对地方军器制造的相关规定进一步完善,奠定了此后百余年的制度基础。

然而明朝承平既久,地方相安无事,皆有怠惰之心,"今之战具,监者侵克物料,匠者苟且造作,完册报数。当事者委官行查,扶同报数,不知发付何人,不知安顿何处。三五年后,官更吏代,甲损刀失,呈请动支银两,又请打造一番。民膏尽于年年,军器失于岁岁"①,以致时人有"苟具其数,不求其良"之讥②。

随着商品经济的发展,明代中后期出现了普遍用银的经济现象,这为有识之士对地方军器制造体系加以改良提供了新的方向。就其基本情况来看,地方军器折银大体上是在岁办物料折银与岁造军器折银两方面展开的。前者的发展较为顺利,后者则呈现出一个先行政系统、后军事系统的发展轨迹。尽管明廷屡次试行折色,但这一新的经济因素在军事领域的突破只能停留在局部,地方岁造军器不断重复着"折银—复征本色—折银"的过程,"这也是商品经济总体发展水平有限,旧的经济模式及政权架

---

① 吕坤:《实政录》卷八《督抚约》,《续修四库全书》,第753册,第458页。
② 丘濬:《大学衍义补》卷一二一《治国平天下之要》,文渊阁四库全书,第713册,第420页。

构依然占据主导地位的体现"①,所以直到明末崇祯年间,相关制度都并不完备,甚至还出现了"省直卫所解纳本折数□□无开载,动支银两款项无从核实"的混乱局面②。正因如此,"计其岁所当造之数,俾其具物料工费解官。凡造兵器,皆宜统于司空,精择善制者任之。朝委有巧计臣僚,专督制造。仍行下出产弓材之处,俾其处材必以时,择材必以良"③的愿景终未能实现,明朝也就失去了对积弊已久的地方军器制造体系进行重塑的机会。然不论如何,军器折银这一现象的出现,对于理解明代的"银纳化"问题仍是一个很好的切入点。

---

① 张金奎:《明代卫所军户研究》,第 384 页。
② 毕自严:《度支奏议》堂稿卷一四《覆查工部军器钱粮疏》,《续修四库全书》,第 483 册,第 606 页。
③ 丘濬:《大学衍义补》卷一二一《治国平天下之要》,文渊阁四库全书,第 713 册,第 420 页。

原生、渐进与危机：明清时期八卦洲历史地理研究的三个视角[*]

阴健坤

现代八卦洲位于长江南京八卦洲段（下关—西坝）内，[①]由河流泥沙积聚而成，且始终受到所在河段河床形态、河道特征及水动力等作用因素的影响。回溯既往，在八卦洲和长江南京八卦洲段"从无到有"的形成过程中，人力对沙洲形态、土壤质地、动植物分布等自然现象的形塑，则不断改变着分汊型河道原有的演变进程，使其"由简趋繁"。

以往学界对八卦洲和长江南京八卦洲段的历史地理研究集中在自然地理领域，多以探明历史自然地理状况，辅助社会经济利用为主题；人文地理领域内的成果则较为鲜见[②]。而以"流域"或"流域链"为对象，系统

---

[*] 本文系江苏省社科基金重点项目"南京八卦洲历史地理研究"（21LSA001）中期成果。

① 本文选取的长江南京八卦洲段起讫位置分别是下关和西坝。下关选点即今南京潮水位站（原南京下关水文监测站），坐标 32°5′47″N，118°44′14″E。西坝选点即今南京西坝码头作业港区，坐标 32°11′11″N，118°53′14″E。参见正文图 1 所示内容。

② 综合来看，学界目前有关八卦洲及所处河段的研究，主要是对长江南京八卦洲段内河道（古河道、河槽状况），水流（流速、流量、含沙量），泥沙（沉积量、流失量、水浑浊度），河床（高程、形态、阻力），河道分汊（汊道状况），河岸（抗冲刷能力、节点分布）等自然地理要素及其变化的观察、分析和预测，提出从河道综合整治、筑分级减水坝和岸坝、汊道清淤、河岸加固等方面加强人类活动干预，以达到防洪减洪、保持水土、便利航运、清污防疫和维护生态平衡等经济、社会目的。比较典型的成果有曹光杰、王建、张学勤、屈贵贤、白世彪、龚小辉：《末次盛冰期长江南京段河槽特征及古流量》，《地理学报》2009 年第 3 期，第 331—338 页；侯卫国、胡春燕、谢作涛：《长江南京八卦洲河段演变分析及治理对策探讨》，《人民长江》2011 年第 7 期，第 39—（转下页）

研究不同历史时期人地关系演变的过程、动因和规律,是历史人文地理研究的一个重要面向。① 但这种面向内陈陈相因的对策型研究长期局限着人地关系理论的阐发与运用②。

明清时期(1368—1911)是八卦洲从雏形初见到聚合成型的关键时期③。八卦洲所涉及的地理环境范围自狭小至廓大、地理系统从简单到复杂的演变过程,正是由长江八卦洲段内地理环境因素与人文社会因素次第叠压造成的。据此,本文试图以原生、渐进和危机为观察视角,以自然地理知识为背景和认识框架,以传统史志、图经等材料为依据,扼要地说明这

(接上页)42 页;吴金龙、余雯:《南京八卦洲汊道演变分析》,《上海水务》2014 年第 3 期,第 54—56 页;徐韦、程和琴、郑树伟、王淑平、陈钢、袁小婷:《长江南京段近 20 年来河槽演变及其对人类活动的响应》,《地理科学》2019 年第 4 期,第 663—670 页;吴永新:《长江南京河段治理 60 年回顾与展望》,《水利水电快报》2017 年第 11 期,第 107—113 页;景卫华、翁伟军、张友才、章日佳:《对南京长江岸线管理与保护工作的思考》,《中国水利》2019 第 4 期,第 27—29 页。历史人文地理领域以通识讲述为主,也有专门史的讨论。主要成果有周志斌:《民国时期南京八卦洲的开发利用》,《学海》1997 年第 5 期;王刚、夏维中:《清中前期江宁八旗驻防新探——以档案史料为中心》,《江苏社会科学》2014 年第 1 期。

① 鲁西奇认为,作为特殊的自然地理区域,流域内的物质迁移与能量转换相对内言比较封闭,形成相对独立的河流系统。同时,河流与河谷是自然的交通孔道,河谷平原与邻近的低矮丘陵往往具有较好的垦殖条件,所以在一定的历史条件下,流域内的居住人群及其生产、生活方式乃至方言、风俗等文化现象都具有相对的一致性,并且往往能够维持相对的独立性。因此,以流域为对象,可以相对独立地考察区域人地关系的演进过程,并进而总结出人地关系的演化模式。参见鲁西奇:《人地关系理论与历史地理研究》,《史学理论研究》2001 年第 2 期,第 36—46 页。同时,王尚义等也有论述,参见王尚义、李玉轩、马义娟:《地理学发展视角下的历史流域研究》,《地理研究》2015 年第 1 期,第 27—38 页。鲁西奇所作的汉水流域研究即是此理论范式下的典型研究,相关论述参见鲁西奇:《区域历史地理研究:对象与方法》(修订本),北京:社会科学文献出版社,2019 年。

② 人地关系论是地理学的核心理论。关于国内人地关系理论借用、吸收历程的回顾,可见蓝勇:《20 世纪运用人地关系思维研究中国历史文化的理论与实践述评》,《西南师范大学学报》(人文社会科学版)2000 年第 5 期;樊杰:《"人地关系地域系统"是综合研究地理格局形成与演变规律的理论基石》,《地理学报》2018 年第 4 期。

③ 明清时期是八卦洲从无到有,水洲、洲人关系由简趋繁的关键期。本文为叙述和说明的便利,有时会突破标题框定的时间断限。这种研究方法,实际是由研究对象本身演变进程在时空中表现出的持续性决定的。

一过程;同时深入思考明清异代和清季动乱的历史进程,以期构建起整全的区域演变体系,同时有益于理解型微观历史地理研究的方法论更新。①

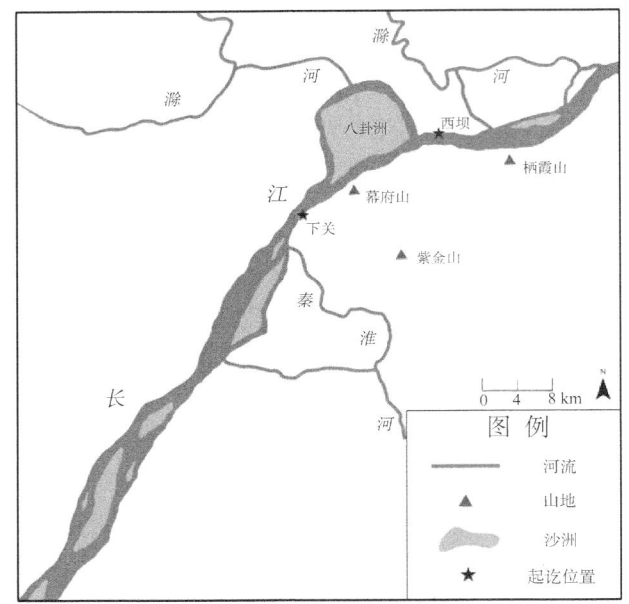

图 1　现代八卦洲及长江八卦洲段示意图

说明:底图源自国家地理信息公共服务平台卫星图(网址:https://www.tianditu.gov.cn/,2023 年 2 月 7 日)。

---

① 认识一个区域,从叙述它的历史地理开始,以理解人地关系的演进为旨归。研究者应以复原区域在历史时期的基本面貌为核心工作,通过叙述地理要素与现象的相互作用和演变,来理解其所处时代社会的历史。关于历史与地理的"理解"问题,潘晟在宋代地理术的知识社会史研究中,进行了先导性的学术实践。参见潘晟:《知识、礼俗与政治——宋代地理术的知识社会史探》,南京:江苏人民出版社,2018 年。潘晟运用知识社会史的研究方法,解释了宋代地理术数知识何以成为知识本身,以及它背后的社会与它如何在相互之间互为可能。研究中一方面强调了对象的还原性呈现,另一方面要求暂停按照解释者自己的需要赋予被理解对象以意义,转而在呈现过程中实现研究者、被研究对象和读者多向的互动认同。这种从赋予被研究对象以意义,到不追求理解和认同之后的解释或释义的方法论转向,最终将推动学术从解释型(或释义型)研究转向理解型研究。最近,陈嘉明从知识论的角度讨论了"理解"的问题,与本文所论有相通之处。但陈文着眼于"意义"的互通,与本文所强调的"价值"传递并不一致。相关内容参见陈嘉明:《知识论语境中的理解》,《中国社会科学》2022 年第 10 期,第 25—43 页。

一、原生地控扼：八卦洲与长江八卦洲段的形成与演变

自然界中的八卦洲和长江八卦洲段，有着相对可考的形成过程和演变规律。综合现代地理学勘测和分析可知，八卦洲汊道是长江下游河道中典型的鹅头型汊道[①]。该汊道的形成和演变受到河床边界条件、水文特征和河道冲淤情况以及人类活动的综合影响[②]，并在不同阶段呈现出不同的水洲和洲人关系。基于史料和鹅头型汊道的演变规律，笔者认为八卦洲与长江八卦洲段鹅头型汊道的演化周期，应当以沙洲能够持续分流长江主泓，沙洲与江岸间形成稳定的、可通航运的夹江（汊道）为开端；以主汊、支汊在人工调整下，明显延缓发育为结束。因此，本节将沙洲与河道的演变过程划分为雏形期、形成期和发展期三个阶段，以重点论述明清时期"原生"沙洲的聚合对汊道形成由弱到强的"控扼"作用。

（一）雏形期

从地质条件上看，长江南京段自三叠纪末完全脱离海侵，地质基础奠定于白垩纪，主要地质构造单元为扬子准地台。该地台是位于淮扬地盾与江南古陆之间的狭长地带，构造运动方向受制于两侧的地盾和古陆，在长期强烈的断裂和褶皱运动形成了二级或三级的隆起区或凹陷区及一系列断裂组成的破碎带[③]。断裂的发育使得该河段基岩破碎，而堆积物的积聚不断诱使河流横向摆动，同下行泥沙共同促进了河道分汊、江心洲、江边滩的产生和发育。同样地，唐代以前长江水的感潮作用，也有助于河道内沙洲的发育[④]。但直至北宋，今八卦洲段内的河道仍十分阔大，尽管

[①] 吴金龙、余雯：《南京八卦洲汊道演变分析》。
[②] 潘凤英：《中全新世以来长江南京河段的河床变迁》，《南京师大学报（自然科学版）》1990年第4期，第81—88页。
[③] 朱宇驰：《近50年长江南京段河道变迁研究》，硕士学位论文，南京大学地理与海洋科学学院，2016年，第15页。
[④] 王旭、蔡婷婷：《隋唐五代时期扬州地形地貌的变化》，《扬州文化研究论丛》2021第1期，第82—93页。

河道内沉积形成了一些的沙洲,如马昂洲、上新洲、下新洲、阖庐洲、长芦洲、概洲等等①,但都不具备分流段内江水以形成主泓、次泓两级汊道的能力,河床边界条件始终是"控扼"汊道形成的主要原因。

而随着人口重心和经济重心的渐次南移②,长江流域开发日促一日;植被破坏、水土流失导致河流含沙量的增多,使得河道内原本分散的沙洲,渐趋下移、聚合或并岸;新形成的沙洲分流江水的能力变强,形成了多汊型河道。同样地,移民对长江的多途利用,也丰富了时人对河道内沙洲的记述。八卦洲的雏形"青沙"即在这一时期成型出水。南宋吴聿撰写的《靖安河记略》记载了长江南京至仪征航段内的十八处江险位置及避险航行的线路,青沙之名见载其间。这段记述保存在景定《建康志》中:

【河港】

【古漕河】一名靖安河。自靖安镇下缺口取道入仪真新河八十余里。

【事迹】吴聿《靖安河记略》曰:江出岷山道峡,与荆、湘、沅、澧至洞庭积为巨浸。合沔水经浔阳东,邀彭泽,别为九道,会为中江。东北至南徐州为北江,入于海。惟中江自湖口合流而下,奔放荡谲,吐吞日月。山或矶之则其势悍怒,触舞大舠,兀若转梗。至其广处,数百里断岸相望,仅指一发而舳舻上下。中流遇风则四顾茫然,亡所隐避。自金陵抵白沙,其尤者,为乐官山、李家漾至急流浊港口,凡十有八处,称号老风波。而玩险阻者,至是鲜不袖手。东南漕计岁失于此者,什有一二。宣和六年,发运使卢公,访其利病,得古漕河于靖安镇之下缺口,谓其〔靖安河〕。取径道于青沙之夹。趋北岸,穿坍月港,繇港尾越北小江,入仪真新河以抵新城下。往来之人高枕安流八十余里,以易大江百有五十里之险。实为万世之利役之始兴。扬子、六合、上元分治所临之地③。

---

① 参见景定《建康志》卷一九《山川志》,《宋元方志丛刊》,北京:中华书局,1990年影印本,第1597—1598页。

② 人口南迁、人口重心南移和经济重心南移在历史空间中呈现次第迁动的状态。相关过程可以参看葛剑雄:《中国人口发展史》,福州:福建人民出版社,1991年。

③ 景定《建康志》卷一六《疆域志二》,《宋元方志丛刊》,北京:中华书局,1990年影印本,第1597页a、b。

类似记述亦见载于至正《金陵新志》中[①]。至同治《上江两县志》时，撰者又在地名下用小字双行夹注"今地"。其文曰：

> 宣和六年发运使卢宗愿，得古漕河于靖安下缺口（草鞋夹之夹江），取道青沙（八卦洲）之夹江（观音门之夹江），趋北岸（通江集），穿坍月港，由港尾下江，入仪真新河[②]。

这条材料以往并未得到足够的重视和利用，导致人们对八卦洲的前身究为何洲而各据异说。景定《建康志》卷一六《疆域志二》"河港"部首录古漕河。案此河虽非长江主泓，却是沙洲与江南岸形成的夹江，所以《靖安河记略》有"谓其取径道于青沙之夹"之语。且根据航向，靖安镇[③]是入峡的起点，而青沙之夹江是其中段。过此峡后，船舶向东北方向航入北岸的坍月港，进入江北地区。因此，清代方志中认为靖安河的中段就是八卦洲与南岸形成的夹江。由此可见，南宋时青沙与南岸已有可以通航的夹江，这段夹江也是八卦洲分流汊道的雏形。

（二）形成期

随着河流含沙量的不断累积和多汊型河道的发育，南岸幕府山、燕子矶等节点的控制作用明显增强[④]。在南岸河床边界条件较为稳定的基础上，北岸的河床边界则因河漫滩发育，容易发生崩岸现象。南北两岸的不同地质条件，在河道水流长期冲刷与北半球地转偏向力的共同作用下，使得河道南向的摆动程度不断减弱，而北向摆动程度则不断增强。

---

① 至正《金陵新志》卷五《山川志》，《中国方志丛书》，台北：成文出版社，第 1787 页 b、第 1788 页 a。

② 同治《上江两县志》卷四《水考》，《中国地方志集成》，南京：江苏古籍出版社，1991 年，第 120 页 a、b。

③ 南宋靖安镇内有靖安铺及靖安渡，与真州宣化镇隔江相对，大致位置在今南京市狮子山和象山之间。参见景定《建康志》卷一六《疆域志二》，第 1536 页 b 及第 1552 页 b。此外，正德《金陵古今图考》卷上《唐昇州图》中可辨读出靖安镇在白下县城之西滨江处。参见正德《金陵古今图考》卷上《唐昇州图》，东京：东洋文化研究所图书室藏影印本，第 20 页 a。

④ 季成康：《长江南京河段八卦洲汊道演变规律的分析》，《长江职工大学学报》2002 年第 2 期，第 16—18、22 页。

元末明初,八卦洲段河道开始有向北凸出的趋势。江水通过下关江面的束狭段后,自卢龙山(今狮子山)折而东北流,因河道展宽,水流速度明显放缓,泥沙搬运能力降低,入弯处容易形成小型沙洲。根据张修桂先生的整理,明代前期瓜埠山以西的凹岸附近有长条形的新洲存在。而明代后期,浦子口至宣化(今浦口至六合东)一线江段北岸就沉积形成了拦江洲、工部洲、官洲、柳洲、赵家洲、扁担洲等诸多小型沙洲①。明代以降沙洲数量的迅速增加,实际反映了河道在北摆的过程中,水文特征与河道冲淤情况的变化逐渐取代河床边界条件的限制作用,成为了"控扼"八卦洲聚合成型的主因。笔者详细比照方志地图和相关记载后认为,明代幕府山北、瓜埠山西江面的新洲,很可能是由东晋南朝时期的新洲(上新洲、下新洲)淤涨而成的。那么,新洲和八卦洲的关系是怎样的? 清人顾祖禹在《读史方舆纪要》卷二〇《南直二》首将新洲与金珠沙联系起来,并认为南宋时的金珠沙就是新洲②。嘉庆《大清一统志》卷七三《江宁府一》"山川"条下载新洲,言其地"与幕府山相对",且"有上新洲、下新洲",并言是洲乃"今之金珠沙"③。可见金珠沙自南宋至清中期一直存在。而同治《上江两县志》卷四《水考》则叙述了"新洲→金珠沙→八卦洲"的形成顺序④。综合几条材料可以发现,八卦洲直至清同、光以后才实际形成并得名,而由新洲发育成的金珠沙,与青沙、草鞋洲一样,是八卦洲的一部分⑤。此外,明代拦江洲、工部洲等近江北岸的沙洲,实际上都在之后的发育过程中向北并岸,成为了江岸的一部分,而非八卦洲的一部分。

---

① 张修桂:《中国历史地貌与古地图研究》,北京:社会科学文献出版社,2006年,第110页。
② 顾祖禹:《读史方舆纪要》卷二〇《南直二》,《中国古代地理总志丛刊》,北京:中华书局,2005年,第961页。原文载:"新洲,在府北西四十里,一云在京口西大江中。"案前代新洲分上、下新洲,后沙洲聚合,虽只见一洲,但存二说。
③ 嘉庆《大清一统志》卷七三《江宁府一》,《四部丛刊续编》,上海:上海书店,2015年,第4册,第161—162页。
④ 同治《上江两县志》卷四《水考》,第121页b。
⑤ 但就目前文献可见,东晋南朝时期的新洲,与当时近南岸的小型沙洲相比,没有什么大的差别,且都没有独立分流大江主泓、形成稳定汊道的能力,这也是本文选定青沙为八卦洲雏形沙洲的根本原因。

（三）发展期

在正德《金陵古今图考》卷下《国朝都城图》中，卢龙山（今狮子山）西北江面就出现了一座靠近南岸的沙洲，而沙洲与江岸形成的夹江，在图中标名草鞋夹①。而这座沙洲应当就是草鞋洲。此洲在东流江水的冲刷下，洲头崩解、洲尾下伸，不断向下游移动。所以，清代中前期见于记载的草鞋洲，才会居于草鞋峡的下游，处在燕子矶以北的位置②。

清中期以后，草鞋洲在下移的过程中聚合了青沙、金珠沙，逐渐淤涨成为八卦洲，分流大江主泓的能力日渐增强③。在同治《续纂江宁府志》卷一《图说》中《上元县图说》载："长江形势旧以燕子矶为险要。近则沙洲漫涨，此处已成夹江。矶在平陆，长江深流徙出八卦洲之外。"④凭借这条材料，笔者可以进一步细化出八卦洲淤涨成型、和燕子矶所在的南岸形成夹江的时间，就是清同治时期。但这时的八卦洲，仅是现存八卦洲的一部分，此处称之为"老八卦洲"。现存的八卦洲，则主要是由七里洲和"老八卦洲"聚合形成的。在此过程中，"八卦"之名，从一洲的单称，发展为了全洲的统称。长江八卦洲段内的汊道在清末以至民国时，又经历了"主次异位、内汊消亡、汇流位置下移"的演变过程。在河床边界条件、水文特征和河道冲淤积情况等要素共同作用下，八卦洲进一步发展，但长江主泓始终自洲北缘流经。江流对北岸（凹岸）的冲击，在持续造成北岸侵蚀、崩岸的同时，也使得沙洲北缘（凸岸）不断向外淤涨。清光绪《续纂江宁府志》中《六合县图说》记载，"沿江自十字岗至通江集一带，岸多冲缺，八卦洲渐涨，江北旧地则渐坍矣"⑤。与此同时，沙洲与南岸的夹江过流量逐渐增加，在刷深河道的同时，冲击洲头和南缘，使南缘北缩。在八卦洲发育的过程中，七里洲也逐渐向下游移动。但是，直至民国二十四年（1935）《首

---

① 正德《金陵古今图考》卷下《国朝都城图》，第 7 页 a。
② 乾隆《江南通志》，第 142 页 a。
③ 张修桂先生认为，"清代后期，七里洲、八卦洲和草鞋洲等在下移过程中逐渐合并，称为八卦洲"。参见张修桂：《中国历史地貌与古地图研究》，第 110 页。本文并不认同这种认识，而是提出了自己的看法。
④ 同治《续纂江宁府志》卷一《舆图》，《中国地方志集成》，南京：江苏古籍出版社，1991 年影印本，第 13 页 a。
⑤ 光绪《续纂江宁府志》卷一《图说》，第 15 页。

都志》中的《八卦洲里图》,八卦洲以北仍然是江流的主泓道①。

20世纪中期,八卦洲成为了"控扼"分汊型河道发展的主导因素。长江主泓在河段内开始发生"主次异位、内汊消亡"的变化过程。这是由鹅头型汊道自身发展规律决定的。一方面,七里洲与八卦洲之间的内汊道逐渐消失。另一方面,随着八卦洲整体北移,长江主泓道由洲北汊道(左汊)切换为洲南汊道(右汊)②。八卦洲理论上会向北并岸,沙洲南缘成为新的江岸,同时重新开始新一轮的沙洲沉积、聚合和并岸。但20世纪末因筑坝减水、固沙护岸、疏浚汊道等人类经济利用和改造的强干预活动,沙洲北汊消亡速度大大减缓,汊道内流量保持在一个相对稳定的区间③。同时,沙洲南缘受主泓冲刷作用的影响也在不断减小,沙岸崩解速度和程度皆相对减低。因此,河段内北汊消亡、沙洲向北并岸,且南缘顺河道流向重新整塑、形成河道新岸的状况不再单纯"受制于"自然力,而是经由人类活动维持"两汊分流、南汊为主"的稳态。

二、渐进地融通:八卦洲地理要素的人文化

笔者认为,区域地理要素的人文化,应当包含两项内容:其一,人类在认识和实践活动中认识地理要素,并通过总结规律、科学预报来研究和说明地理要素间的联系;其二,地理要素经过自然力与人类活动不同程度的改造,次第叠加着同人类社会不同方面的因素建立新联系。前者是人类通过对自然环境的主动认识和研究,将环境纳入社会运行的规律之中,并对地理要素进行"定位"的活动;后者则是将地理要素的人文化视作地理环境演进的一个阶段,而非最终的归宿。即依据地理因素间联系的不同程度和状态,为环境的演进赋予人文的意义,是对地理要素进行"定名"的过程。

方志地图及所附图考中往往保存着时人对地理要素的记录和认识,反映着不同时期、不同社会发展程度下人们的认知地理的方式,展现了地

---

① 民国《首都志》卷五《水道》,第463页。
② 吴金龙、余雯:《南京八卦洲汊道演变分析》。
③ 侯卫国、胡春燕、谢作涛:《长江南京八卦洲河段演变分析及治理对策探讨》。

理知识在不同层次的社会中传播、再生产的过程①。直观来看,现存历代方志地图对长江南京八卦洲段内的描绘,一般而言仅能起到标示名称和相对位置的作用,难以支撑系统而精确的复原性分析。但是,通过比照不同时期地图表示范围和内容,结合制图的目的和功用,我们仍然能够勾勒出八卦洲形成过程中民间认识向官方知识的转化历程。相关内容见表1。

表1 现存历代方志地图中长江八卦洲段内沙洲情况概览

志书名称	地图名称	沙洲名称	补充说明
景定《建康志》	《沿江大阃所部图下》	沈家沙、王家沙、木瓜洲、鸣哨沙、沉水沙、新生沙	皆为沿江南岸散布的小型沙洲。
至正《金陵新志》	《上元县图》	未标出具体名称	江中有小型沙洲分布。
正德《金陵古今图考》	《应天府境方括图》	沙洲	较前代图中沙洲下移至幕府山北江面。
明《南枢志》	《应天府境方括图》	沙洲	沙洲在幕府山以北。
乾隆《江南通志》	《江宁府统七县图》	沙洲	沙洲在幕府山以北江面。且上游鳗鱼洲也已下移。
嘉庆《新修江宁府志》	《上元江宁二县图》	未绘出沙洲	除标示草鞋峡外,江段内未绘出其他沙洲。
道光《上元县志》	《国朝省城图》	未标出具体名称	观音门外有形状狭长的沙洲,且与南岸间有夹江。
同治《续纂江宁府志》	《上元江宁两县境图》	沙洲西部标名七里洲、东部标名八卦洲	沙洲在大江主泓以南,与南岸夹江标名草鞋峡。河段北岸明显北凸。
光绪《江苏全省舆图》	《江宁府图》	八卦洲	全洲在大江主泓以南,幕府山至燕子矶以北江面,统称八卦洲。鹅头型汊道发育明显。

---

① 相关论述可以参见潘晟:《历史地理文献学入门》,北京:科学出版社,2018年,第5—7页。

续表

志书名称	地图名称	沙洲名称	补充说明
民国《首都志》	《上元县图》	沙洲西部标名七里洲、东部标名八卦洲	两座沙洲中有明显分界。
	《下关浦口图》	七里洲	七里洲是八卦洲的洲头。七里洲与南岸形成夹江,标名为草鞋峡。
	《八卦洲里图》	八卦洲(即草鞋洲)	沙洲距南岸近而据北岸较远,以表示左汊为主汊。沙洲分为南北两部分,中有内河。

(资料来源:景定《建康志》卷五《建康图》,第1377页b;至正《金陵新志》卷一《地理图》,第1567页b;正德《金陵古今图考》卷下《应天府境方括图》,第10页a;明《舆枢志》卷四六《形胜部》,《中国方志丛书》,台北:成文出版社,1983年影印本,第920页;乾隆《江南通志》卷一一《舆地志》,《中国地方志集成》,南京:江苏古籍出版社,1991年影印本,第105页a;嘉庆《新修江宁府志》卷三《舆图》,《中国地方志集成》,南京:江苏古籍出版社,1991年,第34页b、第35页a;道光《上元县志》卷二《舆地志上》,《中国方志丛书》,台北:成文出版社,1983年影印本,第253页;同治《续纂江宁府志》卷一《舆图》,第9页a;光绪《江苏全省舆图》,《中国方志丛书》,台北:成文出版社,1983年影印本,第28页、第91页;民国《首都志》卷五《水道》,第460页、第463页。

说明:表格中选取了现存历代方志之中,十二幅能较为明显地展现今长江八卦洲段内沙洲名称和分布情况的地图。不能明显展现相关情形的,则仅作参考而不辑录图中信息。)

表中"沙洲标名"一栏出现了"沙洲""七里洲""八卦洲"和"草鞋洲"等通名一致、专名互异的四个名称。"八卦洲"一名首次出现在同治《续纂江宁府志》中①;而年代越晚的志书,记载专名越详;志书中表示同一范围的图幅比例尺越大,不同名称同时出现的频次越高。这都是官方知识随地理实际更新内容,且记载不断精确化的表现。乾隆《江南通志》卷一一《舆地志》载,"今(江宁)府境之江,南岸上自慈姥浦,下至下蜀港,二百里而遥。北岸上自浮沙口,下至采沟,不及二百里。江之支流旁出……水中可居者为洲"②这段话陈述了官方对"洲"的定义——"水中可居者",即泥沙于江流中沉积聚合至能满足人的居住条件时,始称其为"洲"。值得注意

---

① 本志《上元江宁两县境图》中将七里洲、八卦洲绘制成了一座沙洲,据后世材料可知,七里洲和八卦洲的聚合在20世纪中期才渐趋完成,因此这里绘制的内容明显经过了变形、模糊处理,而非真实情况的反映。

② 乾隆《江南通志》卷一一《舆地志》,第286页a。

的是,"洲"作为现代人文地理地名学中的一个通名,虽然继承了"水中可居"这类归纳式定义,但主要依据的还是自然地理学层面的结论,只是更强调人文因素和自然因素在空间范围上的相对一致性。但方志中对"洲"这一通名的认识,只求反映洲上移民的可能性"从无到有"的变化,而非反映水沙沉积成洲的自然现象;方志对沙洲专名的不同记载,展现的是不同社会环境下官方知识流变和确证的不同片段,侧面反映出"从无序到有序"的变化过程。但自北宋至明末,无论是志书还是地方文献对该段航道的记述,还是县界区划的标画,都鲜少标注沙洲专名。因此,此段水道内的沙洲至迟在明末可能还未有官方记录的准确名称,清代以前也基本不存在对八卦洲制度上的规划和利用。

那么,八卦洲究竟在何时成为"水中可居"的"洲",达到了地理要素人文化进程中关键节点①？要回答这一问题,除了在第一节中复原青沙、金珠沙的发育情况以外,还必须追考草鞋洲的由来。

前文已经述及,北宋时期的青沙是多汊型河道内的主要沙洲,也是后代八卦洲的雏形。据《靖安河记略》对航道的记录、明代方志地图以及清人的注释可知,明代出现的草鞋峡在地理位置上正处在南宋时期青沙的上游。再利用乾隆《江南通志》中的一段记载,我们就可以推想草鞋峡和草鞋洲的关系,重建草鞋洲"名"与"实"的形成、发展过程。其文曰:

> 北岸……自下新河而东为草鞋夹,其外为道士洲,上有屯驻处,曰江心营,近南曰护国洲、中口洲。自道士洲直抵北岸为浦子口……又东曰观音山,水曰观音港,港口耸石下瞰江水,曰燕子矶。历涛山、唐家渡、袁家河、东阳港,遂接黄天荡。中有洲属上元县,其上为草场②。

---

① 周志斌在《民国时期南京八卦洲的开发利用》一文中称,"八卦洲,原名青沙,继称金珠沙,再改名新洲,亦名巨洲。明代,八卦洲因其形似草鞋,故它与幕府山的夹江亦被称为草鞋峡。后来八卦洲的南岸被江水冲塌,水道南移,泥沙北淤,渐成八卦图形,遂以'八卦'名洲。"参见周志斌:《民国时期南京八卦洲的开发利用》。根据本文的考订,周说虽能列举八卦洲旧名,但时序错置且张冠李戴。表1中民国《首都志》中所载的《下关浦口图》及《八卦洲里图》中提供了八卦洲是原草鞋洲的信息,可知草鞋洲应是清前期八卦洲前身主要沙洲的称谓。

② 乾隆《江南通志》卷一一《舆地志》,第287页a。

这段记述中提到,自燕子矶北至黄天荡的水面内,有一座在行政区划上属于上元县的沙洲,其方位在燕子矶东北江面。虽知其用作草场,但惜未具名。根据表1中多幅前代方志的图说记载,这座沙洲就是被统称为"沙洲"的一些小型沙洲聚合而成的。而结合沙洲在历代方志地图中的相对位置可知,这座沙洲一定是之后形成的八卦洲的一部分。此外,在民国《首都志》的《八卦洲里图》中,"八卦洲"后括注的"即草鞋洲",实际既指称其"旧名",也指称其"故实"。虽然草鞋洲在前代史书和官方奏折中无迹可寻,但一定是前代依据实际情形塑造出的专名,只是未被官方采入志书。不过,草鞋夹(峡)之名在清初以前就已存在,草鞋洲之名又是何时出现的? 根据地名学中迁移假借的命名规律,草鞋峡的专名很有可能来自于草鞋洲,且不早于清同治时期①。

同治《续纂江宁府志》卷一所附《江宁府总图说》中载:"……又西则观音门至下关一带,崇山障其内,沙洲蔽其外,草鞋夹天生设伏之所,不能以门户称也。"②此时的草鞋峡指涉的区域范围,在明代方志地图中狮子山至幕府山外的夹江,随着草鞋洲的下移而扩大。下关至观音门一系列沙洲与南岸形成的夹江,在清同治时期统称为草鞋峡。这也解释了同一撰者(上元县人吴松庆)所绘《上元江宁两县境图》中"草鞋峡"的标名,被放置在七里洲、八卦洲与燕子矶的夹江处,较之前代方志的标名位置发生了明显的下移③。

"八卦"的专名又从何而来? 同治《续纂江宁府志》卷八《名迹》载,"自救生总局登舟沿夹江(外为七里洲,东北为八卦洲,晋宋间曰新洲,故曰夹江)历幕府山西……有嘉善寺、慧定寺……"④此后,七里洲、八卦洲的名称在描述不同层级区划的地图中或同时出现,或单独出现。据表1,当描述省、府一级区划时,以八卦洲指名全洲;当以县为单位时,则分别标出七

---

① 诚然,在没有更多材料证据以前,这样的判断只能是合乎情理的猜测。但可以肯定的一点是,草鞋峡和草鞋洲之间一定有着某种命名规律上的联系。
② 同治《续纂江宁府志》卷一《图说》,第12页b。
③ 草鞋峡之名指涉的区域范围,在民国时期草鞋洲与八卦洲完全聚合之后,又发生了改变。而今日八卦洲汊道稳定之后,草鞋峡之实已不复存在。这段演变过程需另详专文讨论。
④ 同治《续纂江宁府志》卷八《古迹》,第72页a。

里洲和八卦洲,有时也标出沙洲之间的界限,以表示二者并未完全聚合成一体。综合来看,八卦洲在面积上较七里洲为大,且七里洲因形成于八卦洲的上游,本身具有向下游沙洲合并的发展趋势,因此八卦洲在"定名"的过程中,渐渐占据了主导地位①。

此外,笔者经过田野调查发现,部分民间传说中也保留了一些"定名"的线索。比较著名的有两则:一是明太祖马皇后过江时感叹风高浪险,遂投璧入江,化成沙洲以便利南北通航。因所投玉璧状如八卦,江中慢慢淤涨出一个沙洲,老百姓就称其为八卦洲。二是乾隆皇帝下江南,驾临至此而钦定其名②。后者虽是江南地区常见的附会,但也侧面反映出清代皇帝对江宁这一明人旧都的思想控制及其余绪。前者尽管不足为据,但仍可以从故事的叙述方式和内容窥见这类认识形成的端由。在传说中,沙洲乃是明初皇家玉佩化成,在此之前,既无沙洲之有,也无"八卦"之名。而将皇家与沙洲的名称联系起来,实际是明洪武年间将江北江浦、六合二县划入应天府治下,以弱化大江之隔,加强南北联络的反映。《明史·地理志》载,"(江浦)洪武九年(1376)六月改为县,析和、滁二州及江宁县地益之",此后"(六合)洪武……二十二年(1389)二月来属"③。故事中沙洲自小涨大的形成过程,也反映出自明代起,沙洲沉积不断刺激、生成民间认识的状况。而传说中惯常出现的皇家要素,则是政治权力的向下渗透,保证了传说中地名的合法性,使之得已传播和保留,并最终为官方采集和征用。

---

① 笔者在2020年4—5月间在八卦洲上进行了三次田野考察。第二次对洲上居民随机进行了访谈式调查,并录制了音频资料。八卦洲街道居民马爷爷(73岁)和其邻居赵大爷(62岁)为笔者提供了热情的帮助。马爷爷祖籍扬州,自祖父辈起逃难至八卦洲辟荒生活,现为个体商户。而赵大爷则在幼时跟随响应政府移民垦荒号召的父辈,从六合移居洲上。现在洲上农业园区内务工,从事农业劳动。在口述访谈中,马爷爷特别指出今日八卦洲的洲头区域是"七里洲",而不是"八卦洲"。这种认识是今日八卦洲实际是20世纪中期以由七里洲、八卦洲聚合而成的反映。访谈日期为2020年4月18日。

② 两则传说的内容皆由口述访谈获得。访谈日期同上。

③ 《明史》卷四〇《地理志》,北京:中华书局,1974年,第912页。

三、危机的暗涌:长江八卦洲段内江、城防务的更迭与隐义

河流的存在和在地理时空中的延展,是对地理区域天然的划分,也是对人群生息、迁移等活动天然地控制。随着人类活动开发进程的加速,长江"南""北"被捏紧和拆散的频率也在不断提高。当我们透过文化要素(历史典故、习语、民谣等)观察这种纠缠和对立时,便能不断感受到政治、军事地理知识对区域内河道、沙洲等自然地理要素的渗透。"桃叶渡"民谣就经历了由情歌向政治隐喻的演化,客观反映了这种"对抗"思路背后地理认识的更迭①。鼎革和动荡之际对抗双方尽可能地占据"天险""地利",发挥其在军事和文化领域的攻守作用。但在建元施政时,王朝政府就必须主动消弭这种自然和心理上的"区隔",用传统政治理念中的"德治""王道"一而统之。因为地利之险要终不敌人心之深刻,所以统一大江南北的政权已经不再注意城防和政权的巩固的关系,转而强调对旧制度、旧文化的辐射和改造。制度的因袭在军事建制和文化整塑的过程中,与地理的联系日渐疏远。

前文已述,元末朱元璋攻破集庆路、定都应天府后,着手调整应天府内的行政区划。这种调整的根源在于,"长江南岸一百七十余里,北岸一百五十余里,江浦浦口为近处犄角,扬州郡镇江为远处犄角。险要形势全在临江一面。"②而划江北二县(江浦、六合)入应天府后,"控御长策至凭江设险,所在俱有",改变了以往"以润州、姑孰尤为要焉"的江防形势③。姑孰、润州指代镇江、当涂,也是南京城北环江的首尾。明初对江北二县的调整,人为破开了长江南北的区划界限,密切了南北两岸间的联系。这一举措实际上是对长江南北政权分立对抗时期,南京城自横江、

---

① 《桃叶渡》本是东晋王献之赠予爱妾桃叶的情诗,其中"我自迎接汝"一句意指美人渡河时不必心惊,江岸自有公子接迎,抒情大方洒脱;诗歌流传至南朝陈统治末期,逐渐演变为南朝人民咒恨腐朽统治倒台,主动希望迎接隋军南渡的民谣。尽管产生和流传的具体背景如今已难确知,桃叶渡口今亦不在江边,这首民谣仍然反映出特定的地理环境中,面对政治情势的转移时人文地理认知的变化。
② 同治《续纂江宁府志》卷一《图说》,第 12 页 b。
③ 乾隆《江南通志》卷一《图说》,第 105 页 b。

白下至京口[1]的江防、城防体系的消解,也是确立首都治权、彰显统一气象的政治宣告。不过,尽管本来用以控扼南北攻战的防线遭遇政治性瓦解,但因明代倭寇盛行,该段仍作为城市防御的一部分得以保留其中大部。但到了清代,破除长江南北隔阂的要求中又增加了满汉对立的矛盾。对该段防线更彻底的政治清除,最终扭曲为驻防水师的消极避战和不务正业。这一点在清廷与太平军的对抗中暴露无遗。

八卦洲长期的聚合成型地理演变过程直接影响着人们的开发利用活动,同样作用着长江八卦洲段的航运条件。自明到清,该段之内与南岸城市防御的军事地理控扼和守御思路发生了鲜明转折。与此同时,洲城互动以及东西向的通航条件也呈现不断变化的形态。八卦洲就像一个见证者,见证城市防务思路的改变,见证旧制度的衰落和内卷。

长江八卦洲段以西的龙江关是明代兴起的造船中心和区域商业中心。龙江宝船厂毗邻草鞋峡,而八卦洲北缘以外的大江主泓就是造验舰船的中心。郑和下西洋的起航点就在此处。除了作为修造官舫的基地设置的武备守御外,该段及辐射到的下关、八卦洲江段,同样也是城市防御的重地。明代倭寇猖獗,不仅袭扰东南沿海,有时甚至溯内河而上,劫掠内地。明万历年间,兵部尚书范景文采辑朝野练军、布防、用兵的对策,考览长江下游至东南沿海的防御形势,搜集各类水道、城防地图,编成《南枢志》一百七十余卷(今存九十三卷),旨在调整巩固内河下游至沿海防御、指导将帅排兵用兵,以抵御倭寇盗匪对沿海沿河地区的袭扰。其中,《日本入犯图》扼要表现了倭寇侵扰明朝东部沿海地区的行经路线和渡口位置,其中一处即溯杨(扬)子江而上,侵扰苏州、常州等地[2]。《南直隶兵险考》载,"提督应天府军务巡抚都御史"下辖"操江都御史",又在各处关津、港口设置把总管制军务。"上元县界七里洲、燕子矶、傅家沟、草堂寺四汛,以奇兵营左哨千总辖之……皆有巡、唬各船",是专门守御南京城北长江江面的水军官兵。此外,从《南枢志》卷四九《江营新图·二十九》可见,在龙江关以东有焦家嘴,弘济寺至燕子矶一线以北称为"里江"。图中作出了"此处客商瓜仪镇江来者,春冬多由外江,夏秋水涨,多由里江。江形

---

[1] 此段防线内的部署多见于东晋南朝史事,但历史上南北方政权以南京为中心爆发的攻伐并不限于该段。

[2] 明《南枢志》卷四九《形胜部》,第1126页。

太湾,两岸独阔,贼每乘隙踵袭"的解释①。此处作为百货交通、商旅汇集的繁华江段,正是倭寇在夏秋季节趁水深湾阔、乘隙而犯的江防要冲。尽管倭寇乘船来往劫掠,很难威胁至城墙以内,但沿江设置的营寨,仍是南京城市防御的一项支持。

又有卷四七《南京郊营伏场图考》布置江防:

> 十三号伏场燕子矶前约有居民三百余家。正东二里至徐道庄,正南近观音门,东西北三面滨临大江,通瓜、仪、镇江一带,总要水路。此处最为险要,应设伏兵一营,拒截大江来寇,以守观音门城。
>
> ……
>
> 下江:官军一百员名,巡沙船五双,梭船二双,军人四名。所管江面上至草鞋夹,下至唐家渡。驻札观音港;上新河:官军六十员名,巡沙船三双,梭船二双,军人四名。所管江面上至大胜关,下至草鞋夹。住札本河②。

此外,文献中提出"守占高山,以逸待劳"强调占据江岸低山设置伏兵,配合水军部队进行抵抗的战法,也是审视地利形势,结合实际经验得到的地理认知。《南枢志》集中搜集明末士大夫群体针对倭寇之祸,要求加强沿海沿江防务的陈情和倡议。在综合前代政治思路、地理认识和防御经验后,志书复杂而详尽地提出了应对之策。这些策论已经不是简简单单聊备查考、拾遗补缺的知识手册,其形成过程则是知识人群体敏感于社会形势的变化,主动发起的知识更新。

直至清中期,江宁府的江防仍保留着明代的紧要形势。一方面是对明末倭寇水盗的提防,另一方面也是为了江南财赋漕粮的护卫保障,巩固清政权在江南地方的统治。据《江南通志》记载,雍正五年"兵部议江宁地方控江连海,设立水师,甚有裨益。应将江宁满洲、蒙古官兵按照天津水师例,设立水师。其江宁驻防八旗满洲防古兵马四千名,应选年力精壮者,拨一千名设为水师,派协领四员、佐领、防御、骁骑校各十二员,管辖每年春秋在大江学习操练。"此外,还调选镇江将军辖内水军教习、唬船、大

---

① 明《南枢志》卷五〇《形胜部》,第 1803 页。
② 明《南枢志》卷四七《形胜部》,第 961—963 页。

炮等人才武备助建江宁水师①。由此可见，江宁水师初设时拣选八旗兵种精干将士，武备一应拱卫京师的天津水师设置，可见清政府重视程度之高。但水师春秋操练、检阅逐渐流于浮弊，八旗生计成为江宁水师难以保证军队质量和战斗力的大难题。八卦洲于乾隆年间购置成为旗产，弥补旗兵子弟薪柴生计，但终因经营不善，转包民人经营②。

清晚期的太平天国运动是扫荡王朝秩序的狂风巨潮。咸丰三年(1853)，太平军攻克江宁，改江宁为天京，定都于此。太平天国已成清廷腹心之患。奉咸丰皇帝命驰援的绿营军分别驻扎孝陵卫和扬州地区的江南、江北大营，形势上互成犄角，一面潘屏苏杭漕粮命脉，一面夹逼驻扎天京的太平军。而太平军的布防除围绕城池驻守设卡外，于城北大江九洑洲、下关、草鞋峡一带驻扎兵船，切断长江南京段上下间的联系。九洑洲是当时下关至草鞋峡江面上靠近北岸的一个小沙洲，完全处在太平军的控制之下，以扼守下关江面南北、东西往来的航道，称为天京水路锁钥。《清史稿》卷四九二《蔡应龙传》载，"(咸丰)四年……五月……时贼船麇集于江北七里洲③，应龙驾小船入，潜薄北岸，射火箭毁其船二十，而大队贼船适至，应龙舍舟陆战，燃炮击沉贼船数只。……十月，贼造木排，上施木城，列巨炮，沿南岸下驶，至八卦洲搁浅。应龙夜发火烧之，贼争赴水死。"④可见太平军在控制江宁城及下关、九洑洲一带，巩固城防以后，自下关顺流而下，意欲沿途控制八卦洲，但遭袭败退，又在九洑洲与清军展开攻防。此番争夺之后，太平军和清军都未形成对八卦洲的实际控制。

同书《温绍原传》载，"(咸丰)四年，贼屯九洑洲，结排置炮，翼以战舰，顺流下，至八卦洲"。而"绍原夜以小舟袭之，纵火焚排几尽，偕总兵武庆、江浦知县曾勉礼，分路进攻九洑洲。"同样记载了江宁遭破之初，江北城防

---

① 江苏省地方志编纂委员会编：《江苏省志·军事志》，北京：军事科学出版社，2000年，第87页。

② 王刚、夏维中：《清中前期江宁八旗驻防新探——以档案史料为中心》，《江苏社会科学》。

③ 据光绪《江苏全省舆图》中《上元县图》可知，这里的"江北"，是指八卦洲西北向的长江北泓道，而非长江北岸地区。

④ 《清史稿》卷四九二《蔡应龙传》，北京：中华书局，1977年，第13605页。

的攻守交锋①。天京事变之后,太平天国分崩离析,八卦洲段一线事关封锁天京的大战一触即发。"(同治)二年,(彭玉麟)与杨岳斌合兵攻九洑洲。贼于洲筑垒数十,外作大城,众舟环之,与江宁相犄角;而拦江矶、草鞋峡、七里洲、燕子矶、中关、下关皆贼屯。"②而《彭玉麟传》所载太平军的江北城防设置集中在八卦洲段段首,比初破江宁时,对沙洲和水域的控制防卫能力已经大大增强。此时太平军的驻防军士,联结了九洑洲、江宁城、七里洲三点与中关、下关、草鞋峡三条水道,筑城建垒,遥为呼应,扼守天京江北水路并保护往来运输粮草和人员的通道,以求反制清军江南、江北大营的夹逼之势。但清军将水路、陆路兵船人马各分三路,向下关、草鞋峡、燕子矶分别出击破敌后,再合围进攻九洑洲,最终大败太平军,封锁天京来往水道,奠定了攻破天京的基础③。

总　结

综合雏形、形成和发展三个时期的水洲、洲人关系可见,八卦洲与八卦洲汊道的形成与演变根本上是一种自然力的控扼和调整。自然力(natural force)对地理样态(Geographic pattern)的塑造方式与其提供的能量都是原生性的,在人类活动能够实现对地理样态的变化的强干预前,这种力量一直处在人地关系演进过程中的主导地位④。因此,历史地理研究对这种"控扼"主导地位的认识,也是对自然地理规律的认识。这类认识导向了人文地理研究中对地理要素的人文化过程和意义的阐释。

而八卦洲"专名"的出现和定型,经历了一个以民间俗名被采入志书等官方记述的过程,是官方知识对民间认识的承认。这种"承认",阶段性地反映了人们对逐渐聚合成型的八卦洲认识和利用程度的加深,和以"八卦"之名统言整座沙洲的结果。志书的记录和流传也较好地保存了这一

---

① 《清史稿》卷四〇〇《温绍原传》,第 11830 页。
② 《清史稿》卷四〇〇《温绍原传》,第 11830—11831 页。
③ 《清史稿》卷四一〇《彭玉麟传》,第 11996 页。
④ 相关认识可以参看[法]吕西安·费弗尔、郎乃尔·巴泰龙:《大地与人类的演进:地理学视野下的史学引论》,高福进、任玉雪、侯洪颖译,上海:上海三联书店,2012年一书。

过程,这也成为了我们今天追索八卦洲地理状况、复原时人认识的首要参考。

在回顾八卦洲段内社会层面各类要素的组合、争锋时,地理环境与不同人群之间往往形成浪潮迭起的激烈对抗。而已经完全融入历史进程的沙洲,在见证地理环境随社会环境变迁发展的同时,也作为地理条件或"角色"参与到历史的演进过程中。也是在这个过程中,自然之力失去了主导地位,取而代之的主导力量是人对自然、对他者的权力（power）和控扼（restraint）。自明至清,长江八卦洲段内的江、城防务从江防独重,到拆破江防、巩固城防,再到内生矛盾因素重新将城防拉回至江防范围之内。这样的迭变所体现的社会价值的变换。而江段内武备与战事的对立统一,恰是各类地理环境要素的矛盾所在。

八卦洲和长江八卦洲段在自然力与人类活动合力塑造之下,展现了鹅头型汊道的基本演变规律,也反映了历史进程中不同地理环境要素间的角力。因此,本文选择原生、渐进和危机三个视角,旨在推动读者从规律（law）、意义（meaning）和价值（value）三个递进的层面理解八卦洲微观历史地理;同时随着历史演变的进程,作逐次地归纳和探讨。透过这三个视角,笔者尝试展现框架式的、由微观而至区域的历史地理研究思路。在本文中,对八卦洲的叙述式还原,是在为理解八卦洲人地关系的演变张本。笔者对历史地理事物、要素及相关关系的理解,则首先为研究赋予了意义。但是,叙述趋向理解的过程,并非一片坦途。叙述所显现出的历史感和真实感,必须成为研究中待理解和可被理解的材料。如同本文所展示的一样,研究者需要通过扮演观察者和讲述者的双重身份,运用历史地理学与知识社会学的理论,叙述材料所见的历史进程,为理解不同时代的历史做准备;最后同读者一道,运用理性去收获独立、真切的研究价值。

综而言之,明清时期（1368—1911）八卦洲在自然界中的发育与人类在长江八卦洲段内的活动,呈现出"从无到有、由简趋繁"的演进过程。研究该过程,可以从原生的视角观察和叙述八卦洲汊道的形成和演变规律;以渐进的视角解释方志地图中八卦洲形、名改易与规范化的意义;以危机的视角关照鼎革际会和王朝渐衰背景之下,八卦洲地方治理和相关军事斗争的控御思路,以理解八卦洲人地关系演进过程中的真实与价值,更新区域历史地理的研究范式,推动解释型（或释义型）研究转向理解型研究。

明清苏南中医世家医学的传承与发展研究

蒋蓉芳

医学史作为一种专门史,旨在考察医家地位、医学知识以及疾病的发展历史[1],医术传承与发展研究是其重要组成部分。中医史学者主要站在医学科学的角度,通过整理古代医家的医案和医著,厘清中医医术传承和发展的整体脉络,挖掘个别流派的治疗规则和用药规律,为现代临床开拓思路[2]。20世纪90年代以来,医学史和社会史、区域史相互融合,形成医疗社会史这一新兴史学分支学科,在疾病、卫生、防疫、医家、医事、医疗机构等方面,学界已有相当宏富的研究成果,于宏大叙事之外揭示个人乃至社会的苦痛,构建出具有一定生命关怀的历史[3]。

明清时期医学事业蓬勃发展,医疗队伍发展壮大,医术普遍的家族性传承特点推动世医群体的逐渐崛起。明代医者李梴在《医学入门》中指出,世医乃"以医为业,世代相承者也"[4],在魏晋南北朝时期已经出现,至明清时期其人数和影响力远超前代,是唯一能与儒医分庭抗礼的医者群体。世医分布"以南直隶、浙江、江西较多,其中江南世医又是这一医者群体的核心",他们主要凭借医技与医官制度、医家之间的师徒和婚姻关系

---

[1] 陈邦贤:《中国医学史》,上海:商务印书馆,1937年,第2页。
[2] 蒋竹山:《明清华南地区有关麻疯病的民间疗法》,《大陆杂志》第90卷第4期,1995年。范敬:《"张一帖"家族医学特点》,《中医研究》2015年第1期,第57—59页。陈仁寿:《"苏派中医"的历史渊源、特色与成就》,《南京中医药大学学报(社会科学版)》2018年第2期,第80—83页。
[3] 余新忠主编:《序言:在对生命的关注中彰显历史的意义》,《新史学》第9辑《医疗史的新探索》,北京:中华书局,2017年,第1—15页。
[4] 李梴:《医学入门》卷首,北京:中国中医药出版社,1995年,第21页。

而彼此相传。苏南医业较偏远地方而言"是具有竞争性的半开放市场",累世业医的传统使得世医持续保持家传医技,从而在医事制度中占有优势,在地方社会享有重要地位①。

学界已经关注到世医家学的承继问题,梁其姿将医生训练的方式总结为家族内传、师徒传授及自学,江苏、浙江、安徽三省以家族训练为主,较之其他方式"更重实务而较轻理论"②;王涛锴将家传细分为家族内传、世医兼师传、世医兼自学等类别,指出"家传和师承是联结医学和社会的纽带,是医学训练的主要载体"③;王敏提供了江南何氏亦儒亦医的家学传承个案,揭示累世医家兼重医理和实践的传承优势④;李鸿涛认为世医家学传承包涵学术和精神双重内涵,以心法、警训、遗案等形式存在⑤;冯丽梅、王景霞分析了医学家传的发展情况,作出"世医呈现专门化特征,推动了医学专科化"的论断⑥。

上述研究勾勒出世家医术传承的大致轮廓,或聚焦于社会制度史,或局限于医疗文化史,缺乏对"救治生命的科学与技艺"承继过程的中观层面的探究。有鉴于此,本文拟以苏南世医群体为例,通过梳理家谱、地方志、医籍以及时人笔记等资料,考察明清时期世家医术的传承内容与方式、发展途径与效果,透视其在明清苏南社会的技术整合与家族生存样态。

---

① 邱仲麟:《绵绵瓜瓞:关于明代江苏世医的初步考察》,《中国史学》2003年第13卷,第45—67页。《明代世医与府州县医学》,《汉学研究》(台北)第22卷第2期,2004年,第327—359页。

② 梁其姿著,蒋竹山译:《明代社会中的医药》,《法国汉学》第6辑(科技史专号),北京:中华书局,2002年,第349—351页。

③ 王涛锴:《何以成医:明清时代苏松太地区的医生训练和社会》,《中国社会历史评论》2010年第11期,第177—182页。

④ 王敏:《世医家族与民间医疗:江南何氏个案研究》,博士学位论文,华东师范大学2012年,第146—149页。

⑤ 李鸿涛、张明锐:《世医家学内涵及其对中医传承的启示》,《中医杂志》2018年第1期,第82—83页。

⑥ 冯丽梅、王景霞:《明清苏州医学世家成因及影响》,《医学与哲学(人文社会医学版)》2009年第11期,第73页。

一、明清苏南地区兴盛的世医群体

明清时期社会、经济素称发达,促进了中医学的全面发展,复杂多样的医者、医著以及医学理论构成明清中医的盛世画卷。随着医学文化中心的南移,以苏州为中心的苏南地区成为医家荟萃之地,吴门医派与新安医学、钱塘学派、岭南医派等地域性医学团体并称于世,"时言医者,莫盛于吴中"①。中国古代医疗的主要承担者有世医、儒医、御医、草医之分,除乡间草医外,其他几类的划分界限并不明晰,其身份地位存在相互流动与融合之倾向。明清苏南地区不乏由儒入医、官至太医者,然累世传医仍为大宗,故常以世医为代表,中医家族数量之多、分布之广、传承之久,"甲于天下"。

江苏医家见于史书方志等文献者,始于殷商,盛于明清,据统计,自后汉至民国,江苏历代医家约有4150人,明清时期有3699人,占90%以上,世医总数达上百家之多②。明清苏南医家的人数及地域分布具体如下③:

地区 时期	吴县	吴江	昆山	太仓	常熟	无锡	江阴	宜兴	常州 武进	镇江 丹徒	丹阳	金坛	溧水	总数
明	85	32	35	16	68	31	15	8	22	21	3	8	2	506
清	222	54	69	29	92	76	43	63	90	76	7	4	6	1750

以上数据虽然是对明清苏南医家的总概,但其文本详述,各地医家又多有"世业医""承家学""世以医显",可借此一窥明清苏南世医的分布态势。从上表来看,明清苏南世医的数量以苏州最多,继之则为无锡、镇江、

---

① 孙承泽:《春明梦余录》卷五七《太医院》,《钦定四库全书荟要》(第7708卷),长春:吉林出版社,2005年,第35页。
② 江苏省地方志编纂委员会:《江苏省志·卫生志》下,南京:江苏古籍出版社,1999年,第483—484页。
③ 陈道瑾、薛渭涛:《江苏历代医人志》,南京:江苏科学技术出版社,1985年,第4页。

常州等地,清代世医数量明显高于明代。余志高所编《吴中名医录》在此基础上补充了苏州医者情况,据载苏州地区历代名医达1200余人,其中明代443人,世医55家;清代699人,世医96家[1]。上引数据大多源自与苏南医者有关的家谱、文集、碑传等,只统计了三代及以上的世医谱系,脉络断代严重或者资料不全不足以考证的不作统计,因此有"世工医"之称的大量个体医家均不在其列。

就苏南世医的具体分布而言,因苏州世医较为集中,名贯天下,故而以往学者多将考察的焦点置于苏州。事实上,明清两代的世医不仅仅在苏州,在苏南其他府州也多有分布,如镇江府京口县有世医黄氏[2]、丹徒县有世医何氏[3];常州府武进县有世医吴氏[4]、江阴县有世医吕氏[5]、无锡县有世医潘氏和施氏[6];松江府青浦县有世医何氏[7]、华亭县有世医陆氏[8]……诸如此类,在苏南的府县不胜枚举,只是各地的具体数量略有不同。邱仲麟研究指出,明代江苏世医大致是以苏州为中心的环状分布,基本遍布苏南全境[9]。而医家群体之间的血缘、地缘与业缘联结,一定程度反映出明清苏南世医分布的差序化特点。

世医家族的起家朝代往往可以反映其传承时间,根据现有资料大致可以将明清苏南世医分出三个层次:起源于宋代的世医为第一层次,如松

---

[1] 此数据系笔者根据余志高所编《吴中名医录》统计所得,参见俞志高:《吴中名医录》,南京:江苏科学技术出版社,1993年,第2—22页。
[2] 刘璟:《易斋稿》卷九《康济堂记》,清钞本,页码残缺。
[3] 杨士奇:《东里续集》卷二九《何子玉合葬墓表》,文津阁四库全书本,第22—23页。
[4] 唐顺之:《荆川集》卷一六《旸谷吴公传》,《钦定四库全书荟要》(第17516卷),长春:吉林出版社,2005年,第30—33页。
[5] 孙继皋:《宗伯集》卷八《医寿官杨村吕翁墓志铭》,文渊阁四库全书本,第53—56页。
[6] 裴大中:《苏州府志》卷二六《艺术·医》,南京:江苏古籍出版社,1991年,第434—435页。
[7] 何时希:《清代名医何书田年谱》,上海:学林出版社,1986年,第5页。
[8] 吴宽:《匏翁家藏集》卷五五,《钦定四库全书荟要》(第16801卷),长春:吉林出版社,2005年,第5—8页。
[9] 邱仲麟:《绵绵瓜瓞:关于明代江苏世医的初步考察》,第46页。

江府徐氏与常州府王氏，他们大多是随宋室南渡的医家后代①。起源于元代的世医为第二个层次，如应天府严氏与武进世医吴氏，他们大多因科举不利而弃儒从医②。起源于明代的多为元代医者的后裔，如华庭陆氏与江宁许氏，他们因为继承中断或是另立支派而将始业医者定为明代③。起源于清代的则是受医学社会化传承影响，学医门槛降低的结果④。纵观苏南诸多世医家谱，多有"于宋始业医"的记载。不过，仔细梳理之下不难发现，世医由宋至明的传承谱系很多都不全，真正有谱可依、脉络清晰的还是元明两代居多。总体而言，苏南世医传承时间较长，有些家族在宋代便有从医者，宋元之际传承有所衰落，元代多有弃儒从医、由儒入医者，至明清转而以医入仕、医儒并显。因而长者历宋、元、明、清四代，累数百年之久，短者自元至明，也有三世之传。

明清苏南世医之盛，与特定的社会背景及其家族传统密不可分。明初，医官与医户制度较为严格，"置医学提举司，后改太医监，又改太医院，定为正五品衙门……凡医士俱以父祖世业代补，或令在外访保医官、医士以充"，医官需"每季考试，通晓本科者收充医士，食粮当差；未通晓者仍令习学一年再试，三试不中者黜之"，推动医官群体的家族化和专业化。明朝中后期，朝廷对中央和地方医政的控制均有减弱，御医机构"年壮可进者俱令教师教习"，"官医亲男弟侄各务习学本业，候本院缺人，呈请礼部收考"⑤，培训与考核愈加流于形式，大量不具备医疗技能者获得医官资格，阻塞了世医为官的途径。中央对地方医政的松弛加快了医疗资源的地方自给，"在地化"的苏南世医群体逐渐成为民间医疗体系运转的核心。

中国古代技艺提倡家族传承，家学传承责无旁贷。世医之家学有所本，以医为业自然秉承不息。儒家"读书出仕"思想曾深刻影响医学家族

---

① 姚夔：《太医院判徐公墓志铭》，(明)焦竑：《焦太史编辑国朝献征录》卷七八《太医院》，明万历四十四年徐象枟曼山馆刻本，第32—33页。
② 陈镐：《严景传》，焦竑：《焦太史编辑国朝献征录》卷七八《太医院》，明万历四十四年徐象枟曼山馆刻本，第104页。
③ 吴宽：《匏翁家藏集》卷五五，《钦定四库全书荟要》(第16801卷)，长春：吉林出版社，2005年，第5—8页。
④ 俞志高：《吴中名医录》，第227页。
⑤ 申时行：《大明会典》卷二二四《太医院》，明万历内府刻本，第1—6页。

的传承,科举制的几经变化又推动其择业观念的回转。元人入主中原,江南废科举近二十余年,士人"益取医家之书而读之,求尽其术,而行其志焉"①,医者群体有所壮大。明清虽恢复科举,然读书进仕终究坎坷,教授、入幕、庸书卖文之途又显狭窄,从医成为士人"异业治生"的重要手段,于医家子弟而言则是回归本业②。其后,儒以医显,医以儒贵,以儒通医,蔚为风气③。伴随着经济、文化中心南移,明清苏南地区医药店肆林立,医学著作广为传播,学医门槛大大降低,医家子弟有了多样的生存选择。古代择医又有"医不三世,不服其药"之说,世代为医的招牌在开放的医疗市场中能够获得更多的信任感和竞争力。

二、明清苏南中医世家医学的传承

中国古代医学传承遵循"传道、授业、解惑"的基本途径,即师父授课讲解、临床展示,徒弟读书钻研、侍诊解惑。较之普通医者,世医对医学的理解更深,将其阐释为医技、医理与医道,医技、医理为医之"术",医道则由"术"进"德",三者由浅入深、由易入难,构成了世医"术德并重"的传承体系。"医技"为学医之入门,并不涉及世家医学的精华,传授过程无须有所保留。江阴世医姜健医冠吴中,"里中业医者,多得其教授",同乡柳宝诒因医术高超,"江浙学子来归者甚众",常熟裴雁宾"有及门弟子三十余人"。入门弟子在熟背医赋、辨识医药以及尝试煎药之后,若能辨识症状、查明病因,则可进入医理的学习。清代世医姜大镛尤重医理的传授,其子姜星源"幼承庭训,长精其业,钻研医理,力学不辍","稍长即随父侍诊,手录医案,精究医理",以临床经验实证医理,"凡为诊视,靡不着手成春"。星源之子姜之檀也得此真传,"以读书穷理为本,利人济物为用",其用药"出人意表,奏效如神"④。习得基本的医技与医理,便已具备独立行医的能力,普通医者乃以悬壶谋生,往往止步于此。

---

① 傅若金:《傅与砺诗文集》卷四《赠儒医严存性序》,民国三年嘉业堂丛书本,第17页。
② 刘晓东:《论明代士人的"异业治生"》,《史学月刊》2007年第8期,第97页。
③ 王宏翰:《古今医史》(续增明),清钞本,第58页。
④ 俞志高:《吴中名医录》,第213—225页。

医道传承由"术"入"德",此中精要有二,一为创立新说,一为以医载道,前者要求学子集天分、悟性、创新精神于一身,后者则强调对传统医德的继承。天赋异禀已然难得,学术创新更显渺渺,医德之高下却能立分,故而成为医道传承的重点。明代徐有贞尝言:"吾见世之医者,有幸人之疾者以售其技,若市利然,疾未及治,先声以夸其功,计其疾稍治,即索报,不获报辄怒,还有两三医争功者",徐氏所言反映出当时医者的普遍问题:不在术之缺,而在德之失[①]。世医之家,有口皆碑,关键在于对"内德"与"外德"的长久坚持。

所谓"内德",是指家族内部的救济和帮扶,这在苏南家族中十分常见,世医之家也不例外。吴县韩奕曾劝诫子孙"宜力行善事,为善人,惟孝友勤俭,可以笃亲义,保先业,慎勿习污下,以损家声"[②],昆山顾文荣临终亦正告子孙"吾家素尚俭,有盈必推以济人,若等惟忠孝宽厚相承,即吾瞑目无憾矣"[③]。除口头训诫外,京江何氏更是将"行善积德、孝友事亲"列入家规家训写进族谱中,作为后代行医做人的基本依循[④]。与一般家族相比,世医力行"敬宗收族、赈济族人"的方式有所异同,同者如无锡施霁"抚诸孤侄有恩,一味之甘必共。尝在京,见宗人死而无归,为具冠服敛之"[⑤],异者如吴县陈希文"治业甚精,起疾甚众,抚宗姓寡弱恩"[⑥],即在钱粮救济之外,以所学治愈族人,以医术授族内子弟。更有甚者,不惜将独门医术传于族内旁支,以全族人生计。

较之以血缘亲情维系的"内德"相比,以医济人的"外德"更能反映医家德行。明清苏南世医诊疾重口碑而轻尊卑贫富,时有医者汲汲于草泽之中,长洲刘勉坚持"富者不利其所有,贫者不倦其所求",盛寅济人"不独以医药为业,凡遇人危急,虽厚费不靳",其孙盛旷亦"仗义好施,来求必应,未尝索贿"。即便不求责报,世医仍显勤恳业医之态度,吴县钱瑛为人

[①] 徐有贞:《武功集》卷二《赠医士陆仲文序》,文渊阁四库全书本,第27—29页。
[②] 方春阳:《中国历代名医碑传集》,北京:人民卫生出版社,2009年,第393页。
[③] 杨士奇:《东里续集》卷三九《顾仲华墓志铭》,文渊阁四库全书本,第9—11页。
[④] 何志庆:《京江何氏家乘》卷一《家训》,光绪十三年木活字本,第36页。
[⑤] 秦夔:《五峰遗稿》卷二一《故医学训科橘庵施公墓志铭》,明嘉靖元年刻本,第2—4页。
[⑥] 高启:《凫藻集》卷五《陈希文墓志铭》,四部丛刊景明正统刊本,第25—26页。

治病"不问风雨寒暑"①,同里周南"有疾者虽百里之外,亦来迎治"②。作为江南士绅群体的一部分,世医也承担着救济乡里地方的责任。当吴中大疫流行,江阴吕夔"裹药囊日治百家",救活之人难以计数③,长洲张世华"携药囊于道衢,随请而应,有酬之金帛,笑而谢之"。面对天时天患,张豫以为"非药石可济","乃出余积,减价疏通,又煮糜作糷,助官赈恤"④。世医造福地方的善举给家学从业者带来普遍的信任和声望,成为子弟的进身之阶。张氏出七代御医,均以德显,堂号"世德",徐有贞为其作序称"圣有仁术,惟以济生;匪世弗精,匪德弗行",道出苏南世医"术德并传"的真谛⑤。

中国古代技艺传承大致分为家传、师承以及社会传承三类,医家绝学作为特殊谋生之技能,往往被藏于金匮,仅限独门秘传。家族内传为医家首选,然族内子弟众多而亲疏有别,传授须按血缘远近作先后次序,一般为父传子、子传孙,又兄传弟、叔传侄,乃至传于族子、族孙。世医之家规定,子弟不论业医与否,均须"读家藏之书,知岐黄之学"⑥,对于天赋异禀者,尤须"尽发其所蕴授之"⑦,并向其灌输"医为汝家学也,汝当继之"的观念。遇子嗣学医懈怠,父家长将严厉训诫"医为吾家世业,岂可违乎?"若其"确喜业儒",则"不强以医"。不过,幼承家教的世医后代虽"不欲以医名,医亦无所不通"⑧。如此,族内子弟不仅占得培养优势,更能实现家族对祖传医术的垄断和延续。

---

① 王直:《抑庵文后集》卷三〇《钱良玉墓志铭》,文渊阁四库全书本,第45—47页。
② 孙继皋:《宗伯集》卷八《医寿官杨村吕翁墓志铭》,文渊阁四库全书本,第53—56页。
③ 陈延恩:《江阴县志》卷一八《人物》,凤凰出版社,2011年,第528页。
④ 李铭皖等:《苏州府志》(第三册)卷一一〇《艺术》,南京:江苏古籍出版社,1991年,第503页。
⑤ 徐有贞:《武功集》卷三《张氏世德堂铭》,文渊阁四库全书本,第45—46页。
⑥ 祝允明:《欸鹤王君墓志铭》,(明)钱谷:《吴都文粹续集》卷四〇《坟墓》,文津阁四库全书本,第32—37页。
⑦ 丁儒南:《丁氏宗谱》卷首《祖训》,清光绪十年木刻本,第63页。
⑧ 吴宽:《匏翁家藏集》卷七二《南京太医院判周君墓表》,《钦定四库全书荟要》(第16801卷),第5—8页。

然而,现实的复杂性使得世医家传的范围更为广泛。吴县刘国英"老无子,馆何子云、冯思斋、朱通甫为婿,尽传其术",由此开始了何、朱两家的百年世医传承①。传婿在明清苏南医家之中并不少见,但往往会附加很多限制条件,如要求女婿入赘,成为家族真正一员。吴县名医王履,承其业者有其子伯承、门人许谌,二人膝下无子,均招赘婿以承其业②。赘婿及其子嗣还有可能被要求改岳丈之姓,以续其枝。昆山郑伯钧本姓吴,后入赘乐输桥郑氏,因此沿袭了郑姓,成为郑氏妇科第二十七世传人。特殊情况下,家中女性(妻子或女儿)也有可能成为继承者,如昆山闵氏伤科始祖闵籍,因年过半百才生子,恐未及亲授,乃破例传医技于女儿殷闵氏,但要求闵姊日后传予幼弟③。上述方式虽不及父子相传般毫无保留,但也能够实现医术的传承,而且"肥水不流外人田"。昆山郑氏妇科延续二十九世,其中父子相承者达二十世,传之于女婿者五例,传之于女儿者一例,传之于妻者三例,可以反映明清苏南地区世医家传的一般倾向④。

师承与社会传承可以有效弥补家传的不足,然世家医术关乎生计,对于收徒、著述尤为谨慎。医家以为"非渊博通达者不可学也","非悲天悯人者不可教也"⑤。盛寅在收王敏为徒之前,曾"扣其所读先世藏书拷问",王敏"随举随答",故"不失为世儒事医家子,可教也"⑥。所谓先世,正是盛寅之师王宾。金陵名医严景"幼即资性过人,好学不倦",于《素》《难》诸书"对客谈及,了辩如声,颇有悟性",同县名医赵友同、吴敏德认为"是子不群,他日必以儒医鸣",遂收其为徒,尽授医术⑦。可见,除考量德、才之外,世医仍须在其既有的社交网络之中择徒。即便如此,"得真传

---

① 方鹏:《昆山人物志》卷八《艺能》,明嘉靖刻本,第47—48页。
② 张大复:《昆山人物传》卷二,明刻清雍正二年重修本,第8—10页。
③ 马一平:《吴中名世医撷秀》(续),《中医药文化》2012年第5期,第22页。
④ 马一平:《昆山郑氏妇科二十九代世医考》,《中华医史杂志》2000年第2期,第78页。
⑤ 徐大椿:《医学源流论》,北京:中国中医药出版社,2008年,第94页。
⑥ 周鼎:《明故王聩斋先生墓志铭》,钱谷:《吴都文粹续集》卷四〇《坟墓》,文津阁四库全书本,第27—32页。
⑦ 倪谦:《倪文僖集》卷二八《牧庵先生墓志铭》,清武林往哲遗著本,第30—32页。

者,唯一二人而已"。清至民国,随着西学东渐和医学知识的普及,不少世医也会加入医籍刊行之列,交流个人医案、医学理论及经典验方,世家医术的社会传承由此扩大。家族医派融合发展为地域医派,逐渐形成近代中医医派错综复杂、中西医争鸣的局面。

家传、师承以及社会传承由内而外,层层递进,丰富了世医的传承方式,促进了世家医学的社会化。明清苏南世医之家众多,其传承方式不尽相同且历时变化。根据家族形态及其传承情况,大致可以分为"医儒并显""累世医官"以及"携技自珍"三种类型,尤以平江盛氏、长洲张氏、昆山郑氏为典型。

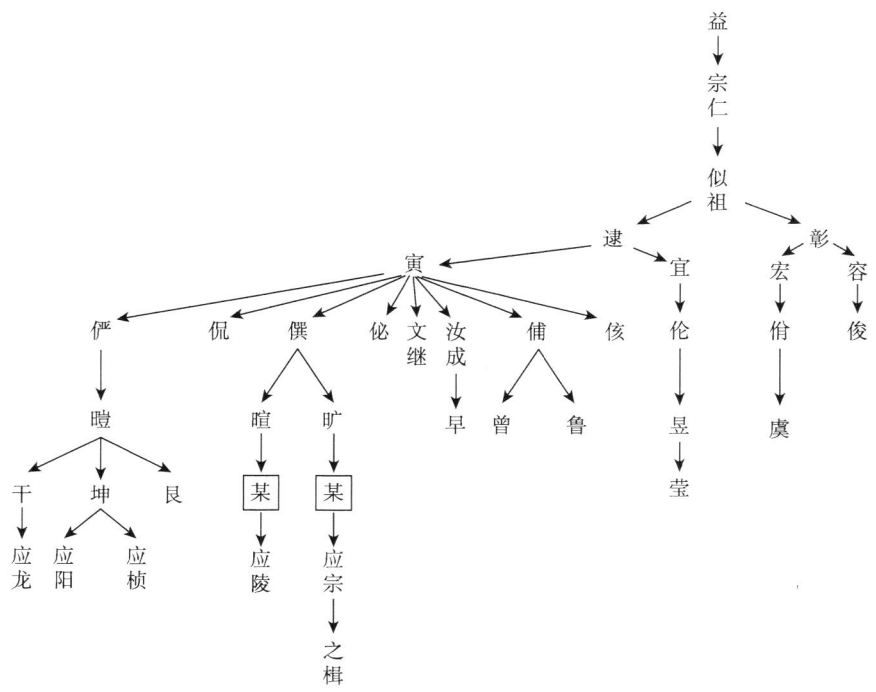

平江盛氏医术传承世系图①

---

① 盛钟歧:《平江盛氏家乘》卷二《世系》,同治三年木活字本。

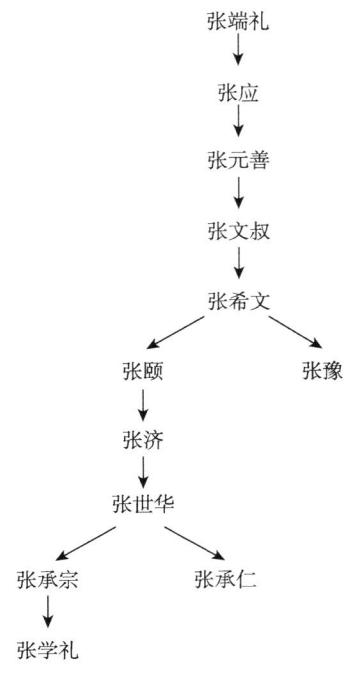

长洲张氏医术传承世系图①

平江盛氏"在吴中为大族,子孙散居郡邑",自元代盛益始业医。永乐以来,有盛寅、盛宏任职太医院,其他亦多为郡邑医官,"至于业儒而出者,往往为名进士,仕于内外者不绝"。盛寅以前医术传承不可考,他早孤,初随王宾作古文,此后二人"弃古文不学,专学医"。王宾将死,无子,将毕生所学传于盛寅,开始了盛氏医学的家族内传。盛寅曾亲授长子盛俨医术,不幸盛俨早逝,又传医于幼孙盛啙。"寅及老复得俌,生四月而没,遗命第六子汝德抚教诸弟",始有兄弟相传②。后官至御医的刘毓、李懋亦师承盛寅。至盛寅曾孙一代,儒业盖过医业,医术"未大行",盛应宗得其岳丈杜山指点,"医术乃大进"。此后盛氏鲜有名医,子孙多弃医从儒③。从宋代到明代,平江盛氏医儒并举,支系繁茂,长盛不衰。于盛氏而言,儒是仕途,医是祖业,二者难以分割。无论是盛寅还是盛俨、盛啙,早年均有业儒经历,因科举不利才转而学医。若能以儒入仕,如盛侅、盛俊、盛应期者,便不再习医。因而盛氏从医人员往往是零散分布在某几支,有些支系很早就出现家学断代的情况,遂以家传为主、师承为辅,借以弥补单一传承方式的弊端。反观其姻亲沈氏,子孙弃医从儒者众,却未打破家族内传的固有模式,渐致医家之学失传④。

---

① 钱谷:《吴都文粹续集》卷四〇《坟墓》,文津阁四库全书本,第42—49页。
② 祝允明:《怀星堂集》卷一八《苏州府医学正科盛公墓志铭》,文渊阁四库全书本,第6—9页。
③ 王世贞:《弇州山人四部续稿》卷一二二《冠带儒士盛少和先生墓志铭》,文渊阁四库全书本,第12—19页。
④ 吴宽:《匏翁家藏集》卷七四《吴医沈宗常甫墓表》,《钦定四库全书荟要》(第16803卷),第33—36页。

张氏祖籍汴京，先祖张彦在宋代担任都御史并镇守苏州，遂举族徙至长洲县。自张端礼始以医闻名，至张学礼计医传十代，父子相承，多为医官①。此外，张瑒有一子继职太医，一女嫁与医官韩裹，其外孙韩金亦"得尽传其妙"②。张氏家族世为医官，垄断性的子承父职必然对人数有所限制，族中无缘袭官者多另谋他业，因而医学传承谱系未如韩氏那般枝繁叶茂。单一的相承方式却不致家学失传，实有赖于明代的医官制度，至明中后期，纳捐制度冲击了世医为官之途，张氏受此重创终至医术断代。③

昆山郑氏郑膏支医术传承世系表④

朝代	宋	宋	宋末元初	元	元	元	明初	明初	明中	明中	明中	明中	明末
身份		女婿	女婿	长子	子	长子长媳	次子次媳	长子	长子	长子幼子	长子	子	子
姓名	薛将仕	钱氏	郑公显	文佑	子华	何淑宁	忠	卢壬清	文康	膏	良吉	云	京	象玄

昆山郑氏郑育支医术传承世系表⑤

朝代	明初	明中	明中	明中	明中	明末	明末	明末	明末	清初
身份	长子	次子	长子	长子次子	长子	长子	长子	长子	长子	三子五子
姓名	文康	育	同仁	宗儒宗周	若曾若皋	应龙	永亨	之郊	伯昌	起泓起濂

---

① 祝颢：《明故太医院御医致仕张公墓志铭》，(明)钱谷：《吴都文粹续集》卷四〇《坟墓》，文津阁四库全书本，第42—49页。
② 祝允明：《怀星堂集》卷一六《韩公传》，文渊阁四库全书本，第20—26页。
③ 李铭皖等：《苏州府志》(第三册)卷一〇九《艺术》，南京：江苏古籍出版社，1991年，第435页。
④ 姚宗仪：《(万历)常熟县私志》卷一五《叙族》，广陵书社，2016年，第583页。
⑤ 王学浩、吴映奎、邱以：光绪《昆新两县志》卷二四《人物》，光绪六年刻本，第39页。

昆山郑氏薛受支医术传承世系表①

朝代	明初	明中	明中	明中	明中	明末	明末	明末	明末	清初	清	清	清	清末	清末
身份	长子	幼子	长子	次子	子	长子	四子子媳	长子	次子	次子	子	幼子	长子幼子	长子次子幼子	子
姓名	文康	薛受	薛学	薛闻礼	郑伏	三畏	嘉会朱氏	任	寔	言	斌	祥征	维嗣维业	修吉修士修德	大纶大纯

昆山郑氏祖籍河南开封,建炎三年(1129)郑忆年南渡昆山,子孙遂定居于此。至郑公显得妻家祖传女科之术,郑氏"乃累世业医,代代相承,历二十九世,无有间息"。郑公显传医术于长子文佑,文佑虽继祖业,仍设帐教书为生。文佑长孙郑忠早逝,其妻何淑宁承医业复授次子郑壬,郑壬后官至太医院御医,自此郑氏始有医官,其妻卢清亦得何氏真传,"善医药,治妇女病多奇中"。郑壬长子文康官至观政大理寺,又承祖传女医,名震一时②。文康膝下有三子,均承祖传医业,然顾及医学始祖薛氏百年无后,遂将小儿薛受出嗣薛家,袭薛姓,自是昆山郑氏女科传承分为三支③。郑氏自始传祖公显至清末薛受支大纶历二十世,严格遵循长幼之序传医,传承者数量随子嗣情况有所增加,但始终有所控制。因父辈早亡而继承人尚幼,曾出现三次传医于妻、由妻传子的情况,较之其他医家并不多见。医非朝夕所成,郑妻却能独立挑起传医重任,可知其早已接受医学训练。换句话说,郑氏妇科秘方对族内某些女性是开放的。不过,郑氏直至民国才出现父传女、岳传婿的例子,间接反映明清世医传承具有隐秘而保守的特点。

医技、医理、医德贯穿明清苏南世家医术的传承过程,术与德是世医择徒的重要标准,亦是其授业的基本内容,世医及其继承者均力行"大医精诚、大医习业"的宗旨。家传、师承、社会传承为其主要传承方式,家传是一种缩小化的师承模式,师承也有可能演化为家传。当师承和家传发

---

① 未著撰者:《开封郑氏世谱(昆山支)》(不分卷),光绪元年修辑本,第 230 页。
② 朱谨:《文学郑伯昌墓表》,潘道根:《昆山先贤冢墓考》卷三,同治十年抄本,第 21 页。
③ 郑文康:《平桥稿》卷六《薛将仕祠堂记》,康熙三十三年刻本,第 7—15 页。

展到一定程度,便形成医学流派及其社会化传承。在具体方式的选择过程中,苏南地区出现"医儒并显""累世医官""携技自珍"三种典型的医家形态,前者以家传为主、师承为辅,其从医人员零散分布在每一支,构成了家族医术繁茂的传承支系;次者子承父业、一脉单传,保障了传承的长期性和家族的利益,却极易受到医官制度的左右;后者凭借祖传秘术行医于世,严格坚持"家族内传""传男传长"的原则,行医至今。

三、明清苏南中医世家医学的发展

世医之家大多专擅某科,有其独门秘技在家族内部流传,要求子孙承其医业、续其医技,对技术创新不作过高要求。随着明清医学知识的普及、医疗市场的开放、疾病种类的增多,医者竞争力的根本仍在于治疗效果,这就要求其不断精进自身医技、日益扩大诊疗范围。明清苏南世家医术发展路径有二,一为个人修炼与族内合作,一为对外切磋与交流,二者由内及外,互为补充。

内部修炼是提升医术最为直接的方式。世医之术本承自祖辈,因此有着师古的传统,但并不囿于一家之言。子弟多广范搜阅古代医籍、验方,对其临床功效详加验证,如遇世所罕见之方,多藏于金匮,代际相传;若有简便验廉之效,则可优化祖传之方。龙砂姜氏"广萃群书,兼资博采,继祖、父医学而术益精"[1],长洲潘氏"自幼颇嗜古方,精通五运六气,讲司天伤寒等书,皆有补医学"[2]。然而医家坐诊日繁,古方难觅又难验证,因此不易推动世家医学的快速发展。中国古代医家重经验而轻理论,大多从多年积累的临床经验中优化诊疗之法。常熟裴氏世医"家传幼科二十四秘方,专治小儿疳积蛔虫便泻腹痛等症",然秘制药丸颗粒较大,药效难调且不易于小儿服用。十一世医裴应钟遂将其研磨成粉,加减定方,并在小儿服用时"调以麦粉,加以糖食",治病神速,时人谓之"裴麦粉"[3]。此

---

[1] 陈延恩:《江阴县志》卷一八《人物》,南京:凤凰出版社,2011年,第531页。
[2] 曹允源等:《吴县志》卷五七《艺文考》,南京:江苏古籍出版社,1991年,第245页。
[3] 陶君仁:《海虞医林丛话》,政协常熟文史资料研究委员会:《文史资料辑存》第四辑,1963年,第95页。

外,世医之家往往聚族而居,几代医者同堂,同辈子弟学医者众多,发扬祖传医术自然少不了族内的交流与合作。江阴吕讲"得其祖父禁方及药论书",又与其弟吕读"切磋究之"同出外诊,"查色脉传变,相与设疑难、算功效",结果往往"同者十九,不同者十一",二人医道日显精深①。

医术提升的突破口在于对外的切磋和交流。宋代以前,医家作为技术从业者社会地位较低,在史书中多被归于《方技传》《艺术传》之列,自北宋范仲淹"良医良相"说提出后,"医乃一变为士大夫之业,非儒医不足见重于世"②。在明清科举入仕的激励下,苏南世医好儒之风尤盛,家学兼重儒、医二道,以全子弟良相、良医之志。以医为官者自是广泛结交朝野内外的文人士大夫,因仕途不顺而专心业医者"虽读岐黄书,尤自胸中好儒术"③。吴县世医王宾、王观叔侄颇多雅兴,与吴中名士吴宽、王鏊、祝允明等往来交际,除诊病疗养外,或交流诗文,或探讨医理,日渐形成地方自有医、儒交际圈④。

上述行为更多指向名声、技术与物质的"艺术交换"而非商业行为⑤,士大夫结交名医以顾自身及家人的健康,医者得丰厚诊金之余,偶获名家题字、赠诗、作序,如无锡潘氏医术多次得到倪瓒、张居贞等人撰文颂扬,不仅提高了家族声誉,更有利于其医籍推广与医术流传⑥。医与儒的结合尤能推动世家医术的精进,有言道"儒者作医,如菜作齑,惟读书故能明理,惟明理故能察行观色,表里虚实无不洞然"⑦,不仅体现在儒家格物穷理之法,还表现为"技进于道"的价值追求,即儒学对世家医术与医德的助

---

① 孙继皋:《宗伯集》卷八《医寿官杨村吕翁墓志铭》,文渊阁四库全书本,第53—56页。
② 谢观:《中国医学源流论》,福州:福建科技出版社,2003年,第101页。
③ 卞永誉:《式古堂书画汇考》(书考)卷二九,密均楼,1921年,第4217页。
④ 祝允明:《歛鹤王君墓志铭》,(明)钱谷:《吴都文粹续集》卷四〇《坟墓》,文津阁四库全书本,第32—37页。
⑤ [英]李约瑟著,[美]席文编,刘巍译:《中国科学技术史》第六卷《生物学及相关技术》第六分册《医学》,北京:科学出版社,2013年,第28—29页。
⑥ 裴大中:《无锡金匮县志》卷二六《艺术·医》,第450页。
⑦ 蒋示吉口述,王咪咪点校:《望色启微》周序,北京:学苑出版社,2010年,第4页。

推作用①。具体而言,儒士病患本身具备一定医学常识,又能够生动表述自己的病情、感受,并精确地反馈给医者,对医家治疗效果的改善自然大有裨益。因此,医而通儒、儒而兼医、医儒相交成为世家医学发展的重要推动力量。

世医传承虽有封闭特点和门派之别,但不同医者群体的行医圈、市场圈、婚姻圈、交友圈有所交集,为彼此之间的切磋交流提供纽带。明清时期医与儒虽然关系密切,但"其身份和地位已难以提升"②,未考取功名即被排斥于主流权力体系之边缘,故时有标榜汉儒任侠、守文之风者,治装出游,求学名师,如宜荆傅之奇"世工医术,挟技游省郡"③,吴县叶天士"至十八岁,凡更十七师"④。古来又有"异人多在市肆间"之说,金华朱丹溪以为"吾乡诸医,鲜克知之者",乃"求他师而叩之,渡浙江,走吴中,出宛陵,抵南徐,达建业",终融诸家之长为一体⑤。

为与乡野游医作区分,世医之家出游行医求学者尚在少数,中医家族之间的联姻、结合更为普遍。长洲余氏与浙江陈氏累世相交,又以地缘关系竞争较小,余明监乃"得陈氏针灸书,被授用针之法,专理针灸,生人无数"⑥。无锡周氏屡与甘露金氏联姻,周宏本擅疡科,在其岳父金孟昭引介下,师事疡疮、带下、头颅等专科方家,"兼得各家所长"⑦,由此形成世医之家知识传授与互补的网络。世家医术的交流互鉴往往横跨一定地域、涉及家族多位成员并将延续数代之久,无锡潘氏初习丹溪之术,仁仲传克诚、克诚传蕴辉、蕴辉传赟……共计6代,此间潘、朱两家往来不断,潘赟与丹溪之孙乌伤及张用谦、吴仲高、丁定端等人从游讲学,又"得丹溪

---

① 何古心著,何时希编校:《春熙室医案》,上海:学林出版社,1989年,第4页。
② 余新忠:《"良医良相"说源流考论——兼论宋至清医生的社会地位》,《天津社会科学》2011年第4期,第129—131页。
③ 顾名修,吴德旋纂:《重刊续纂宜荆县志》,清道光二十年刻本,第234页。
④ 余志高:《吴中名医录》,第144页。
⑤ 宋濂:《故丹溪先生朱公石表辞》,朱震亨撰,程充校补:《丹溪心法》附录,明弘治六年刻本,第444页。
⑥ 李铭皖等:《苏州府志》(第三册)卷一一〇《艺术》,南京:江苏古籍出版社,1991年,第503页。
⑦ 邵宝:《容春堂前集》卷一七《周征君墓志铭》,文渊阁四库全书本,第3—6页。

正传心法,集成《摘玄方论》,行于时。"①不同专科、地域、流派的世医交流促进医学的社会化发展。

结　语

　　明清苏南世医家族的形成和演变,深受时代的统治体系、价值观念、社会秩序影响。明初的医官与医户制度推动医疗事业的家族化和专业化,世医家族由此发展而来。明中期以降,地方医政和医户制度废弛,世医子弟凭借世代经验的积累,面对上进无门、科举失利等现实困境,而较一般读书人更易转归医家本业,推动世医群体的"在地化"进程。苏南世医之盛表现为从医人数多、分布范围广和传承时间久,所谓"世无百年之家,家无百年之计",苏南世医绵延日久的根本原因在于谋生技能的家族化传承,以及特殊条件下的弹性因应。

　　世医传承讲求医技、医理、医道的融汇,医技、医理为医之"术",医道则由"术"进"德",三者由浅入深、由易入难,构成了"术德并重"的传承体系。较之一般医者,世医重视家族内部的救治和帮扶,同时承担了更多的地方社会责任,这与家族内部建设本义及明清社会氛围相一致②。家传、师承、社会传承为医术传承的主要方式,在具体方式的选择过程中,明清苏南地区出现"医儒并显""累世医官""携技自珍"三种典型的医家形态,前者以医入仕而百年不衰,次者坚持一脉单传与医官制度同归沉寂,后者携祖传秘术限家族内传而行医至今。无论个体与家族之命运如何,世医家族成员中多少出过医官或儒官,即有被正统文化认同的历史,因此即便"社会身份很难提升",相应的价值资源并不会少,正如平江韩氏素以医闻名,却被时人指以"衣冠家"③。

---

　　① 秦夔:《五峰遗稿》卷二一《尚古处士潘君墓碣铭》,明嘉靖元年刻本,第13—16页。
　　② 常建华:《明代苏州宗族形态探研》,《史学集刊》2021年第1期,第40页。
　　③ 刘志伟:《边缘的中心——"沙田—民田"格局下的沙湾社区》,《中国乡村研究》第一辑,北京:商务印书馆,2003年,第53页。

在"国家化程度很高且商品经济十分活跃"的苏南地区①,世医之家虽有独门秘技傍身,仍无法避免医疗市场的激烈竞争,医技、人脉、声望乃决胜之根本。明清苏南世医专注于医籍、古方的搜证,在临床经验的基础上不断优化疗法,而族内医者的聚集效应无疑加快了技术提升的进程。不过,此种提升往往指向日常诊疗之"验"而非医术之"道",即不过分强调理论创新与医德进步。家族内部的提升空间终究有限,外部的切磋交流才是世医发展的突破点。在相似的文化背景、地缘关系、生活圈层下,医与儒存在一定对话的空间,来自名儒的赞誉和宣传,对医家声誉、技术和物质均有提振,儒家格物穷理之法和"技进于道"的理念深刻影响着医者精神向度的价值追求。行医圈、市场圈、婚姻圈、交友圈的部分重合为医家之间的切磋交流提供纽带,推动世医知识传授与互补网络的生成,或表现为专攻范围的扩大,或是诊疗方向的精细化。随着世医交际范围的不断扩展,其与官宦、商贾、工匠、小农等群体建立起广泛的联系,居庙堂之高有谓"上医医国"者,处江湖之远则与底层社会交融共生,均在不同程度上形塑了世医群体的社会人格②。

在苏南世医精心设计的传承和发展体系下,子弟虽未形成徽州宗族"显亲宁亲,儒医等耳"的价值认同,心安理得地弃儒从医③,却也能在科举入仕之外找到另一"异业治生"之路,在社会竞争中提高家族的生存能力。滨岛敦俊指出,苏南宗族虽遵从父系世系原则,总体却"以推定的血缘关系来团结同姓,是一种想象的产物",与皖南、浙南、福建、广东等地区相比,宗族观念始终比较淡漠④。苏南地区的医籍之中"世业医""祖工医"的记录比比皆是,而其传承脉络却难觅踪迹,在成医难度和崇儒风气的影响下,世医家族的凝聚力和传承祖业的理想难以匹配,常熟世医顾爱

---

① 冯贤亮:《"朱门白屋,转眼变迁":晚明士大夫的成长及家族发展——以万历二年进士支大纶及其家族为中心》,《社会科学》2022年第1期,第64页。
② 冯玉荣:《上医医国:一位晚明医家日常生活中的医疗与政治》,《华中师范大学学报(人文社会科学版)》2018年第3期,第123页。
③ 唐力行、苏卫平:《明清以来徽州的疾疫与宗族医疗保障功能——兼论新安医学兴起的原因》,《史林》2009年第3期,第53页。
④ 徐茂明:《江南无"宗族"与江南有"宗族"》,《史学月刊》2013年第2期,第15页。

杏尝叹"何若一孝廉,几为贱业所障"①,医家子弟"习为惰逸,乃薄医而不为"②,或弃医为贾,或从儒从道,"以求无误于世"③。由此观之,明清世医传承之困境似可作为"江南不是宗族社会"的旁证之一④。

---

① 蒋以化:《西台漫记》卷三《顾爱杏遗事》,明万历刻本,第64页。
② 李濂:《嵩渚集》卷七三,明嘉靖二十五年刻本,第2156页。
③ 陈确:《干初集》卷一二《韩卓甫传》,清陈敬璋餐霞轩钞本,第344页。
④ 复旦大学历史系编:《明清以来江南城市发展与文化交流》,上海:复旦大学出版社,2011年,第292页。

清代杭嘉湖义庄密集区的成因探讨*

——以嘉善县为中心的考

王 月

杭嘉湖作为传统经济发达、宗法文化兴盛的地区,当地历史上存在着数量丰富的宗族义庄。但从以往研究来看,学界对于杭嘉湖义庄的关注比较少,还未有学者对该地区义庄的发展情形、分布状况等问题进行专文探讨。① 据笔者考证,自南宋起,杭嘉湖地区便已有官员捐置义田的行为出现,元明两朝该地义庄出现并逐渐增多②。到了清代,在社会经济发展与政府政策支持的背景下,杭嘉湖义庄的发展进入了鼎盛时期。

清代杭嘉湖义庄呈现出极具特色的不均衡分布态势,嘉善县以远超其他区域的义庄数量,成为杭嘉湖义庄分布的密集区。影响义庄分布的

---

* 本文为袁璐垚主持、汤天琴和王月参与申请的 2021 年国家级大创项目"近代杭嘉湖宗族义庄的赡族实践及其当代价值"的阶段性成果之一,由王月主稿,袁璐垚和汤天琴在资料收集、思路设计等方面作出了贡献。

① 关于义庄的相关研究主要参看张研的《清代族田与基层社会结构》(北京:中国人民大学出版社,1991 年)、范金民的《清代苏州宗族义田的发展》(《中国史研究》1995 年第 3 期,第 56—68 页)、李文治和江太新的《中国宗法宗族制度和族田义庄》(北京:社会科学文献出版社,2000 年)、李学如的《20 世纪以来的宗族义庄研究》(《合肥师范学院学报》2015 年第 1 期,第 33—38 页)、李学如的《近代苏南义庄与地方社会研究》(上海:上海三联书店出版社,2016 年)、王志龙的《近代安徽族田研究》(南京:江苏人民出版社,2018 年)、李学如的《安徽的宗族义庄——以清代、民国时期为考察中心》(《安徽史学》2019 年第 3 期,第 134—144 页)等。

② 南宋义田捐置行为可见于:刘一止:《苕溪集》卷五〇《宋右朝请大夫郑君墓表》,《文渊阁四库全书》,上海:上海古籍出版社,1987 年,第 20—22 页。

因素主要有经济发展状况、地方宗族势力、义庄建置来源、社会慈善风气等。针对嘉善成为义庄密集区的原因开展研究,可以从个案的特殊性出发,探索影响义庄分布的普遍性规律。因此,本文以嘉善县为中心,从影响义庄分布的各种因素入手,对嘉善成为义庄密集区的原因进行探讨。

一、清代杭嘉湖义庄的分布状况

自北宋范仲淹于苏州创立范氏义庄后,历朝仿行者不断。至有清一代,义庄普遍存在于民间各地,清人李兆洛言:"自文正创之,后人慕而效之,至今而几遍天下。"①杭嘉湖作为江南富庶之地,发达的传统经济与浓厚的宗法观念为宗族义庄的发展提供了基础性条件。笔者通过广泛搜集方志、家谱及报刊资料,初步掌握了清代杭嘉湖37所义庄的详细资料。为了分析清代杭嘉湖义庄的分布状况,依据史料制成下表,以便进一步分析。

表1　清代杭嘉湖义庄分布表②

地区	数量	义庄数量(所)	
杭州	海宁	4	6
杭州	钱塘	2	
嘉兴	嘉兴	4	22
	海盐	3	
	石门	1	
	嘉善	12	
	平湖	2	
湖州	归安	2	9
	长兴	1	
	乌程	6	

---

① 李兆洛:《养一斋文集》卷一一《六安晁氏增置义庄田碑记》,光绪四年重刻本,上海:上海古籍出版社,2002年,第20页。

② 资料来源:查燕绪等:《海宁查氏族谱》卷一六《义庄清册》,清宣统元年(转下页)

由上表可知,37 所义庄中,杭州府数量最少,仅有 6 所义庄,湖州府拥有 9 所义庄,而嘉兴府独占 22 所,占到了总数的近六成。从县级单位来看,嘉兴府内义庄分布最为广泛,嘉善、嘉兴、海盐、平湖、石门等五县皆存在义庄建置,而嘉善一县便有 12 所义庄;杭州府的义庄主要存在于海宁州及钱塘县内,且义庄数量较少;湖州府内归安、长兴、乌程三县存在义庄,其中乌程县是义庄的主要分布区域。清代杭嘉湖义庄呈现出不均衡的分布态势,嘉善成为义庄分布的主要密集区域。

杭嘉湖地区县级单位共有 23 个,而嘉善一县的义庄数量便达杭嘉湖义庄总数的 32%,如此特殊的现象背后成因是什么呢？要探究嘉善成为义庄密集区的成因,首先要明确影响义庄分布的因素有哪些。李文治认为,族田的发展传统、地区特殊的政治经济条件及地理条件是族田义庄发展重要因素。① 李学如认为,理解义庄分布态势,"枢机应在于与之相关的宗族组织、地域经济及宗法文化方面"②。而义庄的经济基础在于族田,从影响族田分布的因素来说,张研认为,"农民与地主的阶级矛盾、阶级斗争,商品经济的发展,地主阶级内部的矛盾、斗争,加上'聚族而居'的

(接上页)刊本,第 2 页;陈庚笙:《海宁渤海陈氏宗谱》卷二二《赡田义庄考》,民国七年刊本,第 6 页;许引之等:(钱塘)《高阳许氏家谱》卷上《小粉墙义庄图》,民国九年刊本,第 6 页;谭之梁等:《嘉善谭氏家谱》卷九《义庄》,清光绪三十一年刊本,第 70 页;李洽等:(海盐)《苕溪李氏族谱》卷一《先世遗迹义田》,清光绪十六年刊本,第 1 页;民国《海宁州志稿》卷三一《人物志四》,第 13 页;民国《杭州府志》卷一四三《义行三》,第 28 页;光绪《海盐县志》卷一八《人物传五》,第 63、72 页;光绪《石门县志》卷八《人物志一》,第 42 页;光绪《重修嘉善县志》卷二三《人物志五》,第 8、11、16、18、29、32 页;光绪《重辑枫泾小志》卷二《义建》,第 33、36、38、43 页;光绪《平湖县志》卷一八《列传四》,第 63 页;同治《湖州府志》卷六三《名宦录二》,第 22、24 页;光绪《长兴县志》卷二四《孝义》,第 19 页;光绪《乌程县志》卷一七《人物六》,第 6 页;民国《南浔志》卷三五《义举二》,第 13、23 页;《光绪二十九年十月京报·浙江巡抚聂奏职绅捐置庄田赡族恳恩饬部核给奖叙片》,《申报》1904 年 1 月 13 日,第 2 版;《光绪三十年二月京报·浙江巡抚聂奏为捐义庄公产恳恩俯赐勅部分别议给旌表建坊片》,《申报》1904 年 4 月 13 日,第 4 版;《光绪十七年八月十二日京报全录》,《申报》1891 年 9 月 23 日,第 4 版;《光绪十六年七月初四日京报全录》,《申报》1890 年 8 月 28 日,第 2 版。

① 李文治、江太新:《中国宗法宗族制与族田义庄》,第 195 页。
② 李学如:《近代苏南义庄与地方社会研究》,第 85 页。

历史传统,决定了清代南方族田的分布与发展。"①而王志龙则从祠堂数量、各地捐献族田人数及土改调查的族田量的多维视角下考察安徽族田的分布状况②。借鉴前贤研究基础,并结合杭嘉湖地区的实际情况,本文将从区域经济地位、地方宗族势力、义庄建置来源以及社会慈善风气等多个角度,考察嘉善县于杭嘉湖地区内的优劣条件,探究上述分布态势的成因。

二、嘉善区域经济地位的考察

通常来说,一定规模的田产是义庄得以建立的基础。据时人记载,"清顺治间,良田不过二三两,康熙年间,长至四五两不等",至乾隆初,"田价渐长……亦不过七八两,上者十两",到了乾隆末、嘉庆初,田价则涨至"五六十两矣"③。以此推算,建置一所义田千亩以上的义庄至少需资数万两。如海盐徐用仪捐置合族义庄,"所捐田产共值一万九千余两之巨"④。因此,义庄的建立往往有赖于雄厚的经济基础,地区经济条件越发达越有利于义庄的发展,并且由于义庄多存在于广大农村地区,因此农村经济的发展状况便是要考虑的首要因素。

杭嘉湖地区地理条件优越,气候温和、雨量充沛,十分适合农作物的生长。唐代时便有"嘉禾一穰,江淮为之康;嘉禾一歉,江淮为之俭"的说法⑤,北宋沈括言:"稻蟹之利,转徙数州。"⑥元代赵孟𫖯称:"照筥及箱,转输旁郡。"⑦可见,杭嘉湖历史上的农业经济十分发达,是海内著名的"鱼

---

① 张研:《关于清代族田分布的初步考察》,《中国经济史研究》1991年第1期,第112页。
② 王志龙:《多维视角下的近代安徽族田分布》,《安徽史学》2009年第3期,第104页。
③ 钱泳:《履园丛话》卷一《旧闻·田价》,上海:上海古籍出版社,2012年,第31页。
④ 《光绪十七年八月十二日京报全录》,《申报》1891年9月23日,第4版。
⑤ 李翰:《嘉兴屯田纪绩颂并序》,《全唐文》卷四三〇,北京:中华书局,1983年,第4375页。
⑥ 光绪《敕修浙江通志》卷九九《风俗上》,第12页。
⑦ 万历《湖州府志》卷二《山川》,第37页。

米之乡"。但明清时期,杭嘉湖地区的社会经济结构出现了重大变化。就农村经济结构来说,农业经营的重点由粮食生产向经济作物转移,家庭副业和手工业生产迅速发展,自然经济逐步向商品经济转化[1]。在这样的社会背景下,传统农业经济的发展状况已无法反映各地区经济发展水平。在以蚕桑为标志的商品化农业,以及随之兴起的家庭手工业的推动下,促进商品流通的市镇在杭嘉湖地区蓬勃兴起。

各类市镇作为农村商品生产和商品流通的集聚点,为当地经济的发展起到了巨大的推动作用。如嘉兴濮院镇,依靠丝织业发展成为著名手工业市镇,所谓"濮绸之名,遂著远近"[2]。乾隆时,该镇"日出万绸",终岁贸易不下数十万金,号称"绸市"。当时有歌谣云:"绸市原称永乐乡,万家烟火尽机坊。自从番使通商后,日下镶来百万装。"[3]又如湖州南浔镇,因其优越的水陆交通条件,丝市贸易往来如织,成为著名的商业市镇。时人记载:"申江鬼国正通商,繁华富丽压苏杭。"[4]众多浙江巨富于此地起家,丝市贸易经久不衰,有谚曰:"湖州整个城,不及南浔半个镇。"[5]除此之外,杭州的临平、塘栖、北新关;嘉兴的新丰、王店、王江泾;湖州的双林、菱湖、石门等,皆是远近闻名的工商业市镇。

市镇的出现为农村经济服务,同时也受到农村经济的制约,故而市镇数量的多寡与农村经济状况完全成正比[6]。因此,市镇数量便成为考察杭嘉湖各地区经济地位的重要依据。范金民曾对明清时期杭嘉湖市镇数量进行过细致研究,根据其研究成果,清代杭嘉湖地区市镇数量情况如下表所示。

---

[1] 范金民:《明清杭嘉湖农村经济结构的变化》,《中国农史》1988年第2期,第15页。
[2] 民国《濮院志》卷一四《农工商》,第12页。
[3] 民国《濮院志》卷五《古迹》,第4页。
[4] 民国《濮院志》卷三一《农桑二》,第28页。
[5] 刘大钧:《吴兴农村经济》,上海:上海文瑞印书馆,1938年,第122页。
[6] 范金民:《明清杭嘉湖农村经济结构的变化》,第21页。

表 2　清代杭嘉湖市镇数量统计表①

地区	市镇数量\时期	康熙	乾嘉	同光
杭州府	仁和	16	21	45
	钱塘	8	20	24
	海宁	5	26	21
	富阳	5	6	11
	临安	6	11	12
	余杭	4	9	12
	新城	4	5	7
	於潜	0	0	6
	昌化	2	6	9
嘉兴府	嘉兴	4	4	4
	秀水	4	4	5
	嘉善	4	7	7
	海盐	4	6	6
	石门	3	3	3
	平湖	6	9	8
	桐乡	4	7	7
湖州府	乌程		6	3
	归安		5	6
	长兴		5	4
	德清		2	2
	武康		2	3
	安吉		3	4
	孝丰		1	1

① 资料来源:范金民:《明清杭嘉湖农村经济结构的变化》,第 22 页。

由上表可知,清代杭嘉湖地区的市镇以杭州府数量最多,嘉、湖二府数量较少。这表明杭嘉湖三府中,杭州府的整体经济实力远超其他二府。杭州府内的仁和、钱塘、海宁三县(州)的市镇数量远远领先其余各县,是杭嘉湖地区市镇经济最发达的地区。嘉兴府的平湖、嘉善、桐乡以及湖州府的归安、乌程、长兴等县,市镇数量相对较多,属于府内市镇经济较为突出的地区。另外,总体来看市镇多出现于水陆交通便利的平原地区,如杭州的新城、於潜、昌化,湖州的德清、武康、安吉、孝丰等县,因地理位置偏僻、交通较为闭塞,市镇数量较少。就嘉善县来说,清朝中后期存有 7 个市镇,在嘉兴府内仅次于平湖县,且多于湖州府内各县,在杭嘉湖县级政区内属中上水平。表明该地农村经济状况较为优越,可以为义庄的发展提供良好的经济条件,这使义庄密集区的出现具备了经济方面的可能性。但若与杭州各县相比,嘉善则并无经济领先优势,甚至与钱塘、仁和等县差距较大,故难以单从经济因素解释该地义庄密集的现象。

通过上述分析发现,嘉善的农村经济状况较好,有利于义庄的建设与发展,这为义庄密集区的出现提供了基本的经济条件,可以说是形成义庄密集区的基础性成因。但与杭嘉湖其余各县相比,嘉善并不具备绝对的经济优势,因而仍需从其他方面继续探讨义庄密集现象的形成,那么接下来则需要对影响义庄发展的另一重要原因——地方宗族势力进行考察。

三、嘉善地方宗族势力的考察

杭嘉湖地区自然条件得天独厚,社会经济十分发达,文教事业兴盛而人才辈出,世家大族随之蔚起。据吴仁安研究,明清江南望族大都由科举制度形成,"其始创者或代表人物均与科甲有不解之缘"[1]。并且其中有些望族士大夫,因其家族累积综合因素造成的社会地位或望族士大夫个人的官职、声望,对区域社会乃至全国都能产生相当的作用和影响。比如杭州府钱塘县许乃普(清嘉庆年间进士,官至吏部尚书)、杭州府余杭县汪无芳(清道光年间进士,官至都察院左都御史授军机大臣)、嘉兴府海盐县

---

[1] 吴仁安:《明清江南著姓望族史》,上海:上海人民出版社,2009 年,第 183 页。

徐用仪（清咸丰年间举人，官至兵部尚书授军机大臣）等等。此类士大夫的宗族在地方声名籍甚，经济实力雄厚，多建有宗族义庄。如杭州许氏宗族"置义田两千余亩"建立起"小粉墙义庄"①，海盐徐氏宗族"捐置民田一千五百八十二亩"②为合族义庄。

同时，除府城、邑城等城市外，上文提及的新兴市镇也因经济迅速发展而人文蔚起、科第兴盛，诸多著姓望族顺势而起。以湖州府南浔镇为例，因丝市贸易繁盛，民间历来有"四象、八牛、七十二金狗"的说法，用来代指因丝事起家的南浔巨富家族。以家财大小为标准划分，"财产达千万两白银以上者称之曰'象'，五百万两以上不过千万者，称之曰'牛'，其在一百万两白银以上不达五百万者则譬之曰'狗'"③。此类富商望族多依靠宗族近亲合力维持，所以更加注重义庄所具有的"敬亲收族"的作用。南浔四象（刘、张、庞、顾）中，刘锦藻于宣统元年（1909）"承父遗命"，将其父刘镛"所置青浦等县田房"④捐置为刘氏小莲庄义庄；张宝善于光绪二十年（1894）"仰承先志"，将其父张颂贤所置"田一千七十余亩"⑤捐建为张氏义庄；庞元济于宣统三年（1911）"承故父云增遗志"，将"熟田一千八十三亩有奇"⑥捐建为庞氏义庄。

由此可见，地方望族是建立义庄的重要力量，望族林立之地极有可能成为义庄聚集的地区。那么嘉善的望族数量是否明显多于其他地区呢？潘光旦先生曾对明清两代嘉兴的望族情况进行了广泛而深入的研究，在《明清两代嘉兴的望族》一书中，列出了嘉兴府明清两代的91个望族的详细信息⑦。因本文主要研究清代杭嘉湖义庄的分布状况，特将其中平湖赵氏、桐乡钱氏、嘉善钱氏等14个发展止于明末的望族，以及清时属杭州府境内的查氏、陈氏及许氏3个海宁望族忽略不计。以其余嘉兴府74个望族为依据，制成下表，以研究清代嘉兴府内望族数量分布情况。

---

① 许引之等：《高阳许氏家谱》卷三《世传（第十三世至第十四世）》，民国十年印本，第57页。
② 《光绪十七年八月十二日京报全录》，《申报》1891年9月23日，第4版。
③ 刘大钧：《吴兴农村经济》，上海：上海文瑞印书馆，1938年，第125页。
④⑤ 民国《南浔志》卷三五《义举二》，第13页。
⑥ 民国《南浔志》卷三五《义举二》，第23页。
⑦ 潘光旦：《明清两代嘉兴的望族》，上海：商务印书馆，1937年，第14—92页。

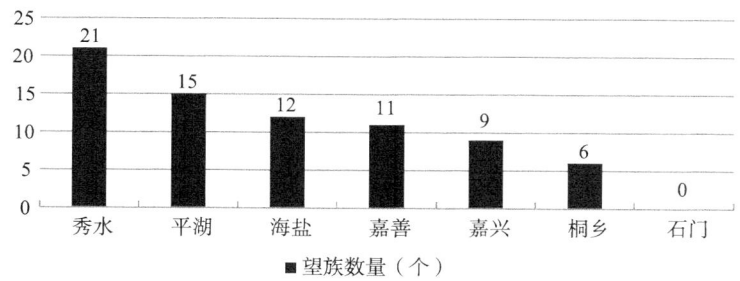

图3　清代嘉兴府望族分布统计表①

由上表可知,清代嘉兴府内各县以望族数量排序分别为:秀水、平湖、海盐、嘉善、嘉兴、桐乡、石门。秀水县为清代嘉兴府治所,有着区域政治文化中心的地位,且社会经济发达,故而望族数量远多于其他各县。另外位于杭州湾沿岸的平湖、海盐两县,因地理位置优越,海陆交通便利,众多商业市镇依靠港口贸易及渔业生产发展起来,亦存在数量较多的望族。而嘉善县11个望族的数量与海盐相近,在嘉兴府内处于中等水平,地方宗族势力相对强盛,宗族组织较为完善,宗法观念深入人心,这为义庄的大量聚集提供了深厚的宗法文化土壤。

但就望族数量来说,嘉善县并非嘉兴府内最具优势的地区,且放眼整个杭嘉湖地区,无论是科举入仕人数,还是从工商业市镇数量,杭州府都远多于其他两府,故而可以推测杭州府内各县望族数量超过嘉善的亦不在少数。因此,嘉善的地方宗族势力无疑为义庄的建立提供了组织基础与文化土壤,与经济条件共同成为嘉善密集区形成的基础性条件,但同样无法成为直接导致该地义庄数量远超其他地区的关键性因素。

既然嘉善义庄聚集的关键性成因仍无法从宗族层面得到解释,那么不妨将研究方向聚焦到个人层面。科举入仕与市镇崛起分别导致了官僚与富商群体的崛起,这两类人可能成为捐置义庄的主要力量。除此之外,平民合捐、众存祀产等建庄方式同样不能忽视。因此,有必要对嘉善义庄的建置来源做进一步考察。

---

① 资料来源:潘光旦:《明清两代嘉兴的望族》,第14—92页。

四、嘉善义庄建置来源的考察

义庄的来源渠道具有多样化的特点,主要包括族人捐置、众存建庄、族遗建庄、归并绝嗣田等,而义庄的不同建置来源也是影响义庄分布态势的重要因素。为了更为清晰地了解嘉善义庄建置来源,特制作下表以便研究。

表4 清代嘉善义庄统计表①

序号	义庄名称	建置时间	建置人	建置方式	建置人身份
1	顾氏义庄	明万历十三年(1585)	平舟公	个人独捐	不详
2	周氏义庄	康熙二十七年(1688)	周隆等	族众合捐	生监
3	戴氏义庄	雍正四年(1726)置义田	戴大用	个人独捐	不详
4	倪氏义庄	雍正四年(1726)至乾隆二十七年(1762)之间	倪源、倪应梅	族众合捐	官僚
5	蔡氏义庄	乾隆四年(1739)置祭田300亩,约乾隆八年(1743)置义田	蔡维熊	个人独捐	生监
6	陈氏义庄	乾隆二十年(1755)左右建庄,嘉庆二十一年(1816)左右续建	陈孝泳、陈暻等	族众合捐	官僚
7	王氏义庄	乾隆六十年(1795)	王启焜	个人独捐	官僚
8	程氏义庄	嘉庆十四年(1809)至道光二年(1822)之间	程学洙	个人独捐	生监
9	杨氏义庄	嘉庆年间(1796—1820)	杨美江等	族众合捐	不详

① 资料来源:光绪《重修嘉善县志》卷二三《人物志五》,第8、11、16、18、29、32页;光绪《重辑枫泾小志》卷二《义建》,第3、33、36、38、43页。

续表

序号	义庄名称	建置时间	建置人	建置方式	建置人身份
10	钱氏义庄	道光二年(1822)	钱锡珪	个人独捐	官僚
11	程氏义庄	嘉庆十四年(1809)初建,后毁,光绪初年(1871)重建	程廷璈、程廷瑚、程大卓	族众合捐	生监
12	许氏义庄	光绪十六年(1890)立案	许秉枢	个人独捐	官僚

根据笔者统计,嘉善义庄的来源方式基本为族人捐置,从捐置主体来看,可分为个人独捐与族众合捐两种方式。个人独捐者如蔡维熊,因"慕范文正公义庄","创建支祠,置田三顷"①。许秉枢"遵父母遗命,捐义田八百余亩"②。程学洙"置义田十五顷以赡贫族"③。此种方式要求建置者个人拥有极强的经济实力,因此捐置者多为达官显要。个体财力相对不足的宗族,往往也会选择众人合力建庄的方式。如陈氏义庄便是由"孝泳创义庄,祁赞成之,后秉、浩、曝续置田数顷"④,多人合力建成。从建置者的身份来看,嘉善义庄基本是由官僚与生监等缙绅地主捐置。而就杭嘉湖整体来看,缙绅地主同样为义庄的主要捐置人群。⑤ 那么缙绅地主的数量差异便有可能成为影响杭嘉湖义庄分布的重要因素。而成为缙绅地主的主要途径是通过科举考取功名,因此清代杭嘉湖科举中第人群的空间存在形式,便基本可以反映各地缙绅地主数量差异的大致轮廓。

在明清时期杭嘉湖社会经济迅速发展的基础上,该地文教发达、文风昌盛,故而人才辈出,科举之盛冠于全国。因此,学界对于浙江科举领域的关注度向来较高,研究成果也十分丰硕。具体到有清一代,多洛肯与程

---

① 光绪《重修嘉善县志》卷二三《人物志五》,第18页。
② 光绪《重辑枫泾小志》卷二《义建》,第43页。
③ 光绪《重修嘉善县志》卷二三《人物志五》,第32页。
④ 光绪《重辑枫泾小志》卷二《义建》,第33页。
⑤ 汤天琴:《清代杭嘉湖义庄的发展与分布研究》,见2022年"史学新秀奖"参评论文,第19页。

小丽分别对浙江进士与举人群体进行了具体至州县分布的细致研究,这为我们了解杭嘉湖科举中试人群的分布提供了珍贵的资料①。

从二人的研究来看,清朝杭嘉湖各府州县的举人、进士分布呈现出高度的一致性。以府级单位来看,杭州府的科举优势远超其他二府。就各府内来看,杭州府的举人、进士主要集中于仁和、钱塘、海宁三地;湖州府主要集中在乌程、归安、长兴与德清;而嘉兴府内各县较为平均,只有石门、桐乡两地略少。其中嘉善县举人数量272人,进士数量90人,在嘉兴府内位于前三之列,在杭嘉湖各州县中排名约第十名左右,可谓科教兴盛,人才荟萃。如此规模的科举中第人群反映出嘉善的缙绅地主数量应该相当可观,他们在地方极有声望,且个人财力雄厚,成为当地捐置义庄的主要人群。由此可以看出,嘉善数量众多的缙绅地主为义庄的大量涌现提供了可靠的来源保障,在嘉善义庄密集区的形成中发挥了重要的作用。

但必须注意的是,嘉善县的举人、进士数量虽然处于杭嘉湖各县中的上游水平,可与人数最多的仁和县(举人1155人,进士380人)相比,仍存在较大差距,钱塘、海宁、嘉兴、秀水等县的中第人数也多于嘉善。由此可推测,嘉善在杭嘉湖各县中,并非缙绅地主数量最有优势的地区。因此,虽然嘉善的缙绅地主数量为该地义庄的发展提供了重要的基础性条件,但是缙绅地主的数量分布也并非导致义庄密集区出现在嘉善的关键性成因。

虽然嘉善县的官僚、生监群体人数并非最多,但却捐置了数量最多的义庄,也就是说,嘉善县缙绅地主捐置义庄的意愿普遍高于其他州县。换而言之,这种"普遍意愿"则应该是社会风气的体现。那么嘉善县是否存在某种独特的、有利于义庄发展的社会风气呢?

五、嘉善社会慈善风气的考察

明宣德五年(1430),嘉兴府嘉兴县析出了位于该县东北境的迁善、永

---

① 参见多洛肯:《清代浙江进士群体研究》,北京:中国社会科学出版社,2016年,第54—115页。程小丽:《清代浙江举人研究》,硕士学位论文,华东师范大学,2009年,第30—31页。

安、奉贤、胥山、思贤、麟睿六乡的部分都、里,设立了嘉善县。据康熙《重修嘉善县志》记载,因"迁善六乡,俗尚敦庞,少犯宪辟"①,故名嘉善。可见"善"便是嘉善自设立之初便崇尚的风俗文化内核。通过对嘉善县的历史进行研究可以发现,嘉善是江南乃至全国慈善事业发展与传承谱系中极为重要的一环。

中国的慈善事业由来已久,早在先秦时期就已开创了一系列"恤老慈幼"举措与临时性的荒政政策,魏晋南北朝时期便已出现制度化、组织化的慈善机构,直至明末清初民间慈善力量兴起后,中国慈善事业发展到了顶峰。学界对慈善史的研究主要以善书、善会(善堂)及善人为研究对象,且对前两者的研究最为深入②。在善书的发展历史上,"明末袁了凡所起的作用甚大,并对后世有诸多影响"③,从善会史研究来看,同善会"无疑是最具代表性的善会"④,而"其产生全国性影响,则陈龙正功不可没"⑤。上述袁、陈二人皆为浙江嘉兴府嘉善县人,可以说,嘉善的慈善风气发轫于袁黄,成型于陈龙正。

袁黄,字坤仪,号了凡,嘉善魏塘镇人。袁黄博学多才,尤其精通河图洛书之理、星命之学、堪舆之道,并对兵备、水利、农业颇有心得。袁黄一生著述颇丰,其中以《了凡四训》流传最广、影响最深。《了凡四训》本为袁黄为了教诲子孙而做的家训,后来公开刊行后迅速流传开来,成为明末清初著名的劝善书。他也因此成为迄今所知中国历史上第一位具名的善书作者。

袁黄所秉持"命由我作,福自己求"的立命之学,以行善积德规劝世

---

① 康熙《重修嘉善县志》卷二《区域志下·沿革》,第4页。
② 善书著述以[日]酒井忠夫的《中国善书研究(上、下卷)》(南京:江苏人民出版社,2010年)为代表;善会善堂著作以[日]夫马进的《中国善会善堂史研究》(北京:商务印书馆,2005年)、梁其姿的《施善与教化:明清的慈善组织》(北京:北京师范大学出版社,2012年)为代表;善人研究以游子安的《善与人同:明清以来的慈善与教化》(北京:中华书局,2005年)为代表。
③ [日]酒井忠夫:《中国善书研究》(上卷),刘岳兵、孙雪梅译,南京:江苏人民出版社,2010年,第377页。
④ [日]夫马进:《中国善会善堂史研究》,伍跃、杨文信、张学锋译,北京:商务印书馆,2005年,第79页。
⑤ 王卫平:《做好人和行善事:陈龙正与嘉善同善会的慈善活动》,《历史教学》2016年第4期,第25页。

人,在社会上产生了既广且深的影响。时人所谓:"上自朝绅,下及士庶,尊信奉行,所在皆然。"①而后世之人也多以其思想相勉励行善,"了凡既殁百有余年,而功过格盛传于世,世之欲善者,虑无不知效法了凡。"②袁黄的劝善思想在为普通民众带来改善生活的希望的同时,更对当地的其他乡绅士族产生了莫大的影响。基于他的慈善思想,一些乡绅开始致力于创办各类民间慈善组织。而其中最具代表性的,当属创办同善会的陈龙正。

陈龙正,初名龙致,后改名龙正,字惕龙,别号几亭,嘉善胥山乡人。陈氏家族为嘉善望族,其父陈于王是万历十四年(1586)进士,为万历中的"循卓名臣",曾任福建按察使,与袁黄交往甚密。陈龙正因"幼有至性",深得袁黄赏识,后师从东林党领袖高攀龙于梁溪。陈龙正在嘉善素有威望,是"晚明江南地区威望高于县令的一位特殊人物"③。

明末社会动荡,加之自然灾害频发,致使田地荒芜,百姓流离失所。面对灾荒导致的巨大破坏,单依靠朝廷的赈济体系已无法维持社会秩序,陈龙正作为嘉善地方具有领袖地位的乡绅,积极推行救灾济荒、地方防护等慈善事业。他于宗族之内创建了陈氏义庄,于胥五区内设置社仓,于嘉善县内创立了同善会。夫马进对此的评述为,"同善会是以家族为中心,向宗族和胥五区逐渐扩大,进而向外扩展到最大的同心圆"④。史载最早的同善会是杨东明于万历十八年(1590)在河南虞城成立的,此后武进、无锡等地亦有同善会相继出现⑤,但在明代各地的同善会中,影响最为深远的无疑是陈龙正所创办的嘉善同善会。

陈龙正在同善会内捐置八顷土地设立同善庄,作为其持续运营的物质基础,并且拟订了《同善会会式》,使嘉善同善会的组织架构逐步正式、完备。而陈龙正创办同善会之所以能够对嘉善社会风气产生深远影响,甚至直接对义庄的大量出现起到作用,主要是因为其"寓教化于救济"的慈善理念。

---

① 张尔岐:《蒿庵集》卷一《袁氏立命说辩》,济南:齐鲁书社,1991年,第45页。
② 彭绍升:《居士传》卷四五《袁了凡传》,扬州:江苏广陵古籍刻印社,1991年,第8页。
③ 冯贤亮:《陈龙正:晚明士绅社会生活的一个侧面》,《浙江学刊》2001年第6期,第133页。
④ [日]夫马进:《中国善会善堂史研究》,第111页。
⑤ 梁其姿:《施善与教化:明清时期的慈善组织》,第37页。

嘉善同善会自明崇祯四年(1631)创立开始,每年进行四次集会宣讲,至陈龙正逝世(1645),共举行了五十一次会讲,其中由陈龙正本人进行了九次。① 同善会宣讲的内容主要是以通俗易懂的语言形势来宣扬善行,而这样的会讲形式在嘉善尤其是枫泾镇执行得十分彻底,据夫马进考证,"当地的会讲持续了上百年"②。可想而知,在如此长久的宣讲培育下,该地民风向善似乎也是顺理成章之事了。光绪嘉善县志中记载,自陈龙正创立同善会后,"于是邑中好义乐施间风景从"③,而嘉善县令罗绪将承办善堂的行为称作"善邑贤大夫之责也"④,可见清代嘉善社会慈善风气之浓厚。

同时,陈龙正还热心于通过与友人书信,向各地推广同善会办法,并取得了良好的效果。据其崇祯十六年(1643)所上《剖析伪学疏》之言:"浙、闽、鲁、豫、昆山、华亭、江西、口北,仿行同善会者,亦十余处。"⑤而对当地来说,其影响更为显著。清代康熙至道光年间,嘉兴府城、秀水县、嘉善县、平湖县、海盐县、枫泾镇等嘉兴府各处,都纷纷成立了同善会公所⑥,这便有赖于陈龙正的开创之功。如嘉兴同善会公所于乾隆癸未年(1763)的续建记略中明确记载,"同善会创自有明嘉善几亭陈氏,行之久矣"⑦。再如乾隆年间平湖县设立的同善会公所,据巡抚常安所言,也为"仿前明钱启新、陈几亭两先生同善录"而成⑧。

陈龙正曾在给友人的信中写道:"寒家设义庄田数顷。设立此法,二三无良渐知自好。已试之事,敢献大贤。同善会则又藉众力以周众贫,亦准此意加厚善良。"⑨由此可见,陈龙正将同善会与义庄看作是同样重要的施善

---

① 王欢:《明末乡绅与地方慈善事业》,硕士学位论文,东北师范大学,2010年,第46页。
② 夫马进:《中国善会善堂史研究》,第92页。
③ 光绪《重修嘉善县志》卷五《建置上·公署》,第17页。
④ 王卫平、黄鸿山:《中国古代传统社会保障与慈善事业》,北京:群言出版社,2004年,第209页。
⑤ 陈龙正:《几亭全书》,卷三八《政书》,《四库禁毁书丛刊》集部12,北京:北京出版社,1997年,第358页。
⑥ 夫马进:《中国善会善堂史研究》,第92页。
⑦ 光绪《嘉兴府志》卷二四《蠲恤二》,第7页。
⑧ 光绪《嘉兴府志》卷二四《蠲恤二》,第24页。
⑨ 陈龙正:《几亭全书》卷四二《文录》,《四库禁毁书丛刊》集部12,北京:北京出版社,1997年,第416页。

举措。它们都是古代民间慈善事业的重要组成部分,二者具有相互补充、相互影响的关系。清代嘉善义庄的建置者,很多同时也是同善会的创建者或其他善举的施行者。如蔡维熊,不仅在宗族内创建了蔡氏支祠,"置义田三百亩"①,同时也是枫泾同善会馆的创始人②。又如王启焜,"建置义田八百亩"创建王氏宗祠③,同时也积极参与地方寺观等公共设施的修建④。

值得注意的是,表4中所示清代嘉善12所义庄中有10所皆为康熙至道光年间创建,这与上述嘉兴府内各地同善会的相继创设时期相一致,可见这段时期为嘉善民间慈善事业的高潮阶段。究其原因,一是康熙至道光年间社会环境长期相对稳定,社会经济得到了持续发展,甚至一度出现"康乾之治"的盛世景象,这为慈善事业的发展提供了良好的环境;二则是政府推行较为完善的社会保障政策,在灾荒救济、尊老养老、抚育弃婴、救助鳏寡孤独等社会弱者方面,采取了一系列的政策与措施⑤。此二者的共同作用促成了嘉善社会慈善风气向嘉善乡绅善行善举的转变落实。

综上所述,在浓郁慈善风气的长期熏染下,嘉善地方乡绅展现出了积极的行善意愿,促进了包括义庄在内的各类善行善举蔚然成风,这成为导致嘉善义庄密集现象出现的关键性因素。

结　语

义庄在长期的发展过程中展现出了旺盛的生命力,其发展状况与所在地区的社会背景、地理形态等多种因素息息相关,因此各地义庄都呈现出独具地方特色的分布态势。研究宗族义庄的分布问题,既可以探索各地区内部的差异性特点,又有助于揭示传统宗族运行的内在规律。

清代杭嘉湖地区的义庄呈现出极具特色的分布格局,嘉善县远超其他州县的义庄数量格外引人瞩目。为了探究其背后的成因,笔者从区域经济地位、地方宗族势力、义庄建置人身份以及社会慈善风气等多个角

---

① 光绪《重修嘉善县志》卷二三《人物志五》,第18页。
② 光绪《重辑枫泾小志》卷二《义建》,第3页。
③ 光绪《重辑枫泾小志》卷二《义建》,第36页。
④ 康熙《重修嘉善县志》卷六《寺观》,第47页。
⑤ 王卫平、黄鸿山:《中国古代传统社会保障与慈善事业》,第93—125页。

度,考察了嘉善县义庄发展的优劣条件。通过对杭嘉湖市镇数量分布、嘉兴望族数量分布、清代嘉善义庄建置来源以及杭嘉湖科举中第人群分布等相关历史现象的研究分析,笔者发现,嘉善的经济状况、宗族势力和缙绅地主数量等条件总体皆属良好,这为嘉善义庄的涌现及蓬勃发展提供了相对稳固的经济基础、深厚的宗法文化土壤与可靠的来源保障,它们共同构成了嘉善义庄密集区形成的基础性条件。不过,由于嘉善上述基础条件在杭嘉湖各州县中也并非出类拔萃,因此不是造成嘉善义庄远多于其他地区的关键性因素。通过考察嘉善县的社会风气发现,嘉善的"慈风善脉"源远流长,在浓郁的社会慈善风气长期熏染下,当地乡绅展现出了其他地区难以达到的行善意愿,最终导致了嘉善义庄密集区的形成。

　　嘉善义庄的聚集现象表明,义庄作为中国传统宗法社会的产物,具有复杂的多重性质。既要考虑到义庄的宗族性与地方性并存,义庄在宗族内部和地方社会都发挥着重要作用;又要兼顾到义庄的宗法性与慈善性,义庄不仅是宗族内部的赡族组织,更是中国传统慈善事业的重要一环。因此,对义庄进行研究必须做到综合考察、全面分析。

从中心到边缘：南京国民政府初期李石曾政治权势演变研究

施 祺

南京国民政府建立之初,因蒋介石在后孙中山时代的党统之争中,相对胡汉民、汪精卫而言,在党内资历较浅,故需借助党内元老的支持,以获得党统和道义上的支持。南京国民政府初期,包括吴稚晖、李石曾、张静江、蔡元培在内的四老是党内元老拥蒋的主要势力,在政治上发挥了重要的影响力。相对于学界对吴稚晖、张静江、蔡元培的研究,对同为四老的李石曾的研究相对较少。实则四老既作为一个整体发挥作用,同时各人与蒋的关系的亲疏及在政治上影响的隆衰也存在不小的差异。本文着眼于探究李石曾在国民党政治生态中的权势演变,通过对具体历史事件的讨论来分析其权势演变的原因以及所表征的国民党政治文化。

一、李石曾前期的权势积累和走向中心

李石曾1881年出生于北京,其父为晚清重臣李鸿藻。李石曾出生于传统的封建家庭,启蒙于传统的封建教育,但最终却走上了革命的道路,从其早年经历来看,与其父李鸿藻、其师齐禊亭不无关系。

于李鸿藻而言,其在家庭教育中,言行时常流露出"反官僚"的倾向,其深恶痛绝晚清官场奔走钻营的风气,并不热心儿子们为官。于齐禊亭而言,在私塾教育中,旧学新学均有兼顾,一方面重视旧学教育,教授传统经学,另一方面也不忽视新学教育,甚至"读报载'孙逸仙革命',不惟不反

对而且称许"①。李鸿藻、齐禊亭二人均为科举出身,但都不赞成李石曾汲汲于八股文章,相反更多地鼓励李石曾学习天文、算学、史地等新知识。考察当时的时局,科举制虽有式微的趋势,但总体仍然颇为盛行,在这种情况下,李鸿藻、齐禊亭二人能有这样的见地实属不易。

同时,李鸿藻、齐禊亭二人拥有着庞大的关系网络,而这也正是李石曾前期权势积累的基础。李鸿藻在晚清历任清廷要职,门生故吏众多,这为李石曾的活动运作提供了诸多便利。一个突出的表现即是筹款,罗家伦曾回忆说:"他(李石曾)用钱是非常慷慨的,而他又很有本领筹款,所筹的款,总是给他的部下用,所以人乐为用。"②齐禊亭是社会名流,交游广泛,比如王小航、黄思永、黄秀伯等人,通过他们李石曾耳闻目见了许多其生涯中的重要人物。而且李石曾与齐禊亭三子(齐竺山、齐如山、齐寿山)的私谊非同寻常,他们在诸多事务中都对李石曾襄助颇多,李石曾前期革命活动的主要办公场所也设在齐禊亭父子创办的义兴局中。

1901年,经黄思永、黄秀伯父子介绍,李石曾与张静江相识。1902年,李石曾跟随驻法公使孙宝琦前往法国,经过上海时,李石曾专门前往吴稚晖寓所拜访,两人因而订交。在这期间,李石曾在张园安垲第旁听演说会,又与蔡元培相识。张静江、吴稚晖、蔡元培三人是李石曾一生的良师益友,日后无论是兴办文化教育活动,还是从事政治革命活动,四人都相互合作,关系十分紧密,共同对民国政局发展产生了重要影响,被称为民国"商山四皓"。

1906年,在张静江的介绍下,李石曾加入同盟会,正式参与革命,成为了同盟会早期的会员。1911年,武昌起义爆发,李石曾与汪精卫在天津创办京津同盟会。不久汪精卫前往上海参加南北和议,京津同盟会于是交由李石曾负责。1912年,中华民国成立,孙中山就任临时大总统。当时的北京暗潮涌动,革命党人意识到袁世凯和良弼是革命成功的阻碍,计划除去两人③。李石曾于是组织京津同盟会暗杀部成员杨禹昌、黄之萌等人展开暗杀工作,最终袁世凯侥幸逃脱,良弼被炸身亡。这一事件在

---

① 陈纪滢:《一代振奇人——李石曾传》,台北:近代中国出版社,1984年,第15页。
② 罗家伦:《商山四皓》,罗久芳、罗久蓉编辑:《罗家伦先生文存补遗》,台北:"中央研究院"近代史研究所,2009年,第32页。
③ 杨恺龄:《民国李石曾先生煜瀛年谱》,台北:商务印书馆,1980年,第25页。

一定程度上震撼了晚清政府和袁世凯,促进了南北和议的顺利进行。

同时,这一时期李石曾还创办或发起了一系列文化教育事业和社会改良事业。1906年,李石曾与张静江、吴稚晖共同发起了世界社,次年创办了《新世纪》周刊。1908年,李石曾成立巴黎豆腐公司,并在工人中推行以工兼学,进行勤工俭学的初步试验。1912年民国成立后,为了改良社会风气,李石曾先后发起进德会(八不会)和社会改良会。在发展社会改良事业的过程中,李石曾深深地感受到了国人的愚昧,因而致力于发展文化教育事业。1912年发起留法俭学会,1915年发起勤工俭学会,1916年发起华法教育会,1920年和1921年分别在北京和里昂成立中法大学,兴起留法勤工俭学运动,先后派送两千多名学生赴法留学,培养了一大批人才。

因此,我们可以发现李石曾前期权势积累的几个重要因素:第一,李石曾出生于清廷重臣之家,受教于社会名流之门,拥有着极为良好的社会资源,尤其是李鸿藻的社会影响和关系网络。第二,与张静江、吴稚晖、蔡元培、孙中山、汪精卫等一大批民国重要人物相识为友,在中国同盟会草创初期毅然加入投身革命,在中华民国成立初期组织刺杀袁世凯与良弼,使他成为了位居高位的国民党元老。第三,创办或发起了一系列文化教育事业和社会改良事业,尤其是勤工俭学运动社会影响深远。第四,李石曾在自然科学和社会科学上都有一定的学识基础,且个人组织与领导能力出众。

正是在这些因素的综合作用下,李石曾才能够在国民党内拥有特殊的地位。尤其是前两个因素,李石曾凭借自己北方国民党人的身份和国民党元老的地位,基本奠定了自己在北方国民党网络中的核心地位。这一点在1924年策划并参与驱逐溥仪出宫,担任办理清室善后委员会委员长;1928年推行大学院制教育改革,建立北平大学区等诸多事件中都表现得十分明显。尚爱松曾回忆顾颉刚所言道:"当年在北平挂李石曾招牌的,不下二三十个之多,有人背后还称李为'北方王'。"[①]从中可以看出李石曾当时在北方的显赫地位。

---

① 尚爱松:《我所知道的李石曾》,蒋路、刘北汜、尚爱松主编:《史迹文踪》,上海:上海书店,1994年,第14页。

二、李石曾在国民党政治中的具体表现

经过前期权势的积累,李石曾成为了国民党内具有道德势力的元老人物。出于信仰和私谊等因素,他选择了与蒋介石结成政治同盟,在国民党内发挥作用,施加影响,其中最为重要的三次事件即为清党运动、中原大战和宁粤对峙。

(一) 清党运动中坚定立场

1927年,蒋介石联合南京方面的国民党人,以"四一二"政变为标志,发动清党运动,建立南京国民政府。蒋介石之所以能够这么做,固然和他掌握着相当的军事武力密不可分,但从另一方面而言,也与其得到了李石曾、吴稚晖等一批党国元老的支持有关。4月2日,李石曾等人召开中央监察委员全体会议,"计划清党活动"①。4月9日,李石曾等人联名发表"护党救国"通电,"缕述武汉与法理不合之事两项、引为痛心之事十一端,其中对于武汉三中全会之决定准许共党参加政府之事,尤感痛愤"②。

党国元老在这一时期掌握着国民党的正统话语,得到他们的支持也就为自己的行动披上了合法性外衣。而在党国元老中,李石曾、张静江、吴稚晖、蔡元培四人尤其与众不同。罗家伦曾说道:"他们几个人在政治上有一种特殊的势力,虽然不是亲自当权,而遇着重要问题,似乎非要和他们商量不可。"③当时的报刊中也有评论文章说道:"南京政府的领袖人物,的确不止一个蒋介石,还有吴稚晖、蔡元培、李石曾一排人物。他们这几位老先生,就是烧成灰烬,谁也认识他们是中国国民党的领袖。"④通过由李石曾等党国元老组织召开中央会议,由会议议决发动清党、建立政府,这些行动便由蒋介石的个人意志、个人行为上升到了党的意志、党的行为,从而变得合理合法。

同时,李石曾除了党国元老的身份,也兼具社会名流的地位。如前所

---

① 吕芳上:《蒋中正先生年谱长编》第二册,台北:"国史馆",2014年,第47页。
② 吕芳上:《蒋中正先生年谱长编》第二册,第52页。
③ 罗家伦:《商山四皓》,罗久芳、罗久蓉编辑:《罗家伦先生文存补遗》,第28页。
④ 辅仁:《中国政局的鸟瞰》,《现代评论》,1927年,第127期。

述,李石曾曾经草创了一大批文化事业,这些事业不仅为他积累了一定的政治资本,更直接地也为他赢得了一定的社会声望。清党运动开始后,李石曾公开支持清党反共,其发表《现今革命之意义》一文,文中用进化论解释革命,将革命分为层层演进的四个层次,并认为"武汉政府进行俄化,属于第三层序,上海护党运动之拥护全民革命,发展民生主义,属于第四层序"①,进而鼓吹清党的合理性与进步性。这种言论对于大多数对政治斗争知之甚少的青年一代具有很强的迷惑性,从而为蒋介石赢得了一定的社会支持。

当然,李石曾等党国元老在这一时期支持蒋介石也是有其自身原因的。1924年,国民党一大召开,孙中山改组国民党,确立"党内合作"的形式,允许共产党员以个人身份加入国民党。孙中山在世时,虽不断有人反对,但两党总体相安无事,然而孙中山去世之后,两党斗争便日趋剧烈。同时由于中共在组织运作上的明显优势,出现了上层国民党、下层共产党、共产党包办国民党党务的情况,甚至大批国民党青年被共产党有意吸纳入自己的组织,形成了"国共党员的双向流动"②,共产党的这种反客为主很大程度上引起了国民党部分党国元老的忧惧。如果说孙中山最初提出"容共"的主张时,党国元老们表示反对是出于对自己权势衰微的担忧,那么到了1927年共产党发展日盛之时,则更多地是出于对国民党前途渺茫的恐惧了。他们认为武汉国民政府已经被共产党所把持,国民党面临着被取而代之的危险。邵元冲在日记中记道,武汉方面"皆由邓演达、徐谦所主持,而发纵指示者实为鲍罗廷氏"③。当时的社会舆论也这样认为:"如此看来,我们无妨说汉口政府代表共产党的势力,南京政府代表国民党的势力。"④因而他们自然而然地和蒋介石站在了同一阵线。

另一方面就李石曾个人思想而言,其早年留法期间,倾心于无政府主义思想,尤其是把蒲鲁东主义奉为真理,后来加入同盟会,又将无政府主义和三民主义联合起来,对于二者有着坚定的信仰。因此其对共产党所

---

① 李石曾:《现今革命之意义》,《清党运动》,全国各大书坊,1927年,第158页。
② 王奇生:《党员、党权与党争:1924—1949年中国国民党的组织形态》,上海:上海书店出版社,2009年,第85页。
③ 邵元冲:《邵元冲日记》,上海:上海人民出版社,1990年,第311页。
④ 辅仁:《中国政局的鸟瞰》。

信奉的马克思主义始终持批判态度,并坚信马克思主义的阶级革命落后于蒲鲁东主义以及三民主义的全民革命,在历史发展的进程中必将被后者所取代①。

1927年8月,蒋介石在内外部压力下被迫宣布下野。在这种情况下,李石曾依然对蒋介石表示了支持,多次劝告蒋介石重回中枢任职②。李石曾对蒋介石的坚定支持促进了二人个人关系的发展。蒋介石这一时期力量十分有限,很大程度上需要李石曾等党国元老的支持。而李石曾、张静江、吴稚晖、蔡元培等人在这一时期政治地位突出,社会名望显赫,他们联合辅蒋,一方面为蒋介石提供了合法性基础和社会道义基础,另一方面也为自己谋得了在党权上的主导地位。1928年蒋介石在给谭延闿的电文中说道:"后方诸事,务请先生裁决,万勿因中正未回,而延误要公;党事则请与吴稚晖、李石曾、蔡子民、张静江诸老决择之。"③可以说,这一时期是李石曾个人权势最为鼎盛的时期。

(二)中原大战中联络东北

1928年4月,蒋介石继续进行北伐,旨在推翻奉系张作霖的北京安国军政府。6月,张作霖在皇姑屯被炸身亡,张学良继任成为东北的实际主持者。蒋介石期望通过和平的方式解决东北问题,相继派出孔繁蔚、方本仁、何成濬、蒋作宾等人与张学良进行接洽。6月,国民党中央政治会议北平临时分会成立,"以河北省、热河、及北平、天津二特别区为其指导区域"④,李石曾被推选为主席。可以看出,北平临时分会所负责的地区,正是当时蒋介石中央政府与张学良东北政府两股势力初期作战的核心区域,也是它们后期谈判的缓冲地带,双方的互动即是以这一区域为中转站的。因而李石曾虽然没有直接参与到双方的和平谈判进程中去,但实际上也出力颇多。其年谱中记载道:"东三省与热河省同时通电易帜,服从中央,于是全国奠定统一,先生与有力焉。"⑤尚爱松也回忆道:"他(李石

---

① 李石曾:《现今革命之意义》,《清党运动》,第159—160页。
② 吕芳上:《蒋中正先生年谱长编》第二册,第130、137页。
③ 吕芳上:《蒋中正先生年谱长编》第二册,第176页。
④ 吕芳上:《蒋中正先生年谱长编》第二册,第288页。
⑤ 杨恺龄:《民国李石曾先生煜瀛年谱》,第68页。

曾)还利用在北方的特殊声望与影响,先是出谋划策,请冯玉祥将军限期驱逐溥仪出宫,后又劝张学良将军易帜为青天白日旗,促成中国形式上的统一。"①

1928年12月29日,张学良发表《东北易帜通电》,北伐战争正式结束,国民党实现了名义上的全国统一,但内部的派系斗争依然剧烈频繁。1929年1月和8月,蒋介石以削减军事开支,发展经济建设为名两次召开编遣会议。会议的召开加剧了蒋介石中央政府与各地方实力派之间的矛盾,直接导致了李宗仁、冯玉祥、唐生智、石友三、张发奎等人发起的数次反蒋战争,但均被蒋介石运用政治和军事手段一一化解。1930年,各派反蒋势力趋于联合,以阎锡山、冯玉祥、李宗仁为代表的地方实力派,联合改组派和西山会议派,成立了与蒋介石中央对立的中国国民党中央党部扩大会议和北平国民政府,中原大战一触即发。

中原大战伊始,双方便都意识到了东北军的立场对于整个战局的重要性,而东北军的立场关键在于张学良的态度。3月1日,张学良发表《劝告蒋阎息争通电》:"在介公力任艰巨,固鞠躬尽瘁之心;在百公析里毫芒,亦实事求是之意。特恐词纵详明,意难周到,每滋一时误会,驯启众人之猜疑,或且推波助澜,酿成战祸,循不报复,未有已时,则是二公救国之愿未偿,亡国之祸先至,非二公之所及料,亦非学良之所忍言也。"②从通电中可以看出,张学良把双方摆在了同等地位。因而双方都想方设法地试图拉拢张学良,相继派出代表前往东北联络。蒋介石派出的代表主要有何成濬、方本仁、吴铁城、李石曾、张群等,其中李石曾先后两次前往东北与张学良接洽,对张学良最终入关支持蒋介石发挥了积极作用。吴范寰回忆道:"(李石曾)在东北时,以张学良的部属胡若愚、朱光沐等均为北大学生,乃借师生之谊,大肆活动,助成东北军入关,阎、冯垮台的实现。"③

5月底,适逢张学良生辰,李石曾以祝寿专使的身份前往东北。蒋介

---

① 尚爱松:《我所知道的李石曾》,蒋路、刘北汜、尚爱松主编:《史迹文踪》,第13页。
② 毕万闻主编:《张学良文集》,北京:新华出版社,1992年,第265—266页。
③ 吴范寰:《李石曾与北平大学区》,中国人民政治协商会议全国委员会文史资料研究委员会编:《文史资料选辑》第11卷,第34辑,北京:中国文史出版社,2011年,第212页。

石希望李石曾能够与张学良切实联络,使张学良尽早表明态度,临行前电告李石曾说道:"请公到沈后,再察汉卿之意,相机应付,并请公全权接洽。"①李石曾到达沈阳后,当晚即与张学良晤谈,此后又经过多次会谈,基本上与张学良达成了出兵助蒋的初步共识。6月17日,张学良在复何成濬电中说道:"石曾先生业经南返,详情或有所闻……苟可排除环境困难,使东北地方勿生变化,使东北父老不致因弟受累,决愿为国家,为介公效命。"②由此可见经过李石曾的游说,张学良的态度已经发生了明显改变。

8月底,李石曾再度前往东北,与张学良进一步商谈出兵助蒋的具体条件,最终促使张学良下定决心。9月5日,张学良致电蒋介石澄清自己默认北平政府的传闻,同日也致电阎锡山婉拒北平政府委员一职,至此张学良对待双方的态度已经十分鲜明。在此基础上,李石曾又进一步和张学良详谈出兵办法。最终,9月18日,张学良发表《和平通电》,同时派遣于学忠、王树常率军入关进入平津地区,中原大战胜负遂分。

从根本上来说,张学良愿意入关支持蒋介石的真正原因还是在于蒋介石给他提供了丰厚的政治资源和经济资源,而李石曾等人所做的仅仅是在蒋介石和张学良之间搭建起了沟通的桥梁。当然,中原大战的结果直接关系到蒋介石的政治生命,因而能够作为蒋介石的代理人与张学良接洽相关事宜,一定程度上也能够看出李石曾此时在蒋介石中央政府中的重要地位。不过这一时期李石曾的个人权势已明显不如之前那么稳定,在中原大战前后,其权力是有一定变化的。

(三)宁粤对峙中南北奔走

中原大战结束后,蒋介石在军事方面达到高峰,但在政治方面仍然遭到胡汉民的掣肘。1929年国民党三大将总理遗教作为训政时期根本大法,否认制定约法的必要性,当时就遭到了社会舆论的诟病,中原大战中各派反蒋势力更是利用这点,制定《太原约法》来争取舆论支持。蒋介石由此受到启发,公开要求从速召开国民会议,制定训政时期约法。此举遭

---

① 吕芳上:《蒋中正先生年谱长编》第三册,台北:"国史馆",2014年,第131页。
② 毕万闻主编:《张学良文集》,第283页。

到了胡汉民的坚决反对,双方在国民党三届四中全会上展开了激烈的争辩,会后亦在各个场合互不相让,最终在 1931 年 2 月 28 日爆发了胡汉民被扣事件(汤山事件)。

而在这一事件上,蒋介石同样得到了李石曾等党国元老的支持。2 月 24 日,蒋介石曾与李石曾、吴稚晖二人会商胡汉民事①。2 月 28 日,蒋介石邀请全体中央委员共进晚餐,在晚餐开始前扣押了胡汉民,却没有遭到明显的反对。蒋介石继而再提制定约法之事,"吴、李、蔡、叶、戴诸君皆附其说"②。由此不难看出蒋介石发动汤山事件,有其冲动的意气成分,但同时也是和李石曾等人有初步共识的。

但胡汉民毕竟掌管党权多年,其个人有着很大的影响力。蒋介石突然扣押胡汉民,在国民党党内乃至社会上都引起了轩然大波,各派反蒋势力藉此也再度找到了联合反蒋的理由。他们奔走联络,会聚广州。1931 年 5 月,以两广地区的军事实力为后盾,再次成立了与蒋介石中央对立的国民党中央执监委员非常会议和广州国民政府,宁粤对峙的局面因而形成。同时,北方冯玉祥、阎锡山等反蒋势力也抓住时机,接连发起数次反蒋斗争。蒋介石因而陷入了南北交困的局面。

首先是应对北方的反蒋势力,李石曾借助于自己的关系网络,再度发挥了重要作用。当时北方军事情势十分复杂,冯玉祥、阎锡山均积极联络昔日旧部,希图东山再起,其中最为突出的就是石友三事变。蒋介石考虑继续借助于张学良东北军的力量,因而先后将李石曾、张群、吴铁城等人派往北平,与张学良保持联系。可以看到,李、张、吴等人都是中原大战期间蒋介石派往东北的代表,他们长期与张学良接洽,已经与张学良建立了不错的私谊。早在 4 月,蒋介石就电告李石曾,让他请张学良赴北平坐镇,以安定人心③。此后,石友三多次出现异动的迹象,蒋介石均电告李石曾等人与张学良商量对策,直至最后石友三事变被最终平定。可以说,李石曾在宁粤对峙期间常驻北方,负责联系张学良,处理各项事务,一定程度上为蒋介石缓解了来自北方的压力。

其次是面对南方的反蒋势力,李石曾更是态度鲜明地站在了蒋介石

---

① 吕芳上:《蒋中正先生年谱长编》第三册,第 366 页。
② 邵元冲:《邵元冲日记》,第 710 页。
③ 吕芳上:《蒋中正先生年谱长编》第三册,第 398 页。

一方。4月,孙科、王宠惠等人前往上海,李石曾、吴稚晖等人多次劝其返回①。6月,张继前往广东之前,李石曾对其说道:"请告诸同志,使方负责者引退,乃决裂,非调和矣!使已引退者重负责,乃真调和。"②"方负责者"即指蒋介石,"已引退者"即指胡汉民,意即促使蒋介石下野并非真心调和,促使胡汉民出山才是真调和,由此不难看出李石曾的立场。

然而宁粤双方一边互相进行口诛笔伐,一边积极进行着军事准备,一场大战似乎已经不可避免。就在这时,日本发动了九一八事变,宁粤对峙的局面遂出现转机。迫于时局和舆论的压力,双方议定在上海举行和谈,李石曾作为宁方代表出席了会议③。最终,蒋介石被迫再次下野,各派反蒋势力也由于利益纠纷趋于瓦解,孙科内阁昙花一现后,蒋介石与汪精卫合作,结束了宁粤对峙的局面。

可以看出,这一时期李石曾积极充当蒋介石的代理人奔走于南北之间,在北联络张学良安定局势,在南接洽粤方调停争端,各项重要事务蒋介石也多与之相商,所以总的来看李石曾此时在国民党内仍然有着比较重要的地位。但从长时段的发展来看,其在国民党内的作用已然不那么关键了。

综上所述,我们可以看出李石曾自始至终都是支持蒋介石的,无论是蒋介石执掌中枢实权、权力日炙之时,还是在蒋介石被迫辞职下野、势力微弱之时。清党运动时,李石曾由于内心的信仰和共同的目标选择了支持蒋介石,自此之后二人结下了深厚的私谊,并在政治上日益结成利益共同体,因而在历次的反蒋事变中,李石曾都选择了支持蒋介石,并发挥了积极作用。这一时期李石曾的政治表现可以概括为以下两点:第一,蒋介石经常和李石曾商议重要事务,讨论时局变化。这一点在蒋介石年谱中多有记载④。第二,李石曾充当蒋介石的代理人,积极协调蒋介石与各地方实力派的关系,并为蒋介石在历次斗争中取胜作出了重要贡献。

---

① 杨恺龄:《民国李石曾先生煜瀛年谱》,第75页。
② 吕芳上:《蒋中正先生年谱长编》第三册,第435页。
③ 杨恺龄:《民国李石曾先生煜瀛年谱》,第76页。
④ 吕芳上:《蒋中正先生年谱长编》第二册,第72、144、362、366、518页。

三、李石曾权势的衰落及原因分析

1932年,蒋介石重掌中枢大权之后,李石曾在政治上逐渐受到了冷落。由蒋介石年谱观之,1932年以后几乎已看不到与李石曾相关的记载;由李石曾年谱观之,1932年以后李石曾更多地出现在了各种文化教育活动中,比如整理北平研究院、故宫博物院事务、出席国联文化合作年会、出席世界新教育会大会、在瑞士日内瓦成立中国国际图书馆、应邀在日内瓦大学演讲《中国文化与世界文化》等等。这一时期的李石曾,虽然在历届国民党全会中仍然会当选为中央监察委员,但政治上的权势已经大不如前,更多的只是担任一些虚职,或者充当一些门面。

1941年,李石曾在促使法国不承认汪伪政权一事中发挥了重要作用,可以说是他后期政治生涯中为数不多的一抹亮色。当时汪伪势力在法国积极游说,法国即将承认汪伪政权,而李石曾在法国多年经营,与法国有着很深的渊源,因而受命前往法国。通过自己的人脉关系,李石曾说服了法国高层,最终促使法国不承认汪伪政权[①]。当然,李石曾的权势衰落只是众多元老权势衰落的一个缩影,无论是李石曾,还是张静江、吴稚晖、蔡元培,乃至其他一些人,1932年以后在政治上的权势都是在走下坡路的。

(一)蒋介石地位的日益巩固

王奇生在论述国民党的派系斗争时,将其划分为了三个阶段:第一个阶段为1925—1931年,这一阶段派系斗争的焦点主要为蒋介石派系与各派反蒋势力之间的斗争。第二个阶段为1932—1937年,这一阶段的派系斗争一方面延续了第一个阶段的斗争特点,另一方面在蒋介石派系内部,又出现了次生派系的斗争。第三个阶段为1938—1949年,这一阶段蒋介石在国民党内已经确立了领袖地位,派系斗争主要表现为各拥蒋派系之间的权力之争[②]。从中我们可以发现,国民党的派系斗争有一个从蒋介

---

① 杨恺龄:《民国李石曾先生煜瀛年谱》,第94—95页。
② 王奇生:《党员、党权与党争:1924—1949年中国国民党的组织形态》,第214—217页。

石派系与各派反蒋势力互相斗争，到蒋介石派系内部各拥蒋派系之间互相斗争逐渐转化的过程，而这种逐渐转化的背后即是蒋介石个人权势的逐渐上升。同时，我们也可以发现李石曾权势地位显赫、政治表现突出的阶段就是上述第一阶段，权势地位日益衰落的阶段就是上述第二、第三阶段。因此，我们可以把李石曾的权势演变和蒋介石的权势演变联系起来，通过考察蒋介石的权势演变来对比考察李石曾的权势演变。

  蒋介石 1924 年被孙中山任命为黄埔军校校长，这是他个人权势的起点。但从同年召开的国民党一大来看：一大共选举产生了 51 名中央执监委员、候补委员，其中李石曾在列，蒋介石却不在列，由此可以反映出，蒋介石此时在党内的地位是无法与李石曾等党国元老相提并论的，更不用说和两位公认的接班人胡汉民和汪精卫相比了。因此，1925 年孙中山逝世后，国民党领导人之争首先在胡汉民和汪精卫两人之间展开，蒋介石丝毫没有从中置喙的余地。然而，8 月廖仲恺被刺案的发生却使蒋介石获得了发展的机遇，其与汪精卫合作，一方面蒋协助汪逼走了胡汉民，另一方面汪协助蒋逼走了许崇智，从而形成了汪精卫掌政、蒋介石掌军的局面。1926 年国民党二大，蒋介石当选为中央执行委员，开始掌握政治权力。3 月，蒋介石在西山会议派的挑拨下，发动了中山舰事件，直接导致了汪精卫的负气出走，从而意外地掌握了国民党大权。7 月，蒋介石率领国民革命军展开北伐，北伐的节节胜利进一步增长了蒋介石的声望。1927 年 3 月，国民党在武汉召开二届三中全会，会议对蒋介石的权力进行了种种限制，蒋介石随即作出反应，发动清党运动，建立南京国民政府。但另立中央必须取得党统的合法性，因而蒋介石必须依赖李石曾等党国元老的支持来建构合法性，这样才能够合理合法地与武汉国民政府进行对峙。宁汉合流后，蒋介石虽然一度下野，但通过和胡汉民合作，又迅速东山再起，紧接着发动二次北伐，东北易帜后取得了形式上的全国统一。但各派反蒋势力仍然此起彼伏，并最终走向联合，发动中原大战。中原大战取胜后，蒋介石在军事上达到高峰，继而继续谋求在政治上的更高权力，因而与胡汉民发生约法之争，蒋介石扣押胡汉民，再次造成各派反蒋势力的新一轮联合，出现了宁粤对峙的局面，并最终导致了他的第二次下野。在 1930 年、1931 年这两轮声势浩大的各派反蒋势力大联合中，由于蒋介石的地位并不稳固，导致他才会继续重用李石曾等党国元老，在重要事务上不仅主动征询他们的意见,而且经常委以重任,把他们作为自己的代理人,以增长自己的权势,从而更好地调停各方矛盾。

1932年,蒋介石通过与汪精卫合作再度上台,此时的蒋介石经过两次下野的反思,在政治上表现得更加圆滑,他专任军事委员会委员一职,牢牢掌握住军权,而把党权交给胡汉民和汪精卫,并且在政权中广泛地容纳过去的各派反蒋势力。与此同时,通过另组三民主义力行社、青天白日团等党团组织、中统、军统等情报组织来不断强化自己的实际权力。可以说,"1932年,是蒋介石从军事领袖向政治领袖转型的关键一年"①。此时的蒋介石已经明确分清了"名"和"实"的关系,表面上将"名"谦让给党国元老,赋予他们极高的地位,实际上把"实"不断强化于自己控制内,从而以退为进,以放权的方式达到了集权的目的。这样的方式很好地化解了党内的矛盾,从此再也没有出现大规模的各派势力联合反蒋的局面,观之1933年的福建事变和1936年的两广事变,反蒋势力都十分单薄,其规模与1930年、1931年相比相去甚远,自然也就被蒋介石迅速瓦解。在这种情况下,蒋介石显然已经不需要继续借重李石曾等党国元老来稳固自己的统治,相反,这些党国元老反而成为了他集权之路上的羁绊,所以李石曾等人在这一时期遭到冷落、权势衰落也就成为了必然。

(二) 李石曾个人的权力欲望

另一方面,李石曾后期的权势衰落也和其自身因素息息相关,其个人有着很强的权力欲望和政治野心。李石曾早年发起进德会,以不做官为标榜,但这种表面的淡泊并不能掩盖其不断培养嫡系势力的行为。事实上,李石曾凭借自己党国元老的身份,对国民党内诸多事务干预甚多。不仅在政治层面上插手于国民政府人员的选举,安排了大量的亲信进入政府②,而且在文化教育事业上更是如此,一个突出的表现就是他在教育系统中形成了中法系③。对此,罗家伦曾感叹道:"关于教育问题,他是最喜

---

① 汪朝光、王奇生、金以林:《天下得失:蒋介石的人生》,太原:山西人民出版社,2012年,第75页。
② 尚爱松:《我所知道的李石曾》,蒋路、刘北汜、尚爱松主编:《史迹文踪》,第14页。
③ 吴范寰:《李石曾与北平大学区》,中国人民政治协商会议全国委员会文史资料研究委员会编:《文史资料选辑》第11卷,第34辑,第215页。

欢参与的,教育部的难办,也是因为他和吴、蔡诸人动辄干涉,仿佛部长之外,还有几位太上部长。学风败坏,是他们不能辞咎的,而尤以李石曾为最甚。"①所以,李石曾相当于成了国民政府里的影子人物,时刻与政治保持着千丝万缕的关系。对此,白瑜在回忆录中说道:"李先生可以说未作官,而能说已超脱政治恶潮吗?"②

在这种情况下,李石曾在一些事务上难免会与蒋介石意见相左,从而导致冲突。比如1928年清党运动后,在讨论反共问题时,李石曾对蒋的表现十分不满,曾以退席的方式表示反对③,甚至不辞而别前往上海,蒋介石亲自前往邀请,也未能将其劝返南京④。1932年以前,蒋介石地位尚不稳固,不得不倚重于李石曾,所以对待他的干预,尚不会加以阻止,面对与自己的冲突,也尚能够保持忍让,但不满的情绪仍时有流露:"老先生等徒尚意气而不顾党之存亡,与其主因,并对余怀疑,乃知前明之亡国,全为书生争尚意气,一日之胜负,久而使无智军人肆无忌惮,以养成亡国之祸,痛哉。"⑤如此长期发展,一旦等到蒋介石地位稳固,他必然不会继续容忍李石曾的这些行为。闲置元老,将元老作为虚悬的门面,也就成为了他的最佳选择。

蒋介石和李石曾等国民党军政元老之间的这种权势转移对当时的社会政治产生了深远影响。一方面,李石曾等党国元老与政治日渐疏离后,其身后的派系成员也都遭到了排挤。最典型的就是1933年兴起的故宫盗宝案,李石曾中法系的主要成员易培基、李宗侗均牵涉其中。从此案的审理过程和最终结果来看,明显并非完全由司法手段进行裁判。张继借排挤易培基、李宗侗打击李石曾的可能性很大。从某种意义上来说,故宫盗宝案标志着李石曾势力的瓦解,从此李石曾彻底丧失了自己的地盘,成为了光有台面没有桌腿的政治人物。同时,党国元老们兴办的一些事业也受到了影响。比如蔡元培一手创立的中研院在后期发展上就时常受到

---

① 罗家伦:《商山四皓》,罗久芳、罗久蓉编辑:《罗家伦先生文存补遗》,第34页。
② 郭廷以、张朋园访问:《白瑜先生访问记录》,北京:九州出版社,2012年,第89页。
③ 吕芳上:《蒋中正先生年谱长编》第二册,第171页。
④ 吕芳上:《蒋中正先生年谱长编》第二册,第302—303页。
⑤ 吕芳上:《蒋中正先生年谱长编》第二册,第150页。

蒋介石的干预和掣肘。

　　另一方面,蒋介石个人权力日渐上升后,逐渐走上了独裁的道路。经过两次下野的反思,蒋介石依靠军权,不断蚕食党、政权力。1938年以后,蒋介石在党内确立起领袖地位,并通过政治手段牢牢控制各方权力。一个突出的表现就是这一时期蒋介石开始事事插手,对于很多事务,前有指示,后有批示。以抗战时期的军法问题为例,根据军法执行总监部总监何成浚的战时日记记载,可以发现许多军法案件均需签呈蒋介石,而蒋介石的态度也经常会影响到军法审理①。王子壮在日记中记道:"彼(蒋)乃事必躬亲,手令纷下,意见虽多,而不相联属,甚且有互相矛盾者,如此治国,真使人有莫之适从之感。"②蒋介石个人独裁造成的弊端由此可见一斑。

　　可以说,蒋介石个人权势的上升是必然和众多党国元老发生矛盾的,他的权力获得始终伴随着元老们的权力流失。因此,李石曾等党国元老从中心到边缘的权势衰落过程,就是蒋介石由边缘走向中心的权势上升过程,他们结成利益共同体,在相互需要、相互利用的反向互动中实现了权势的转移。而究其本质,实是国民党在获取政权、巩固政权的过程中,逐渐背离了孙中山三民主义理念中所设计的民主政治蓝图,将国家权力系于一党、一人手中。而李石曾权势的演变过程正是这一转变的一个重要表征。同时,蒋介石在权势上升过程中反思总结出的依靠军权的统治方式,也导致了国民党内军权唯大的局面,最终不可避免地把国民党拖入了"弱势独裁"的泥淖。

---

　　① 何成浚:《何成浚将军战时日记》,台北:传记文学出版社,1986年。
　　② 王子壮:《王子壮日记》(第9册),台北:"中研院"近史所,2001年,第343页。转引自:汪朝光、王奇生、金以林:《天下得失:蒋介石的人生》,第108页。

20世纪二三十年代旧式弃妇的
生活际遇与心理状态

徐矜婧

20世纪二三十年代,随着新式恋爱观、婚姻观的引入,接受了先进教育的知识青年萌生了婚姻自主的意识,开始与传统婚姻制度进行激烈的抗衡,并积极践行"离婚自由",在这一过程中,无数的旧式妇女被离弃,由于这些女子往往未曾受过良好的教育,很少能够留下只言片语以供探求,她们的感受、际遇与境况模糊于历史的洪流中。

关于民国时期自由离婚现象,目前学界已有丰硕的成果。五四前后,相关的研究讨论已经兴起,民国知识分子以《妇女杂志》《民国日报觉悟副刊》等报刊为阵地,译介欧美自由离婚理念、研究国内外的离婚数据与现象;《妇女杂志》等刊物也开设专号、专题讨论会,研究讨论离婚引发的社会问题,登载在报刊上的观点和案例丰富多元,成为本文重要的写作素材和参考资料。此外,不少学者对离婚现象做了调研考察,如陈鹤琴、甘南引、陈利兰、孙本文等对民国青年男女的婚恋事实、婚恋观念进行了统计分析,吴至信、萧鼎瑛则通过离婚诉讼档案分析社会离婚情况,以上这些调查报告都为后人的研究提供了详实丰足的材料[1]。早期的研究比较注

---

[1] 陈鹤琴《学生婚姻问题之研究》,李文海编:《民国时期社会调查丛编·婚姻家庭卷》,福州:福建教育出版社,2014年,第1—33页;甘南引《中国青年婚姻问题调查》,《民国时期社会调查丛编·婚姻家庭卷》,第97—223页;陈利兰《中国女子对于婚姻的态度之研究》,《民国时期社会调查丛编·婚姻家庭卷》,第223—251页;孙本文:《大学生婚姻调查报告》,国家图书馆选编:《民国时期社会调查资料汇编第17册》,北京:国家图书馆出版社,2013年,第581—661页;吴至信《最近十六(转下页)

重思想观念层面的分析①,这些研究详细梳理了近代以来不同阶段的婚姻思潮的内容与概况,注重分析各种婚恋思想的意义与内涵,并没有过多关注婚姻观念变动对实际生活造成的影响。进入 21 世纪以后,民国离婚自由热潮成为研究热点,相关的研究开始注重考察离婚思想与离婚实践的互动②。这一时期的文章已不再停留于论述离婚自由现象的积极面,而开始更多地关注它的局限性以及对于妇女群体的影响。此外,余华林运用大量报刊杂志对离婚自由思潮所引发的"知识青年离弃旧式妻子"的现象做了考察,对该现象的典型事件、相关论争、社会影响进行了分析,推动民国婚姻思潮研究进一步微观化、平民化、切实化③。目前学界对该时期的自由离婚现象,无论在观念层面还是在实践层面的研究都相当成熟,但对于离婚思潮在实践中衍生的社会问题,尚缺乏全面深入的论述。比如,在知识青年离弃旧式妻子这一问题上,许多研究仍停留在个案的描述上,且常常只着眼于一些名人的旧妻④,对于动态反复、因人而异的离弃过程缺乏详细的展现,对旧式女子的生活处境与心态也缺乏详细的揭露。

(接上页)年之北平离婚案》,《民国时期社会调查资料汇编第 17 册》,第 382—407 页;萧鼎瑛:《成都离婚案之分析》,《民国时期社会调查资料汇编第 17 册》,第 408—432 页。

① 徐建生:《近代中国婚姻家庭变革思潮述论》,《近代史研究》1991 年第 3 期,第 139—167 页;陈文联:《论五四时期探求"婚姻自由"的社会思潮》,《江汉论坛》2003 年第 6 期,第 78—80 页。

② 许慧琦:《〈妇女杂志〉所反映的自由离婚思想及其实践——从性别差异谈起》,《近代中国妇女史研究》(台湾),2004 年第 12 期;周叙琪:《民国初年新旧冲突下的婚姻难题——以东南大学郑振埙教授的离婚事件为分析实例》,王政、陈雁主编、复旦—密歇根大学社会性别研究所编:《百年中国女权思潮研究》,上海:复旦大学出版社,2005 年,第 68—107 页;关威:《新文化运动时期关于离婚自由问题的讨论》,《贵州师范大学学报(社会科学版)》,2005 年第 3 期;李春香:《"五四"时期新派文人离婚现象研究》,《黑龙江史志》,2009 年第 17 期。

③ 余华林:《女性的重塑——民国城市妇女婚姻问题研究》,北京:商务印书馆,2009 年;《民初知识青年离弃旧式妻子现象之论争——以郑振埙事件为中心》,《社会科学辑刊》,2012 年第 6 期,第 178—185 页。

④ 关于朱安的研究有:乔丽华:《我也是鲁迅的遗物——朱安传》,上海:上海社会科学院出版社,2009 年;曾智中:《三人行:鲁迅与许广平、朱安》,北京:中国青年出版社,1999 年;关于张幼仪的研究有张邦梅:《小脚与西服:张幼仪与徐志摩的家变》(张邦梅著、谭家瑜译,合肥:黄山书社,2011 年)回顾了张幼仪作为一个旧式(转下页)

本文将通过对相关资料的搜集和整理，试图厘清旧式弃妇大量出现的社会原因，探讨旧式女子面对婚姻危机时的态度、举措以及她们的生活处境。主要运用《妇女杂志》《民国日报觉悟副刊》等报刊杂志。这些留存了大量相关的争论以及典型案例的史料，成为本文主要参考，同时，本文还使用了相关的法律文书、社会调查报告，力图更加微观切实地呈现事实。

一、旧式弃妇产生的社会背景

20世纪二三十年代，一群接受了新思潮熏陶的青年学生，在"恋爱自由""离婚自由"等口号的呼吁下，谋求着从旧式婚姻制度下脱离。由于男子所能接触到的教育资源、教育机会远远多于女子，因而率先反抗旧式婚姻的多为接受了新式教育的男子。这在当时已经成为一个相当严峻的社会现象，1929年《民国日报·觉悟》上刊载了这样一则评论："最近几年的离婚案，提高非常之速，宣布离婚，全由男方强迫行动的，不必经女方同意⋯⋯到外国跑了一遭回来的留学生，大多数瞧不起他共过艰苦的黄脸婆老婆，借口知识不平等，思想意志不能融洽，非离婚不可⋯⋯就是内地的青年在上海受过所谓新文化的洗礼的，也有许多为着恶劣环境所引诱，或一时的情感所冲动，不顾一切地抛弃他们的妻子，使妻子成为'有丈夫的寡妇'。"[①]

青年们的反叛举动，导致社会上出现了许多"旧式弃妇"，她们由于未曾受过教育而被她们新式的丈夫或未婚夫鄙弃，青年们认为这样的女子无法成为他们携手一生的"灵魂伴侣"[②]。这一离奇的社会现象背后有其

（接上页）妇女在被弃后是如何重新找到自己的定位的经历。周志平在《在爱慕与矜持之间——胡适与韦莲司》（北京：华文出版社，2013年）中对胡适和他的旧妻江东秀的婚姻也有所描写。

① 杨成勋：《从周致远的弃妇说起：说到现在的离婚问题》，《民国日报·觉悟》，1929年，第1卷第10期，第1页。

② 参见李文海编：《民国时期社会调查丛编·婚姻家庭卷》。书中收录了多份民国时期关于婚姻家庭方面的调查报告，在不同的问卷调查中，那些与旧式女子结婚的男青年反映他们在婚姻中最大的问题便是妻子未曾受过新式的教育，智识不全，因而无法与之进行正常交流，也无法成为灵魂伴侣。绝大多数的男子在择偶时，倾向于接受过新式教育的女性。

深刻的成因,与传统婚姻制度的特点、男女教育的失衡、欧学东渐、以及时代流行话语都有千丝万缕的联系。

(一) 传统婚姻的订立形式与特点

中国传统婚姻的订立,向来由婚姻当事人的家长定夺,很少顾及当事人的意愿,易家钺曾评价中国的家长是"何等威风! 不独管理一家的财产权,并且住持子女一切的婚姻权"①。中国的父母掌控着儿女的婚姻大权,几乎不管男女的感情、智识、性格是否融洽。

据《妇女杂志》的读者调查,1920年前后的天津依然普遍存在父母为子女议婚、子女羞于过问的现象:"议婚男女到了十三四岁的时候,他家的父兄,每托亲友代为作伐……更有这一种媒婆,专为介绍婚姻,从中取利,强为作合。最可笑的,当议婚时,男女俱以为耻,不敢与闻,而女子尤甚,其允许之权,均操诸男女之家长。还有当男女两三岁的时候,亦要作起亲来;更有指腹为婚的。"②

另据陈鹤琴1921年对江浙地区的学生所作的婚姻调查,181人中,婚事由父母代订的高达158人,占比87.29%③。在另一份甘南引所做的调查中,395位已婚人士,长辈代订婚事的有341人,占比86.32%④。可见五四前后,不少男女青年依旧没有足够的婚姻自主权⑤。青年们对这种代订婚姻的形式也十分不满:"对于这种'皮条式'的婚姻,当然极不满意,不用一一说明了""不满意的地方,在我结婚前,没有一点主权,结婚后仍不能脱家庭的辖制"⑥,在陈鹤琴和甘南引的调查报告中,想要自己订

---

① 易家钺、罗敦伟:《中国家庭问题》,上海:泰东图书局,1929年,第6页。
② 朱黄慧君、朱素颐:《天津婚假风俗》,《妇女杂志》,1921年,第7卷第2期,第89页。
③ 陈鹤琴:《学生婚姻问题之研究》,李文海编《民国时期社会调查丛编·婚姻家庭卷》,第16页。
④ 甘南引:《中国青年婚姻问题调查》,李文海编《民国时期社会调查丛编·婚姻家庭卷》,第127页。
⑤ 炼石:《中国婚俗五大弊说》,中华全国妇女联合会妇女运动历史研究室编:《中国妇女运动历史资料1840—1918》,北京:中国妇女出版社,1991年,第258页。
⑥ 陈鹤琴:《学生婚姻问题之研究》,李文海编《民国时期社会调查丛编·婚姻家庭卷》,第6页。

立婚事的人数比例分别高达 66.02%①和 86%②。

除了婚姻由父母包办,传统婚姻的另一项特点便是早婚,"倘若过了二十岁不娶,尤其是不嫁,人家便觉得奇怪;做父母的当然感到未尽其责;做子女的也觉得羞耻"③,早婚现象在民国时依旧普遍,葛家栋对燕京大学男生的婚姻情况行了调查,发现已结婚者的订婚平均年龄为 15.3 岁,已订婚者订婚平均年龄为 19.11 岁,而他们的理想订婚平均年龄却为 25.46 岁,远高于实际的订婚年龄④。大多数男女在生理还未发育成熟,对爱情、家庭、两性关系的认知尚处懵懂之时便有了婚约甚至已经成婚,等有了自己的想法、对新潮所鼓吹的自由恋爱有了一定的认识之后,他们便对这种包办婚姻产生严重的不满:"我本来不愿父母代订的,但是等我觉悟这件事已经迟了,但是退婚却很困难""不满意的地方却在订婚时年纪太小自己不知选择,倘若性情乖戾,岂不害了一辈子吗?"⑤

(二) 男女教育失衡

晚晴以来,女性教育愈发受到重视,但直到五四前后,男女教育依旧极不平等。相比起女性,男性拥有更多的教育机会与教育资源,导致他们"对于婚姻觉悟的进程,非常迅速",自身学历的提高也让他们对于伴侣的学识、学历有了更为严格的要求,但"妇女界的进步,却不能和这趋势相适应",由于女性教育的落后,符合男青年择偶标准的女性极少,这便导致男青年"退婚离婚的事件,逐渐加多"⑥。

---

① 陈鹤琴:《学生婚姻问题之研究》,李文海编《民国时期社会调查丛编·婚姻家庭卷》,第 19—20 页。
② 甘南引:《中国青年婚姻问题调查》,李文海编《民国时期社会调查丛编·婚姻家庭卷》,第 127 页。
③ 马纨素:《广州市旧家庭制度的研究》,程焕文、吴滔主编《民国时期社会调查丛编三编·岭南大学与中山大学卷(上)》,福州:福建教育出版社,2014 年,第 28 页。
④ 葛家栋:《燕大男生对于婚姻态度之调查》,李文海编《民国时期社会调查丛编·婚姻家庭卷》,第 35 页。
⑤ 陈鹤琴:《学生婚姻问题之研究》,李文海编《民国时期社会调查丛编·婚姻家庭卷》,第 6 页。
⑥ 朔一:《离婚与妇女问题》,《妇女杂志》,1922 年,第 8 卷第 4 期,第 81 页。

根据民国一年至民国五年教育部发布的男女学生数统计制成图表一与图表二①,从图表中可以直观地看出民国初年男女学生人数上的悬殊差距。

图表一　民国一年至民国五年(1912—1916)全国各项学校男女学生数

时间	男生人数	女生人数	女生占比
1912—1913 年度	2792257	141130	4.81%
1913—1914 年度	3476242	166964	4.58%
1914—1915 年度	3898065	177273	4.34%
1915—1916 年度	4113302	180949	4.21%
1916—1917 年度	3801730	172724	4.35%

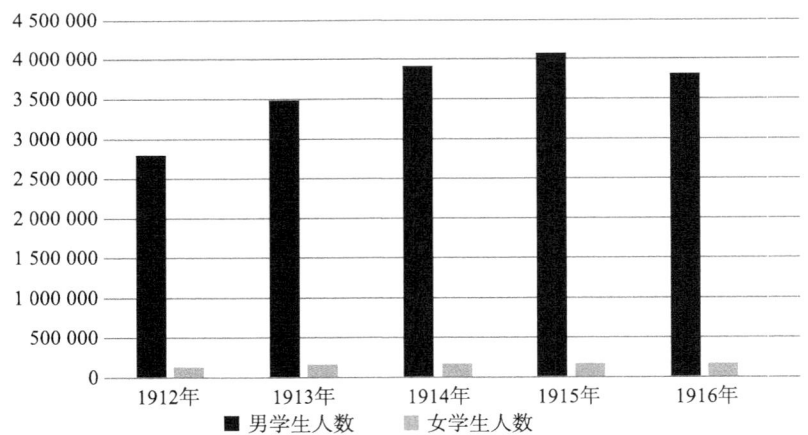

图表二　民国元年至民国五年(1912—1916)各项学校男女学生数柱状图

男女教育性别失衡的现象并未随着时间的推进而有大的改善,1922—1923 年度,教育部再次统计全国学生人数,全国学生总数为 6615772 人,女学生人数为 417820 人,女学生比例虽有提升,但依旧只占 6.32%,远远不如男性②。

---

①② 中华教育改进社编:《中国教育统计概览》,王燕来选编《民国教育统计资料汇编第 4 册》,北京:国家图书馆出版社,2010 年,第 15 页。

女性不仅受教育的机会少于男性,受教育的质量、年限也普遍低于男性。"顾女子入小学者,除通都大邑外,已属无多,至于入中学,则甚少焉,在专门以上各校肄业者,更寥寥若晨星,全国可屈指数也"①,在进入学校上学的学生中,女性的教育程度往往也低于男性,根据国民政府1916年教育部的教育统计,该年度的172724位女性中,164719位女性接受了初等教育,占比95.4%;8005位女性接受了中等教育,占比4.6%,没有一位女性接受了高等教育,而同年却有19921位男性接受了高等教育②。

　　受到"男女有别"观念的影响,当时能上学的女子大多上的是女校。由于女校的经费往往不及男校充裕,女校的教学质量便也明显落后于男校,"不能聘请学问较深的教师、科学上的设备几乎没有"成为女校办学的显著缺陷③。向警予犀利地指出民国男校女校在教学质量上存在的巨大差距:"女师范不及男师范,女中学不及男中学。女高师不及男高师,这是今日很普遍的现象……吾国女子中学女子师范毕业生,其程度还不够教吾国小学;女高师女大学的毕业生,其程度亦不在吾国男中学男师范之上。女子学问水平低落至此。"④同时,一些女校教授的课程也与男校迥异,都是一些与家政相关的缝纫、刺绣、烹饪等技能,对于科学、文学、艺术等知识少有涉及。因而有人建议女校应当改革,不仅仅是教授女性浆洗衣服、打理家政的课程,还应该教授女子"在社会上谋发展"的技能以及于社会有益的知识⑤。

　　在留学方面,女性所能接触到的资源与机会也逊于男性。1920年,

---

① 王昌国:《附录:开放全国各校男女同学并遣留学东西洋考试男女一律选派案:湖南省议员王昌国女士在中华教育改进社济南开会时提出》,《妇女杂志》,1922年,第8卷第9期,125页。
② 教育部总务厅统计科编:《中华民国第五次教育统计图表:五年八月至六年七月》,王燕来、谷韶军编《民国教育统计资料续编第5册》,北京:国家图书馆出版社,2016年,第51页。
③ 高山:《今日女子教育的缺陷》,《妇女杂志》,1923年,第9卷第6期,第3页。
④ 警予:《中等以上女学生的读书问题》,《妇女杂志》,1924年,第10卷第3期,第448—453页。
⑤《女子教育的目的是什么》,《妇女杂志》,1924年,第10卷第9期,第1361—1362页。

鉴于国内女校数量较少、质量欠佳，女界发文呼吁政府应当将留学生的官费名额男女平分，以使女性接受"完全高等教育"："缘现在国内女学高等专门之学校尚在缺，如女子欲受完全高等教育，非出洋留学不可，而中央及各省留学官费名额，向无女生，此次教育部考收留学女生二人，实开特例，希望以后，照此次成例推广，凡有留学生官费出缺，女学生与男学生平均递补"①。但经过十多年的努力与呼吁，女性依然缺少公费留学的机会，据国民政府1934年颁布的《第一次中国教育年鉴》，1931年至1932年的450位留学生中，男性占比87%，男性的留学经费以自费者为多，次为公费及半公费；女性仅占13%，且均为自费②。由于留学名额较少向女性开放且女性常常缺乏公费的支持，大部分的女学生在学业上止步于国内，不能像男性一样接受更优质的海外教育。

"大学毕业的男子，都想娶大学毕业的女子为妻，中学毕业的男子，都想娶中学毕业的女子为妻"③，越来越多的男性接受了新式的、优质的教育，对于伴侣有了更高的期待和要求，然而在这样一种男女教育严重失衡的情况下，男性所能娶到的女子多是未曾上过学的或是学识水平远远低于他们的。符合男子预期的女子极少，这便进一步加剧了男子单方面对于婚姻的不满。

（三）个人问题与社会问题的高度融合的心态

清末以来，严峻的民族危机滋生了知识分子尊西崇新的心态，时人纷纷将探求学习的目光投向西方并试图摧毁或改造本土传统文化制度。

"'家族'是中国文化的一个最主要柱石，我们几乎可以说，中国文化，全部都从家族观念上筑起"④，由于家庭被认为是社会的基石与细胞，因而一些革命人士呼吁"革命当自家庭始"⑤。而婚姻制度与家庭制度息息

---

① 《女界要闻:吾国女子教育平等之曙光》，《妇女杂志》，1920年，第6卷第11期，第10页。
② 王兴杰：《第一次中国教育年鉴·丁编教育统计》，上海：开明书店，1934年，第7页。
③ 紫珊：《学历和择偶》，《妇女杂志》，1922年，第8卷第3期，第19页。
④ 钱穆：《中国文化史导论》，北京：商务印书馆，1994年，第51页。
⑤ 吴芝瑛：《纪秋女士遗事》，郭延礼编：《秋瑾研究资料》，济南：山东教育出版社，1987年，第71页。

相关,五四前后,知识分子便将抨击的重点聚焦至传统婚姻制度。甘南引认为"婚姻问题若不得正当解决,则其他一切社会问题将亦受牵连而无适当之解决"①;钱如南认为婚制是家庭和社会的基础,改良社会应从改良婚制入手,"男婚女嫁,是人类应有的事情。有婚嫁,而后有家庭,有家庭而后有社会。所以要改良社会,先要改良家庭;要组织新家庭,先要改良婚制"②;从人权的角度出发,认为旧式的婚制"不承认人是人",而是将人看作玩物和奴隶,这种制度"侵害天赋人权与进化原则相背谬,在民治主义的国家,是绝对不容有这样的情形的"③。

在这些舆论的影响下,人们认为婚姻不仅关乎个体,也牵涉到国家、政治④。还有一些学者统计对比了欧美各国的离婚率,偏激地提出"越是富有文明色彩的国民,他的离婚件数也越比人多"⑤,这类观点又使得"离婚"这一名词带上了现代化、文明步的内涵,越发受到追捧和提倡。在一则针对青年学生的婚姻调查报告中,调研组认为现在的很多青年被不合理的婚制束缚而欲脱不得,生生消磨掉了志气,不利于社会的发展:"忍气吞声者,不知凡几,青年的志气,消磨殆尽,向上的能力,竟无发展的余地,一人如此,十人如此,合千百人而为群,使社会绝无生气,国家安能自强?"⑥因而调研组积极提倡恋爱自由、离婚自由。

中国向来便有"将社会问题主要当作个人问题来处理之文化精神特征"⑦,这一时期的知识青年将社会问题与个人问题进行了最大限度的融合,他们一边将婚姻自由、离婚自由视作处理无爱情的婚姻、实现个人自由的手段,同时又赋予"婚姻自由""离婚"等词语进步、文明的先进内涵,

---

① 甘南引:《中国青年婚姻问题调查》,李文海编《民国时期社会调查丛编·婚姻家庭卷》,第99页。

② 钱如南:《婚制的研究》,《妇女杂志》,1921年,第7卷第3期,第96页。

③ C. C.:《婚姻问题的研究》,《家庭研究》,1920年,第1卷第1期,第48页。

④ 陈鹤琴:《学生婚姻问题之研究》,李文海编《民国时期社会调查丛编·婚姻家庭卷》,第29—30页。

⑤ 易家钺:《陶履恭与家庭问题》,《家庭研究》,1920年,第1卷第1期,第2页。

⑥ 孙本文:《大学生婚姻调查报告》,国家图书馆选编《民国时期社会调查资料汇编第17册》,第601页。

⑦ 林毓生:《中国传统的创造性转化》,北京:生活·读书·新知三联书店,1988年,第218页。

将个人幸福和民族命运直接挂钩,认为个体的幸福和自由便能代表甚至带动整个民族光明和复兴。

1923年,《晨报》副刊上登载了一位名叫武止戈的男青年解除婚姻关系的启事,他在启事内说到:"我不愿再忍受旧婚姻制度的束缚了!我对于旧社会制度没有维持的任务;对于不合理的什么礼教和习惯,我只知道去破坏,所以我决定于今日起与王梦真女士解除婚姻关系!"从这封启事的用词来看,武止戈认为他与妻子王梦真的婚姻问题不只是两个人的私事,而关乎到封建礼教和革命,而离婚则是对封建礼教的大胆反叛,是一种进步的革命行为。这样一种将社会问题与个人问题高度融合、视作一体的心态正是当时大部分青年所持有的。

(四) 男性的见异思迁与虚荣心

青年们追求进步可以理解,但也有人指出这些男青年只是打着"恋爱自由、离婚自由"等革命进步的幌子来掩盖他们见异思迁、喜新厌旧的行为①。

在大多数离弃旧妻的事例中,很多男青年都曾与自己的旧妻有过一段舒适和睦的日子,转折常常发生在男青年们离家读书、结识新的异性之后,这就使青年的行为难免带上"见异思迁""花心"的色彩。周建人就曾讽刺青年男子的婚恋行为令人"支离难懂",若是男青年有了新的恋爱对象,他们便急匆匆地要与发妻离婚,若是没有觅得恋爱对象,那么他们便不急着与妻子离婚:"男子忽而说要离,忽而说不离,其中终于离掉的也有,有的也许终于不离异……他一方面忙着离婚,一方面又为了找寻恋人而忙碌。他会得因对方的热情增加,而离婚更加着急,因恋爱的失望,又把这件事情搁下。他们也许终于离了婚,但是也许终于不离,因为他找不着恋爱,也就算了。"②

还有人指出男青年离弃旧妻是为了面子上的荣耀,因为与一个没有

---

① 吴若华:《社会问题讨论:离婚(二)》,《社会月刊》,1929年,第1卷第1期,第5页。
② 周建人:《离婚和恋爱》,中国民主促进会中央宣传部编《周建人文选》,北京:中国文史出版社,1988年,第180—181页。

接受过教育的、小脚的"黄脸婆"结婚是一件很没有面子的事①,而与新式的女学生恋爱却很值得炫耀,紫瑚便指出青年间普遍存在借对象的学历进行夸耀的现象:"借对偶的学历去夸耀侪辈,当做自己的光荣,好像从前的人攀亲于高门一样。"②

从前文"武止戈启事"一事中还可看出,青年离弃旧妻有时还能为他们赢得反抗封建礼教的好名声,于是一些青年为了赢得"新"字的招牌、为了博得进步觉悟的头衔而选择与发妻离异。针对这种虚伪的行为,陈德征发出讽刺:"那挟恋爱为婚姻的根本原素的男子,在一个不大懂得婚姻不婚姻和恋爱长恋爱短的女子前面,坚决提出离婚,安知他不是因为本来的妻子貌丑或态度不好或不大有学问而有意离弃她?安知他不是因为要另娶一个比本来的妻子相貌态度学问好一点的女子,有意假恋爱之名欺骗她?又安知他不是因为要博得因恋爱而来的虚名故意演出这弃旧怜新的悲剧?"③在他看来,一些男青年的离婚行为并不纯粹。

二、退婚、逃婚、离婚、杀妻:男性新青年摆脱旧式婚姻的方式

由于离婚会给女方造成伤害,甚至发生悲剧,故而多数人建议男青年若是真的不满意婚事,最好能在成婚前解除婚约,这样可以将损失降至最小:"我素来以为到了结婚后再求离婚,不如在未结婚前求解约,较为省事,而且牺牲——尤其是女子的一方面,也比较的小一点"④。虽然有部分青年能够以这种较和平的方式解除婚约⑤,但大多数青年还是遭遇了

---

① 男青年嫌弃旧式女子的心态可参见"袁舜英女士自杀"一事,李震鹏因嫌弃妻子袁舜英是个没有上过学的旧式女子而在外人面前称袁舜英只是他的表妹,不承认袁的妻子身份,怕袁"丢他的丑"。不仅如此,李震鹏还在书信中表达过对袁的不满"你这种样子,这种举动,我不愿和你做夫妇"。周长宪:《袁舜英女士底自杀》,《家庭研究》,1920年,第1卷第2期,第63—66页。

② 紫瑚:《学历和择偶》,《妇女杂志》,1922年,第8卷第3期,第19—20页。

③ 陈德征:《对于郑振埙君婚姻史的批评:女性观和恋爱观》,《妇女杂志》,1923年,第9卷第4期,第39页。

④ 章锡琛:《实际的婚姻问题》,《妇女杂志》,1923年,第9卷第7期,第123页。

⑤ 《婚约问题》,《新闻报》,1934年6月7日,第15版。

不少困难。

  一位来自南通的男青年吴俊升诉说了自己的遭遇。吴俊升自小被定下了与薛家的婚事,长大后,吴俊升意识到旧式婚姻的危害,萌生了退婚的想法。吴俊升先是试图说服薛家让女方接受教育,然而女方家长并不愿意,这促使吴俊升退婚的想法更加坚定。吴俊升放出退婚的消息,结果薛女听说风声后,竟将手指砍断,以示不改嫁之意,薛父也在南通当地以及全国知名的报刊登文抨击吴俊升,指责吴的退婚行为不仁不义、有违人道①,还将抨击的书信印成文稿分发给众人②。薛女的"断指"行为和薛父的舆论煽动,使吴俊升陷入困境。

  当男青年解约不顺利时,他们便会采取"逃婚"的方法进行应对。一位男学生曾向家中提出解约,但遭到了父亲的拒绝,这位青年只好选择离家出走,在给父母的信中,他说:"今日放假,儿本愿即日首途归省,后筹思再四,知儿婚期已迫,前途即将陷于悲境,乃决定离宁他往,开始自谋生计,一方减轻家庭负担,一方进行解除婚约……倘若上天见怜,使此事一帆风顺,则儿高堂报恩,正无限量,他日归省,必不任远,不然则儿将终身漂泊于海角天涯"③,信中的用词颇有"破釜沉舟"的意味,足见这位青年不达目的不罢休、坚决不成婚的决心。另一位北京大学的男青年也因为婚姻不能自主,未婚妻是个没有读书且缠足的女子而决意离家逃婚,并给父母留下了书信:"宁丧海外,再不入此沉沦黑暗之境地矣。望勿寻找。"④

  离婚也成为男青年的"武器"。1926年,民国江苏高等法院审理了《王鸿钧与朱琦离婚纠纷案》,本案上诉人为王鸿钧(妻子),被上诉人为朱琦(丈夫)。据王鸿钧称,她与丈夫朱琦本来关系相当和睦,然而丈夫去年从法国留学回来后,突然在沪报上登载离婚启事,声明与妻子王鸿钧脱离夫妇关系,王鸿钧随后延请律师登报驳诘了这一不实言论⑤。朱琦于是向上海宝山县知事公署提起确认婚姻离异之诉,经过宝山县的判决,确认两人的离异事实。王鸿钧并不认同这一结果,且朱琦还大肆污蔑自己"贞

---

① 薛之琛:《一个解除婚约问题》,《民国日报》,1923年5月29日,第4版。
② 吴俊升:《要求解除婚约者底自白》,《民国日报》,1923年6月3日,第3版。
③ 绍规:《一封力争解除婚约的信》,《民国日报》,1925年1月16日,第5版。
④ 《青年逃婚之一封信(北京)》,《民国日报》,1922年4月13日,第8版。
⑤ 双方律师的论战,可参见1926年6月29日、7月7日、7月9日的《申报》。

节有损""不奉翁姑",于是王鸿钧上诉到江苏高等法院。

江苏高等法院认为审判本件离婚纠纷案的关键在于"上诉人有无不贞行为及王成康(王鸿钧之父)五年九月十五日信件能否为离异根据"。

首先,关于王鸿钧是否有不贞行为,朱琦声称在结婚前便知道王鸿钧"非真正处女",知道后便再没有与王鸿钧亲近。但是江苏高等法院认为朱琦的这一说辞与事实不符:首先,朱琦与王鸿钧曾育有一女,并非如朱琦所言"未与之接近";其次,朱琦曾在王鸿钧初次生产后写信给自己的兄长,指责兄嫂没有来探望、照顾过王鸿钧"此次内子分娩产前产后,渠(指其嫂)未曾来询,亲友尚来探视,况一家人乎,当临盆之际,正值忙碌之时,渠竟外出,人所共见,岂能掩饰",法院认为若是夫妻感情早已因女方不是处女而破裂,那朱琦"断无对于其嫂不来探视严加诘责之理",正是因为夫妻感情融洽,男方重视心疼女方,因而在女方艰难生产后,男方才如此不留情面地对忽视、不关心女方的兄嫂表达不满。因此江苏高院认为在结婚初期,两人感情确实如王鸿钧所说的一般比较和睦。

此外,朱琦还声称王承康(王鸿钧的父亲)曾写信给朱琦的父亲称王鸿钧"有不贞行为"。法院查看了这封信件,王承康在信中描述王鸿钧"素性不羁、于归后仍难不越闺范",法院认为这些话语不足以证明王鸿钧有不贞行为。朱琦又称王鸿钧曾说过若朱琦日后另娶,她也绝无异议等话,法院认为这些话也不能视作女方默认离婚的证据。

朱琦还称,他是因为受王鸿钧不贞行为的刺激,才不顾"欧战剧烈,海洋航线至为危险"的情况"愤而出洋""躬冒险地",前往法国留学的。但法院考证朱琦之前的笔录和说辞,认为朱琦早在结婚前就为留洋做足了准备,赴法留学本就是原定计划,与妻子并无关系。另外,法院还查证出朱、王两家常有书信往来,王鸿钧在朱琦出国后也一直随身侍奉朱琦的父亲,还曾将妆奁抵押帮助朱琦的兄长偿还债务,法院认为这些事实都证明朱王两家联系紧密、关系融洽,朱琦与王鸿钧并未离异。江苏高等法院一一查明了原判决中的失当之处,认为宝山县的原判决"显有错误",最终判定"原判决废弃",推翻了一审判决的结果,确认朱王两人夫妻关系尚存。[①]

[①] 江苏省高级人民法院、江苏省档案局(馆)、南京师范大学法学院编:《民国时期江苏高等法院(审判厅)裁判文书实录民事卷第五册》,北京:法律出版社,2013年,第415—419页。

朱王事件经过梳理,可以推测朱、王早期曾有一段较为合美的时光,朱琦应是在出国留洋后才日渐对王鸿钧有了冷淡嫌弃之意。当时,留学海外的男子抛弃糟糠之妻成为一种现象:"男子游学外国,以得偶于彼国略受中等以下教育之女子为荣幸,而耻其故妇之未入学校,则弃之。"①鉴于朱琦的留学生身份,不难推测,作为高知代表的留学精英,他或多或少被新式的恋爱观所影响,再加上留学圈盛行的离弃旧妻的风气,他对于没有什么学问、父母为之包办的妻子必然越发不满,于是回国后便急匆匆地要求离婚,甚至以"不贞"来抹黑王鸿钧,来加速达成离婚的目的。

在男青年是否可以与不满意的旧式女子离婚这一问题上,部分人认为只要男方能够定时供给赡养费,确保女子生活无虞便可以离婚。然而,赡养费有时很难落实。1934年,北京大学的教授梁宗岱便因一再拖欠赡养费而被法院查封了动产。

梁宗岱才华横溢,曾赴法国深耕文学,后被胡适邀请至北京大学教授法国文学。梁宗岱年轻时便与何瑞琼结了婚,从法国留学回来后,梁宗岱却突然要求离婚,并在外宣称自己是未婚男子,十分忌讳提起何瑞琼。不少人认为梁宗岱是嫌弃妻子学识远不及自己,才心生不满,决意离婚②。面对梁宗岱的避嫌冷漠以及对自己妻子身份的百般否认,何瑞琼向法院提起离婚诉讼,要求梁宗岱进行赔偿并每月支付赡养费150元。北平地方法院经过审查,确认何瑞琼确实为梁宗岱结过婚的妻子,最终判决梁宗岱每月给付何瑞琼100元赡养费③。但梁宗岱却一再拖欠赡养费,何瑞琼只好再次呈请法院,要求查封梁宗岱的动产,法院应允,最红派出司法警二名与何瑞琼同去梁宗岱的住所进行动产查封④。

另有一些男青年,选择了更为激进的手段来达成目的,"我望她早死,因为现在社会的环境,如果她不死,似乎没有法子脱离",在甘南引的调查

---

① 蔡元培:《读寿夫人事略有感》,高平叔编《蔡元培全集第3卷 1917—1920》,北京:中华书局,1984年,第67页。
② 湘如:《胡适之右祖梁宗岱,江冬秀同情何瑞璟》,《北洋画报》,1933年,第21卷第1020期,第1页。
③ 《北大教授梁宗岱离婚案北平地方法院之判决书》,《法律评论》,1934年,第11卷第12期,第39—41页。
④ 《讼狱新话:梁宗岱重财轻义、何瑞琼睹物思人》,《法治周报》,1934年,第2卷,第33—34页。

中,一些男青年对旧式的妻子展现了极大的恶意,在"你对她不满意,你想做下列四事么?"的调研中,选择"望她(妻子)早死"的男青年竟高达21%[①]。由于离婚常常困难重重,于是一些极端的男青年以为只要妻子死了,婚姻僵局便能够得到解决:"有一个学生在北京上学,程度也还不错。他是已结婚的人,深信'自己幸福说',以为人生没有一个以爱情相结的好夫人,真是不幸已极,他于是就向家中交涉,家中不允。他愤极了,就跑回家中,夜里暗暗的把那可怜的女人生生的用绳绞死!"[②]

1921年,《晨报》"社会咫闻"栏目披露了一起大学生杀妻案。凶手叶启瑞,安徽巢县人,北京某大学学生,被害者为其妻子童氏。叶启瑞在中学时便娶了童氏,1918年叶启瑞入京学习,后与一女学生恋爱,相约终身,但这位女学生并不知道叶启瑞已经有了家室。为了能与新女友在一起,叶启瑞提出与童氏离婚,然而"离婚缠讼经年并无结果"[③]。1921年,离婚无望的叶启瑞萌生了杀妻的念头,于是以在省城找到工作为由,诓骗其妻与其一同前往。妻子信以为真,与叶启瑞一同搭坐轮船前往。船至半途,叶启瑞先用泻药令妻子呕吐不止,然后诱导妻子去船舱外呕吐,趁其不备将妻子推入江中溺死[④]。

"叶启瑞事件"令社会大受震撼,引发了人们对"恋爱自由""离婚自由"的质疑与批评,有人认为丈夫杀妻事件频发的根本原因[⑤],在于当下的男女青年"废书不读,唯谈恋爱",把恋爱视作人生的唯一问题,而不重视学识的修养、人格品行的训练[⑥]。对于社会上的男女"只谈恋爱"的风气,不少人都表达了不满:"我以为现在的社会,使人不满意的事情实在多不胜数,我们青年都人人当负着改革的责任,我们自然不应当把完全的精

---

① 甘南引:《中国青年婚姻问题调查》,李文海编《民国时期社会调查丛编·婚姻家庭卷》,第140页。
② 李相杰:《对于自由离婚的主张和反对:离婚之标准:爱情和人道》,《妇女杂志》,1922年,第8卷第4期,第187页。
③ 《地方消息:安庆》,《申报》,1921年10月12日,第10版。
④ 《学生谋害发妻惨案》,《晨报》,1922年2月5日,第7版。
⑤ 仅1922年1—3月,《晨报》就已披露了三起"杀妻"案件,除"叶启瑞事件"外,还有2月23日登发的"潘连茹杀妻案"和3月8日登发的"张永立杀妻案"。
⑥ 苏芬:《青年思想之误谬:废书不读,唯谈恋爱》,《晨报》,1922年3月11日,第七版。

神都注意到婚姻或恋爱的一小部分问题上。况且我们要想解决现在社会一切使人不满意的问题,必须要根据充足的知识,不然若毫无学识,而空口讨论是无济于事的。即如婚姻或恋爱等问题,反而是越讨论越纠纷,也且越不能得美满解决。"①

三、旧式女子的应对、心态与生活处境

人各有异,面对被未婚夫/丈夫离弃的事实,不同的旧式女子做出了不一样的反应,或是以自杀、出家的消极方式进行控诉,或是为了保障生存而忍耐接受,或是运用法律武器来维护自己的利益。下文将简要叙述不同的旧式女子被离弃时所采取的不同应对方式。

受传统文化的影响,女子向来视被弃为耻辱,一旦被退婚或被离弃,她们往往会选择自杀。1933年,湖南的谭菊英女士因是"旧家女子"而被接受过新式教育的未婚夫退婚,最终谭菊英选择投水自杀,并留下一封遗书控诉这个"礼法凌夷"的社会②;谭菊英的自杀不是个例,同年年底,江苏宿迁一位孙姓男子因"醉心婚姻自主之说",而试图与薛女解除婚约,薛女听说后,"认退婚为莫大奇耻",最终投缳自缢③。"任你说什么'无恋爱须当离婚',社会上总不如此,他们总是用那讥诮的口吻,说某某人家女儿不知为什么被某某嫌弃了,实在羞辱祖宗呀!亲戚朋友虽不如此,但'嫌弃'二字也是藏在他们脑里的,父母兄弟也是如此想,甚至于她自己也是这样想"④,两桩女子自杀惨案反映出传统礼教仍对女性有极大影响,虽然社会风气渐开,但不少女性依旧摆脱不了旧礼教旧道德的束缚。

除了自杀,另一些被离弃的女性则选择"削发为尼遁入空门"⑤。据《妇女杂志》的投稿人霞英报道,在她家不远的尼姑庵内,就有一位被离弃

---

① 清扬:《女子职业问题》,中共天津市委党史资料征集委员会、天津市妇女联和会编:《天津女星社》,北京:中共党史资料出版社,1985年,第108页。
② 《谭菊英女士殉婚记(转录中央夜报原名可怜的女子因退婚竟至自杀)》,《妇女共鸣》,1933年,第2卷第3期,第61—62页。
③ 《旧式女子耻退婚深夜投缳》,《时报》,1933年11月27日,第4版。
④ 直清:《离婚的我见》,《妇女杂志》,1923年,第9卷第2期,第57—58页。
⑤ 易家钺、罗敦伟:《中国家庭问题》,第58页。

而出家的女子,该女子的未婚夫在留学英国时另娶了一位女学生,随后便要求与未婚妻解约,退婚一事使该女子心中充满怨恨,郁郁难平,最终生出了遁入空门的念头,"做女尼的决心,也就从这时开始了"①。

面对退婚,并非所有的旧式女子都选择走上如此决绝的道路。《生命线》杂志的编辑部曾接到过一封署名 CC 女士的求助稿件,CC 自称是一位旧式女子,她的未婚夫留学西洋后便对已经订定的婚约感到不满,要求退婚。CC 虽痛心不已,但事已至此,只能同意。她担心的是在这旧礼教仍有余威的社会,被弃的女子会受人鄙视,"结果绝对不会再找到一位适意的郎君",CC 既不想随意找一个男子凑合度日,也不想独身,自由恋爱又难以企及,对于今后的生活感到悲观渺茫,于是请求杂志编辑予以答疑解惑。

以上讨论的是女子在婚前被弃的情况。已经结婚的女子面对丈夫的离婚要求又会有哪些反应呢?

在甘南引的《中国青年婚姻问题调查》中,这样一则回答值得注意:

> 每见我有不满意的(对于我的婚姻)时候,这不满意的现象,是由我受外界的(书报杂志或他人婚姻)感触而生的,她必定说任我另娶(其意即纳妾),样样都平等待遇,甚或待另娶的比待她好都可以的,若或另娶的是又有学识,又伶俐,又是天足等等,她甘自独处而与我另娶的相亲相爱的为友,只要我不忘她的好处即可(意在供给她的衣食住)。她还说,万一我与某女子生了爱情,而此女子实是有学识的,又系天足,但结婚问题因为有她而生阻碍,可以无论如何的克己,都可以达到结婚的目的,只要不相忘②。

有人认为旧式女子的一大优点便是她们的基本诉求十分容易满足,只要丈夫能供给她们衣食住,这样的生活"也就算幸福了"③,这则回答中的妻子便体现了这一点。然而,她们并非不爱丈夫,也并非不期待丈夫的情感回馈,只是为了维持生活,她们宁愿"无论如何的克己"、不断压抑自

---

① 霞英:《为什么要做女尼》,《妇女杂志》,1923 年,第 9 卷第 3 期,第 65 页。
② 甘南引:《中国青年婚姻问题调查》,李文海编《民国时期社会调查丛编·婚姻家庭卷》,第 143 页。
③ 杨颂先:《新旧妇女的比较》,《妇女杂志》,1929 年,第 15 卷第 9 期,第 24 页。

己的意愿和需求,也不想招致丈夫的厌烦。因此,出于生存的压力,当丈夫对婚姻"有不满意"的时候,旧式的女子便会向丈夫摆出只要不离婚,任何事情都可以让步的驯服态度。

当时的许多男青年,基于妻子这样的态度,以为妻子对自己没有爱情,只求衣食住的保障,便没有什么心理负担的将发妻抛弃在老家,而另自在外娶妻,很多父母"既爱媳妇,又无法禁止儿子这样做,只好以儿子'兼祧'为词,仍旧蓄养他们可爱的媳妇"。但即使基本的生活无忧,被遗忘在家的女子依旧需要忍受"生理上的抑制,精神上的苦痛"①,她们接下来要面临的是漫长而又孤苦的一生。

另一些女子则选择使用法律武器来维护自己的权益。1931年,上海复旦大学教授钟行素被发妻王礼馥以"恶意遗弃、违反夫妻互负之义务"的罪名告上了法庭,要求法院判请两人同居。

该案的事实极为复杂。据王礼馥称,两人曾于1917年在江西成婚。1919年,钟行素前往上海深造求学,王礼馥也陪同前往。1928年,王礼馥回江西省亲,之后的一年内,钟行素"隔绝不通音问",也不寄分文费用给王。因局势动乱,王不断迁徙避难。避难期间,王称自己曾屡次向钟行素寄信,却没有收到任何回复。1930年,王携带子女前往苏州钟行素六弟的住所,却听闻钟行素"已另与恋人结婚之说",还看到钟行素给六弟的信件中有"如她来沪,吾不死即走,断难见面,否则他至多告吾重婚罪"等词。王礼馥随即前往上海,钟行素始终避而不见。后钟行素的六弟告诉王礼馥:钟行素已经决意离婚,要求永远解除共同生活,今后男婚女嫁,各不干涉。王礼馥随后发现钟行素将自己的私人存款8000余元悉数提去,认为钟"居心不良、存意遗弃",于是请了律师,呈请法院,要求法院判令同居②。

钟行素则称自己并未有遗弃行为,至于重婚、另有恋爱等罪名也是王礼馥捕风捉影、故意捏造。钟行素认为是妻子五年来对他避而不见,反而是妻子要遗弃他,"正不知是我遗弃伊耶,抑伊遗弃我耶"③,钟行素表示将从复旦辞职,回家乡四川谋职,请求法院判令两人(回四川)同居,并要

---

① 杨成勋:《从周致远的弃妇说起:说到现在的离婚问题》,《民国日报·觉悟》第1卷第10期,1929年1月10日,第1页。
② 《复旦大学教授钟行素之妻》,《新闻报》,1931年7月15日,第15版。
③ 《复旦大学教授钟行素详述离婚史》,《民国日报》,1931年7月21日,第10版。

求王礼馥今后"孝养家母,和睦家人,不得再有以前之辱骂情事""以夫之住所(四川)为住所,不得任意擅离家庭"①。据钟行素称,这已经是王礼馥第三次向他提起要求同居的诉讼了,"一次声请不遂,二次状诉,又被驳斥,今其三矣"。

王礼馥在这一事件中显得格外硬气与任性,面对被遗弃的可能,她没有像其他旧式女子那样被动地接受,而是用法律武器来发出自己的诉求。虽然整件事仿佛是一场由王礼馥的任性蛮横而引起的闹剧,但王礼馥为我们展现了不一样的旧式女子的面貌,让我们看到,面对"离弃",旧式妇女不只有顺服、凄苦的一面,还有泼辣、积极的一面。

受人道主义和调和派主张的影响,不少男青年总是试图改良自己的未婚妻/妻子,要求她们放足、读书。但代代相传的价值取向和生活方式所带来的惯性力量不容小觑,深受传统文化影响的旧式女子面对改良的要求总是显得为难和抗拒。

1937年,四川成都的一位杨女士控诉丈夫陈某虐待于她,不堪忍受,请求法院判令别居。杨女士于1936年由家人介绍嫁予陈某,同居三月后,陈某便因求学心切赴沪读书。结果未及一月,陈某便身染疾病,扶病返家。杨女士称,陈某回家后便"逼令看书",对自己施加精神虐待,是有意为难自己。法院却认为双方既为夫妇,男方便有教导劝勉的责任,令妻子看书,不过是为了提升妻子的智识,是善意之举,并非虐待②。于外界看来,丈夫督促妻子学习是善意的举动,但于杨女士看来,读书让自己不堪忍受,几乎是虐待行为,作为旧式女子,杨女士对丈夫的改良要求充满不解与反感。

也有一些旧式女子愿意听从丈夫的要求,试图改良自己,但由于这种改良的意愿并非自发形成,她们常常在新、旧的夹击下无所适从,一位新青年的妻子一面深受传统审美的影响不愿放足,一面又在丈夫的几番质问和要求下被迫"放了,大得多了"③,旧式女子在新旧之间依违两难的彷

---

① 《钟行素辩诉状》,《益世报(天津)》,1931年7月25日,第10版。
② 萧鼎瑛:《成都离婚案之分析》,李文海编《民国时期社会调查丛编·婚姻家庭卷》,福州:福建教育出版社,2005年,第417—418页。
③ 旷夫(郑岳平):《我自己的婚姻史:对于逃婚的意见》,《妇女杂志》,1923年,第9卷第2期,第21页。

徨心态跃然纸上。另一些女子则被丈夫送去上学,但因年龄已大,很不适应学校生活。一位三十多岁的旧式女子进入学校后,常常因子女不在身边而感到伤心,再加上功课较难,也没有熟人帮忙,这位女性总是像"吃毒老鼠"般慌乱无措①。

1929年胡也频在《东方杂志》上发表的《小县城中的两个妇人》剖现了这样一种彷徨无措的女子心态。故事记述了两个被遗弃在家的妇女,在小年夜互诉伤情。两人都曾与丈夫相亲相爱,曾经是他们"最可爱的宝贝""他的皇后",她们的小脚也曾令丈夫喜爱沉迷。可她们的丈夫进城读书见了世面后,她们便因缠脚、没有上过学而被嫌弃。面对婚姻危机,她们一边怨恨丈夫的无情,一边努力改造自己试图迎合丈夫的喜好,当丈夫表达了对女子天足的向往后,她们便"悄悄的躲在房里,把裹脚布解开,把可怜的脚放在冷水里去泡",生生忍痛将缠了二十多年的脚强硬放大,除了放脚,"一切新鲜的——不,实在是奇怪的,凡是她丈夫告诉给她,她完全都做了",可是最后依旧避免不了被遗弃的命运。

这两位妇人因丈夫的嫌弃而对自己"旧式妇女"的身份感到羞愧,她们努力按照丈夫的要求改良,希望尽快摆脱身上旧的印记,面对得到丈夫喜爱的时髦新女子,她们充满向往,希望自己能和她们一样。但她们的种种改良并非是自发自愿的,而是来自男性施加于她们的压力,她们并不认同"奇怪的"新式审美和理念。

"使丈夫上进竟等于她自己的没落,在这人世上被遗弃而且被说是旧式的""这世界真不是我们的世界,我们早就该死了""说来说去,吃亏的还是女人"②……两位女子发出的悲叹将旧式妇女在传统、新潮、男权三重冲击下难堪无措、进退两难的心态展现的淋漓尽致。

当然,并非没有自发进行积极改良的女性。一位名叫陈濂观的女士记录了她是如何在丈夫的引导下积极学习、成为一名新女性的。陈濂观本是没有上过学的旧式女子,十四岁时便与丈夫结了婚。丈夫曾对她感到不满,但在离婚未果后,便转而积极地教育她,"他在年假回家来,他要我在每晚到他房里认识几个字……他第一日晚上便讲给许多家庭的常

---

① 戴秉衡:《离婚之准则》,《妇女杂志》,1922年,第8卷第4期,第185页。
② 胡也频:《小县城中的两个妇人》,《东方杂志》,1929年,第26卷第18期,第103页。

识、时局的大势、潮流的去向,妇女处现在地位以及新奇的故事"。后来,除了年假,丈夫每周六便回家一次教育陈濂观读书、写作、作算,更是帮妻子求得了赴外上学的机会,两人的感情也在教学中日益亲密融洽。两人一同在外上学时,陈濂观不仅自己要求上进,还常常反过来在丈夫学习有所松懈时鼓励丈夫,要求丈夫与她一起读书"他常常因陪着我百事不管,学校的功课或有懈怠时,我恐他要眷恋着爱而英雄气短了……所以时时激励他节制他,更令他伴我而齐读"①。

　　陈濂观的幸运之处在于她不仅有一个愿意悉心教导她的丈夫,还在于她年龄还小并得到了求学的机会,能够从"旧"的生活环境中挣脱、在"新"的环境中学习成长,在新潮的耳濡目染下,她产生了自发的趋新意识。但其他的旧式女子却因年龄、经济、生育等问题错失了上学的机会,她们的生活环境里除了丈夫是"新"的,其余的一切仍是传统保守的,这便使丈夫的改良要求显得十分唐突和异样,自然让她们难以认同。"如果她们的丈夫能够平心静气,循循善诱,人非木石,未有不为之感动的。然实行之者甚稀"②,不少男子常以强迫、恫吓的态度命令妻子改良,并不尊重妻子真实的想法和客观的学习进度,只一味逼迫,这也导致改良的效果往往不尽如人意。

　　当时社会上的男青年总是将婚姻不幸的原因归咎于他们的旧式妻子:"一回顾他的旧式的妻,便拳胸顿足起来,气愤愤的说:'误我一生幸福的,是她是她。她真是埋没我幸福的魔鬼,她真是杀害我恋爱的仇敌呀!我怎的和魔鬼,仇敌同居共食呢?'"③妻子成为他们高频率、直接的攻击与发泄对象。

　　发表在《妇女杂志》"离婚问题专号"上的一篇小说《叶蕙芳》,真实地刻画了男青年对他们旧式妻子的嫌恶,旧式女子在婚姻中的艰难处境可见一斑。叶蕙芳是新时代觉醒青年"王醒吾"的妻子,从小在父亲的管制下,恪守"女子无才便是德",未曾上过学。嫁给王醒吾后,王醒吾便对她十分挑剔、厌恶,每日一见她便咬牙切齿、发出恨声:"一窍不通!一窍不通!也是我晦气,碰着这种人。"有一天,王醒吾恰巧翻阅了有关恋爱的书

---

① 陈濂观:《夫妇的爱:我和他》,《妇女杂志》,1926年,第12卷第7期,第85—87页。

②③ 颜筠:《今日妇女的两难》,《妇女杂志》,1924年,第10卷第3期,第460页。

籍,于是更加愤恨:"我这种人,娶这样妻子,唉!唉!不给人家笑死。"叶蕙芳只好向母亲哭诉,想要逃离夫家。母亲虽心疼她,但考虑到她只能给予叶蕙芳一时庇佑,便劝叶蕙芳还是待在夫家:"我在世时候,你住在家里,还不妨事。设或我死之后,你又怎样呢?你哥哥又和你不睦。你想那时候又有谁养你终身?"叶蕙芳无处逃离,只能日日忍受醒吾的辱骂和怨恨。逃脱不得的贬低与辱骂给叶蕙芳的精神和身体都带来了巨大的伤害,渐渐的,叶蕙芳便"终日愁眉苦脸起来,有时还抱了病不能起床"[①]。

1922年《小说月报》上发表了一篇名为《人道主义的失败》的小说,细致地描绘了旧式女子遭受社会凝视时的窘迫与屈辱。小说的女主人公是一位在"极顽固家庭"中生长起来的旧式女性,而她的丈夫是一位留过洋、接受过优质高等教育的新青年,他秉持着"为人道主义而牺牲"的信念,不顾同学们对他婚事的反对,和女主人公结了婚,"牺牲"了自己。婚后,丈夫的同学们每次来家中做客,都会好奇地仔细"见见"这位旧式妇女,互相嬉笑着评价打趣她,这每每都让会女主人公感到紧张与窘迫。一日,丈夫携带妻子去参加上流社会的晚宴,这位旧式妇女一下子成了全场的"焦点"——"早有一般人出来迎接,大家都知道他娶了个不识字的女子,这时候都睁大了好奇的眼相看……走进客室,一群的眼光都射在她身上",这位旧式女子在众人好奇探究的打量下感受到了他们的鄙夷,愈发狼狈无措,她突然无比痛苦地感悟到:"我做了名人的妻子……连常人都比不上了"。后来,妻子偶然知晓了"人道主义"和"牺牲"的意思,明白了丈夫的举动,但并没有因此感动,她认为丈夫的行为和"慈善家收恤乞儿"没有什么不同:"他牺牲了,很有人替他可怜,但是单剩了侮辱和怜悯给我哟!他以为养活了一个人,算是人道,唉!他可错了,他虽有恩于我,比杀我还难受"[②]。

这则故事中的丈夫虽然牺牲了自己,一时保全了旧式女子的幸福,但是却将旧式女子陷入了更难堪的境地——妻子像是新兴物种一般成为了众人的"视线对象",她的行为举止、思想观念都遭到新派人士的指点与打量,所有的尊严和隐私都剖之于众。

---

① 洪为法:《叶蕙芳》,《妇女杂志》,1922年,第8卷第4期,第190页。
② 高歌:《人道主义的失败》,《小说月报》,1922年,第13卷第9期,第35—39页。

故事中女主人公被"审视"的困境是近代以来女性群体不断遭受"审视"的缩影。在新文化运动的反传统浪潮中,妇女解放一直是其重要议题,这便导致传统妇女的方方面面都遭到了新文化人士的密切审视与重新评估——她们的思想被认为是不合时宜的,需要改造;她们的教育是不良落后的,亟待改良;她们的审美打扮是粗俗浅陋的,亟待摒弃;她们的处境是黑暗不堪的,需要解放……从穿着打扮到思想学识,女性的一切都遭受着社会的凝视与指点,并被粗暴地以某种标准贴上"新""旧"的标签。在这一过程中,女性所获得的是成为"视线的对象"的不安与屈辱,以及被不断评价不断定义的无奈。

结　语

在中国传统社会中,婚姻的订立普遍需要遵从父母长辈的主张,当事人的意愿得不到充分的尊重。这种包办婚姻给很多男女带来了痛苦与不幸。近代以来,西方新式的婚恋观念进入人们的视野,人们逐渐有了恋爱自由、离婚自由的观念,越来越多的青年对传统婚姻制度感到不满,试图将恋爱、婚姻的自主权把握在自己手中。

然而,当时的社会早婚现象严重,萌发"婚姻自主"意识的青年早已各自有了婚配,于是退婚、离婚便被知识青年视作追求恋爱自由与个体幸福的重要途径。首开离婚风潮的是男性知识青年,他们"大都以为和一个旧式女子结婚是可耻的"[①],而要求与父母代订的旧式女子退婚、离婚。男青年的心理不难理解,受过优质、新式教育的男青年对于伴侣自然会有更高的期待和要求。然而,受重男轻女、女子无才便是德等男女歧视观念的影响,不少家庭并不允许女子外出求学,这导致民国初期的男女教育极不平等。在这样一种男女教育严重失衡的情况下,和男青年婚配的女性大多都是没有接受过教育或是学识学历远远落后于他们的,这导致男青年离弃旧式妻子的事件屡发不止,成为十分严峻的社会问题。女性教育不受重视本是男权社会的恶果,而部分男青年却又将婚姻的不幸归罪于未受教育的女子,旧式女子在新旧双重打压下的艰难生活处境可见一斑。

---

① 兰荫:《女子在婚姻上的苦痛与危险》,《现代妇女》,1923年,第26期,第1页。

根据各自婚姻的具体情况,男青年主要通过解约、逃婚、离婚三种方式来达成离婚的目的。但男青年的离婚实践遭到重重阻碍,由于旧式女子深受传统文化的影响,在被退婚或离婚后,出于经济、道德、名誉上的压力而常常发生不幸,这使知识青年在离婚问题上进退两难。离婚的艰难致使一些性格极端的男青年选择用杀妻的方式来达成脱离婚姻关系的目的,这些惨无人道的行径引起了外界对"恋爱自由""离婚自由"思潮的质疑与批评。

在这一离婚风潮中,旧式女子无论是否被离弃,作为"失语"的弱势群体,她们承受了未婚夫/丈夫的嫌恶以及社会新旧交替时的变动和苦痛。"离婚自由"曾作为妇女解放不可或缺的一环而被知识分子极力主张,也确实给一些深受夫权、男权压迫的女子带来解脱、重生的机会,但在20世纪二三十年代的离婚实践中,离婚始终是男子的专断权力,"他们大都是硬迫着他们的旧式妻离开他们的家庭,送给她几百块钱做临时的生活费,少的一二百元,多的也不过六七百元罢。其他如罪名离婚,毒药离婚,逃婚,复婚,……亦不过是买卖式的离婚的变态罢。处于这种暴力底下的妇女,她们的悲惨怎样啊"①,知识青年借口"离婚自由"而施行的任意离弃,对无数的旧式女子造成了伤害和压迫,使她们被迫地成为时代的牺牲者,"离婚自由"的积极内涵也在实践中遭到质疑与消解。故而本文认为,20世纪二三十年代的"离婚自由"的积极意义基本囿于理论层面,在实际生活中,由于两性关系不平等、男性在婚姻中占据主导地位以及女性对男性有较强的经济依附,离婚只会给女性带来苦痛与伤害,让她们陷入经济、名誉、情感的多重困境。这一理论与现实相悖的难题促使我们思考近代以来的女子解放运动是否全然助益女性解放还是在某种程度上给女性带去了更多更深的压迫。当然,"离婚自由"虽在这一时期并没有过多助益妇女解放,但它仍是当下以及今后的妇女需要不断争取、不可让渡的重要权力。

---

① 颜筠:《今日妇女的两难》,《妇女杂志》,1924年,第10卷第3期,第461页。

英国议会圈地时期道路规划及
地方社会矛盾处理模式

许 诺

18世纪,英国正处于意义重大的社会转型时期①。政治上,英国确立了君主立宪制,议会开始在政治舞台上发挥日益重要的作用;社会经济方面,"工业革命"和"农业革命"达到高潮,英国跨入工业社会的门槛;在思想领域,自由主义思潮兴起,激发了英国社会的活力。经过一百多年的变革,曾经保守的、孤悬于欧洲大陆之外的农业国家,到19世纪初,已重生为焕然一新的工业强国,为世界所瞩目。

对于工业和农业革命如火如荼进展之中的英国来说,道路交通的便利正是进一步发展的基础。在人类文明的初始阶段,道路的修建是出于军事目的——为了方便军队在崎岖的地形之间行进,将军队迅速调动至敌军可能出现的地区。随着时间的推移,出于商业、旅行等和平目的对道路的使用也逐渐与军事目的取得了同等的重要性②。英国早在罗马时期便已经建设了一套较为完备的道路系统,经过盎格鲁—撒克逊时期的完善,构成了英国早期的道路交通网络,并一直沿用至18世纪。但经过几个世纪的人畜行旅,大多数乡村道路已经泥泞不堪,根据亚瑟·扬(Ar-

---

① 就英国历史而言,"18世纪"通常指1689—1815年这一百多年时间,1688年"光荣革命"被认为是一个新时代的起点,而1815年反法战争的结束可算作是这个时代的终结,英法两国一百多年的殖民争霸告一段落,"日不落帝国"初见雏形。引自钱乘旦主编:《英国通史(第四卷)》,南京:江苏人民出版社,2016年,前言1页。

② William H. McNeill & ed., *World Environmental History*, Massachusetts: Berkshire Publishing Group LLC, 2011, p.192.

thur Young)的记载,彼时的英格兰四处皆为崎岖难行、坑坑洼洼的羊肠小道,为他的旅程带来了极大的不便①。因此,道路的修缮和重建必然成为议会圈地的重要内容。

自上世纪以来,国内外学界就不断有对18世纪英格兰道路问题的研究问世。18世纪开始,在圈地委员着力对乡村道路进行改建之时,对于公路收费信托制度的改革也初见成效。因此,目前对18世纪英格兰道路问题的研究大多是从收费信托制度的改革入手,如交通史学者威廉·艾伯特②和巴克尔③,以及国内学者沈琦④,都是从这一角度对英格兰道路进行阐述。而对于圈地运动之中道路规划的研究,数量相对较少,内容也较为单薄。20世纪初,冈纳和柯勒将铺设道路作为圈地运动当中较为边缘的一部分进行分析,主要以铺设道路的过程及其影响为重点⑤;钱伯斯和明盖在其开创性的著作中基本沿袭了这一思路,但将修筑道路纳入"农业革命"当中,着重强调圈地运动中改良的新道路对当地民众就业和乡村工商业的益处⑥;上世纪末,明盖新出版了一本以议会圈地为中心内容的专著,其中分有专门小节介绍道路,提出圈地运动中新修建的道路对农民来说是一把双刃剑,在便捷交通的同时也一定程度上损害了他们的利益⑦。以上著作都是从较为传统的观点和视角,以农民和圈地的关系为主要方向来考察圈地运动中的道路问题,近些年来又有学者从景观史的新角度来看

---

① 沈琦:《中世纪英格兰道路网的形成和维护》,《华中师范大学学报(人文社会科学版)》2012年第5期,第126—132页。

② William Albert, *The Turnpike Road System in England*, 1663-1840, Cambridge: Cambridge University Press, 1972.

③ Theo Barker and Dorian Gerhold, *The Rise and Rise of Road Transport*, 1700-1900, Cambridge: Cambridge University Press, 1993.

④ 沈琦:《中世纪英格兰道路网的形成和维护》;沈琦:《教区、收费信托与近代英国道路治理体系变革》,《历史研究》2017年第3期,第93—113页。

⑤ E. C. K. Gonner, *Common Land and Inclosure*, London: Macmillam and Co. Limited, 1912; W. H. R. Curtler, *The Enclosure and Redistribution of Our Land*, Oxford: Clarendon Press, 1920.

⑥ J. D. Chambers & G. E. Mingay, *The Agricultural Revolution*, 1750-1880, London: B T BATSFORD LTD, 1966.

⑦ G. E. Mingay, *Parliamentary Enclosure in England: An Introduction to its Causes, Incidence and Impact 1750-1850*, New York: Addison Wesley Longman, 1997.

待道路的变迁,英国景观史学的奠基人霍斯金斯在《英格兰景观的形成》一书中对圈地运动时期的道路对景观的改变作了专门叙述,但稍显不足①;更为详尽的是汉娜·沙其特在其博士学位论文中对景观史的考察②,两者都认为圈地运动中的道路改良塑造了一个更加规整、简洁的景观。

可见,近年来对圈地运动时期道路的研究,角度更趋多样,研究也进一步深入。但综合看来,先前学者对于这一问题的讨论都较零碎,没有形成体系;同时,更多倾向于对事实和现象的记录,强调新型道路有利的一面,而议会圈地道路规划过程中是否出现一些矛盾?地方社会又是如何处理、解决这些矛盾的?以上问题仍有进一步探索的必要。因此,本文以圈地法案和维多利亚郡史,以及相关学者的论述为基础,试对议会圈地时期道路规划的内容、产生的矛盾以及地方社会的处理方式作一探析。

一、议会圈地中乡村道路的修建

在罗马不列颠时代以前,英格兰各地已经有了一些因习惯踩踏形成的道路,但还处在较为原始的状态。罗马征服后,逐步在英格兰建立起了一套体系化、规范化的罗马道路,并为后继的盎格鲁—撒克逊人甚至18世纪的英国民众持续使用。盎格鲁—撒克逊时期对道路体系所作的最重要的贡献是开始使用道路作为划分行政区划的边界线,因此,在罗马道路的基础上,清晰可见的道路网络在全国的范围内形成。到了中世纪,商业发展,普通民众的行旅需求上升,这也对交通条件提出了更高的要求。这一时期,运河兴起,像弗斯路(the Fosse Way)这样贯穿各教区的主干道也开始出现,陆路、海路交通欣欣向荣③。但到18世纪,海路运输逐渐取

---

① [英]W. G. 霍斯金斯:《英格兰景观的形成》,梅雪芹、刘梦霏译,北京:商务印书馆,2018年。

② Hannah Kate Sackett, *The Remaking of the English Landscape: An Archaeology of Enclosure*, Thesis Submitted for the Degree of the Doctor of Philosophy at the University of Leicester, 2004.

③ W. G. Hoskins & R. A. McKinley, *The Victoria History of the Counties of England: A History of Le-icestershire*, Volume 3, London: Oxford University Press, 1955, pp. 62-68.

得了压倒性的优势,而道路,尤其是乡村道路,由于管理修缮的不利和长时间超载而状态不佳。在气候潮湿的英格兰,驾驶马车的人总是为泥泞不堪的道路而困扰,车辆或牲畜有时甚至会陷入沼泽化的道路之中①,对出行造成极大不便。

从18世纪开始在英国各地兴起的议会圈地,实际上是一种依托议会法案,将乡村土地实行再分配,以适应日新月异的经济社会环境变化的土地革命。原先,农民的田地分散在乡村的各个角落,耕作的效率较低;同时,教区中往往还有大面积的荒地和公有地,是当地居民发展畜牧业的场所;教区居民定时缴纳什一税,佃农也根据租佃之初的协议向庄园主交纳租税——中世纪以来的英国乡村,便是这样一幅缓慢而有序的社会图景。但自16世纪以来,随着地理大发现、政治制度的变化,资本主义商业发展飞速,英国的人口也呈现高速增长趋势,人多粮少,打破了原本宁静的乡村生活。生产效率的低下成为经济社会发展的阻碍,而年久失修的道路,更是成为教区居民和圈地委员密切关注的对象。

在圈地法案中,有关道路的内容往往占有重要位置。首先,法案中说明了新修道路的标准和规定。由于道路是一个教区所有建筑和田地布局的基础,所以道路规划往往是圈地委员在上任之后的第一个任务。有着丰富的圈地规划经历的圈地委员埃尔姆赫斯特先生(Mr. Elmhirst)曾提及,"从我第一次从事这项业务开始,为了方便旅行者和来往的商人,我就首先把目光转向了铺设最合宜的道路这件事上"②。因此,在这一重大事宜上,圈地法案的撰写表现出了相当的规范性。其一,对于公共道路(public roads)的宽度、两侧是否能种植树篱、路肩的宽度等问题都作出了明确的规定。一般而言,公共道路必须能够供四轮马车和成群的家畜通行,因此道路的宽度大多被定为40英尺或60英尺,并且需要在道路两旁相应地修建排水沟,路肩的宽度也以9英尺或12英尺为宜。此外,在距离道路两侧50码以内不能种植树木,以防遮挡阳光和过路

---

① G. E. Mingay, *Parliamentary Enclosure in England: An Introduction to its Causes, Incidence and Impact 1750 - 1850*, New York: Addison Wesley Longman, 1997, p. 48.

② W. H. R. Curtler, *The Enclosure and Redistribution of Our Land*, Oxford: Clarendon Press, 1920, p. 159.

者的视线①。其二,对于现存的两种不同性质的道路——公共道路和私人道路(private roads)的权责作了区分。公共道路是由该教区居民所共同使用的道路,因此由居民共同出资建设和维修;而私人道路往往是由个人或某个特定群体出于便利在自家所有的田产上修建的道路,倘若需要修缮或重建,需要由这条道路的受益群体承担出资和维修的责任。两者界限清晰,不得混同。其三,对于道路的规划需要在最终的圈地裁定书(enclosure awards)中得到体现,法案中也写明教区的成员和地方法庭都有权力对圈地委员的道路规划进行监督,委员也有考虑合理诉求、修改道路规划以符合民情的义务。

其次,圈地法案中对道路修缮以及道路建造方法也有相关规定,因为英格兰的早期道路系统正是由于修缮不力而逐渐荒废的。中世纪以来,"道路"一直被纳入教区居民"公共产权"的认知范畴之内,教区居民出于义务对教区内及附近地区的道路进行维护②。1555年,英国颁布了《道路维护法》,正式奠定了这一道路维护模式的基础。它主要由三要素组成:巡路官(surveyor)、法令(statute)和奖惩制度。由教区执事(parish church wardens)选举产生的巡路官是整个道路修缮的核心,但任期仅为一年,因此无法对修缮技术或状况作出建设性的改良。法令是作为强制性的手段对教区居民进行约束的,这也与奖惩制度紧密相关,居民不得拒绝修缮道路的职责,更不能拒绝担任巡路官的任命,否则就将被处以罚金;倘若修缮不力,被巡路官检举后,又将得到相应的处罚③。但是,这套看似严密的制度,却隐藏了营私舞弊的可能,以致18世纪时,道路维修已然成为一个重大社会问题。圈地法案中的相关内容并没有对这一模式进行挑战,但为道路修缮提供了后勤保障。18世纪开始,由马卡丹(Macadam)创设的道路建造方法,即用细小的砾石来修建道路以保持其洁净和平整的"马卡丹法"逐步在英格兰地区流行起来,正在进行圈地的一些教区也借鉴了这一方法。除了当地贵族的财产,教区中的其他矿山或采石

---

① Analysis of an act of 1795, W. H. R. Curtler, *The Enclosure and Redistribution of Our Land*, Oxford: Clarendon Press, 1920, p. 315.
② 沈琦:《教区、收费信托与近代英国道路治理体系变革》。
③ William Albert, *The Turnpike Road System in England*, 1663 - 1840, Cambridge: Cambridge University Press, 1972, pp. 14 - 15.

场大多予以保留,用来为建造或修缮马车路(waggon ways)提供石料①,相当一部分劳动力也被吸收到这一采集碎石、建造新路的重大工程当中。

最后,法案中也针对道路问题,列举了教区居民应遵守的规定和可享有的权利。圈地法案中明确说明,一旦委员所规划的新道路修建完成,任何人便都不得继续使用那些不属于教区规划之内的小路。特别是有一些小路可能会穿过之后进行划分的他人的份地,如果继续使用,是对他人的利益的一种损害。如果违反规定,很有可能会受到法律的处分②。但毕竟道路的规划不可能尽善尽美地考虑到教区所有人的利益,因此,出于对利益受损者的补偿,法案中也给予了"七年自由期"的承诺,即在圈地完成后的七年时间内,任何因新建道路而无法放牧的居民,可以在道路两侧、他们的份地边,自主开拓一个"入口"(gate)以便牛羊出入。这样一来,不仅满足了居民对于得到放牧便利的要求,也能防止牛羊任意踩踏而损坏刚刚新建好的树篱或围栏③。

---

① Great Britain. Parliament. An act for dividing and inclosing a certain moor or common, within the Manor of Evenwood, and Chapelry of Saint Helens Auckland, and County of Durham. [London], [1762]. Eighteenth Century Collections Online. Gale. Nanjing University. 20 June 2019. 〈http://find.galegroup.com/ecco/infomark.do? &source=gale&prodId=ECCO&userGroupName=nju&tabID=T001&docId=CW125617595&type=multipage&contentSet=ECCOArticles&version=1.0&docLevel=FASCIMILE〉.

② Great Britain. Parliament. An act for dividing and inclosing a certain common called Holland Ward, otherwise Hollin Ward, in the county of Derby. [London], [1771]. Eighteenth Century Collections Online. Gale. Nanjing University. 20 June 2019. 〈http://find.galegroup.com/ecco/infomark.do? &source=gale&prodId=ECCO&userGroupName=nju&tabID=T001&docId=CW124371568&type=multipage&contentSet=ECCOArticles&version=1.0&docLevel=FASCIMILE〉.

③ Great Britain. Parliament. An act for dividing and inclosing a certain moor, or Common, called Middlewood Moor, or Ushaw Moor, within the Manor of Lanchester, in the County of Durham. [London], [1762]. Eighteenth Century Collections Online. Gale. Nanjing University. 20 June 2019. 〈http://find.galegroup.com/ecco/infomark.do? &source=gale&prodId=ECCO&userGroupName=nju&tabID=T001&docId=CW124406683&type=multipage&contentSet=ECCOArticles&version=1.0&docLevel=FASCIMILE〉.

圈地法案保留了议会圈地时期道路规划的完整资料，其内容包括新道路的标准、道路的修建和修缮方式、居民的权利和义务等方面，为读者呈现出当时的细节情况。可见，这一时期对道路的规划和建设是高度体系化、模范化的，不仅有严格的规定，还以文书的形式记录和存留，确保在施行过程中的有据可依，体现出了乡村道路体系的新特征。

二、道路修建过程中的矛盾与冲突

议会圈地时期的道路修建，对当地居民的生活和教区的景观带来了重大的变化。原先狭窄泥泞的乡间小道被关停，宽阔平整的公路逐步建成，改善了乡村地区的交通状况。对于大多数以务农为生的教区居民来说，道路状况的改良意味着交通条件的提高、作物买卖的便利和一种整洁有序的生活方式的形成。

但是，仍有一个为农业学者和经济史家争论不休的问题，即经圈地运动改良后的乡村道路体系，对教区居民来说，究竟是有利还是有弊？从现代的观点来看，新修建的"马卡丹式"道路无疑要远胜过原先泥泞的小道，那深究提出这个问题背后的逻辑便很有意义。

议会圈地中修建道路产生的费用会引起一些争议。在议会圈地时期道路修建的相关记载中，"造价"（expense）是一个关键词。无论是采石场和矿山中开采和运输的费用，还是建造道路的人力费用，都是一笔巨大的开销，而在一些较为潮湿的教区，有时还需要对土地进行排水才能继续修建。① 在柯勒的著作中，从《农业部报告》（Report of Board of Agriculture）和《农业年表》（Annuals of Agriculture）中引用了两张表格，足以说明修建新路的开销之大。在 1797 年的大威尔布拉罕（Great Wilbraham）教区中，整修道路总共花费了 200 磅，然而这也只是一个"初步建设并粗浅估计"的结果；而在贝特福德郡的马斯顿（Marston），道路费用高达 729 磅，达到了全部

---

① G. E. Mingay, *Parliamentary Enclosure in England：An Introduction to its Causes, Incidence and Impact* 1750-1850, New York：Addison Wesley Longman, 1997, p.48.

圈地开支的三分之一①。在这样的巨额开支中,用于建设公共道路的一部分需要由教区的土地所有者承担,而在1803年,一蒲式耳的稻谷市场价仅为10先令②。然而,对于一部分还租佃他人田地的小土地所有者来说,即使承担一部分圈地的费用,享受到交通的便利,但在此之后,还有极大可能不得不面对庄园领主抬高租税的问题。在米德兰地区,已围圈田地的地租由7先令每英亩提升至15先令已成为惯例③。因此,虽然可能有更高的农业收入以补贴,但一部分教区居民仍觉得代价过大,盈亏不均。

并且,道路的建造必然会有利于一部分人的利益,而有损于另一部分人的便利。对于时常来往于城乡之间的商人和农民,或是以畜牧业为生的居民来说,便利的道路无疑为他们带来了经济上的好处。但是对于农业种植本身而言,道路的改良并不能给农业带来飞跃性的变化,甚至与圈地运动的其他内容相比起来,显得有些无足轻重。甚至,对于农民而言,熟悉的乡间小路的废弃意味着不得不花费更多的时间往来于路途;并且,从一地前往另一地,原先有多条道路可供选择,然而在圈地结束以后只保留下少数几条道路,对于教区居民或是过路旅者来说,便利程度确有可能降低。④ 在一些教区,居民还能从原先的道路中得到特殊的利益。比如在埃塞克斯,过往的牧者和牛羊群会在道路及其周边遗留下大量的粪便,当地农民便常常采集这样的粪便以作肥料之用,而当圈地运动开始之时,他们的利益都受到了侵害,因此大都激烈地反对圈地和建造新路⑤。

---

① W. H. R. Curtler, *The Enclosure and Redistribution of Our Land*, Oxford: Clarendon Press, 1920, pp. 165 – 166.
② William Page, *The Victoria History of the Counties of England: A History of Durham*, Volume 2, London: Archibald Constable and Company Limited, p. 360.
③ J. D. Chambers & G. E. Mingay, *The Agricultural Revolution*, 1750 – 1880, London: B T BATSFORD LTD, 1966, p. 85.
④ W. H. R. Curtler, *The Enclosure and Redistribution of Our Land*, Oxford: Clarendon Press, 1920, p. 173. 但也有一些教区新修建了较原先数量更多的道路,但其中往往以私人道路和步行道为多,如诺顿教区(Bishop Norton)在圈地中修建了3条公共道路,8条私人道路和一些步行道。见 Eleanor & Rex C Russell, *Making New Landscapes in Lincolnshire*, Lincolnshire: G. W. Belton, 1983, p. 29
⑤ W. H. R. Curtler, *The Enclosure and Redistribution of Our Land*, Oxford: Clarendon Press, 1920, p. 275.

此外，在一些教区，由于新路未达到人们预想中的高质量，引发了当地民众不满。道路两边的树篱经过数年的增长，时时有遮蔽风和太阳的可能；道路在拐弯处往往都呈现直角，令四轮马车的操纵者感到为难；新建的道路隔绝了乡村和原野，使得打猎变得极为不便；由于可供通行的道路的减少，过多的负载甚至带来了时不时的交通拥堵，新建造的道路也因日夜使用而质量降低。并且，由于圈地所带来的贫困问题，道路的周边也出现了安全隐患。17、18世纪以来，在贝特福德郡，新修的公路旁出现过多起抢劫事件。1721年，一辆四轮马车被抢劫，劫匪被抓获以后也一并承认了他所犯下的其他多桩抢劫案；1730年，马车中的三位旅人被骑马者抢劫了一些钱和贵重物品；1741年，在曼切斯特的一位行人随身携带的40基尼和他的手表、马匹都被抢走[①]。

圈地完成后，英格兰乡村的逐渐走出中世纪的风貌，形成了一种新的景观。通过圈地和土地再分配，原先条形的敞田已经成为块状的份地，曲折蜿蜒的乡间小道也被平直的大路所替代，形成了一种整洁有序且秩序井然的新景观，与中世纪充满生活气息的乡村田园图景大相径庭。在如此迅速到来的景观变化之下，居民或多或少产生一种陌生而疏离之感[②]。道路，出于其连接各地点的特殊性，在教区的景观和居民的心理上起着举足轻重的作用。当日常行走的乡间小道被关闭，只得利用新道路时，不知通往何方的茫然感有极大可能会影响到当地居民对一个地区连续性的认知和自我认同感的建立，对英国传统的农业文化和乡村文化也是一记沉重的打击。

总之，议会圈地和道路的修建影响了地方社会成员的交通方式和生产方式，也重塑了英格兰乡村的景观。但在这一过程中，也不可避免地产生了一些矛盾和不满。如何处理这些矛盾，是地方社会在这一阶段的一个重要命题。

---

① William Page, *The Victoria History of the Counties of England*: *A History of Bedfordshire*, Volume 2, London: Archibald Constable and Company Limited, p. 99.

② Hannah Kate Sackett, *The Remaking of the English Landscape*: *An Archaeology of Enclosure*, ThesisSubmitted for the Degree of the Doctor of Philosophy at the University of Leicester, 2004, p. 176.

三、地方社会应对道路修建过程中的矛盾

虽然议会圈地的道路规划带来了交通的便利和农业的发展,但毕竟涉及诸多群体的利益均衡问题,无法避免地引起了诸多的矛盾和争议。面对这一情况,议会圈地和乡村社会也出现了相应的处理机制,并籍此缓和了部分矛盾,在大多数情况下有效规避了集体暴力的出现,推动新的道路体系以相对温和的方式在英格兰乡村建立起来。

首先,乡村社会讨论的是资金问题的处理。在一个教区着手铺设新路,维修旧路之前,需要向当地的居民筹集资金,以完成铺设、排水和建造树篱等一系列的圈地工作。而这笔资金并非人人都有义务缴纳,仅有该教区的土地所有者,即圈地的直接利益相关者必须按照一定的份额向圈地委员上交资金。并且,用于圈地的资金也同道路的铺设相似,分为公共开支(public costs)和私人开支(private costs)两部分。公共开支,指建设本地基础设施的开支,包括支付给圈地委员、测量员和律师的酬劳,铺设道路的费用也是其中的一部分;相反,私人开支则更多涉及个人财产,主要用于对私人田产的围圈。一旦圈地法案在议会通过,便具有了强制性,无论如何激烈反对圈地,教区内的每位地产所有者都有义务参与圈地经费的筹集工作①。然而,上文也已有论述,即使是在一个没有额外开销的普通教区,完成圈地的费用也动辄上千英镑,其中道路的开支在 200 到 500 英镑之间,对于教区数量不多的土地所有者来说,每人需要承担的份额也相当可观,这笔资金又是如何成功筹集的?

在议会圈地的过程中,开发公有地和荒地是很重要的一部分。通过对沼泽的排水,原先仅能发展小范围畜牧业的地区变为良田;对荒地的开垦和利用,有效增加了耕地面积;更重要的是,由于公共权利的废止,公有地成为一片广阔的而无主的田地。圈地委员有权出售部分公有地或荒地

---

① G. E. Mingay, *Parliamentary Enclosure in England: An Introduction to its Causes, Incidence and Impact* 1750 – 1850, New York: Addison Wesley Longman, 1997, pp. 103 – 109.

以获得资金,有时仅能填补小部分,但有时却能谋得大半经费①。但在这一补贴以外,余下的预算则需要通过教区土地所有者按比例筹措。筹集资金的原则也简洁而公正:每位成员依照自己所分有的份地的面积和所有被围圈的土地的面积的同一比例,计算得出在所有的公共开支中个人的义务资金,而私人开支则复杂得多。

对于大土地所有者(large proprietor)来说,他们拥有面积较大的土地和相当数量的其他资产,因此虽然在按比例筹集资金中所占份额较多,但压力较轻。一般而言,这一群体是圈地的支持者,他们不仅可以从圈地中获得相当规模的高质量土地,还能够提高地租,使为圈地筹集经费成为一种利润颇丰的投资方式②。但在教区中,小土地所有者(small proprietor)总是占多数。他们有少量的田产,多半还经营着畜牧业,有时还拥有规模较大的农场。明盖曾对这一类小土地所有者需要缴纳的份额作过估算:在议会圈地时期,依照上述筹集资金的原则,每一英亩的土地平均须缴纳 2 英镑 5 先令到 5 英镑的份额。而一个普通的小土地所有者一般拥有 20 英亩左右的田产,因此应该提供 50 磅左右的经费以供公共开支;如果还有用树篱围圈私人份地的需求,则另外需要 50 磅的私人开支。因此,议会圈地时期的一位普通小土地所有者大致需要为圈地支出 50 到 100 英镑。而在同一时期,拿破仑战争爆发以前,每年凭借 20 英亩的田产和相应的公共权利可收入的现金达到 45 到 50 英镑③。并且,在圈地之后,耕作更为便利,土地质量也有所提高,围圈的土地比未围圈的价格可高出四分之一④,农业产出也往往倍于先前。在格洛斯特郡,圈地后的

---

① G. E. Mingay, *Parliamentary Enclosure in England: An Introduction to its Causes, Incidence and Impact* 1750 – 1850, New York: Addison Wesley Longman, 1997, p. 112.

② J. D. Chambers & G. E. Mingay, *The Agricultural Revolution*, 1750 – 1880, London: B T BATSFORD LTD, 1966, p. 82.

③ G. E. Mingay, *Parliamentary Enclosure in England: An Introduction to its Causes, Incidence and Impact* 1750 – 1850, New York: Addison Wesley Longman, 1997, pp. 113 – 114.

④ William Page, *The Victoria History of the Counties of England: A History of Herefordshire*, Volume 1, London: Archibald Constable and Company Limited, p. 408.

小麦产量达到每英亩 12 蒲式耳,是圈地前每英亩 6 蒲式耳的两倍;同样,大麦产量也由每英亩 10 蒲式耳提升为 17 蒲式耳,豌豆、燕麦的种植和畜牧业都有显著进步①,与前文所述地租的提高率大致同步。因此,可以合理推测,圈地的开支对于教区的小土地所有者来说并非难以承受的。

除此之外,即使小土地所有者因为种种原因无法承担圈地的费用,当地社会也能提供一些相应的措施进行扶助。其中,土地抵押和个人借贷是两个典例。这两种形式的本质都是一种借贷,只不过前者是通过实在的田产来进行抵押,是一种较为古老的借贷形式,早已发展多年,而后者所抵押的却是非实物的"信用"。1755 年,一封由林肯郡产权人的代理约翰·珀内(John Bourne)起草的借贷信件中,将"他们都是有信用的人"作为同意借贷的理由②,可见在当时的英格兰乡村社会,一位务农者的个人能力、信誉直接影响着他是否能够偿还所借的贷款,也能成为一种非实物的抵押品,获取圈地的经费。而另一形式的通融则是由圈地委员提供的,是一种类似于分期付款的方式:如果圈地参与者没有办法缴纳他的份额,圈地委员则允许他分三到五年逐步交清经费③。此外,还有银行贷款等方式可供选择,但对于乡村社会成员来说,并非主流。正是通过以上几种方式,大多数教区能够成功筹得圈地的公共开支,而道路铺设所用资金往

---

① William Page, *The Victoria History of the Counties of England*: *A History of Gloucestershire*, Volume 2, London: Archibald Constable and Company Limited, p. 240.

② G. E. Mingay, *Parliamentary Enclosure in England*: *An Introduction to its Causes, Incidence and Impact* 1750 - 1850, New York: Addison Wesley Longman, 1997, p. 116.

③ Great Britain. Parliament. An act for dividing and inclosing a certain common parcel of waste ground or moor, situate in the liberty of Darley, in the county of Derby, called Darley Common. [London], [1766]. Eighteenth Century Collections Online. Gale. Nanjing University. 20 June 2019. 〈http://find.galegroup.com/ecco/infomark.do?&source=gale&prodId=ECCO&userGroupName=nju&tabID=T001&docId=CW124503851&type=multipage&contentSet=ECCOArticles&version=1.0&docLevel=FASCIMILE〉.

往占据公共开支的五分之一①,即一位小土地所有者为新的道路奉献了将近10英镑的经费。

其次,道路的规划与建设关切教区经济命脉,因此,无论是教区成员还是圈地委员或地方法庭,都对这一任务格外重视。在整个议会圈地时期,这三者始终保持着一种特殊的制衡关系,力图确保新道路的修建符合教区绝大多数居民的利益,并能够适应新的农业经济模式的需求。

地方法庭自中世纪以来就有管理地方道路事务的职能,在议会圈地时期主要包括季审法庭(quarter sessions)与即决法庭(petty sessions),对道路规划起监督作用。中世纪时期,英国社会就有治安法官(justices of peace)的存在,这一群体的合法性来源于"王之和平"的观念,即"在一定地域内的犯罪行为(包括在大道上谋杀、拦路抢劫)被视为是破坏了'王之和平'",国王有权对其进行惩处②。而道路也正是属于"王之和平"的理念范围内,因此中世纪以来地方道路问题也大多由治安法官审理。1593年,出于《道路维护法》实施的需要,治安法官被授权起诉和审理那些未能令人满意地维护当地道路的教区;而这类违规教区会在季审法庭上接受审理,并予其一段时间的整改期,倘若仍然没有对道路进行适当的维护,便会对该教区进行罚款,并将款项用于维修道路③。在道路铺设正式启动之前,法官有权力审核圈地委员的道路规划,确保其可行性,并审理来自教区居民的各式诉求。当法官判定道路规划无法满足教区大多数居民的利益,有时甚至会考虑驳回已有裁定、督促圈地委员重新进行合乎民情的规划④。因此,地方法庭总体而言是充当着教区居民和圈地委员的中间人的角色,通过法律的权威性和强制性,调和不同居民对圈地的诉求以及他们与圈地委员之间的矛盾。

---

① G. E. Mingay, *Parliamentary Enclosure in England: An Introduction to its Causes, Incidence and Impact* 1750-1850, New York: Addison Wesley Longman, 1997, p. 107.

② 沈琦:《教区、收费信托与近代英国道路治理体系变革》。

③ William Albert, *The Turnpike Road System in England*, 1663-1840, Cambridge: Cambridge University Press, 1972, p. 15.

④ E. C. K. Gonner, *Common Land and Inclosure*, London: Macmillam and Co. Limited, 1912, p. 83.

圈地委员作为道路规划和铺设的直接执行者,主要接受外部监督。一般而言,圈地委员由三人组成,第一位委员代表当地庄园领主,第二位代表着圈地法案中所涉及的什一税的拥有者或是一位大地产主,而第三位则是站在其余地产所有者的立场上①。而在制定道路规划时,依照规定必须有至少两位委员共同进行,以保证规划的公平性②。对于圈地委员而言,最重要的任务便是确保新的道路体系能够顺应大多数教区居民的需求。因此,圈地委员会邀请利益相关的地产主举行小型会议详细讨论,并在道路规划完成之时将地图张贴在教堂等教区公共建筑上以供监察。并且,圈地委员必须接受地方法庭的监管和裁决,确保规划符合民情。除此之外,委员们也试图以内部的方式解决一些由圈地带来的矛盾,比如由于公共权利的废止,一部分依靠公有地和荒地为生的无业者或贫寒的茅舍农失去了生活来源,圈地委员即以修建道路的需求吸纳就业,对这一部分教区成员来说起到短时间的稳定作用③。总之,圈地委员与地方法庭之间是监督与被监督的关系,但和教区成员除了这一层联系以外,还有主动地处理和妥协的因素,为解决新的道路铺设以及圈地带来的社会问题作出了相当的努力。

而这三者当中,作为直接的利益相关群体,教区的成员对道路的要求是最为严格的——圈地委员应在必要时铺设新的公共大道,并要对旧有的道路进行修缮;道路必须能够达到各类建筑和大部分的份地,并且不应远离某些居民的田产而平添其不便。在此基础上,教区成员通过法治化

---

① G. E. Mingay, *Parliamentary Enclosure in England*: *An Introduction to its Causes*, *Incidence and Impact* 1750 – 1850, New York: Addison Wesley Longman, 1997, p. 69.

② Great Britain. Parliament. An act for dividing and inclosing a certain common, moor, or tract of waste land, within the barony or manor of Bulbeck, in the county of Northumberland. [London], [1765]. Eighteenth Century Collections Online. Gale. Nanjing University. 20 June 2019. 〈http://find.galegroup.com/ecco/infomark.do? &source=gale&prodId=ECCO&userGroupName=nju&tabID=T001&docId=CW124963023&type=multipage&contentSet=ECCOArticles&version=1.0&docLevel=FASCIMILE〉.

③ J. D. Chambers & G. E. Mingay, *The Agricultural Revolution*, 1750 – 1880, London: B T BATSFORD LTD, 1966, p. 98.

的手段积极争取个人权益。一方面,由于公共道路和私人道路性质的区分,一些旧时的小道可以作为私人道路予以保留,而一部分则要被关停。为了保留于己便利的乡间小道,教区居民据理力争。1795年,伯克希尔在圈地的过程中关于道路的去留问题引起了争议,遂向专业圈地人员请求清晰的界定。经验丰富的辛顿先生(Mr Hindon)对此作出了界定:"丰收之路"(harvest roads),即农民来往于家和田地之间的道路,必须仅通往个人的住所,才可被视为私人道路①。另一方面,教区居民充分发挥监察权,将对道路规划的不满直接通报给圈地委员请求处理,或前往四季法庭提出诉求。总体而言,在这三者当中,教区居民处于相对弱势的地位,但由于有相关法令的保障,这一群体也有合理提出自身诉求的途径,在正常情况下通常能够争取到更多的利益。

最后,修建新路并非所有教区的首选。其一,英格兰各个教区地理环境不同,对于河流以及道路的依赖程度也大不相同。如杜纳姆教区气候干燥,河流较少,因此当地居民很少使用运河作为运输手段,而大多选用道路和后来兴起的铁路②;而伯明翰郡的情况则恰好相反,因此相比于陆路,该郡的居民更为偏好水路运输③。其二,一个教区重建新路或是在旧有基础上修缮,这个问题与每个教区选择的圈地委员有很大的关系。委员们拥有规划道路的权力,因此个人对于不同样式的道路和景观的偏好和行事风格往往也能影响一个教区的新修道路所占比例。其三,议会圈地时期的道路修建恰逢收费信托制度在英格兰兴起,伦敦、曼切斯特等大城市以及附近的乡村中,收费信托制度都逐渐发展起来。因此对于地处偏僻、交通不甚便利的教区,由于多仍沿用原先的义务劳动制,对于高质

---

① G. E. Mingay, *Parliamentary Enclosure in England: An Introduction to its Causes, Incidence and Impact* 1750–1850, New York: Addison Wesley Longman, 1997, p. 36.

② William Page, *The Victoria History of the Counties of England: A History of Durham*, Volume 2, London: Archibald Constable and Company Limited, p. 244.

③ William Page, *The Victoria History of the Counties of England: A History of Buckinghamshire*, Volume 2, London: Archibald Constable and Company Limited, p. 104.

量道路的需求更大①;而相对而言,开始实行收费信托制度的教区则往往对于新修道路不甚热衷。总体而言,是否新修道路、新修道路和维护旧路的比例如何,大多是根据教区的实际情况因地制宜而规划的,也能符合当地发展的需要。

综上,面对教区居民对道路铺设提出的种种问题,地方社会和圈地委员都作出了回应和处理。无论是对筹集资金的多种借贷和提供分期付款的选择,还是通过地方法庭的方式合理纳入居民的诉求,或尽量选择因地制宜的道路体系来缓解圈地所带来的景观陌生感,凡此种种都体现了地方社会的质疑与反应协调的良性互动。而对于道路修建方法不力的问题,18世纪以来,大多教区也都开始采用新式"马卡丹"造路法来提升修建水平。因此,英国乡村社会通过自主的调节能力,借助以法治化的手段,在大多数情况下能够合理解决矛盾,以相对温和的方式完成社会变革。

结　语

18世纪,英国确立了君主立宪制度后,资本主义工商业得到飞速发展,自然对城乡交通也提出了更高的要求。而此时的英格兰大多仍然沿用中世纪甚至罗马时期的道路,因义务修路的疏漏,道路常常狭窄且泥泞不堪,已经无法满足新时代下的交通需求。而在议会圈地中,乡村社会的成员和圈地委员正是基于以上考虑,着手在教区修建新路、维护旧路。在这一过程中,地方土地所有者通过拟定圈地法案,明确了在道路铺设的过程中的道路规制和个人的权利义务。因此,铺设道路的过程从起初就是以制度化的形式开展的,而这一模式也延续到了对当地居民与新的道路规划之间的矛盾处理中。在集体性事业中,部分个人利益的牺牲是在所难免的,因此也出现了一些对新建道路的不满和矛盾。

面对过程中出现的矛盾,乡村社会也自有一套反应和处理模式。在资金问题上,圈地委员和利益相关人相互妥协,提出了分期付款的方式,

---

① G. E. Mingay, *Parliamentary Enclosure in England : An Introduction to its Causes, Incidence and Impact* 1750 – 1850, New York: Addison Wesley Longman, 1997, p. 32.

并且，地方社会的借贷也可以满足筹集资金的需要；而在考虑到个人利益受损的情况时，地方法庭、圈地委员和当地民众自发形成了一种监督与平衡的模式，以圈地法案为标准，在道路修建的多个方面进行讨论与修正；并且，是否铺设新道路，新旧道路比例如何也会依据地方实际因地制宜，虽与圈地委员的个人风格也有相关，但更多考虑地还是合乎民情，能够将投资利益最大化。因此，在对于道路问题的矛盾处理上，乡村社会所采用的模式是规范而温和的，以标准化的条文和法令疏导矛盾，以温和的手段和一定量的补偿来缓解矛盾，最终完成了道路体系的革新。

同时，这一体系和矛盾处理模式，通过道路的特殊性渗入教区居民的日常生活和心理感观方面，以一种全新的秩序感和现代感代替了原先自中世纪传承的乡村情怀：教区当中紧密的人地联系、约定俗成的公共权利、宗教氛围和农业文化的巧妙融合，都被一种现代性的新文化所取代。而这新兴的文化，强调的不再是那些充满田园牧歌情调和宗教氛围的中世纪思想，而是井然有序的农业劳动、泾渭分明的个人范围、以法律至上的义务意识，与大量涌现的新技术、新发明互为因果，改变了基层社会的生产生活方式。如果说17世纪社会上层的政治巨变并未触动到英格兰社会的中下阶层，那随后而来的农业、工业和交通领域的变迁无疑震动了这个社会的基柱。而道路的重建与新修，则更是以其无言的方式，庄重地宣告着一个事实——英国正在向一个真正的现代化国家和世界意义上的强国大步迈进。

冲突与变革：19世纪英国喧闹游行研究

肖晨辰

喧闹游行（rough music）是历史上长期存在于英国社会的一种仪式，通常由社区居民形成的共同体自发举行，游行期间发出喧闹、刺耳的声音，进行仪式化的表演，以此谴责、惩罚共同体眼中的"罪犯"，维护共同体之间约定俗成的规定。类似的仪式遍布欧洲和北美，国际学界对法国的这种仪式研究较早，因而其在法国的名称"大声喧闹"（charivari）一般用作国际学界对这种仪式的统称，部分研究也将喧闹游行称为"英国的大声喧闹"。

喧闹游行分布在英国各地，且存在一些地区化的变体和地区化的名称。"喧闹游行"是一个通用名称，在英国各地区都有使用，且在英格兰东南部最普遍[1]。除通用名称外，不同地区盛行着多种用来指代这类仪式的词汇，包括英格兰北部居多的"骑木棍"（riding the stang 或 stanged 或 stanging）、英格兰南部居多的"斯基明顿"（skimmington）等。在英国近代早期[2]，喧闹游行活动分布广泛，有关它的记载散见于法庭记录、编年史、日记、信件、报纸和文学作品[3]。至19世纪，喧闹游行活动仍然广泛

---

[1] Andrew Walker, "Rough Music, Community Protest and the Local Press in Nineteenth-Century England," *International Journal of Regional and Local History*, Vol. 13, No. 1(March 2018), p. 88.

[2] 近代早期（early modern），一般指16—18世纪，本文采用这一定义。

[3] Martin Ingram, "Ridings, Rough Music and the 'Reform of Popular Culture' in Early Modern England," *Past & Present*, Vol. 105, No. 1(November 1984), p. 81.

存在于英国社会,在这一时期的报刊中时有报道。

喧闹游行主要在平民之间进行。进行喧闹游行的人往往被称为"人群""人们""邻居们",少有研究能将这些模糊的概念清晰化。少部分报刊报道了他们身份,包括体力劳动者、鞋匠、铁匠、锯木匠等[①]。尽管有研究发现平民的喧闹游行活动背后可能存在一些社会精英的煽动、支持甚至参与[②],但是,喧闹游行的有效性取决于广泛的社区共识和参与,如果这一习俗完全由精英煽动和执行,那么它就不会受到欢迎,也很可能不会对社区中的违规者和旁观者产生预期的影响,也不会持续几个世纪[③]。遭遇喧闹游行的人同样以平民为主,维多利亚时代绝大多数针对家内违规行为的喧闹游行的例子发生在工人、仆人和工匠之间的平民内部[④],在许多喧闹游行事件中,遭遇喧闹游行的人和进行喧闹游行的人是邻居关系,双方是同一个社区的成员。

就国外学界而言,E. P. 汤普森(E. P. Thompson)对喧闹游行的研究具有开创性,认为喧闹游行是现代法律和警察制度未触及基层社会的产物[⑤]。一般来说,喧闹游行被看作是一种平民的、大众的、非官方的活动,

---

[①] "Disgraceful Occurrence", *Essex Standard*, Friday 28 October, 1836.

[②] 例如 Joan R. Kent, "'Folk Justice' and Royal Justice in Early Seventeenth—Century England: A 'Charivari' in the Midlands," *Midland History*, Vol. 8 No. 1 (November 1983), pp. 78 – 80; Martin Ingram, "Ridings, Rough Music and the 'Reform of Popular Culture' in Early Modern England," *Past & Present*, Vol. 105, No. 1(November 1984), p. 104.

[③] David Nash, Anne-Marie Kilday, *Cultures of Shame: Exploring Crime and Morality in Britain* 1600 – 1900, London: Palgrave Macmillan, 2010, p. 30.

[④] Philip J. Gooderson, "Aspects of the Decline of English Rough Music and Effigy-Burning and the Transformation of the Fifth of November in the Nineteenth and Twentieth Centuries," *International Journal of Regional and Local History*, Vol. 16, No. 2(July 2021), p. 97.

[⑤] 参见 E. P. Thompson, "《Rough Music》: Le Charivari Anglais," *Annales. Histoire, Sciences Sociales*, Vol. 27, No. 2(April 1972), pp. 285 – 312; E. P. Thompson, "Rough Music Reconsidered," *Folklore*, Vol. 103, No. 1(January 1992), pp. 3 – 26; E. P. 汤普森:《共有的习惯:18世纪英国的平民文化》,沈汉、王加丰译,上海:上海人民出版社,2019年。

部分研究认为喧闹游行体现了平民与贵族之间的对抗性①，另一部分研究则认为，喧闹游行展现了官方与非官方力量互动中的灵活与妥协②。近年来，研究喧闹游行的专著《1760—1914 年英格兰和威尔士的非正式司法：大众舆论的法庭》(Informal Justice in England and Wales 1760 - 1914：The Courts of Popular Opinion)出版，将喧闹游行看作一种非正式司法，这种活动背后是普通人对法律的感受和观念，并指出"错位的法律信仰具有真实的政治和社会权力"③。此外，对英国喧闹游行的研究正逐渐把目光移向 19 世纪，并使用报刊史料进行研究④。而国内目前对喧闹游行的关注较少⑤。总体来看，已有研究对 19 世纪英国喧闹游行的衰落进行了一些讨论，但尚未有研究专门讨论 19 世纪英国喧闹游行面临的冲突与挑战并分析其衰落与变革。因此，本文希望在前人研究的基础上，主要利用英国报纸档案(British Newspaper Archive)数据库查阅 19 世纪的

---

① 例如 David Rollison, "Property, Ideology and Popular Culture in a Gloucestershire Village 1660 - 1740," *Past & Present*, Vol. 93, No. 1(November 1981), pp. 70 - 97.

② 例如 Joan R. Kent, "'Folk Justice' and Royal Justice in Early Seventeenth-Century England: A 'Charivari' in the Midlands," *Midland History*, Vol. 8 No. 1 (November 1983), pp. 70 - 85; Martin Ingram, "Ridings, Rough Music and the 'Reform of Popular Culture' in Early Modern England," *Past & Present*, Vol. 105, No. 1(November 1984), pp. 79 - 113; David Underdown, *Revel, Riot and Rebellion: Popular Politics and Culture in England*, 1603 - 1660, Oxford: Oxford University Press, 1985, p. 100;
Carolyn A. Conley, *The Unwritten Law: Criminal Justice in Victorian Kent*, Oxford: Oxford Univers-ity Press, 1991, pp. 15 - 43.

③ Stephen Banks, *Informal Justice in England and Wales 1760 - 1914: The Courts of Popular Opinion*, Woodbridge: Boydell Press, 2014.

④ Andrew Walker, "Rough Music, Community Protest and the Local Press in Nineteenth—Century England," *International Journal of Regional and Local History*, Vol. 13, No. 1(March 2018), pp. 86 - 104; Philip J. Gooderson, "Aspects of the Decline of English Rough Music and Effigy-Burning and the Transformation of the Fifth of November in the Nineteenth and Twentieth Centuries," *International J-ournal of Regional and Local History*, Vol. 16, No. 2(July 2021), pp. 94 - 110.

⑤ 目前国内对英国喧闹游行的相关研究主要为：陆启宏：《从仪式到抗议：近代西欧的"大声喧闹"》，《复旦学报（社会科学版）》2014 年第 5 期，第 28—36 页。

报刊资料,梳理英国喧闹游行仪式的内容和使用场景,在19世纪的社会背景下关注这一时期喧闹游行面临的冲突与挑战,并讨论这一时期喧闹游行的式微表现与变革方向。

一、英国喧闹游行的发展概况

喧闹游行的内容相对固定,使用场景继承了近代早期的家庭和私人道德相关问题,同时,反对以殴打妻子为主的家内暴力成为19世纪喧闹游行的主要发生情境,此外,这一时期应用于公共领域的喧闹游行相对增加。

喧闹游行仪式有相对固定的基本内容。首先,刺耳的声音是喧闹游行仪式中最常见的内容,几乎所有的喧闹游行都包含它,喧闹游行的名称"rough music"也来源于此。用来发出刺耳声音的工具与民众的日常生活联系密切,如锡水壶、瓦罐、平底锅等。例如,1835年的一则报道称,进行喧闹游行的人群使用了"骨头、剁肉刀、里面放着石头的平底锅,以及其他用来吸引人们注意的物品"[①],1836年的一则报道提到人群"用锡罐和其他的会发出不和谐声音的物品进行喧闹游行"[②]。其次,很多喧闹游行还包含骑乘游行和焚烧雕像。包含骑乘游行的喧闹游行在报道中经常使用"骑木棍"一词来指代。这一内容在近代早期的最初版本是,人群将违规者放在木棍上举着他游行,宣告他的罪行,最后将他投入水中。但到了19世纪,骑乘游行已经演变为人群携带着违规者的雕像游行,雕像会展现出他的违规行为,有时也会直接在纸上写下罪行贴在雕像上,人群抬着雕像游行,连续三个晚上经过违规者的家,并在结束时焚烧掉这个雕像[③]。1840年,在里克曼斯沃思(Rickmansworth),人们抬着一个鞭打妻子者的雕像进行喧闹游行,雕像展现了一个手持鞭子的男人,然后人们公

---

① "Rough Music", *Bell's New Weekly Messenger*, Sunday 07 June, 1835.
② "Town Hall", *Bell's New Weekly Messenger*, Sunday 18 December, 1836.
③ Andrew Walker, "Rough Music, Community Protest and the Local Press in Nineteenth-Century England," *International Journal of Regional and Local History*, Vol. 13, No. 1(March 2018), p.91.

开焚烧了这个雕像①。在1883年的一次"骑木棍"中,年轻人们给违规者的雕像穿上衣服,击打着雕像游行,最后将雕像带到田野里烧毁了②。一些骑乘游行表演带有街头戏剧性质,具有公开丑闻的功能③,在游行中将违规者的行为通过戏剧化的表演展现给观众,羞辱违规者并警示众人。相比于直接向违规者投入水中,用雕像替代真实的人可以免除仪式中的人身暴力,在一定程度上控制对遭受游行者的伤害。同时,保留下的精神惩罚同样具有威慑力。遭受喧闹游行的人可能会在声誉、自我形象和心理稳定方面受到深远影响,一些人被迫或感到被迫逃离他们的社区④。雕像代表违规者是共同体的共识,在这种共识之下,将羞辱仪式施加于违规者的雕像,可以清晰地表达共同体反对违规者,从精神上对违规者进行惩戒并警示围观者,保留了惩罚的有效性。最后,一些喧闹游行还包括索要行为⑤,歌词与打油诗⑥,变装与伪装⑦等内容。

喧闹游行的内容包含象征行为和仪式化的表达,旨在向公众展示喧闹游行的合理性。固定的内容继承自近代早期甚至更早的中世纪传统,尽管在演变中有所变化,但"古老的习俗"常常带给人们信心。这种信心既赋予了直接或间接参与进程的人,也赋予了不参与进程的旁观者,由此赋予喧闹游行在民众思想世界中的合理性。

喧闹游行仪式通常会用来反对"违规者",他们往往存在不符合共同体规范的行为。"共同体的规范"是灵活的、约定俗成的,也不存在成文的条例规定哪些是引发喧闹游行的违规行为。不过,大量的喧闹游行案例

---

① "Benham v. Harmer and Another", *Bell's New Weekly Messenger*, Sunday 20 December, 1840.

② "Riding The Stang", *Yorkshire Gazette*, Saturday 21 July, 1883.

③ E. P. Thompson, "Rough Music Reconsidered," *Folklore*, Vol. 103, No. 1 (January 1992), p. 6.

④ Andrew Walker, "Rough Music, Community Protest and the Local Press in Nineteenth-Century England," *International Journal of Regional and Local History*, Vol. 13, No. 1(March 2018), pp. 76 – 77.

⑤ 例如"Town Hall, Southwark", *Morning Advertiser*, Friday 16 December, 1836.

⑥ 例如"A Bettle Royal", *Worcestershire Chronicle*, Wednesday 07 June, 1848.

⑦ 例如"Surrey Sessions", *Morning Post*, Saturday 07 January, 1837.

展现出了这种活动一般的、常见的发生情境。

　　首先,近代早期的喧闹游行多用来处理与家庭、婚姻相关的家内事务,并与共同体的道德相联系,19世纪的部分喧闹游行继承了这一特征。例如,1874年,人们对一个再婚的男子进行了喧闹游行,因为这个男人的妻子十个星期前才去世,人们认为他这么快就结婚是可耻的①。1878年切姆斯福德(Chelmsford)一名屠夫与一名比他年轻很多的女性的婚姻②、1891年一名老夫人和年轻男子的婚姻③,都招致了喧闹游行。1845年的一则报道称,"一个已婚男子被发现与一个未婚女子有不正当的亲密关系,喧闹游行被征用"④。1882年林肯郡(Lincolnshire)一名男子被怀疑与女邻居有不正当关系而遭遇喧闹游行⑤。然而,能够激起共同体愤怒的,可能不是婚内不忠本身,而是违规者的明目张胆,这可能威胁到婚姻制度本身⑥。反对不恰当的婚姻和不正当的性行为的喧闹游行在一定程度上体现了民众的道德要求。

　　其次,在19世纪,喧闹游行的主要发生情境转向反对以殴打妻子为主的家内暴力。反对殴打妻子的喧闹游行在近代早期并不常见,然而,这种喧闹游行在19世纪数量明显增加。在笔者查阅的19世纪报刊中,在所有类型的喧闹游行中,反对殴打妻子的喧闹游行在数量上居于主导地位。这也符合汤普森等学者的观点,即19世纪的英国喧闹游行主要针对殴打妻子者⑦。例如,1840年,人群对鞭打妻子的牧师进行了喧闹游行,在田野里焚烧了他的雕像⑧。同年,在兰开夏(Lancashire),一个虐待妻子者遭遇了喧闹游行,人们在他的屋子前聚集,拖着他的雕像游行,最后

---

① "Rough Music", *Islington Times*, Tuesday 10 November, 1874.
② "Rough Music", *Bradford Daily Telegraph*, Monday 23 September, 1878.
③ "Rough Music at Kelvedon", *Chelmsford Chronicle*, Friday 15 May, 1891.
④ "Shocking Mutilation", *Hereford Journal*, Wednesday 30 July, 1845.
⑤ "Ran-Tanning a Faithless Husband", *Lincolnshire Chronicle*, Tuesday 07 February, 1882.
⑥ [英]E. P. 汤普森:《共有的习惯:18世纪英国的平民文化》,第615页。
⑦ E. P. Thompson, "Rough Music Reconsidered," *Folklore*, Vol. 103, No. 1 (January 1992), p.14.
⑧ "Court of Queen's Bench", *Morning Post*, Thursday 17 December 1840.

烧毁了他的雕像①。1895年的一则报道称,喧闹游行是在"一个男人痛打妻子或做任何严重的事情"等场合进行的②。除了反对殴打妻子外,喧闹游行也反对虐待儿童和袭击仆人。在1857年的肯特郡(Kent),人群使用喧闹游行表达对虐待儿童者的厌恶,并在他的门口烧毁了他的雕像③。1884年,菲林汉姆村(Fillingham)发生了一场反对前牧师詹金斯(Jenkins)的喧闹游行,詹金斯已经被停职20年,此次被指控攻击他的女仆,愤怒的村民们对他进行了喧闹游行,仪式进行了三天,最后一天晚上焚烧了他的雕像④。

  反对家内暴力行为的喧闹游行在近代早期较少,但在19世纪激增,在数量上一跃占据主导地位,这与19世纪英国社会普遍的反对暴力行为的思想相联系。詹姆斯·汉默顿(A. James Hammerton)认为,"不可否认,19世纪的立法以及司法和公众态度表明,人们越来越不能容忍暴力行为,特别是针对妇女的暴力行为。"⑤然而,反对殴打妻子的喧闹游行在数量上居于主导地位,无法直接与19世纪英国女性的地位相联系。频繁发生反对打妻子者的喧闹游行,不仅表明人们日益反对殴打妻子行为,还可能意味着这种行为的增加,或是女性失去其他传统的保护。在传统社会,保护受虐待的妻子主要是其男性亲属的责任,同时由教士的干预补充。但在19世纪的英国,人口流动增加可能会使女性失去亲族的保护,教士的作用也相当小,法律几乎没有提供什么保护⑥。对女性的传统的保护失效,现代的保护还未形成,在这种情况下,共同体自发地选择使用喧闹游行活动填补空缺。

  最后,19世纪逐渐出现更多应用于公共事务的喧闹游行,这些发生情境超越了家庭和道德主题,展现了社区对公共问题的关注。例如,共同

---

  ① "Pretty Doings of a Baptist Preacher", *Blackburn Standard*, Wednesday 23 December, 1840.
  ② "Rough Music at Bookham", *Dorking and Leatherhead Advertiser*, Thursday 12 September, 1895.
  ③ "Cruelty to a Child", *Kentish Gazette*, Tuesday 03 February, 1857.
  ④ "The Rector of Fillingham", *Stamford Mercury*, Friday 23 May, 1884.
  ⑤ A. James Hammerton, *Cruelty and Companionship: Conflict in Nineteenth Century Married Life*, Taylor & Francis e-Library, 2005, p. 16.
  ⑥ [英]E. P. 汤普森:《共有的习惯:18世纪英国的平民文化》,第614页。

体会使用喧闹游行去反对引起他们不满的司法审判,1836年的一则法庭记录显示,在巡回法庭(Assizes)中,犯人强奸一个孩子而被宣告无罪,这引起了人们的愤慨,他们在巡回法庭外进行喧闹游行①。1856年,人群进行喧闹游行,以表达他们对一起袭击案中法官判决的不满②。1890年贝德福德先生(Bedford)在小治安法庭上作证指控一名男子因在高速公路上开枪,这激起了某个社区的敌对情绪,他们通过喧闹游行来发泄③。民众为表达他们对司法审判的不满,举行喧闹游行活动进行抗议。在这些喧闹游行事件中,共同体约定俗成的规定和对"正义"的定义,与政府机构相冲突,由此展现出了一种"错位的法律信仰",并带来具体事件中的冲突④。

需要说明的是,已有多位学者注意到,在实际的历史场景中,喧闹游行的应用具有较大的灵活性。有关喧闹游行的记载可以直观地呈现出,违反共同体规范的行为会导致喧闹游行,但进一步深究可以发现,同样的违规行为不一定总是会引发喧闹游行。同时,有证据表明,遭遇喧闹游行的往往是一个外来者或不受欢迎的人⑤。因此,从史料中可以总结出喧闹游行一般的、普遍的发生情境,总结出喧闹游行反对的行为,但这些行为或许不能直接等同于引发喧闹游行的原因。

总之,喧闹游行是共同体反对、惩罚违规者的重要途径。喧闹游行在历史上曾经发挥了一定的积极意义。其一,在成长中的政府机构未能深入的社区领域,喧闹游行具有一定的社会管理功能。促使民众使用喧闹游行的情况往往是他们认为可能无法诉诸法律来适当解决问题⑥,喧闹

---

① "Disgraceful Occurrence", *Essex Standard*, Friday 28 October, 1836.

② "Petty Session", *Bucks Herald*, Saturday 08 November, 1856.

③ "A Rough Music Performance", *Sussex Agricultural Express*, Friday 19 December, 1890.

④ Stephen Banks, *Informal Justice in England and Wales* 1760-1914: *The Courts of Popular Opinion*, Woodbridge: Boydell Press, 2014, p. 12.

⑤ 这一观点在多位学者的著述中都有所体现,以汤普森和班克斯为代表,参见 E. P. Thompson, "Rough Music Reconsidered," *Folklore*, Vol. 103, No. 1(January 1992), p. 15; Stephen Banks, *Informal Justice in England and Wales* 1760-1914: *The Courts of Popular Opinion*, Woodbridge: Boydell Press, 2014, pp. 102-106.

⑥ Andrew Walker, "Rough Music, Community Protest and the Local Press in Nineteenth-Century England," *International Journal of Regional and Local History*, Vol. 13, No. 1(March 2018), p. 93.

游行提供了一种法律之外的途径。民众使用喧闹游行公开反对违规者、展现违规者的违规行为，不仅能够惩罚违规者，而且能够警示社区中的旁观者，这是一个动态的互动过程，从某种意义上来说，喧闹游行仪式的观众和潜在的观众也参与到仪式的过程中，仪式向他们展现了什么是正义，什么是违规，潜移默化地规范他们的行为。其二，喧闹游行的仪式性和象征性能够引导、控制和化解敌意，并使惩罚保持在一定限度内。这主要是因为喧闹游行仪式的内容是相对固定的，相对固定的仪式是一种限制①，将仪式限制在惯例理解的范围内进行，以此遏制群体行动中固有的暴力②。但是，随着社会背景的变化，喧闹游行面临着多重困境。

二、19世纪英国喧闹游行面临的冲突与挑战

在19世纪的英国，社区居民形成的共同体不是作为一个完全独立的、自治的实体来运作，而是在一个复杂的社会网络中发挥作用。而喧闹游行是由共同体举行的，因此，喧闹游行活动不可避免地与这一时期的制度、经济、文化等因素相互作用。

首先，19世纪英国喧闹游行面临着警察的管控。英国在19世纪进行了警务改革，出现了由政府供养的现代警察。随着19世纪的制度建设，政府日益将"规范"与"秩序"的解释权把握在自己手中，也越发不能容忍喧闹游行的存在。现代警察由政府供养，以政府的视角看待喧闹游行，在他们看来，喧闹游行是无序的聚众活动，需要对其进行管控以维护社会治安。有时候，遭遇喧闹游行的人会向警察求助，警察也会试图控制局面，这种控制局面的努力多少会发挥一些作用。但另一些时候，警察也会成为受害者，激动的民众将警察一脚踢开，警告他们不要多事，严重的情况下，警察作为原告上了法庭，控诉喧闹游行的人群袭击警察。同时，不应忽略，在更多的报道和法庭记录中没有出现警察，他们可能因发挥作用太小而被认为没有记录价值，或者根本没有以警察的身份出现在那个村镇的那场喧闹游行活动中。

---

① ［英］E. P. 汤普森：《共有的习惯：18世纪英国的平民文化》，第589页。
② Stephen Banks, *Informal Justice in England and Wales 1760-1914: The Courts of Popular Opinion*, Woodbridge: Boydell Press, 2014, p. Ⅶ.

对喧闹游行的民众来说，形成中的警察系统显然缺乏权威，这在19世纪上半叶体现得更为明显。民众依照他们的习惯和传统举行喧闹游行，面对警察的干预也不为所动，有时还会袭击前来干预的警察。1836年的报道展示，一场喧闹游行的领导者声称警察无权干涉正在进行的无害娱乐活动，于是，人群无视警察停止的命令继续进行喧闹游行，并袭击了继续驱散人群的警察。① 1849年的一则法庭记录显示，喧闹游行的人群袭击了前来干预的警察。② 1890年警察在制止苏塞克斯（Sussex）的一场喧闹游行时遭到了殴打。③ 进行喧闹游行的人们有时甚至会警告警察不要干预④。民众对警察的反击体现了他们对传统权力的捍卫，近代早期以来，民众通过喧闹游行展现制定道德标准、惩戒违规者的权力，他们审判违反共同体规范的人，以维持共同体的秩序与和谐，警察的干预无疑破坏了他们的"正义仪式"，于是引发了民众的反抗。

　　联系到19世纪英国警察制度建立时的特征，在实践中，警察对喧闹游行的管控是有限的，这在一定程度上体现了转型时期的妥协。一方面，现代警察制度建立之初为减少阻力需要建立平民化的、服务型的警察形象，因此，警察管控喧闹游行活动时倾向于采取低调退守策略。英国法律赋予警察依法执行下较大的裁量权，其基本原则是，在最后毫无办法的情况下用最低程度的武力对聚众活动进行干预，尽可能和平地解决社会冲突，在根本的治安维护法律框架之下，运用其自由裁量权保证公众安宁，并认为这比严格按照法律字面意思进行行动在聚众活动治安领域的作用更加重要，因此，警察处理聚众活动的总体战略强调温和、低调，更具宽容和容忍⑤。警察倾向于采取劝阻而非暴力方式干预喧闹游行，1857年的

---

① "Town Hall", *Bell's New Weekly Messenger*, Sunday 18 December, 1836.
② "A Worseries Half", *Northampton Mercury*, Saturday 01 September, 1849.
③ "A Rough Music Performance", *Sussex Agricultural Express*, Friday 19 December, 1890.
④ Andrew Walker, "Rough Music, Community Protest and the Local Press in Nineteenth-Century England," *International Journal of Regional and Local History*, Vol. 13, No. 1(March 2018), p. 96.
⑤ 钟碧莹：《英国警察对聚众活动的治安执法及法律之演进研究》，《经济社会体制比较》2013年第2期，第110—121页。

一场喧闹游行中,"警方试图劝阻民众不要重复这些不体面的行为"①。有时,警察选择在喧闹游行事件中保持低调,1867年肯特郡的观察员撰写了一篇记载喧闹游行的报告,提到"警察在场,但由于没有直接破坏和平,他们没有干预"②。当遭遇喧闹游行的人向警察求助时,警察倾向于为求助者提供庇护,而不是去制止这场喧闹游行,在1879年的一场喧闹游行中,遭遇喧闹游行的人躲进了警察局避难③。另一方面,受限于警力,警察对喧闹游行活动的干预能力较为有限,1864年的报道提到"警察几乎无力阻止这种混乱的局面"④。另外,有研究认为,似乎在整个19世纪,干预喧闹游行的似乎是资源匮乏的警察系统相对较低的优先级⑤。1856年的案例可以说明警力是否充足与警察是否干预喧闹游行之间的联系,这场喧闹游行进行的第一天,警司只有两人,"警方认为不干预是谨慎的",但第二天警察聚集了强大的力量,又有教区警察协助,他们决定积极干预喧闹游行,"平息骚乱"⑥。

但是,随着警察制度逐渐完善,尤其是在《1856年郡和市警察法》颁行后,各郡逐步建设现代警察队伍,警力逐渐增加,对喧闹游行活动的干预能力也在逐渐增强,到了19世纪中后期,已经可以发现一些警察有效干预喧闹游行活动的例子,如1865年在马什(Marsh),一群警察包围了喧闹游行的人群,成功阻止了他们的活动⑦。1882年在肯特郡的鲁斯霍尔(Rusthall)的一场喧闹游行中,一支强大的郡警察部队集结起来,在经

---

① "Cruelty to a Child", *Kentish Gazette*, Tuesday 03 February, 1857.
② "Fatal Accident", *Maidstone Telegraph*, Saturday 07 September, 1867.
③ "Local", *Sheffield Daily Telegraph*, Thursday 19 June, 1879.
④ "Mob Law", *South Eastern Gazette*, Tuesday 05 July, 1864.
⑤ Andrew Walker, "Rough Music, Community Protest and the Local Press in Nineteenth-Century England," *International Journal of Regional and Local History*, Vol. 13, No. 1(March 2018), p. 92.
⑥ "Petty Session", *Bucks Herald*, Saturday 08 November, 1856.
⑦ Philip J. Gooderson, "Aspects of the Decline of English Rough Music and Effigy-Burning and the Transformation of the Fifth of November in the Nineteenth and Twentieth Centuries," *International Journal of Regional and Local History*, Vol. 16, No. 2(July 2021), p. 99.

历了一些困难后,他们成功地维持了秩序①。在成功干预的案例中,警察一方往往警力充足,预先得到消息,并先发制人地没收雕像,逮捕领头人。干预成功的关键在于警力充足,可以预见,随着各地警力的逐渐加强,喧闹游行受到控制的趋势也越来越明显。

其次,19世纪英国喧闹游行面临着法庭的审判。法庭记录显示,对喧闹游行相关案件的审判一般在小治安法庭(petty session)进行,进行喧闹游行人常常是被告,他们在法庭上以"传统""习惯"为理由为自己的行为辩护,但这样的辩护已经不能得到法官的认可。

小治安法庭是由治安法官主持审理的地方法庭,负责审理轻罪,通常是每月召开一次②。小治安法庭采取即决审理,又称授权简易审理,即无需陪审团,由两名或两名以上法官决定刑罚③。19世纪的报纸刊登了大量的小治安法庭的庭审记录,可以在这些庭审记录中发现喧闹游行事件。有关喧闹游行的法庭记录,主要是原告遭遇了喧闹游行,而后将对他进行喧闹游行的人告上法庭。法官审判的结果一般是对喧闹游行者处以罚金,有时也会无罪释放,但法官会提醒民众,喧闹游行活动已经不合时宜了。小治安法庭提供了一个展现冲突的场所,在这里,喧闹游行的人群讲述他们行为的合理性,而这些合理性往往被法官否决,庭审记录记载下了这些冲突,展现了双方观念的差距。

在小治安法庭上,喧闹游行事件本身几乎不作为罪名,涉及喧闹游行活动的案件大多是喧闹游行活动破坏了财物,或是进行喧闹游行的人与被喧闹游行者发生冲突,或是警方干预时与喧闹游行的人群发生冲突,罪名一般为"制造混乱"或"破坏和平"。

进行喧闹游行的人或他们的律师会在法庭上为喧闹游行活动辩护,理由常常是:喧闹游行是传统的习惯做法,人群采用喧闹游行反对违规者

---

① "Extraordinary Scenes at Rusthall", *Kent & Sussex Courier*, Friday 10 February, 1882.

② John Briggs, Christopher Harrison, Angus McInnes, David Vincent, *Crime and Punishment in England: An Introductory History*, Taylor & Francis e-Library, 2005, p. 215.

③ [英]沃克编辑:《牛津法律大辞典》,北京社会与科技发展研究所译,北京:光明日报出版社,1988年,第680页。

是正义的。具有代表性的是1895年的一则法庭记录,对殴打妻子者进行喧闹游行的民众之一——被告格鲁特(Grout)宣称"从我出生以来,我们就一直有这样做的习惯",法官问,"你认为以这种方式在街上游行是一件值得尊敬的事情吗",而格鲁特好像对任何潜在的讽刺毫不怀疑,直率而几乎自豪地回答"是的"①。似乎在格鲁特的思想世界中,喧闹游行是"合法的"维护社会秩序的手段,他信奉的是大众正义而非国家法令。

但法官们的思想世界已经与格鲁特们不一样了,为喧闹游行的辩护往往遭到法官的反对。例如,在1835年的一场法庭记录中,一对新婚夫妇没有遵循伦敦朗伯斯区(Lambeth)的惯例给围观婚礼的人群发放酒水,人群对他们进行了喧闹游行,其中两人被控制造混乱成为被告,法官判处他们保释并赔偿损失,并说,"不能忍受喧闹游行的人群侵犯人们的家庭享受"②。1849年斯沃洛菲尔德(Swallowfield)的一次判决中,法官认为,许多人聚集在一起进行喧闹游行,很可能会破坏和平,并支持攻击的指控,要求被告缴纳10英镑的保证金来维持六个月的和平③。同年,《约克郡公报》(Yorkshire Gazette)刊登的法庭记录展现了一场反对殴打妻子者的喧闹游行,人群被警方指控阻塞了公路,辩护律师出示大量证据证明阻塞公路的指控不成立,并指出喧闹游行的人们认为他们是在法律范围内行事的。法官在协商后认定喧闹游行者无罪,驳回案件,但是,法官也强调,被告们必须明白喧闹游行是非法的,不能重复,警方对这件事采取行动做得相当正确④。例子同时展现了法官对喧闹游行活动否定的态度以及判决的灵活性,针对"阻塞公路"的罪名,法官认可了辩护律师的证据,宣告人群无罪;针对喧闹游行活动本身,法官警告人群这是非法的,鼓励警察干预,但没有因此对人群进行判处。

一方面,法官对喧闹游行展现出清晰的反对态度,但另一方面,法官对喧闹游行案件的判决不算严厉。对于一般的喧闹游行案件,法官的判

---

① "Rough Music at Bookham", *Dorking and Leatherhead Advertiser*, Thursday 12 September, 1895.

② "Union Hall", *Morning Advertiser*, Thursday 04 June, 1835.

③ "Country Bench-Reading Division", *Reading Mercury*, Saturday 12 May, 1849.

④ "Riding The Stang", *Yorkshire Gazette*, Saturday 21 July, 1883.

决以保释、罚金和赔偿损失为主,以监禁为辅。例如,1835年的一则法庭记录中,进行喧闹游行的人打碎了窗户,被控制造骚乱,法官判处他们保释,并赔偿他们打破窗户所造成的损失①。1875年,斯图克利(Stewkley)的两名劳工因为2月22日进行了一场喧闹游行而被指控破坏和平,两人被命令每人支付5先令罚金②。1878年的一场法庭记录显示,进行喧闹游行的被告们被责令支付2英镑10先令的赔偿,并被处以10到40先令不等的罚款;如果不支付罚款,则可判处2到4个月的监禁③。有时,法官也会建议双方和解。1845年,一位新郎暴力反抗针对新婚夫妇的喧闹游行而被告上法庭,法官的态度是,喧闹游行当然是不和谐的,但被告当时使用的暴力也不应该,建议双方庭外和解,原告和被告最终采纳了法官的建议④。另外,对于参与人数过多的喧闹游行活动,法官可能因为法不责众而被迫驳回案件,1856年的一场喧闹游行有数百人参与,其中五人被指控破坏和平,被告们在法庭上表示不服,认为如果他们有罪那么其他参与者也应被传唤,最终,法官驳回了此案并警告被告今后要小心,法官的决定受到了观众的热烈欢呼⑤。法官对喧闹游行的判决不算严厉,部分原因是喧闹游行案件一般为可以简易审理的小型案件,社会影响不大,不需要严厉处罚,另一部分原因是贸然对喧闹游行活动进行严厉惩处可能遭到民众的反抗,反而不利于社会稳定。不论如何,法庭上法官明确展现的反对态度,已经在侵蚀着民众思想世界中喧闹游行的合理性。

此外,19世纪,一些喧闹游行反对的违规行为,如家内暴力,也在小治安法庭的审理范围内,此时喧闹游行反对违规者的"权力"与法庭的审判权力相冲突。存在这样一种情况,违规者的案件已经送到了小治安法庭准备审理,但愤怒的民众率先对犯罪嫌疑人进行了喧闹游行。例如,报道显示,1857年的虐童案件将在下周六的小治安法庭开庭,但民众的愤怒情绪无法控制,因此,周一晚上一大群人聚集在一起,用喧

---

① "Union-Hall", *Public Ledger and Daily Advertiser*, Thursday 04 June, 1835.
② "Rough Music", *Bucks Herald*, Saturday 06 March, 1875.
③ "Rough Music", *Bradford Daily Telegraph*, Monday 23 September, 1878.
④ "A Noisy Wedding", *Morning Post*, Tuesday 08 April, 1845.
⑤ "Petty Session", *Bucks Herald*, Saturday 08 November, 1856.

闹游行表达对虐童者的厌恶,并烧毁了他的雕像①。在 1884 年的袭击仆人事件中,在袭击仆人者被传唤到小治安法庭之前,愤怒的民众就带着旧锡罐、喇叭和其他可以发出不和谐声音的"乐器"对他进行了三个晚上的喧闹游行并焚烧了他的雕像②。这在一定程度上反映出,即使有小治安法庭介入进行社会管理,民众也有可能采用他们传统的喧闹游行活动反对违规行为。

　　法庭自然不能容忍这种权力冲突。庭审中,法官指出,无论喧闹游行存在了多久它仍然是不合法的③,民众必须明白喧闹游行是非法的、不能重复的④。1883 年的一则法庭记录明确显示,当局认为,"如果奥里夫人受到虐待,法官会保护她,民众不能自己掌握法律,因为这会导致一场骚乱"⑤。官方反对民众使用喧闹游行,即使这种活动有正义的一面,但定义违规行为、反对违规行为应该属于公权力的权责范围。

　　事实上,冲突本身就可以说明问题。警察对喧闹游行的干预、法官对喧闹游行的否定代表了官方的规范,与喧闹游行所要维护、展现的共同体的规范相对,规范内容也许有所重合,相对立的是权力归属。现代政府要求收回曾经部分掌握在民间的定义规范、维护规范的权力,正如 19 世纪的法官所说,民众不能把法律掌握在自己手中⑥。

　　最后,喧闹游行在 19 世纪还面临着社会环境变动带来的挑战。19 世纪英国人口流动增加,近代早期以来相对封闭的地理社区遭到冲击,基于社区居民形成的共同体自发举行的喧闹游行因此遭到打击。

　　喧闹游行发挥作用的基础是,存在一个基于地理社区形成的共同体,在这个社区共同体内部存在一种共识——喧闹游行反对违规者及其违规行为。这有两层含义,其一,认可这种共识的违规者会遭到惩罚。因为遭遇喧闹游行的人理解和认可喧闹游行传统,所以他们会接收到共同体的敌意。遭受喧闹游行的人往往被迫或感到被迫逃离他们的社区,一般来

---

① "Cruelty to a Child", *Kentish Gazette*, Tuesday 03 February, 1857.
② "The Rector of Fillingham", *Stamford Mercury*, Friday 23 May, 1884.
③ "Clerkenwell", *Morning Post*, Monday 11 June, 1866.
④ "Riding The Stang", *Yorkshire Gazette*, Saturday 21 July, 1883.
⑤ "Boston Borough Police", *Stamford Mercury*, Friday 20 April, 1883.
⑥ "Assault by a Blind Man", *Bucks Herald*, Saturday 05 March, 1864.

说,有罪的一方无法忍受社区对他们的厌恶,通常选择秘密地离开附近。在 1887 年,至少受害者在他们的邻居看来很少恢复其角色;1893 年,多塞特郡一家杂志的编辑将喧闹游行描述为"一种乡村地区最强烈的表达愤怒的公众舆论"①。其二,认可这种共识的执行者和旁观者会获取、加深共同体对违规行为的定义。仪式不仅是针对违规者的,也是展现给旁观者的。喧闹游行仪式具有街头戏剧元素,通过表演展示违规行为,传达出对违规行为的定义,警示旁观者,以此抑制共同体中的违规行为。进行喧闹游行的人群认为他们所做的事情是合理的,他们不仅通过羞辱的过程帮助特定的违规者改正,而且还提醒他们的同辈和邻居,如果他们不遵守社区的适当行为规范,他们可能会遭受同样的命运②。社区希望在公众的注视下羞辱违规者,以宣传丑闻,纠正不良行为,并警告其他人,类似的轻率行为可能带来的后果③。这是一个动态的互动过程,从某种意义上来说,喧闹游行仪式的观众和潜在的观众也参与到仪式的过程中,仪式向他们展现了什么是正义,什么是违规,潜移默化地规范他们的行为。

然而,19 世纪是一个英国社会逐渐流动开放的时代。随着工业化和城市化发展,人口流动增加,近代早期以来相对封闭的社区共同体遭到冲击,基于社区共同体的喧闹游行失去了存在的土壤。更频繁的社会流动、更便捷的通讯、基础教育的发展改变了地方社会,教区的界限与普通居民的概念界限相一致的日子正在过去,到了 19 世纪末,那些维持骑木棍和斯基明顿所必需的民众对有限地域的认同感正在消失。当社区共同体遭到侵蚀,共同体的共识也很容易被瓦解,喧闹游行也难以发挥作用。喧闹游行依赖于进行喧闹游行者和遭受喧闹游行者沉浸在同样的社会理解体系中,这样参与者就知道他们在做什么,接受者也完全知道他们正在遭受什么,然而,如果一个人有能力摆脱社区的联系,或者他在一开始就感觉

---

① Stephen Banks, *Informal Justice in England and Wales* 1760-1914: *The Courts of Popular Opinion*, Woodbridge: Boydell Press, 2014, p.77.

② David Nash, Anne-Marie Kilday, *Cultures of Shame: Exploring Crime and Morality in Britain* 1600—1900, London: Palgrave Macmillan, 2010, p.42.

③ David Nash, Anne-Marie Kilday, *Cultures of Shame: Exploring Crime and Morality in Britain* 1600—1900, London: Palgrave Macmillan, 2010, p.10.

不到该联系,那么喧闹游行的力量就会迅速蒸发①。一场有效的喧闹游行需要施行者和接受者双方拥有共同的记忆、情感和价值观,否则,它将会变成一场令人厌烦的、不知所谓的表演。

总之,在19世纪的英国,随着现代警察对喧闹游行的干预意愿和干预能力逐渐加强,法官对喧闹游行的反对态度逐渐清晰,喧闹游行活动日益遭到当局的否定和压制。更重要的是,人口流动侵蚀了相对封闭的社区共同体,一个逐渐工业化、现代化的社会已经无力为传统的喧闹游行提供存在的基础,它的作用越来越难以发挥。在冲突与挑战之下,喧闹游行的使用日益受到阻碍。

三、19世纪英国喧闹游行的式微与变革

19世纪后期,持续了几个世纪的英国喧闹游行活动开始式微,在数量和规模上呈现出了衰落的趋势。汤普森提出,学校教育与人口流动促使喧闹游行在19世纪展现出衰落的趋势,"使古老的情感崩溃,只留下古物遗存"②。沃克验证汤普森的观点,认为在19世纪后期喧闹游行的数量确实有减少的趋势③。另有学者抽取了342个报刊刊登的喧闹游行事件的法庭记录,并分为1851—1860年,1861—1870年和1871—1880年三个时间段,认为在19世纪后半叶,随着时间推移,喧闹游行事件逐渐减少,从19世纪50年代的136/374(36%)下降到19世纪60年代的132/425(31%),再到19世纪70年代的74/342(22%)④。此外,喧闹游行是共同体的集体活动,在很大程度上依赖社区的集体参与,但是,在19世纪

---

① Stephen Banks, *Informal Justice in England and Wales 1760-1914: The Courts of Popular Opinion*, Woodbridge: Boydell Press, 2014, pp. 202-203.

② E. P. 汤普森:《共有的习惯:18世纪英国的平民文化》,第629页。

③ Andrew Walker, "Rough Music, Community Protest and the Local Press in Nineteenth-Century England," *International Journal of Regional and Local History*, Vol. 13, No. 1(March 2018), pp. 86-104.

④ Philip J. Gooderson, "Aspects of the Decline of English Rough Music and Effigy-Burning and the Transformation of the Fifth of November in the Nineteenth and Twentieth Centuries," *International Journal of Regional and Local History*, Vol. 16, No. 2(July 2021), p. 100.

后期,集体参与的规模正在缩小,每场喧闹游行的参与人数明显下降,由19世纪60年代可以达到上千人,到1895年之后几乎不太可能超过200人①。

具体来看,这一时期喧闹游行逐渐失去定义和维护规则的权力。喧闹游行是约定俗成的民间传统,它没有任何明确的、书写下的规则保障,不存在明确的条文约定喧闹游行的强制力,喧闹游行能够发挥作用,很大程度上依赖共同体的共识——在一个共同体中,人们有普遍认可的规则,普遍认可使用喧闹游行反对违规者,一个人被喧闹游行的人会因此感到羞耻从而受到惩罚。当这种共识遭到侵蚀,喧闹游行在人们思想世界的合理性也日益瓦解,这可以从他们的行为中反映出来。19世纪,官方明确地否定了喧闹游行,警察越来越频繁地打断喧闹游行仪式,法官对喧闹游行展现出清晰的反对态度。人口流动破坏了稳定的地理社区,削弱了社区共同体,促使共同体的共识瓦解,这是一个缓慢变化的过程。而政府机构的作用更为直观,官方的态度影响了遭遇喧闹游行的人,他们中的一些人不再感到羞耻而改正行为或者灰溜溜地离开他们的社区,而是选择求助警察,或是在小治安法庭上指控喧闹游行者,警察和法官是站在他们这边的。至于进行喧闹游行的人,他们反抗警察的干预,在法庭上为自己辩护,但是,在逐渐增强的警力和法官判决面前,他们的力量正在减弱。这一时期大量的关于喧闹游行的法庭记录之所以能够产生,是因为一些人不再服从喧闹游行的规则,不再认可喧闹游行的定义和维护规则的权力,当他们受到喧闹游行的惩罚时,他们拒绝接受这种惩罚,而是要求国家法律来保护他们,惩罚喧闹游行者。

正式司法的发展也逐渐进入喧闹游行原本发挥作用的领域,取代喧闹游行这种非正式的活动。"正式司法"包括现代警察和小治安法庭的活动,与喧闹游行这种"非正式司法"相对应。喧闹游行是民间的、自发的,维护共同体的规则,而警察和法官正相反,他们是官方的,维护国家法律。随着相关立法、司法的完善,警察系统、地方法庭所代表的公权力接管了

---

① Philip J. Gooderson, "Aspects of the Decline of English Rough Music and Effigy-Burning and the Transformation of the Fifth of November in the Nineteenth and Twentieth Centuries," *International Journal of Regional and Local History*, Vol. 16, No. 2(July 2021), p. 100 – 103.

喧闹游行的权力，官方正在进入喧闹游行发挥作用的领域，并日益取代它。以 19 世纪最常见的喧闹游行应用场景——反对殴打妻子者为例，在小治安法庭上，法官对此表明，受到虐待的妇女应该由法庭而非喧闹游行保护。确实如此，19 世纪下半叶英国颁布了相关法律，逐步为妇女儿童建立起在家庭中免受暴力的保护①。法庭记录也显示，19 世纪的地方法庭确实越来越多地处理家内暴力事件，惩罚施暴者并对受害者提供一定的保护②。尽管这些保护暂时还不够全面且效果不佳③，但这反映出公权力在逐渐进入喧闹游行原本占据的领域，并否定喧闹游行的作用。

在报刊评论中，喧闹游行逐渐成为一种不可理喻的古老习俗，站在了"现代"和"文明"的对立面。报刊评论在一定程度上反映出知识分子和新闻记者对喧闹游行的敌意。例如，1839 年《利兹水星》(Leeds Mercury)评论一场喧闹游行活动是"当局的耻辱"，"不应该存在于这个进步的时代"④。1841 年《赫尔广告》(Hull Advertiser)评论说"人们普遍认为，在这些文明的时代，浸水椅的野蛮使用和骑木棍的粗鲁习俗是对社会和婚姻犯罪的恐怖主义，已经被驱逐出土地"⑤。1851 年《谢菲尔德独立报》(Sheffield Independent)将喧闹游行贬斥为"封建主义的遗迹"⑥。报纸不再同情普通民众反对违规者的那种陈旧、粗暴、讽刺的幽默，这些传统现在被认为具有社会颠覆性⑦。

然而，作为一种民众自发的活动，喧闹游行有其独特的优势。在 19 世纪后期的困境之下，喧闹游行也因时而变，展现出了它强大的生命力。社会环境的变化带来喧闹游行的变革，人口流动增加不仅带来社区共同

---

① David Nash, Anne-Marie Kilday, *Cultures of Shame: Exploring Crime and Morality in Britain* 1600 - 1900, London: Palgrave Macmillan, 2010, p. 185.
② "A Sad Story", *Boston Guardian*, Saturday 12 March, 1881.
③ "Punishment of Wife-Beaters", *Thanet Advertiser*, Saturday 24 July, 1875.
④ "March of Improvement", *Leeds Mercury*, Saturday 01 June, 1839.
⑤ "Stang Riding", *Hull Advertiser*, Friday 01 October, 1841.
⑥ "Riding the Stang", *Sheffield Independent*, Saturday 28 June, 1851.
⑦ Philip J. Gooderson, "Aspects of the Decline of English Rough Music and Effigy-Burning and the Transformation of the Fifth of November in the Nineteenth and Twentieth Centuries," *International Journal of Regional and Local History*, Vol. 16, No. 2(July 2021), p. 98.

体的衰落,也为新的共同体的形成提供了条件,部分新的共同体继续使用喧闹游行。19 世纪的工业冲突、商业垄断发展以及政治活动为喧闹游行提供了新的使用场景。

首先,19 世纪的喧闹游行更多地应用到英国的工业斗争中。18 世纪下半叶至 19 世纪上半叶,英国开展工业革命,现代工业迅速发展,工业化带来社会分化,矛盾加剧,为争取自身权益,工人采用罢工形式与工业主斗争,产生工业冲突。在 19 世纪的工业冲突中,工人们联合起来罢工,这是他们与工业主谈判的重要筹码,但存在一部分工人在罢工期间仍在工作,工人们将这部分破坏罢工的工人称为"工贼"(blacklegs),并使用喧闹游行反对他们。例如,1869 年《谢菲尔德日报》(Sheffield Daily Telegraph)报道,在德纳比煤矿(Denaby Main Colliery)矿工们的罢工行动中,主张罢工的工会工人们聚集在一起,举着一面雕像和一面黑旗,对未参与罢工行动的工人进行喧闹游行[1]。同年,在新赢煤矿(New Winnings Pit)工作的非工会成员在从矿井回家的路上被许多妇女和儿童尾随,并遭遇了喧闹游行[2]。1879 年,埃金顿(Eckington)的煤矿工人们对举行罢工期间仍在工作的工人进行喧闹游行,报道特别提及女性的参与[3]。1892 年的一则报道显示,靴匠和鞋匠协会(the Society of Operative Boot and Shoemaker)对两个人进行了喧闹游行,原因是他们在一家发生过靴子贸易纠纷和罢工活动的商店工作[4]。声誉仍然是决定工人行为的重要因素,喧闹游行仪式仍然是纠正或惩罚社会异常行为的有力工具[5]。在工业冲突中,工人一般使用喧闹游行反对内部的"不和谐者",即不配合罢工的工人,而较少直接将喧闹游行的矛头指向站在对立面的工业主。这

---

[1] "The Dispute at Denaby Main", *Sheffield Daily Telegraph*, Friday 09 April, 1869;"Magisterial Proceedings at Doncaster", *Sheffield Daily Telegraph*, Saturday 01 May, 1869.

[2] "The Unlooked for Ending", *Sheffield Independent*, Saturday 01 May, 1869.

[3] "Local", *Sheffield Daily Telegraph*, Thursday 19 June, 1879.

[4] "Rough Music", *Bridgnorth Journal and South Shropshire Advertiser*, Saturday 08 October, 1892.

[5] Stephen Banks, *Informal Justice in England and Wales* 1760-1914: *The Courts of Popular Opinion*, Woodbridge: Boydell Press, 2014, pp.165-169.

一特点继承自传统的喧闹游行——喧闹游行常常是共同体内部的活动，旨在惩罚共同体内部的违规者，维护共同体的团结与稳定。

值得注意的是，在反对破坏罢工的工人时，罢工工人们团结组成的共同体不是以地理社区而是以其共同的工人身份为依据，主要以工会的形式联合，工业冲突中进行喧闹游行的"共同体"已经不再是指传统的社区共同体，而是逐渐向工业社会背景下的劳工共同体转变。

此外，有关喧闹游行与工人阶级形成的关系，汤普森认为，喧闹游行不能被认为是一种"工人阶级"的传统，因为这种仪式并没有完美地融入到早期有组织的劳工运动中[1]；然而，班克斯提出，喧闹游行的实践帮助构建并后来嵌入了政治和意识形态上构建的"工人阶级"[2]。或许可以说，喧闹游行是一种民间的传统，但它兴盛于工人阶级形成以前，不独属于工人阶级。

其次，喧闹游行也应用到商业活动中。19 世纪末，英国逐渐出现规模较大的企业，大企业的雇佣工人数量、公司规模和资本数额较之以往都有所增加，显示出垄断的趋势。尽管直到 20 世纪下半叶英国才出现严格的商业竞争政策和法律，但在此之前，民众并非毫无反应。商人群体也组成他们的共同体，使用喧闹游行捍卫共同的利益。试图进行垄断的商人会遭到其他商人的攻击，1876 年发生了一场针对新兴企业家威廉·怀特利（William Whiteley）的喧闹游行，怀特利是百货公司的创始人，并宣称自己是"环球供应商"，这被当地的小型肉店视为一种经济威胁，一群穿着传统服装的屠夫用劈刀敲着骨头，带着怀特利的雕像游行，然后在篝火上焚烧雕像[3]。商人群体使用喧闹游行捍卫他们的假日，1875 年的马基特迪平（Market Deeping），一家商店违反了商人们在银行假日（bank holiday）闭店休息的约定，因此遭到了其他商人的喧闹游行[4]。

---

[1] E. P. Thompson, "Rough Music Reconsidered," *Folklore*, Vol. 103, No. 1 (January 1992), p. 18.

[2] Stephen Banks, *Informal Justice in England and Wales 1760 - 1914: The Courts of Popular Opinion*, Woodbridge: Boydell Press, 2014, p. 174.

[3] Christopher Harding, "Popular Justice and the Regulation of Trade: Muckraking, Rough Music, Political Cartoons and the Vilification of Entrepreneurial Heroes," *Law and Humanities*, Vol. 12, No. 2(September 2018), pp. 204 - 228.

[4] "Bank Holidays", *Stamford Mercury*, Friday 09 April, 1875.

此外，商人们也发明出了喧闹游行元素的新用途。为追求经济利益，这一时期的商业活动将喧闹游行仪式的一部分抽出并彻底改造。焚烧雕像是喧闹游行仪式的内容之一，这一活动往往在盖伊·福克斯之夜（11月5日）达到高潮，但在19世纪末20世纪初遭到警察、地方法官和新闻界的联合反对后逐渐减少，与此同时，商人们从中看到机会，促成了和平体面的节日庆祝方式，最终盖伊·福克斯之夜作为节日留存至今①。经过这种改造，喧闹游行原本的内容被剔除，在相关日期的壳子里添加进了新的内容，几乎彻底告别了其本来的面貌，连名称都没有保留，但仍然可以算作某种可追溯的延续。

最后，喧闹游行仪式中的一些元素也应用于政治活动中。在19世纪的英国存在一种街头的政治表演，这种表演使用喧闹游行元素象征性地谴责和诽谤政治对手，表演的幕后有精英团体的控制和参与，在台前由大量民众进行，采用喧闹游行活动中的许多惯用做法，例如发出不和谐的声音，游行和焚烧雕像等。例如，1849年韦克菲尔德（Wakefield）的保守党希望抵制市政合并，他们组织了一个巨大的盖伊·福克斯篝火，组织了乐队，在阳台上欢呼②。此外，当民众大量地焚烧敌国政要的雕像时，这种活动也与爱国主义和民族主义相联系，在1814年的伯里节（Bury Festival）上，人们焚烧了拿破仑·波拿巴的雕像③。

喧闹游行元素在政治活动中的应用不仅打破社区边界，而且显露出了社会精英的控制和参与。这涉及英国的精英群体与大众文化的关系，一方面，精英群体利用民众的喧闹游行传统，赞助针对外部敌人的焚烧雕像等活动，并利用其与政治对手竞争。但在另一方面，精英群体也在担忧，他们是否正在滋养一种可能使他们无法控制的民众抗议体系，1839年警察专员的报告称，喧闹游行的做法"阻碍了国家法律的运作……包含

---

① Philip J. Gooderson, "Aspects of the Decline of English Rough Music and Effigy-Burning and the Transformation of the Fifth of November in the Nineteenth and Twentieth Centuries," *International Journal of Regional and Local History*, Vol. 16, No. 2(July 2021), pp. 94 - 110.

② Stephen Banks, *Informal Justice in England and Wales* 1760 - 1914: *The Courts of Popular Opinion*, Woodbridge: Boydell Press, 2014, p. 176.

③ Stephen Banks, *Informal Justice in England and Wales* 1760 - 1914: *The Courts of Popular Opinion*, Woodbridge: Boydell Press, 2014, p. 180.

着抵抗法律命令的萌芽"①。

可以看到,变革后的喧闹游行维护的不再是社区共同体的规定,而是将喧闹游行传统带到新的使用场景,来维护新的共同体的权益。其中,部分新的使用场景保留了喧闹游行主要应用于群体内部的特征,例如工人们使用喧闹游行反对工人群体内部的工贼;另一部分则是一个群体使用喧闹游行去反对一个相对外部的敌人,如政治活动中使用的喧闹游行元素;还有一部分已经完完全全改变了其本来的面貌。

需要说明,喧闹游行的式微与变革是在19世纪里同时发生的,它们是喧闹游行活动与19世纪的英国社会环境相互作用下的两个产物。传统喧闹游行在19世纪的衰落和19世纪喧闹游行的新变化之间是平行的,不构成因果关系。此外,史料显示,早在18世纪已出现应用在工业冲突中的喧闹游行,迟至20世纪仍可发现社区共同体针对家内事务进行的喧闹游行。但个例并不影响"19世纪社区共同体进行的喧闹游行显露式微趋势,新的共同体逐渐在新领域应用喧闹游行"的结论,传统的喧闹游行式微与喧闹游行逐渐应用在新领域都需要一个较长时段的过程,而两个过程在19世纪里是同时进行的。

总之,在19世纪的背景下,喧闹游行的式微是19世纪英国社会发展的产物,表现为数量、规模上的衰落趋势,以及定义和维护规则权力的消解。但喧闹游行并未就此消失,而是逐渐应用到了工业冲突、商业活动和政治活动中。19世纪末至20世纪喧闹游行的新应用与近代早期至19世纪的喧闹游行活动具有较大差异,在新的使用场景,仪式简化,进行喧闹游行的共同体也不再以社区为基础,发生频率也大大降低,但喧闹游行,或者至少是喧闹游行元素确实留存至20世纪,并应用到与这一时期的社会背景相适应的领域中。

结　语

作为一种平民的活动,喧闹游行在英国存在了几个世纪,在成长中的

---

① E. P. Thompson, "Rough Music Reconsidered," *Folklore*, Vol. 103, No. 1 (January 1992), p. 17.

政府机构未能深入的社区领域,共同体的喧闹游行活动发挥了一定的社会管理作用。然而,至19世纪,英国变化的社会环境带给喧闹游行冲突与挑战,导致喧闹游行逐渐式微。制度层面渐进的改革传导至社会层面,官方的、正式的规则正在取代民众约定俗成的规则,社会日益认可更加规范化、体制化的诉求表达,维护大众正义的喧闹游行活动日益受到批评和管控。工业发展带来的人口流动悄无声息地改变了社会结构,人口流动打破了社区边界,传统的社区共同体难以维持,以社区共同体为基础的喧闹游行日益式微。不过,喧闹游行也展现出了民间传统的强大生命力,在这一时期产生蜕变。打破社区边界虽然破坏了原有的社区共同体,却为新的共同体的形成提供了条件,在变革中,新的共同体也将喧闹游行或喧闹游行元素应用到了工业冲突、商业活动和政治活动中。

就冲突而言,在史料中可以直接发现喧闹游行与官方力量相冲突的证据。随着现代治安制度的发展,警察所代表的官方力量逐渐加强了对喧闹游行的监管,同时,小治安法庭所代表的公权力管理范围与喧闹游行的使用场景有重合,公权力要求驱逐喧闹游行。而在更广泛的意义上,传统的喧闹游行已逐渐不适应19世纪变化的社会环境,喧闹游行在人们思想世界的合理性也日益动摇。

就变革而言,喧闹游行随着社会背景的变化而发生变化。喧闹游行发展到19世纪,"反对家内暴力"成为其主要的使用场景,这一使用场景虽然并未改变"由社区共同体进行""针对家内领域"两个传统特征,但也是在传统的基础上因时而变,由近代早期维护男性在家内主导地位转变为19世纪的反对家内暴力。同时,这一时期也在进行着更大的变革,工业发展、人口流动增加侵蚀了原有的相对稳定的社区共同体,但也为新的共同体的形成提供了条件,在公共领域,新的共同体也在运用喧闹游行或喧闹游行元素争取权益,在工业斗争、商业反垄断和政治活动中发挥作用。

19世纪英国喧闹游行研究提供了一个考察英国社会转型的窗口。英国社会转型是一个长期的、渐进的过程,对英国人来说,转型不是完全抛弃传统,而是赋予传统新的意义,喧闹游行在19世纪的发展体现了这一点。这一时期英国官方主导的新公共秩序逐渐建立,喧闹游行逐渐失去了"大众司法"功能。但喧闹游行在大众司法领域的退出并没有导致整个活动的消亡,面对新的社会环境,喧闹游行改变了一些原有的特征,在变化和适应的过程中获得了新的意义和新的用途,至19世纪末20世纪初,喧闹游行仍存在于英国社会,并起到了社会润滑剂的作用。尽管20世纪以后,"喧闹游行"这一名称渐渐淡出人们的视野,但这种大众正义与民众参与传统依旧留存在英国人的骨血中,至今影响着英国社会。

本书编者、作者信息

教学理论篇

张连红	南京师范大学历史学系	教　授
严海建	南京师范大学历史学系	教　授
潘　晟	南京师范大学历史学系	教　授
王志龙	南京师范大学历史学系	教　授
倪正春	南京师范大学历史学系	副教授
赵大旺	南京师范大学历史学系	副教授
李小波	南京师范大学历史学系	副教授
陆　帅	南京师范大学历史学系	副教授
谢开键	南京师范大学历史学系	讲　师
廖基添	南京师范大学历史学系	讲　师

教学成果篇

吴诗扬	中国人民大学国学院	硕士研究生
肖晨辰	南京师范大学历史学系	硕士研究生
许　诺	南京大学历史学院	硕士研究生
吴龙杰	南京师范大学历史学系	在校本科生
章智恒	南京师范大学历史学系	在校本科生
师启明	南京大学历史学院	硕士研究生

王　月	南京师范大学历史学系	在校本科生
马郝楠	香港浸会大学传理学院	博士候选人
高闻康	南开大学历史学院	硕士研究生
阴健坤	复旦大学历史地理研究中心	硕士研究生
徐矜婧	上海书店出版社	历史学编辑
蒋蓉芳	南京大学历史学院	硕士研究生
施　祺	江苏省奔牛高级中学	历史教师